예수님의 생애와 사랑

성화출판사

예수님의 생애와 사랑

2002년 8월 5일 초판 발행
2017년 5월 1일 재판 발행

발행처 (주)성화출판사
신고번호 제302-1961-000002호
주소 서울시 용산구 청파로 63길 3(청파동1가)
전화 02-701-0110
팩스 02-701-1991

가격 12,000원

ISBN 978-89-7132-211-6 04230
ISBN 978-89-7132-210-9 (세트)

예수님의 생애와 사랑

책머리에

'하나님의 해방과 인류의 구원'을 위한 생애

　문선명 선생의 삶의 지표는 '하나님의 해방과 인류의 구원'이라고 생각합니다. 선생의 말씀과 기도문을 통해 나타난 의식과 삶이 이를 증언하고 있기 때문입니다.

　지금까지 여타의 신관에 의하면, 절대자이고 무한자이신 신이 상대자이고 유한자인 인간을 해방한다고 되어 있습니다. 선생께서는 정반대로 인간이 신을 해방시켜 드려야 한다고 가르치시고 이를 실천하는 한 생애를 살아오셨습니다. 이는 신과 인간의 관계정립의 차이에서 온 결과입니다.

　선생께서는 신과 인간의 관계를 '부자지인연(父子之因緣)'이라고 해명하셨습니다. 하나님은 인간을 당신의 형상 곧 자녀로 창조하셨고, 자녀인 인간을 통해 창조의 이상을 실현코자 하셨습니다. 그러나 인간이 타락하여 생명을 잃게 되자 하나님은 자식 잃은 슬픈 부모가 되셨습니다. 불 속에 있는 자녀를 보면 생명을 던져서라도 자녀를 구하기 위해 불 속으로 뛰어드는 숭고한 부모사랑의 본체가 되시는 하나님은, 본연의 인간회복을 위해 구원섭리를 인류역사와 함께 전개해 오셨습니다. 잃어버린 자녀를 찾아오신 하나님의 섭리는 처절한 고통과 한의 역사였습니다.

성서의 기록대로 하나님의 섭리 완성을 위해 소명받은 인물들은 하늘의 명을 어겼습니다. 하나님은 한없는 부모의 사랑으로 섭리를 반복하셨지만, 인간은 철저하게 하늘을 배반하였습니다. 그럼에도 불구하고 처음부터 '부자지인연'이었기에 하늘은 포기하지 않고 끝없는 참사랑으로 우리에게 다가옵니다. 그래서 이제는 성숙한 자녀가 슬픈 부모 되시는 하나님을 충효로써 해방시켜 드려야 함을 선생께서는 가르치신 것입니다.

선생의 의식과 삶의 결정체인 기도 한 편을 소개하겠습니다.

아버지와 더불어 살 수 있는
그 한날이 그립사옵니다.
아버지를 그리며
아버지를 향하여 달리는 저희들,
아버지와 더불어 살 수 있는
영광의 한날을 맞이하여
아버지 앞에 감사와 기쁨의 송영을 돌림으로써,
지으신 만물을 화동시킬 수 있는
아들딸들이 되게 하여 주시옵소서.
저희의 마음과 몸은
아버지의 형상을 닮아 지은 것이오니,
온전히 아버지를 닮은
아들딸이 되게 하여 주시옵기를,
아버님,
간절히 바라옵고 원하옵나이다.

아버지여!

당신의 슬픈 마음이
땅 위에 서려 있는 것을
인간들은 모르고 있사옵고,
하늘의 서글픈 눈물자국이
인류역사의 발자취에 스며 있다는 것을
모르고 있사옵니다.
한없는 하늘의 탄식이
저희의 마음과 몸에 감돌고 있다는 것을 모르고는,
하늘 앞에 면목을 세울 수도 없고
하늘의 신임을 받을 수도 없는
패역한 인간의 후손이 됨을
자인하지 않을 수 없사옵니다.

아버지!
땅에는
당신의 눈물을 거두어 드릴 자가 없사옵고,
당신의 슬픔을 붙들고 위로해 드릴 자가 없사옵고,
당신이 가시는 그 길을 지킬 자가 없사옵니다.

그러므로
이 땅에 한이 있다 할진대
그것은 하늘의 한이 사무친 땅이라는 것이요,
슬픔이 있다 할진대
하늘의 슬픔이 사무친 땅이라는 것이요,
원한이 있다 할진대

하늘의 원한이 사무친 땅이라는 것이옵니다.

그러기에
이 땅에 살고 있는 인간들은
슬픔의 제물이 되지 않을래야 되지 않을 수 없는
운명에 처해 있사옵고,
한스러운 자신을 넘지 않을래야 넘지 않을 수 없는
운명에 처해 있사옵니다. 「아버지의 기도 4권 p.62~63」

문선명 선생의 생애를 한마디로 규정하기란 한계가 있지만, 천의에 따라 '하나님의 해방과 인류 구원'을 위해 평생을 바쳐오신 숭고한 삶이라고 감히 증언합니다.

선생은 하나님께 사무치신 일관된 길을 평생 걸어오셨습니다. 고통과 한의 하나님이심을 온 몸으로 체휼하신 하나님의 형상이셨기에, 자신의 생명과 가정도 다 잊으신 채 오직 죄악으로 찌들어 버린 타락인간에게 하늘의 심정과 사랑을 심기 위해 심혈을 다 기울이셨습니다. 이른 새벽부터 다음 날 새벽까지 쉴새없이 가르치고 또 가르치셨습니다. 때로는 자비로운 인자하심으로, 때로는 온 천하를 주고도 바꿀 수 없는 깊고 오묘한 진리의 말씀으로, 때로는 끝없는 기다림의 침묵으로, 때로는 피, 땀, 눈물이 뒤범벅이 된 몸부림으로, 때로는 불호령으로, 때로는 친구처럼 화동하며 더불어 함께 하시는 모습으로 인간과 세계, 역사와 영계, 그리고 온 천주의 근본이신 하나님의 모든 것을 밝히 가르치셨습니다. 그 모든 말씀은 말씀선집을 비롯해 많은 저서 속에 나타납니다.

본서는 선생께서 예수님의 생애와 심정세계에 관해 하신 말씀들의 정수를 묶었습니다. 인류역사 이래 예수님을 가장 잘 아는 분으로서, 전통적인 기독교의 교권과 교리에 묶여버린 섭리의 진실을 설파하신 말씀들을 가필정정 없이 원문대로 수록하였습니다.

일평생을 오직 하나님을 안식시켜 드리고, 인류를 하늘의 참된 본연의 자녀로 인도하기 위해 수고해 오신 참부모님 되신 양위분께 무엇으로 감사를 다 드릴 수가 있겠습니까?

독자 여러분께서 본서를 통해 숭고하신 선생의 삶과 가르침을 깊게 이해하시어 하늘 앞에 참된 자녀가 되시기를 소망합니다.

2017년 5월
선학역사편찬원

차례

머리말 5

1 구약시대 예언과 예수님의 탄생 전 섭리…13

1. 메시아 기대를 위한 이스라엘의 시험과 시련 · 14
2. 모자협조를 통한 혈통복귀섭리 · 30
3. 메시아의 강림을 위한 역사노정 · 54
4. 메시아 강림에 대한 구약의 예언과 그 결과 · 65

2 예수님의 탄생과 그 목적…75

1. 예수님의 탄생과 그 의의 · 76
2. 예수님의 사명과 그 소망 · 87
3. 예수님의 정체성 · 107

3 예수님의 생애노정…153

1. 예수님의 유년기 · 154
2. 예수님의 청년기 · 174
   1) 부모의 사랑을 받지 못한 예수님 · 174
   2) 예수님의 결혼을 중심한 한(恨) · 194
3. 예수님과 세례 요한 · 225
4. 공생애를 중심한 예수님의 고난과 시련 · 246
5. 예수님의 제자들에 대한 한탄과 염려 · 262

4 예수님의 십자가의 고난과 하나님의 한 … 287

  1. 십자가의 대속과 구원의 한계 · 288
  2. 십자가 대속을 중심 한 예수님의 심정과 사정 · 303
  3. 예수님의 십자가의 사랑과 그 유산 · 322

5 예수님의 부활과 하나님의 소망 … 335

  1. 예수님의 부활노정과 제자들 · 336
  2. 오순절과 성신역사의 시작 · 352
  3. 예수님의 부활과 초대 기독교의 출발 섭리 · 366
  4. 부활의 힘과 기독교의 확장 · 384

■ 일러두기

이 책은 《문선명선생 말씀선집》에서 '예수님의 생애와 사랑'에 관련된 말씀을 뽑아 재구성한 것입니다.
말씀의 왼쪽에 그 출처와 말씀을 하신 날짜를 밝히고 있습니다.

1

구약시대 예언과 예수님의 탄생 전 섭리

1. 메시아 기대를 위한 이스라엘의 시험과 시련

선의 세계를 세우려 하시는 하나님

030 - P.210, 1970.03.23

종교는 지금까지 무엇을 추구해 나오느냐 하면 선한 세계를 추구해 나오고 있습니다. 이 땅 위에 선한 세계를 이루기 위해서 수많은 종교가 탄생했던 것입니다.

그런데 선한 세계는 선한 나라가 나오지 않고는 이루어질 수 없는 것입니다. 또한 선한 나라가 선한 민족이 나오지 않고는 안 되는 것이며, 선한 민족은 선한 씨족이 나오지 않으면 안 되는 것입니다. 선한 종족이 있어야 된다는 것입니다. 김씨면 김씨, 박씨면 박씨, 선한 문중이 있어야 된다는 것입니다. 그리고 선한 씨족이 이루어지려면 먼저 선한 가정이 있어야 됩니다. 그러니 선한 가정이 이루어지려면 먼저 선한 여자와 선한 남자가 있어야 되지 않겠습니까?

복귀섭리를 두고 볼 때, 지금까지 수많은 종교를 동원해 가지고 하나의 세계를 모색하고 선의 세계를 만들기 위해서 섭리해 나오는 그 귀결점은 어디에 있는가? 그 세계가 이루어지기 전에 먼저 나라가 이루어져야 되고, 나라가 이루어지기 전에 민족, 민족이 이루어지기 전에 종족, 종족이 이루어지기 전에 가정, 가정이 이루어지기 전에 한 사람이 있어야 됩니다.

그러면 그 한 사람은 누가 되어야 되느냐? 여자가 되어야 되느냐, 남자가 되어야 되느냐? 누가 되어야 하겠습니까? 남자입니다. 창조원리에 입각해서 보더라도 그렇습니다. 사람을 창조할 때에 아담부터 지었습니다. 아담부터 지었기 때문에 아담을 먼저 통해야 됩니다.

성경에 아담의 갈빗대를 취해서 해와를 지으셨다는 것은 무엇을 말하느냐? 아담을 본따 해와를 지었다는 것을 말합니다. 책을 읽고 나서 정리를 할 때 그 책의 골자를 빼서 정리하는 것과 마찬가지입니다.

그러므로 한 세계보다도 먼저 필요한 것이 무엇이냐? 한 나라보다도 한 민족보다도 먼저 필요한 것, 하나의 종족보다도 하나의 가정보다도 먼저 필요한 것이 무엇이냐? 그것은 한 사람입니다. 그런데 그 한 사람은 누구입니까? 남자입니다. 남자가 없었다면 여자는 생겨날 수 없습니다.

하나님께서 이런 원칙을 가지고 복귀섭리를 출발하실 때, 물론 일시에 그러한 세계를 복귀하고 싶은 마음이 간절하셨을 것입니다. 그러나 아무리 그러한 마음이 간절하다 하더라도, 일시에 그러한 민족을 찾고 싶은 마음이 아무리 간절하다 하더라도, 일시에 그러한 씨족을 찾고 싶은 마음이 아무리 간절하다 하더라도, 혹은 일시에 그러한 가정을 찾고 싶은 마음이 아무리 간절하다 하더라도 먼저 하나의 남자를 찾지 않으면 모든 것이 불가능한 것입니다. 그래서 지금까지의 복귀섭리역사는 하나의 남성을 찾는 역사였다는 것입니다.

1. 메시아 기대를 위한 이스라엘의 시험과 시련

아담이 타락한 이후부터 예수님 때까지의 4천년 이스라엘 역사는 무엇을 찾기 위한 역사였느냐? 외적으로는 세계를 찾는 역사였지만, 내적으로는 한 사람을 찾는 역사였던 것입니다. 그 한 사람이 와서 세계를 찾아야 했던 것입니다. 그것이 그의 사명이었던 것입니다. 그 한 사람이 와 가지고 가정의 기반과, 종족의 기반, 민족의 기반, 국가의 기반을 닦아 세계를 찾아야 했던 것입니다. 그렇지 않고는 이 세계를 선한 세계로 복귀할 수 없습니다. 그런 연고로 하나님은 그 한 사람이 오기 전에 선민권을 만들어 놓았던 것입니다. 하나의 선한 가정, 하나의 선한 씨족, 하나의 선한 민족, 하나의 선한 국가를 미리 세워 놓으셨다는 것입니다. 역사과정에 그런 흔적을 남겨 놓아야 하나님이 있다는 증거가 될 것 아닙니까? 그래서 세워 놓은 것이 이스라엘 민족이었던 것입니다.

그 이스라엘 나라에 하나의 남성이 나타나 그 나라와 하나 되는 날에는 가정이 자연히 찾아지는 것이요, 종족이 자연히 찾아지는 것이요, 민족이 자동적으로 찾아지는 것이요, 나라도 자동적으로 찾아지는 것입니다. 그렇기 때문에 하나님은 나라를 중심으로 준비하신 것입니다.

이스라엘의 선민사상과 메시아사상

042 - P.281, 1971.03.27

인류역사는 종교와 더불어 출발하였고, 종교는 인류와 더불어 흘러가고 있는 것입니다. 왜 그런가? 소망의 길을 발견해야 되기 때문입니다. 하나님은 인간이 타락한 그날부터 당신이 창조한 책임을 짊어지시고 타락한 인간을 구원하시기 위한 섭리를 펴시기 위하여 역사과정을 거쳐 지금까지 수고해 나오신다는 것을 우리가 알아야 되겠습니다.

타락함으로 말미암아 헤아릴 수 없는 지경에 떨어진 인간은 사탄의 지배를 받고 있지만, 사탄을 중심삼고 사랑하는 사람이 되어서는 안 되기 때문에 사탄까지도 잃어버릴 수 있는 자리로 떨어지게 만드는 것입니다. 그렇기 때문에 복귀섭리를 두고 볼 때, 하나님은 종의 종 이하로 떨어진 자리에서부터 구원역사를 하시는 것입니다. 하나님께서 수많은 종교를 통해서 종의 종의 도리를 가르쳐 나오는 섭리를 해 나오신 것은 그런 이유 때문입니다.

그렇기 때문에 인류를 위해 봉사하라는 것입니다. 종의 종 되는 입장에 있는 인간은 섬김을 받을 자격이 없기 때문에 무조건 순종하고 복종하는 길밖에 다른 도리가 없는 것입니다. 종의 종의 자리는 주인이 없고 종이 주인 노릇을 하는 자리입니다.

구약시대를 중심삼고 볼 때, 그 이전의 인류는 '종의 종'의 자리에 있었으나 구약시대에 들어와서 종의 자리에 서게 되었고, 그렇게 됨으로써 비로소 주인을 가질 수 있게 되었습니다. 종의 종의 자리에서 종의 자리까지 나오기 위해서는 인간 스스로 그 길을 개척할 수 없기 때문에 하나님께서 개척자의 사명을 해 나오셨습니다. 종의 종보다도 더 악한 족속들을 교육해야 했던 것이 하나님의 사정이었습니다.

그런데 하나님은 무형으로 계시기 때문에 인간 앞에 나타나시더라도 보일 수 없는 입장이므로 특정한 사람, 즉 선지자를 세워서 교육해 나오신 것입니다. 그 선지자는 하나님을 대신해서 이 땅 위에 왔지만, 인간으로서 하나님 명령에 따라 순

1. 메시아 기대를 위한 이스라엘의 시험과 시련

응해야 하는 입장이었습니다.

그러면 선지자는 인간에게 무엇을 가르쳐 주어야 했느냐? 하나님의 뜻을 따라가려면 순종의 도리를 세워 역사를 거슬러 올라가는 섭리를 해야 한다는 것을 가르쳐 주어야 했습니다. 그러므로 사탄 앞에 충성하는 그 이상으로 하나님을 위해서 충성하는 사람이 나와야 했던 것입니다. 그러한 도리를 누가 가르쳐야 하느냐? 하나님이 가르쳐 주어야 합니다. 그리하여 종의 법도를 세우고 하나의 편제를 갖춘 후에 개인·가정·종족·민족권을 형성하여 섭리의 뜻을 대할 수 있는 환경을 만들어야 합니다. 그런데 종의 입장에서는 이것을 세울 수 없기 때문에 새로운 메시아사상을 제시해 주고 앞으로 구세주를 보내주겠다 하는 약속을 세워 역사해 나오신 것입니다. 그것이 바로 이스라엘 민족을 중심한 섭리였습니다.

하나님의 약속을 이루기 위해서 하나님의 뜻을 중심삼고 이 땅 위에 오신 분이 예수 그리스도이십니다. 그는 과거 역사시대에 인간이 종의 입장에 있을 때 하나님께서 했던 약속을 이루어 양자와 참아들의 인연을 갖출 수 있는 자리를 세우려 오신 것입니다. 종이 충신의 도리를 다할 때는 양자의 자리에 설 수 있다는 것입니다. 그렇기 때문에 복귀섭리역사를 거쳐 오면서 이스라엘 민족으로 하여금 종으로서 충성을 다할 수 있는 터전을 닦아 가지고 양자의 인연을 맺어 나오도록 한 것입니다.

양자의 인연은 어떻게 맺느냐? 하나님의 아들이 이 땅 위에 오기 전에는 불가능합니다. 하나님의 아들이 이 땅 위에 와야 되고, 그 아들의 명령을 듣고 거기에 순응해야 비로소 양자의 인연을 맺을 수 있는 것입니다.

이것이 구약시대와 신약시대가 연결되는 역사라는 것을 우리가 알아야 합니다. 구약을 믿고 나오는 사람들은 종으로서 양자의 혜택을 받기를 바라는데, 그것이 바로 메시아가 오기를 바라는 이유입니다. 즉 메시아로 말미암아 종의 서글픈 신세를 넘어 양자권의 자리에 나아가는 것이 그들의 소망이라는 것입니다. 양자의 자리는 직계 아들딸이 없게 될 때, 부모로부터 상속을 받을 수 있는 인연이 성립되는 자리입니다. 그래서 종의 입장을 초월해서 하나님의 뜻을 맞이할 수 있는 혜택을 받기를 바라면서 나오도록 한 것이 종의 구약시대를 지도해 나오신 하나님의 뜻입니다. 그러기에 그들이 종의 신세를 면하고 하나님의 상속을 받을 수 있는 권내에 들어갈 수 있는 특권적인 한때를 바라고 나온 것이며 그것이 이스라엘의 선민사상입니다.

이스라엘 민족을 세계를 대표한 민족으로, 외적 세계를 상속받을 민족으로 약속해 가지고 이스라엘 민족과 유대교를 지도하여 나오신 것입니다. 여기에서 아들과 양자가 하나되어야 하는 것입니다. 종은 하나님의 아들이 오기 전까지 양자의 터전을 닦아 가지고 아들이 겪게 될 모든 어려움을 해결한 다음 아들을 모셔들여 그 직계 아들과 하나되는 자리에 서야 합니다. 그러지 않고는 하늘나라에 들어갈 수 없습니다.

이와 같은 역사적인 인연이 있기 때문에 세계적인 인연을 대표한 교단과 나라로서 양자권 입장에 서야 할 것이 이스라엘 나라와 유대교였던 것입니다. 그리고 직계적 권위에 서야 할 것이 하나님을 중심삼은 예수 그리스도가 제시한 기독교와 이것을 중심한 세계 국가였습니다.

이렇게 세계를 대표한 이스라엘 나라와 유대교를 예수님 앞

1. 메시아 기대를 위한 이스라엘의 시험과 시련

에 바치게 되면, 한 나라와 한 교단을 바침으로 말미암아 모든 나라와 모든 종교를 통합할 수 있는 권세를 갖고 오는 예수님과 연결될 수 있는 일이 벌어지게 되는 것입니다. 즉 이스라엘 나라와 유대교를 예수님 앞에 봉헌해야 예수님이 가지고 온 하늘나라와 지상천국을 이 땅 위에서 상속받을 수 있는 권내로 들어갈 수 있다는 것입니다.

047 - P.109, 1971.08.22

하나님은 하나의 특정한 민족에게 약속을 하시고 소망을 갖게 하여 그 민족을 통하여 이 일을 해 나오셨습니다. 그 특정한 민족이 이스라엘 선민입니다. 그러면 그 이스라엘 민족의 목적이 무엇이냐? 세계 나라를 점령하는 것이 아닙니다. 이스라엘 선민이 바라는 소망은 세계를 정복하는 것이 아니라 메시아를 맞는 것입니다. 메시아라는 것이 무엇이냐? 구세주입니다. 구세주는 무엇이냐? 참된 인간의 원형입니다. 공장에 가서 보면 철형(鐵型)이라는 것이 있습니다. 어떤 물건을 만들어 내는 것을 보면, 틀이 있어 가지고 거기에 재료만 넣어 주면 데꺽데꺽 몇 천 개고 몇 만 개고 찍혀 나오지요? 구세주는 그런 철형과 같은 타입의 사람입니다. 모든 인간의 모델입니다.

그분이 오심으로 말미암아 그분과 하나되면 구원을 받는 것입니다. 질(質)은 다르더라도 괜찮아요. 질은 다르더라도 모양만 하나되면 구원받는다는 것입니다. 사람이 다 예수님과 같을 수는 없습니다. 모양만 같으면 되는 것입니다. 동그란 모양이면 동그란 모양으로 똑같아야 되는 것입니다. 거기에 뿔이 있어 가지고는 안 됩니다. 뿔이 있으면 그 뿔을 잘라 버리지 않고는 합격품이 못 되는 것입니다.

인간세계에 역사상 처음 하나님이 그리던 최고의 형(型)으로 '사람은 이래야 된다'고 하는 그 형을 대표해 가지고 짝을 찾으러 오시는 분이 메시아입니다. 이스라엘 선민은 그 메시아가 오기를 바랐던 것입니다. 오늘날의 세계도 그렇습니다. 오늘날 전세계의 모든 종교는 메시아 사상을 가지고 있는 것입니다.

선민 이스라엘 민족에 대한 하나님의 소망

016 - P.160, 1966.3.13

복귀의 길을 걸어 나오시면서 하나님은 아브라함을 불러 세우시게 되었습니다. '아브라함아!' 하는 그 음성은 아브라함 한 사람만을 부르시는 것이 아니었습니다. 그것은 그 옛날 아담 때 사무쳤던 한의 마음을 품고 그때 잃어버렸던 복지를 다시 찾으시려는 울부짖음이요, 동시에 새로운 복지의 주인을 부르시는 음성이었고, 복지의 가정과 복지의 민족과 복지의 세계를 이루기 위한 음성이었다는 것을 우리들은 알아야 합니다.

그러나 책임을 짊어진 아브라함 자신은 하나님의 그 음성이 복지를 소망하는 부르짖음이요, 역사의 비참상을 해원 성사해 달라는 부르짖음이라는 사실을 몰랐습니다. 아브라함이 제단에 제물을 올려놓는 순간은 복지의 세계를 이루기 위한 약속의 순간이요, 역사적인 한을 풀 수 있는 결판의 순간이었습니다. 그런데도 불구하고 아브라함은 하나님께서 제사를 드리라는 말씀의 참 뜻을 깨닫지 못하고, 자신이 짊어져야 할 하늘의 사명이 얼마나 귀중한 것인가를 깨닫지 못한 채, 자기

1. 메시아 기대를 위한 이스라엘의 시험과 시련

의 입장만을 중심삼고 제사를 드렸던 것입니다. 그렇기 때문에 제물을 쪼개지 않고 드린 것이 또다시 하나님의 슬픔을 자아내는 동기가 되었으며, 후일 예수님의 십자가의 동기가 되었다는 것을 우리는 원리를 통하여 배웠습니다.

하나님의 부름을 받은 아브라함은 동이 터오는 복지를 주관할 수 있는 새로운 선지자, 선조로 현현해야 했습니다. 그러나 복지를 부르짖고 애원하시는 하나님 앞에 나타난 아브라함은 그러한 것을 모두 감당할 수 있는 자세와 인격을 갖추지 못하였습니다. 그것이 역사적인 한이었던 것을 우리는 다시 한 번 생각해야 되겠습니다.

아브라함은 역사적인 책임과 시대를 심판할 수 있는 공의의 법도를 세워야 할 책임과 미래의 소원의 세계를 이룩해야 할 책임이 자신에게 있다는 것을 망각했던 것입니다. 아브라함이 작다고 쪼개지 않은 제물이 역사노정을 저끄러뜨리는 기원이 될 줄을 누가 알았겠습니까?

아담으로 인해 맺힌 한이 아브라함을 통해 해원되는 한날을 바라면서 하나님께서는 아브라함을 찾아 오셨지만, 또다시 슬픈 마음으로 아브라함을 불러야 할 입장이 되었습니다. 그래서 하나님은 아브라함 대신 그의 독자 이삭을 제물로 드리라고 다시 분부하셨습니다. 이렇게 한스러운 아버지의 사정을 누가 알았겠습니까?

016 - P.161, 1966.3.13

이스라엘 민족은 노아로부터 아브라함까지의 곡절의 노정을 다시 걷지 않으면 안 되기 때문에 애굽고역 4백년이라는 한 많은 슬픔의 고빗길을 걸어 나왔다는 사실을 우리는 알고 있습니다.

하나님이 불러 세운 자, 즉 시대를 책임지고 시대적인 섭리를 책임져 나가야 할 자의 실수는 개인의 실수에서 끝나는 것이 아닙니다. 거기에는 역사의 전반적인 문제와 시대 전체, 그리고 미래의 모든 문제가 개재되어 있는 것입니다. 그런데 이러한 사실을 아브라함 자신도 몰랐고, 이스라엘 민족도 몰랐습니다. 개척자의 사명을 담당한 하늘의 의용군으로서, 하늘의 정병으로서, 하늘의 투사로서 책임을 다해야 한다는 사실을 그들은 모르고 있었던 것입니다.

지금부터 4천년 전, 애굽은 문화가 매우 발달했습니다. 그런 애굽에 들어가 이스라엘 민족이 4백년 동안 고역 생활을 했는데, 그런 이스라엘 민족에게 하나님께서 무엇을 바라셨는가를 알아야 합니다. 하나님은 그들이 그저 종살이나 하고 벽돌이나 굽는 고역꾼으로 끝나기를 원치 않았습니다.

사무치는 한이 크면 클수록, 분함이 크면 클수록 그와 비례하여 원수의 도성을 짓밟겠다는 새로운 결의를 하는 그들이 되기를 하나님은 바라셨던 것입니다.

아브라함 개인이 실수한 것을 이스라엘 민족 전체가 탕감하여 역사적인 원수의 도성을 밟고 올라설 수 있게 사상적으로 강한 신념을 갖고 나서야 했다는 것입니다. 이스라엘 민족은 자연신을 숭배하고 태양신을 숭배하는 종교 이념을 중심삼고 이루어진 애굽의 문화를 밟고 올라서서, 유대교의 이념을 중심삼고 새로운 역사와 문화를 창건할 수 있는 정신적인 기반을 잃어버렸기 때문에, 유리고객하지 않을 수 없었던 것입니다. 그들의 소원은 단지 애굽 땅을 피하여 가나안 복지로 돌아가자는 것에서 끝나 버렸던 것입니다.

가나안 복지는 부르고 있었습니다. 이스라엘 민족을 부르고

1. 메시아 기대를 위한 이스라엘의 시험과 시련

있었습니다. 그러나 애굽의 고역을 마다하고 도망치고자 하는 무리를 부르고 있었던 것이 아니었습니다. 애굽의 고역을 복수할 수 있고 원수의 문화권을 밟고 올라설 수 있는 민족을 부르고 있었습니다.

하나님이 이스라엘 민족에게 4백년 동안 고역살이를 시킨 것은 무엇 때문이었느냐? 이스라엘 민족으로 하여금 애굽 문화 이상의 문화를 창건하게 하기 위함이요, 애굽 민족 이상의 권한을 갖게 하기 위함이었습니다.

국가기반을 닦아야 했던 이스라엘 민족

106 - P.184, 1979.12.30

가정기반, 종족기반을 닦아 가지고 국가기반, 세계기반을 닦는 전통을 세워야 된다는 말을 했는데, 그러면 야곱은 뭐냐? 이스라엘 종족입니다. 민족과 국가가 있어야 돼요. 이스라엘 종족을 중심삼고 국가를 편성할 때까지의 전통 기반입니다. 그래서 민족 기반을 닦아야 됩니다. 여기서 민족 기반을 닦기 위한, 씨족으로부터 민족기반을 닦기 위한 이스라엘 씨족의 대이동이 애굽을 향해서 벌어지는 것입니다.

그러면 이 애굽 나라는 무엇이냐? 장자의 나라입니다. 문화도 장자인 사탄 문화라는 것입니다. 애굽 나라는 장자의 문화고, 이스라엘 민족은 차자의 문화입니다. 애굽은 가인권 문화형이고 이스라엘 민족은 아벨권 문화형입니다.

가정 다음에는 민족적으로 수난을 받으면서 국가적 기반을 닦아야 됩니다. 이래 가지고 4백년 동안 종살이를 했습니다. 핍박하고, 죽이고, 이렇게 하더라도 이스라엘 민족은 사랑으로써 신의에 있어서, 심정에 있어서, 하늘을 사랑하는 데 있어서 그들 앞에 전부 본이 되어야 했습니다. 그러면 하늘이 축복하게 돼 있습니다.

거기에서 애급 나라의 맨 하층에 있는 사람, 못 살고 찌그러진 사람들은 이스라엘 민족을 좋아했지만 계급이 높을수록 그 반대였습니다. 마찬가지입니다. 하늘의 승자권을 중심삼고 아벨적인 입장에 이스라엘 민족이 있으니 제일 쓰레기 되는 사람들이 이스라엘 민족을 좋아했다는 것입니다. 그렇지만 고급의 사람들은 전부 다 '너희들이 뭘 하느냐?'고 했다는 것입니다. 그래 가지고 점점 커 가요. 점점 커 갑니다. 애급 사람이 흡수되는 거예요. 그렇게 되니 왕권이 야단났어요. '나라가 전부 다 이스라엘한테 먹혀 버린다' 하고 말입니다. 장자의 기업을 빼앗으러 왔구나 하는 것입니다. 이것이 딱 공식입니다. 장자의 기업을 빼앗고 있구나!

그래서 아벨이 죽은 역사와 마찬가지의 역사가 국가적 기준에서 벌어지는 거예요. 그렇기 때문에 개인적으로 희생되는 것을 보고도 참아야 됐습니다. 가정적으로 희생되는 것도 참아야 되었고, 민족적으로 희생되는 것도 참아야 됐습니다. 4백 년 동안 참아야 되었습니다. 원수예요. 예수님이 말한 '원수를 사랑하라'는 정의도 여기서 나온 겁니다.

야곱도 원수인 에서를 사랑했다는 거예요. 형제를 사랑하는 것이 하나님을 사랑하는 거예요. 아버지를 사랑하는 것이요, 부모를 사랑하는 것과 마찬가지라구요. 그렇기 때문에 하나님을 사랑하기 위해서 형님을 사랑하는 것입니다. 형님이 뭐냐? 내가 아벨 입장이면 그가 가인이고, 내가 야곱 입장이면 그가 에서였더라는 것입니다. 형제가 하나 안 되면 하나님의

1. 메시아 기대를 위한 이스라엘의 시험과 시련

뜻이 이루어지지 않고 가정을 복귀할 수 없어요. 법을 세울 수 없다는 것입니다.

 그대로 되었나요, 안 되었나요? 애급에서 가인 아벨과 같은 입장이 그대로 국가적 차원에서 벌어져서 애급 민족과 이스라엘 민족이 대결했다는 것입니다. 이스라엘 민족이 수난길을 다 거쳐 가나안 복지에 들어와 가지고는 메시아가 오기를 기다렸습니다. 이렇게 됐는데 돌아와 보니 어떻게 됐느냐 하면 더 큰 가인인 로마제국권 내에 들어갔다는 것입니다. 국가적권이 아니라 세계적권 내라는 거예요. 만일 가인이 애급을 굴복시키고 하나되어 가지고 왔더라면 로마제국은 문제가 안 된다는 것입니다.

가나안에 도착한 이스라엘 민족은 먼저 성전을 지었어야

174 - P.085, 1988.2.24

 이스라엘 민족이 40년 동안 광야에서 유리고객(流離孤客)하면서 피폐한 생활을 했습니다. 생활면에서는 주리고 형편이 없었어요. 그런데 가나안 땅에 들어가 보니 가나안 칠족은 잘 살고 있더라는 것입니다. 비록 우상을 섬기고 있지만 잘 살고 있었습니다. 그래서 이 사람들은 부모나 아들딸들이 그 집에 붙어 가지고 잘 먹고 잘살았으면 하는 생각을 한 것입니다.

 그러나 거기서 이스라엘 민족은 가나안 칠족을 넘어서 건국을 생각했어야 했습니다. 건국을 위해서는 하나님의 성전을 지어야 됐어요. 그 성전은 나라의 터전이 되어서 나라를 구할 수 있어야 되는 것입니다. 그 성전과 하나되어 가지고 정신적

나라 기준에서 일치될 수 있는 사상적 터전을 이루어야 했던 것입니다. 그래서 정신분야의 중심적 주체성을 세워서 국가적 체제권 내에 있어서 환경을 이끌어 갈 수 있는 국가체제의 상대권을 형성해야 했습니다. 상대권이 조성되어 있지 않을 때는 정신분야를 중심삼고 창조해야 됩니다.

이스라엘 민족이 바빌론에 가서 살다 돌아와서 한 일이 그거였어요. 또 가나안 복지에 들어가서 해야 할 일이 그거였습니다. 첫째로 해야 할 것이 나라를 지도할 수 있는 성전을 짓는 것입니다. 이스라엘 민족이 성전을 지어서 뭘 할 것이냐? 자기 사는 것이 문제가 아닙니다. 그걸 알아야 돼요. 자기 사는 것이 문제가 아닙니다. 나라를 찾아야 됩니다. 이스라엘 민족이 가나안 복지에 온 것은 나라를 찾아온 것입니다. 왜 찾아온 건가요? 나라를 찾기 위해서였습니다. 건국을 위해서였다는 것입니다. 건국, 나라를 세우는데 애급을 능가할 수 있는 나라를 찾아온 것입니다.

애급에서 고생하고 신음하던 역사를 회상하고 애급에 돌아가겠다는 생각을 해서는 안 되는 것입니다. 그 이상으로 하겠다는 생각을 가지고서 그 앞에 나타난 가나안 칠족이 있으면 밀고 넘어가 가지고 그걸 토대로 점핑하여 애급보다도 더 큰 나라로서의 조국을 세워야 된다는 신념을 중심삼고 나가야 했던 것입니다. 누구에 의해서? 하나님과 더불어 성전을 중심삼고. 그래서 언제나 법궤를 모시고 다녔잖아요? 법궤를 중심으로 국민을 규합한 것입니다. 그것을 알아야 돼요. 법궤를 중심삼은 국민규합입니다.

바빌론 포로시대에서 돌아와 가지고 말라기 시대에 해야 할 일 또한 성전 복구운동이었습니다. 마찬가지예요. 그것을 해

1. 메시아 기대를 위한 이스라엘의 시험과 시련

야 돼요. 안 하면 안 됩니다. 피폐한 모든 성전을 전부 복구해야 됩니다. 민족정기의 주체성으로 등장할 수 있는, 하나님을 시봉하는 성전을 중심삼고 완전히 주체성 확립을 전국화 시켜야 했습니다. 전국화뿐만 아니라 세계화시킬 수 있는 주체성으로 드러나기를 하나님은 바라셨던 거예요. 그것이 복고사상권 내에 있는 이스라엘 민족에 대해 하나님이 원하는 소원의 길이었다는 것입니다.

시험과 시련의 의미

003 - P.342, 1958.2.9

이스라엘 민족은 가나안 땅에 들어와서는 성전이념을 실현해 놓고 성전과 하나되어야 했습니다. 그런데 이러한 입장에 서지 못했기 때문에 이스라엘 민족은 쓰러지게 된 것입니다. 이와 같이 말씀을 중심삼고 하나 못 되는 민족은 때가 오기 전에 반드시 하나님으로부터 버림을 받는 것입니다.

애초에 피조만물은 말씀을 중심삼고 여섯 기간을 통하여 지음받았습니다. 그렇기 때문에 만물복귀의 민족적인 고개를 넘고 세계적인 고개를 넘어가게 될 때에도 반드시 6수의 과정을 걸어놓고 하나님의 말씀을 세우느냐 못 세우느냐 하는 시험, 즉 천사장 대신 아담을 공격하는 일이 벌어진 것입니다.

그래서 예수님이 오시기 6세기 전에 이스라엘 민족은 구약말씀을 잘 지키느냐 안 지키느냐 하는 시험을 받았습니다. 즉 하늘은 이스라엘 민족이 뜻을 세계적으로 전파해야 할 때에 이르자 민족을 쳤던 것입니다. 이것이 이스라엘 민족이 바벨론에 잡혀가는 기간입니다. 그래서 과거에 하나님을 배반하였던 이 민족이 다시 말씀을 배반하느냐 배반하지 않느냐의 중대한 기로에 서게 되었습니다.

하늘을 배반했던 민족이기에 하늘을 대신하여 이 민족이 새로운 6수의 출발고개를 넘게 될 때는, 사탄의 공격과 내리침을 허락하지 않을 수 없다는 것입니다. 그래서 바벨론을 시켜 이스라엘 민족을 점령하게 하는 때가 있었습니다.

그때 이스라엘 민족은 하나님이 준 말씀을 붙들고 모세가 광야를 헤매면서도 하나님을 위하고 민족을 사랑하던 그 심정을 품고 원수의 나라인 바벨론에 가서 끝까지 싸워 말씀을 사수해야 했습니다. 그러한 민족이 되어야 했는데 그러지 못함으로써 이스라엘 민족이 깨져 나갔다는 것입니다.

구약성경을 중심삼고 제2차 민족적인 말씀의 기준을 복귀하여야 할 역사적인 노정에 선 이스라엘 민족이 하나님의 선민 된 절개를 품고 있었다면 비록 바벨론에 잡혀갔을지라도 모세와 같은 새로운 지도자가 나와 그들을 이끌고 나왔을 것입니다.

그런데 6세기가 지난 후에 어떠한 형태가 벌어졌습니까? 뜻이 있어 야곱이 에서의 직계를 무시하고, 모세가 택한 이스라엘 민족을 무시했던 것과 마찬가지로, 예수님이 이 땅 위에 오셔서 뜻이 있어서 에서 입장의 말씀인 구약을 무시하고 나서게 되었을 때, 환영하여야 할 에서의 입장에 있던 이스라엘 민족이 예수님을 환영하지 못했기 때문에 세계적인 사망권을 형성하게 되었다는 것입니다.

2. 모자협조를 통한 혈통복귀섭리

사탄과 혈연관계를 맺어 타락한 인류

053 - P.140, 1972.2.13

창세기에는 아담 해와가 사탄한테 꼬임을 받아 가지고 선악과를 따먹었다고 했습니다. 따먹는 데는 눈으로 보고 손으로 따고 입으로 먹었을 것입니다. 그러면 눈을 가리고 손을 가리고 입을 막아야 할 텐데 난데없는 하체를 가렸습니다. 이래 가지고 해와가 타락했다고 했습니다.

그 다음에는 아무것도 모르는 아담을 대해 선악과를 강제로 따먹으라고 했습니다. 손으로 따고 입으로 먹었을 텐데 따먹고 난 후에 아담도 하체를 가렸습니다. 사람은 흠이 있는 곳을 가리는 것이 본성인 것입니다. 남자가 얼굴에 흠이 있으면 어떻게 하든지 얼굴을 가리고 싶어합니다. 더욱이나 여자들은 조금만 흠이 있으면 그걸 가리고 싶어하는 것입니다. 결국 사람은 흠이 있는 곳을 가리고 싶어하는 것입니다. 아담과 해와가 하체를 가렸다는 것은 그 하체가 흠이 되었기 때문입니다. 이것을 부정할 수 없는 것입니다.

욥기 31장 33절에 '내가 언제 아담처럼 내 죄악을 품에 숨겨 허물을 가리었던가' 하는 말씀이 있습니다. 결국은 부끄러운 곳을 가리었다고 했습니다.

그러면 인류 조상이 불법적인 불륜의 정조관계로 말미암아 저지른 사건이 있는 것 같다는 관점에서 성경을 또 찾아봅시다. 요한복음 8장 44절을 보면, 예수님이 불신한 사람들을 대해서 '너희는 너희 아비 마귀에게서 났으니 너희 아비의 욕심을 너희도 행하고자 하느니라'고 단적으로 결론지어 말했습니다. 지적해서 말했습니다. 그 다음에 불신하는 바리새인을 대해서 '독사의 자식들아' 라고 지적해서 선포했던 것입니다.

이런 것을 두고 볼 때 타락한 우리 인류는 혈통적인 관계에서 범행을 저질렀다고 결론지을 수 있는 것입니다. 타락하지 않았으면 우리 인간은 완성해 가지고 성전(聖殿)이 되고 하나님의 몸이 되어 하나님의 신성(神聖)을 받을 수 있는 거룩한 몸이 되었을 것입니다. 이런 것이 하나님의 사랑 가운데서 이루어져야 할 텐데도 불구하고 그 몸에 사탄이 침범함으로 말미암아 사탄의 종이 되어 악성(惡性)을 받은 인간이 되어 버린 것입니다.

타락하지 않았으면 아담 해와가 하나님의 몸이 되어 가지고, 하나님의 사랑 가운데서 하나되어 가정을 이루었을 것입니다. 거기에서 아들딸이 태어났으면 그 아들딸은 하나님의 아들딸이자 아담 해와의 아들딸이 되는 것입니다. 하나님이 직접 주관하는 가정이 되고, 종족이 되고, 민족이 되고, 세계가 되고…. 이렇게 되면 지상에 자동적으로 천국이 이루어질 것이었습니다. 그런데 사탄 마귀가 들어와 혈통적으로 유린함으로써 아담 해와와 하나되어 가지고 후손을 번식한 것이 타락이요, 그 후손이 세계적으로 번식해 놓은 것이 지금까지

2. 모자협조를 통한 혈통복귀섭리

의 인류인 것입니다.

　타락하지 않았으면 우리 인류는 하나님과 같이 살 수 있는 참된 부모를 중심삼고 참된 가정이 에덴에서 아담가정을 중심삼고 이루어졌을 것인데, 타락함으로 말미암아 거짓된 부모와 거짓된 아들딸이 생겼습니다. 참된 세계 대신 악한 세계가 된 것은 우리 인류의 원통한 일이요, 하나님에게도 원통한 일이 된 것입니다.

　이렇게 핏줄을 타고 들어왔기 때문에 자동적으로 아담가정을 중심삼고 번식해 나갔습니다. 사탄 마귀가 인류의 중심이 되니 이 세상의 왕이 안 될 수 없다는 것입니다. 그렇게 됨과 동시에 우리는 떼려야 뗄 수 없는 사탄 마귀의 핏줄을 받고 태어났습니다. 혈통적으로 원죄를 갖고 태어난 것입니다.

　이 몸뚱이가, 하나님의 혈통을 받고 영원히 하나님의 사랑을 받아야 할 몸이 하나님의 원수요, 본연의 인간 앞에 원수되는 사탄 마귀의 피를 받아 가지고 지옥으로 끌려가야 할 원통한 입장에 있다는 사실을 지금까지 몰랐습니다. 하나님을 중심삼고 평화로운 천국에서 이상적으로 재미있게 살 수 있는 가정을 사탄이 채어 덮쳐 가지고 불행과 지옥의 세계를 만들었다는 것입니다. 그럼으로 말미암아 하나님은 쫓겨났다는 것입니다.

　사랑은 절대적이기 때문에 사랑의 관계를 맺게 되면 온 우주가 그 앞에 주관을 받게끔 되어 있습니다. 창조원칙이 그렇기 때문에 사탄이 먼저 점령한 것을 하나님이 그 원칙을 무시하고 그냥 빼앗을 수 없다는 것입니다. 만일 하나님의 사랑과 하나되어 있다면 누가 끊어요? 끊을 자가 없다는 것입니다.

▲ 선생님께서 손수 지으신 최초의 교회 범냇골 토담집 앞에서 식구와 함께

그러면 사탄 마귀는 무엇이냐? 하나님을 중심삼고 볼 때 하나님의 사랑의 원수입니다. 사랑의 원수, 즉 간부(姦夫)라는 거예요. 이걸 용서했다가는 천지가 뒤집어지기 때문에 본연의 사랑을 찾기 위해서는 용서할 수 없다는 것입니다. 이걸 심판하지 않고는 찾을 수 없다는 것입니다. 그렇기 때문에 불륜한 사랑관계를 하나님이 제일 원수시하는 것입니다. 이것이 팽창했기 때문에 하나님이 안착할 수 없는 것입니다.

사랑이라는 것은 혼자 있을 때 생겨나도 사랑은 상대로부터 오는 것이라는 사실을 알아야 됩니다. 사랑의 근거지가 어디냐 하면, 내가 아니고 상대방이라는 것입니다. 그 고귀한 사랑이 나한테 미쳐지기 위해서는 그것을 받으려면 머리를 숙

2. 모자협조를 통한 혈통복귀섭리

여야 되는 것입니다. 오늘날 이 세상의 사랑은 전부 다 그릇된 사랑입니다. 이러한 혈통적인 문제가 있기 때문에 하나님도 6천년 동안 수고해 나왔다는 것을 알아야 됩니다.

로마서 8장을 보면 '아무리 잘 믿는 성령의 열매인 우리까지도 아바 아버지라 불러 양자 되기를 기다린다'고 했습니다. 양자 되겠다고 했어요. 하나님 앞에는 직계 아들이 될 수 없다는 것입니다. 양자라는 것은 핏줄이 다른 거예요. 핏줄이 다르다구요. 성경을 보면 그렇게 돼 있습니다.

성경을 보면 장자는 축복받지 못했습니다. 하나님이 사탄 마귀 새끼가 처음 난 걸 보았을 때 얼마나 기가 막혔겠습니까? 때려죽이고 싶었을 것입니다. 아담 해와도 한꺼번에 다 때려죽이고 싶었을 것입니다. 그러나 인간을 지을 때 영원하신 하나님 앞에 절대적인 상대로 지었기 때문에 깨뜨려 버리면 하나님의 창조원칙에 어긋나는 것입니다. 창조원칙에 어긋나기 때문에 때리려야 때릴 수 없고, 치려야 칠 수 없고, 파괴시키려야 파괴시킬 수 없는 입장에 놓여 있는 것입니다.

그러면 누구 때문에 실패했느냐? 사탄 마귀 때문에 실패했다는 것입니다. 그래서 다시 빼앗아 와야 되는 것입니다. 빼앗는 데는 사탄 마귀가 전부 다 가졌기 때문에 사탄이 앞에서 끌고 가면 하나님은 뒤에서 따라갈 수밖에 없습니다. 그래서 하나님이 찾아오는 계획을 누구부터 해야 되느냐 하면 사탄이 첫째 아들을 끌고 갔기 때문에 둘째 아들부터 하지 않으면 안 된다는 것입니다.

천사가 아담을 주관했습니다. 종이 아들딸을 지배했으니 반대로 하늘편의 사람이 종 새끼들을 거꾸로 지배해야 된다는 것입니다. 고린도전서 6장 3절을 보면 '너희가 천사를 심판

할 줄 알지 못하느냐' 하는 말이 있습니다. 천사까지도 심판해야 된다는 겁니다. 이렇게 엄청나고 이렇게 고귀한 인간인데, 오늘날 인간들이 말하기를 미인이라든가 아름다운 것이 있으면 '아! 그거 천사같이 아름답다'고 합니다. 천사가 비할 게 아니라는 거예요. 그렇기 때문에 사탄보다도 나아야 된다는 것입니다.

하나님이 본래 주관해야 할 것은 사탄보다도 나중 났다는 사람이 아니라구요. 사탄보다도 먼저 났다는 사람을 주관해야 된다구요. 나기는 사탄편이 먼저 났지만 하늘편이 먼저 낳아 가지고 사랑해야 된다는 것입니다. 그런데 왼쪽에 있어야 할 사탄 마귀가 바른쪽으로 가고, 바른쪽에 있어야 할 하나님이 왼쪽으로 왔다는 것입니다. 이걸 거꾸로 바로잡아야 된다는 것입니다. 바로잡는 데는 나중 낳아 가지고는 안 되겠으니 먼저 났다고 하는 자리를 찾아야 되는 것입니다.

그 다음에는 사탄 마귀보다도 더 사랑해야 된다는 것입니다. 사탄 마귀편의 아들보다도 하늘편의 아들을 더 사랑해야 된다는 것입니다. 사랑하려면 사탄과 혈통적 관계를 가져서는 안 됩니다. 그래서 어머니 뱃속에 다시 집어넣어 가지고 아들이 나오게 될 때, 사탄이 참소조건을 갖지 않고 하나님이 사랑할 수 있는 아들을 찾기 위한 운동을 한 것입니다.

타락으로 말미암은 결과의 세계

074 - P.140, 1974.11.28

타락한 결과 어떻게 됐느냐 하면, 우리는 사망권 내에 떨어졌습니다. 하나님이 선악과를 따먹으면 반드시 죽으리라 하

2. 모자협조를 통한 혈통복귀섭리

신 말씀과 같이 죽을 수 있는 사망권 내에 떨어져 들어왔습니다. 타락한 결과 어떻게 됐느냐? 요한복음 8장 44절에 보게 되면, 사탄 마귀가 우리 인류의 아버지가 되었다고 예수님은 지적했습니다. 하나님을 아버지로 모셔야 할 그 아담 해와가 타락함으로 말미암아 사탄 마귀를 아버지로 모시게 됐다는 이 원통한 사실이 타락의 보응인 것을 알아야 되겠습니다.

그런 연고로 사탄의 품에 품겨서 자라는 아담과 해와는 서로가 원수의 입장에 선 것입니다. 해와가 아담을 타락시켰기 때문에, 타락한 아담의 입장에서 보게 된다면 타락시킨 해와는 원수이기 때문에 원수와 같은 형제의 전통, 죄를 가진 형제의 전통이 세워진 것을 알아야 되겠다는 것입니다.

아담 해와는 하나님의 사랑 가운데서 성숙한 것이 아닙니다. 사탄 마귀의 지배 하에서 자라나 가지고 성혼식을 올렸는데, 그 성혼식이 죄 있는 부부의 기원이 성립되었다는 사실을 알아야 되겠습니다. 죄 있는 부부의 성립과 더불어 죄 있는 가운데서 아들딸을 낳음으로 말미암아 죄 있는 부모가 성립되었고, 죄 있는 아들딸이 번식되기 시작했다는 것입니다.

서로가 원수와 같은 입장에서 싸우는 이런 악한 죄 있는 형제들이 번식되어 가지고, 그 가정들이 종족을 이루고, 종족들이 분립되어 가지고 국가를 이루고, 국가들이 분립되어 가지고 세계를 이루어 놓은 것이 오늘날 우리가 사는 세계라는 것을 알아야 되겠습니다.

그러한 결과에 도달하니, 자연히 사탄 마귀가 이 세계를 지배하게 되었다는 것입니다. 이 사실을 성경은 여러 곳에서 지적하고 있는 것입니다. 요한복음 12장 31절에 보게 된다면 이 세상 임금은 사탄 마귀라고 지적했습니다.

하나님이 창조한 이 세계 가운데서 하나님이 주인이 되어야 할 텐데 어찌하여 사탄 마귀, 하나님의 원수가 이 세상을 지배하는 왕이 돼 있느냐 하는 문제를 두고 볼 때, 이것은 타락의 결과임에 틀림없는 것입니다. 더 나아가서는 공중 권세까지도 사탄 마귀가 지배하고 있다고 성경에서는 지적했습니다.

그것이 하나님이 원하시던 뜻의 세계냐고 묻게 될 때, 아닌 것입니다. 타락함으로 말미암아 슬픈 결과의 세계가 되었다는 사실을 우리는 알아야 되겠습니다. 그러니 이런 세계에 떨어진 인간들이, 하나님의 원수, 사탄 마귀 앞에 지배받는 이 인간들이 자기 스스로 하나님이 원하시는 본연의 뜻의 세계로 돌아갈 길이 있을 수 있느냐? 돌아갈 수 있느냐? 이건 불가능한 것입니다. 사탄이 돌이켜 주지 않는데, 그걸 뚫고 나갈 사람이 있어요? 없다는 것입니다. 그것은 하나님밖에 할 수 없다구요. 하나님밖에 할 수 없다 이거예요.

이제 여러분이 확실히 알아야 할 것은 무엇이냐? 타락함으로 말미암아 사탄 마귀가 생겨났다는 것과 사탄이 세계를 지배하여 사탄주권세계가 되었다는, 사탄이 이 땅을 지배하고 있다는 사실을 알아야 되겠다 이거예요. 그래서 이 죄를 청산하고 사탄 마귀의 주권을 타파해 가지고 인류를 하늘편으로 빼앗아 오고 사탄을 완전히 매장할 수 있는 계획을 하나님은 하지 않을 수 없다는 것입니다.

타락으로 말미암아 하나님의 뜻을 이루지 못한 인간

074 - P.137, 1974.11.28

이제 우리가 확실히 알아야 할 것은 하나님의 뜻이 무엇이

2. 모자협조를 통한 혈통복귀섭리

냐 하는 것입니다. 이것을 확실히 알지 않으면 안 된다고 보는 것입니다.

하나님은 영원하시고 불변하시고 절대적인 분이시기 때문에 그분의 뜻은 단 하나이지 둘일 수 없다는 사실을 우리는 알아야만 되겠습니다. 그분은 절대적인 하나님이시기 때문에 그분이 정하고 그분이 뜻하신 것은 반드시 성사하고야 마시는 것입니다.

우리는 성경을 통해 에덴동산의 하나님께서 선악과를 따먹지 말라고 분부한 내용을 알고 있습니다. 따먹는 날에는 반드시 죽으리라고 경고했던 것입니다.

이러한 경고의 말씀을 하신 것은, 선악과를 따먹게 하기 위해서가 아니라 선악과를 따먹지 않고 이루어질 뜻의 세계로 가게 하기 위해서인 것은 두말할 바 없는 것입니다. 그런데 선악과를 따먹음으로 말미암아 하나님이 본래 의도하신 뜻의 방향으로 가지 못하고 타락했다는 사실을 우리는 알고 있는 것입니다.

타락은 어디에서 했느냐 하는 문제를 두고 볼 때, 이것은 어디 공중이나 혹은 높은 데서 떨어진 것이 아니라 하나님이 본래 뜻하시던 그 뜻에서 떨어졌음을 말하는 것임을 우리는 알아야만 되겠습니다.

그렇기 때문에 뜻 가운데 있었더라면 영원할 수 있는 영생의 자리에 있을 수 있었는데도 불구하고, 뜻에서 떨어짐으로 말미암아 사망의 세계에 우리 인류는 있게 된 것입니다. 떨어졌다는 것은 병난 것을 말하는 것이요, 고장난 것을 말하는 것입니다.

창세기 6장 6절을 보면 타락한 이후에 하나님은 인간 창조한 것을 탄식하셨습니다. 그렇게 타락한 것을 대해서 후회하신 것을 보면 하나님은 인간이 타락하기를 바라셨던 것이 아니라 타락하지 않기를 바라고 계셨다는 사실을 우리는 확실히 알 수 있는 것입니다. 오늘날 기독교인들 중에는 아담 해와가 타락하게 된 것도 하나님의 뜻이라고 알고 있는 신자들이 많은 것을 우리는 알고 있습니다.

사랑의 주체 앞에서는 주관받는 것이 원칙

022 - P.246, 1969.5.4

아담 한 사람을 중심삼고 볼 때, 하나님은 아담을 창조한 창조주로서 원리적으로 그를 취할 수 있는 입장에 있는 것입니다. 사탄은 어떻게 해서 아담을 취할 수 있는 입장에 서게 되었느냐? 선악과를 따먹었다고 해서 끌고 가요? 못 끌고 갑니다. 사랑을 중심삼고 아담과 관계를 맺었기 때문에 아담이 안 끌려가려야 안 끌려갈 수가 없었던 것입니다.

본래 창조원칙을 두고 볼 때, 사랑의 인연이 맺어지면 반드시 그 상대의 주관을 받게 되어 있습니다. 그의 주관권 내로 들어가게 된다는 것입니다. 사랑의 관계를 맺으면 그렇다는 것입니다. 사랑의 법도는 주관받는 것이 원칙입니다. 창조의 원칙이 그렇다는 것입니다.

그런데 사랑을 중심삼고 사탄이 먼저 인간과 관계를 맺었다는 것입니다. 아담 해와가 공식적으로 사탄의 주관권 내에 들어감으로써 사탄이 '아담 해와는 내 것'이라고 당당히 주장할 수가 있게 되었다는 것입니다. 그러면 원리적인 입장에 계시는 하나님은 창조한 주인의 입장으로서 아담 해와를 완전히

2. 모자협조를 통한 혈통복귀섭리

하나님의 것으로 만들어야 되겠는데, 사탄이 옆에서 사랑의 관계를 맺어 가지고 아담 해와를 완전히 주관할 수 있는 내용을 가지고 있으니 여기에서 하나님과 사탄과의 싸움이 벌어지는 것입니다. 아담 해와를 놓고 둘이 서로 자기가 가져야 된다고 하고 있는 것입니다.

사랑의 인연이 맺어지면 반드시 주관받게 되어 있는 것이 원리인데, 이 원리를 세워 놓으신 하나님 자신이 원리를 부정할 수는 없는 것입니다.

사랑을 먼저 한 사람이 상대를 주관하는 것이 원칙입니다. 이것이 사랑의 법도입니다. 그러면 사랑을 누가 먼저 했느냐? 천사장과 해와가 먼저 했다는 것입니다. 그러고 나서 해와와 아담이 인연을 맺은 것입니다. 창조원리를 중심삼고 볼 때는 하나님이 아담 해와를 주관할 수 있는 입장에 있지만 사랑을 중심삼고는 사탄이 주관할 수밖에 없는 것입니다.

뽑아 버려야 할 거짓 혈통

022 - P.282, 1969.5.4

사탄이 무엇입니까? 하나님의 간부입니다. 간부라 해서 무슨 회사의 간부가 아니라 하나님에 대하여 사랑의 원수인 간부(姦夫)라는 것입니다. 따라서 이것을 용서해 주면 천리의 원칙에 어긋나기 때문에 용서할 수가 없는 것입니다. 그러므로 오늘날 사탄세계의 인간들은 백 번, 천 번 용서를 할 수 있어도 사탄만큼은 절대적으로 용서할 수가 없다는 것입니다. 그래서 대심판이 있는 것입니다. 대심판은 누구를 심판하느냐 하면 사람을 심판하는 것이 아니라 인간의 마음속에 주인인 양 임재해 있는 사탄을 심판하는 것입니다.

 기도할 때 하나님을 무엇이라고 부릅니까? 하나님을 주인이라고 해요, 아버지라고 해요? 아버지라고 하지요? 본래 태어나기를 전부 다 하나님의 직계 아들딸의 핏줄을 타서 하나님의 사랑 가운데서 영생할 수 있게끔 태어나야 할 것인데, 해와가 원수 사탄에게 겁탈을 당함으로 인하여 거짓된 혈통을 받아 세상에 태어난 것입니다. 사탄이 본래의 아버지를 죽여 버리고 어머니를 빼앗아 태어나게 한 자식들이 오늘날 타락한 세계의 인간들인 것입니다. 이것은 아무리 기분이 나빠해도 어쩔 수 없는 엄연한 사실입니다. 그러므로 여러분의 피와 살에는 전부 다 하나님의 원수인 사탄의 피가 흐르고 있습니다. 하나님의 원수의 피가 흐르고 있다는 것입니다. 이것을 빼서 없애야 하기 때문에 오늘날 종교에서는 몸을 때려잡으라고 하는 것입니다. 그래서 몸을 때려잡는 운동으로 '몸을 쳐라! 희생하라! 금식해라!'고 하는 것입니다. 오늘날 이 땅 위에 살고 있는 세계의 30억에 가까운 인류는 전부 다 사탄의 종자들입니다.

 그러면 아담과 해와가 만약 타락하지 않았으면 어떻게 되겠는가? 하나님의 기준에 올라가서 하나님을 중심하여 삼위일체가 되었을 것입니다. 그리하여 여기서 난 자녀들은 전부 다 천국에 갈 수 있는 아들딸이 되는 것입니다. 그랬으면 기도가 왜 필요하고 종교가 무엇 때문에 필요합니까? 신앙이라는 명사는 인간에게 필요치 않았을 것입니다. 아버지를 믿어요? 아버지를 구주라고 구원해 달라고 빌기는 뭘 빌어요? 그냥 아버지의 품속에 덥석 뛰어들어 가지고 아버지를 타고 앉아서 수염을 뽑아도 되는데 믿기는 무얼 믿는다는 것입니까?

2. 모자협조를 통한 혈통복귀섭리

022 - P.247, 1969.5.4

아담가정에서부터 분립섭리를 하신 목적

사랑의 법도가 거꾸로 되었으니 이것을 원리원칙대로 회복해야 됩니다. 그러자면 아담을 하나님편과 사탄편으로 갈라 놓아야 되는데 아담을 직접 가르면 죽어 버리기 때문에 할 수 없이 아담의 아들들을 통해서 나누어야 되는 것입니다. 아담의 아들들은 사랑의 열매이니만큼 하나님도 주관할 수 있고 사탄도 주관할 수 있는 입장에 있기 때문에 가인과 아벨을 각각 하늘편과 사탄편으로 갈라 세워야 한다는 것입니다. 그래서 첫 번째 사랑은 천사장과 해와의 사랑이기 때문에 장자인 가인을 그 사랑의 표시체로 사탄편에 세우고, 두 번째 사랑은 해와와 아담의 사랑이기 때문에 차자인 아벨을 그 사랑의 표시체로 하나님편에 세우게 되었던 것입니다.

이 싸움에서의 승패는 하나님이나 사탄에 의해서 결정되는 것이 아닙니다. 타락은 사탄에 의해서 이루어졌지만 타락한 장본인은 인간이므로 그 인간 자신에게 싸움의 승패가 달려 있는 것입니다. 사람의 행동 여하에 따라서 구원섭리가 이루어지느냐 못 이루어지느냐가 결정되는 것입니다. 그래서 하나님은 아담가정에서부터 구원섭리를 시작하셨던 것입니다.

원래 아담은 하나님의 아들이요, 천사장은 하나님의 종입니다. 하나님의 종은 하나님의 아들 앞에 완전히 순종 굴복해야 되는 것입니다. 그런데 종인 천사장이 아들인 아담한테 주관을 받아야 할 것이 거꿀잡이가 되었다는 것입니다. 천사장이 아담 해와를 주관하게 되었던 것입니다. 주관성이 전도(顚倒)되었다는 것입니다. 그러니 이것을 복귀해야 되는 것입니다.

원래는 하나님편에 서 있었던 아담이 하나님의 사랑을 중심삼고 원리적인 주관권을 가지고 해와와 천사장을 주관하여 천리의 원칙을 세워야 할 것이었습니다. 그런데 아담이 타락됨으로 말미암아 창조원리적 입장에서는 하나님이 아담을 취할 수 있는 입장이지만 사랑을 중심삼고는 사탄이 아담을 취할 수 있는 입장에 놓이게 되었다는 것입니다.

이것을 하늘편으로 다시 찾아 세우기 위해서는 어떻게 해야 되느냐? 주관받아야 될 천사장이 거꾸로 아담을 주관했기 때문에 반대로 주관받는 자리에 들어가 원래의 기준을 복귀해야 된다는 것입니다. 그래서 사탄편에 세워진 가인이 하나님편에 세워진 아벨에게 역으로 굴복해야 한다는 것입니다. 굴복하지 않으면 복귀가 안 됩니다. 이것이 하나님의 섭리노정에 있어서 첫 번째 섭리의 흔적이라는 것입니다.

그런데도 이것을 모르고서 아벨은 피의 제사를 드렸기 때문에 어쩌고 저쩌고 하는데 그것이 아니라는 것입니다. 피의 제사가 왜 필요해요? 타락했기 때문입니다. 타락했기 때문에 피의 제사가 필요한 거예요.

그러면 타락하기 전으로 어떻게 돌아가느냐? 근본적으로 입장이 바꾸어져야 됩니다. 그래서 가인은 아벨을 통해서 하나님 앞에 나가고, 또한 천사장은 아담을 통해서 하나님 앞에 나가야 하는 것입니다. 거꿀잡이가 된 그 기준, 다시 말하면 하나님의 사랑을 중심삼고 아담 해와로부터 주관을 받아야 했던 천사장이 거꾸로 아담 해와를 주관함으로 말미암아 주관성이 전도되었던 것을 바로 찾아 세워야 한다는 것입니다. 그래서 먼저 난 장자는 사탄편에 세우고 나중에 난 차자는 하늘편에 세워서 잘못 난 것을 바로 고치기 위해 나중에 난 것을 먼저 난 것으로 바꿔치기 하는 일을 해 나온 것입니다.

2. 모자협조를 통한 혈통복귀섭리

사탄이 먼저 장자의 입장에서 사랑을 중심삼고 주관의 권한을 행사했기 때문에 동생도 자동적으로 주관할 수가 있는 것입니다. 그래서 하나님은 빼앗아 나오는 역사를 하신 것입니다.

돌감람나무와 참감람나무

022 - P.242, 1969.5.4

성경을 보면 가인과 아벨이 서로 싸우는데 그것도 아담이 타락했기 때문입니다. 아담이 타락함으로 말미암아서 인간은 하나님도 대할 수 있고 사탄도 대할 수 있는 중간 입장에 놓여지게 되었습니다. 그렇기 때문에 하나님은 아담 해와를 중심삼고는 구원역사, 즉 복귀를 못한다는 것입니다. 왜? 그들은 타락한 장본인이기 때문입니다.

선악과가 무엇이냐? 선악과가 그냥 선악과입니까? 성경에는 알쏭달쏭하게 되어 있습니다. 선악과를 따먹고 무화과나무의 잎으로 왜 하체를 가렸느냐는 것입니다. 왜 하필 하체를 가렸느냐는 것입니다. 부끄러우니까 가렸다는 것입니다. 그러면 왜 부끄러우냐는 것입니다. 오늘날 우리가 타락한 사회의 관습적인 관념을 가지고서 '부끄럽다고 생각하니까 부끄럽지' 한다면 그것은 말이 안 됩니다. 부끄럽다면 왜 하체만 부끄러우냐는 거예요. 부끄럽다면 눈은 부끄럽지 않고, 코는 부끄럽지 않고, 귀는 부끄럽지 않고, 머리는 부끄럽지 않고, 손발은 부끄럽지 않느냐 이거예요.

또 성경에 보면 다시 태어나야 된다는 말씀이 있습니다. 다시 태어나야 된다는 말은 잘못 태어났다는 것을 뜻합니다. 사람이 세상에 태어날 때는 무엇을 통해서 태어나느냐? 선악과를 통해서 태어나느냐? 아닙니다. 사랑을 통해서 태어나는 것입니다. 부모의 사랑을 통해서 사람이 태어나는 것입니다. 그러나 우리 인류의 조상은 사랑을 통해서 태어나기는 태어났는데 하나님이 사랑할 수 있고 만 우주에 자랑하고 선포할 수 있는 기쁨의 사랑을 통해서 태어나지 않았다는 것입니다. 하나님이 지극히 슬퍼하고, 사탄이 지극히 좋아하는 사랑을 통해서 태어났다는 것입니다.

인간은 아버지 어머니의 사랑을 통해서 태어납니다. 그런데 그 사랑이 잘못되었기 때문에 태어나는 것도 잘못 태어난다는 것입니다. 그것은 어쩔 수 없습니다. 이렇게 잘못된 사랑을 통해 태어남으로 말미암아 돌감람나무가 되었기 때문에 그 가지를 완전히 잘라 버리고 참감람나무의 참된 사랑의 가지에 접을 붙여야 하는 것입니다. 수천년 자란 돌람감나무 가지를 완전히 잘라 버리고 정성을 들여서 참감람나무에 접붙여야 된다는 것입니다.

야곱과 에서를 중심한 혈통복귀섭리

039 - P.092, 1971.1.10

하나님은 이것을 바꿔치는 섭리를 해 나오셨습니다. 바꿔치려면 어디까지 바꿔쳐야 되느냐? 형제끼리 바꿔쳤다 하더라도 성장한 이후에 바꿔쳤다면 그 이전까지가 문제가 됩니다. 40세에 바꿔쳤다면 40세 이전까지는 바꿔치지 못한 결과가 되는 것입니다. 그래서 40세 이후의 사람들은 구원을 받을는지 모르지만 40세 이전의 사람들은 구원받지 못하는 것입니

2. 모자협조를 통한 혈통복귀섭리

다. 사탄이 물고 들어간다는 것입니다. 이것이 고질병입니다.

그렇기 때문에 하나님은 할 수 없이 또 섭리를 하시는 것입니다. 아벨이 죽은 후에 셋을 세워 셋의 족속을 중심삼고 어디를 찾아 들어가느냐 하면 여자 복중으로 찾아 들어가는 것입니다. 타락은 복중에서부터 이루어졌기 때문입니다. 사랑의 씨는 복중을 통해서 태어났습니다. 그렇기 때문에 복중을 찾아 들어가서 바꿔치기를 하는 것입니다. 이게 얼마나 기가 막힌 놀음입니까?

뱃속에 들어가서 바꿔치지 않고서는 사탄이 태어나는 생명 자체를 하나님편으로 보내지 않겠다는 것입니다. 그러니 사람들을 거꾸로 바꿔치기 위해서는 할 수 없이 부모의 복중에까지 찾아 들어가 싸워 가지고 가려내는 싸움을 해야 된다는 것입니다. 그렇기 때문에 기독교는 역사상에 없는 하나님의 뜻을 대하는 종교라는 것이 여기에서 드러납니다.

이것을 가인과 아벨 형제에게서 바꿔치려고 했지만 그렇게 하지 못했습니다. 그래서 형제가 되어 있던 자리를 좁혀 들어가는 것입니다. 형과 동생을 바꿔칠 수 있는 교차점까지 찾아 들어가는 것입니다 그렇게 하여 가인 아벨의 계대를 셋이 잇고 그 뜻을 받들게 하여 야곱과에서의 시대가 오게 된 것입니다. 그런데 한 단계 가까운 자리에 들어가려니 쌍태를 세워 섭리하지 않을 수 없게 된 것입니다. 얼마나 가까워졌습니까? 형제는 형제이지만 쌍둥이 형제입니다.

여기에서 또 싸워야 하므로 야곱과 에서가 싸우게 된 것입니다. 이삭은 누구를 축복하려고 했습니까? 형, 에서를 축복하려고 했지요? 그러나 하나님은 아브라함의 하나님, 이삭의 하나님, 야곱의 하나님, 이렇게 내려오는데 이 에서를 축복하게 되면 큰일나는 것입니다. 그래서 어머니인 리브가가 후원하여 야곱을 도와주게 된 것입니다. 여기에서 모자협조가 나오는 것입니다. 여자가 먼저 타락했기 때문에 하나님의 아들딸을 해방시키기 위해 태어나는데 있어서는 여자가 협조하는 놀음을 해야 합니다. 여자가 사탄에게 끌려가지 않고 하나님 앞으로 가기 위한 놀음을 하는 것입니다.

여기에서 이삭은 천사장의 입장입니다. 리브가는 자기 남편인 이삭을 속이는 공작을 해서 야곱이 모든 축복을 받게 합니다. 그런데 성경을 문자대로만 본다면 형님을 속인 사기꾼인 야곱이 어떻게 하나님의 축복을 받을 수 있느냐 하는 의문을 갖게 될 것입니다. 그러나 빼앗겼던 것을 다시 빼앗지 않으면 안 되기 때문에 그렇게 하지 않으면 안 되는 것입니다. 천사장에게 빼앗겼던 것을 다시 찾는 것입니다.

에서와 야곱의 노정에 있어서 어머니와 아들이 합동공작을 하여 누구를 속였어요? 아버지를 속였지요? 이삭을 속였습니다. 이 세 사람은 아담 해와 천사장과 같은 입장입니다. 이삭은 천사장과 같고, 아들 야곱은 앞으로 올 아담과 같습니다. 따라서 소망의 아들로 태어날 수 있는 입장입니다. 그리고 어머니 리브가는 해와와 같습니다. 타락한 해와는 하나님의 아들을 잉태하지 못한 한이 있기 때문에 소망의 아들을 해산하는 것이 소망인 것입니다.

그래서 어머니인 리브가는 하늘편의 아들인 야곱과 하나되어 자기 남편인 이삭을 천사장 입장에 세운 것입니다. 그리하여 천사장의 맏아들이 되는 가인격인 에서가 받을 축복을 빼앗아 가지고 하늘편으로 되돌려 놓은 것입니다. 이때 형, 에서는 야곱을 죽이려고 했습니다. 때문에 야곱은 하란으로 도

2. 모자협조를 통한 혈통복귀섭리

망을 가서 21년 동안 지내게 되었던 것입니다.

그렇게 하여 야곱이 형 에서와 잘 교섭하여 생명을 구하게 되는 것입니다. 자기의 종들과 21년 동안 모은 재물을 형님에게 주겠다고 구슬려 가지고 결국은 에서가 야곱을 죽이지 않고 맞아들이게 되었던 것입니다. 그렇게 함으로 말미암아 결국 죽어야 할 가인과 같은 입장이지만 죽지 않은 입장에 섰기 때문에 결국 야곱은 에서가 굴복했다는 조건을 세웠습니다. 그리하여 비로소 이스라엘, 즉 승리했다는 민족권을 갖게 되었던 것입니다.

야곱은 얍복강에서 천사와 씨름을 해서 승리했습니다. 그것은 아담이 영적 천사에게 깔려서 실패했던 것을 뒤집어서 사람이 천사를 깔았다는 조건을 세운 것입니다. 이처럼 천사장의 실체와 마찬가지 입장에 있는 에서가 야곱에게 굴복할 수 있는 내적 기준을 야곱이 이미 닦았기 때문에 외적인에서도 굴복하는 결과를 가져왔던 것입니다. 성경을 보더라도 전부 부정할 수 없는 사실입니다. 선생님이 꾸며서 이야기하는 것이 아닙니다.

지금부터 몇 천년 전에 있었던 일입니다. 성경은 한 850년 동안 수많은 사람들의 손에 의해 기록된 것인데, 이러한 것이 이러한 체계를 중심삼고 기록됐다는 것은 하나의 사상적인 주인이 있어 가지고 예언자를 통해서 기록한 것이 아닐 수 없는 것입니다. 그러니 하나님이 없다는 말은 하지 말라는 것입니다.

쌍둥이 에서와 야곱이 싸워 가지고 누가 이겼어요? 야곱이 이겼지요? 그래서 바꿔졌어요, 못 바꿔졌어요? 바꿔졌습니다. 몇 살쯤에 바꿔졌습니까? 40살쯤입니다. 40살쯤 되어 가지고 쌍태로 태어난 형제가 바꿔치기는 했지만 태어나기 전 복중에서는 아직까지 바꿔치기가 안 되었다는 것입니다. 그래서 사탄이 물고 들어간다는 것입니다.

다말을 통한 복중복귀섭리

039 - P.095, 1971.1.10

아브라함 이삭 야곱, 3대가 되는 야곱에게 유다라는 아들이 있지요? 유다지파를 형성한 유다는 야곱의 넷째 아들입니다. 넷째란 동서남북, 춘하추동이라고 하듯이 넷째에서부터 사방의 기준이 나타나고 봄절기를 맞이하게 되는 것입니다. 그래서 넷째 아들이 축복을 받는 것입니다.

유다에게 며느리가 있었어요. 누군지 알아요? 다말입니다. 다말이 유다의 맏아들에게 시집을 왔는데 그 맏아들이 후손도 없이 죽었습니다. 옛날 유대 나라에서는 축복받은 혈통은 끊어져서는 안 되었습니다. 그리고 여자가 후손을 남기지 못하고 죽는 것은 여자로서의 도리가 아니었습니다. 그렇게 되면 축복을 망치는 여자가 된다는 것입니다. 그래서 유대 나라 법에는 형님이 아기를 낳지 못하고 죽었을 경우 그 형수를 동생이 인계 받도록 되어 있었습니다. 그것은 악이 아니라는 것입니다. 축복받은 여자를 버려서는 안 되게 되어 있었습니다. 외방에 내보내도 안 되었습니다. 사탄편에 내보낼 수 없다는 것입니다.

그래서 동생이 형수를 데리고 살았는데 그 동생도 죽었습니다. 그러니까 다말은 자기 일대에 축복받은 혈족을 잇지 못하는 것에 대해 생명을 잃는 것보다도 더 고심을 하게 되었습니

2. 모자협조를 통한 혈통복귀섭리

다. 자신은 죽더라도 어떻게든 축복받은 혈족을 남겨야 한다는 사명감, 하나님의 축복을 남길 수 있는 그 길을 추구하는 마음이 다말은 누구보다 강했습니다.

이것을 이룰 수 있는 길이 있다면 체면 불구하고, 죽고 사는 것에 개의치 않고 생명을 걸고 간다는 입장이었습니다. 이런 입장에 섰기 때문에 큰일났다고 생각해서 어떻게 했느냐 하면 자기 시아버지와 상대할 계획을 세웠습니다. 그래서 다말은 시아버지가 농사일로 왔다갔다하는 길을 알고 있었기 때문에 길가에서 기생처럼 가장을 하고 시아버지를 유인하였던 것입니다. 그래서 시아버지와 하나되어 가지고 아기를 배게 된 것입니다.

세상에서 그런 일이 있을 수 있습니까? 이것이 성경에 있는 내용입니다. 그런데 왜 그랬느냐? 그렇게 하지 않고서는 안 되기 때문입니다. 타락한 결과가 그렇게 됐기 때문에 그렇게 하지 않으면 천도가 풀리지 않는다는 것입니다.

유다는 다말과 그러한 인연을 맺고 자기의 도장을 주고 헤어졌습니다. 시아버지 유다는 길거리에서 그런 관계를 가졌지만 그 상대가 며느리인 줄은 몰랐습니다. 그리고 나니 다말에 대해서 소문이 자자했습니다. 과부가 아기를 배었으니 죽이라고 야단했습니다. 이렇게 되니 다말은 죽어야 할 입장이었습니다. 그때 유다는 족장이었습니다. 그 소문은 유다에게까지 들리게 되었습니다. 그래서 유다의 명령에 따라 죽이려 하니 다말은 사연을 들려주었습니다. 나는 비법(非法)으로 그 일을 행한 것이 아니며, 이 아기의 주인은 유다라고 이야기했습니다.

다말은 애기를 낳게 됩니다. 그 애기는 쌍둥이였습니다. 그런데 그 쌍둥이가 복중에서 싸우는 것입니다. 리브가가 에서와 야곱이 복중에서 싸우므로 하나님께 기도할 때, 하나님께서 "두 국민이 네 태중에 있구나. 두 민족이 네 복중에서부터 나누이리라. 이 족속이 저 족속보다 강하겠고 큰 자는 어린 자를 섬기리라(창 25:23)"고 하셨습니다. 이와 마찬가지로 다말의 복중에서도 싸움이 벌어진 것입니다. 애기를 낳은 이후에 교체해서는 안 되기 때문에 복중에서 교체해야 한다는 것입니다.

성경 창세기 38장에 이런 내용이 있습니다. 유다의 아들이 태어났는데 첫째가 베레스요, 그 다음이 세라입니다. 그들은 태어날 때 형이 먼저 나오기 위해 손을 내밀었습니다. 그래서 그 손에 빨간 줄을 매었습니다. 그런데 동생 되는 베레스가 형을 밀쳐 버리고 먼저 나온 것입니다. 이것이 복중싸움입니다.

태중에서 형을 밀치고 동생 베레스가 형으로 태어남으로 해서 형과 동생을 바꿔치려는 하나님의 섭리가 승리의 결과를 가져오게 된 것입니다. 이것은 곧 사람을 거꾸로 태중에 집어넣어 태중에서 싸워 가지고 형제를 바꿔치기 한 결과를 만들어 놓은 것입니다. 이러한 역사는 성경 이외에는 없습니다. 그렇기 때문에 이것을 하나님의 섭리라고 하지 않을 수 없는 것입니다.

태중에서 이겼어요, 못 이겼어요? 이겼기 때문에 이 태중을 통하여, 승리한 그 기반을 통하여 정조를 가지고 생명을 바칠 것을 각오하면서 그 사상을 이어받은 여자를 통해서 하나님의 뜻을 세울 수 있었던 것입니다.

2. 모자협조를 통한 혈통복귀섭리

베레스와 세라를 통한 혈통복귀섭리의 완료

054 - P.131, 1972.3.22

이렇게 야곱이 천사는 이겼지만 남은 것이 있습니다. 그것이 뭐냐 하면 형님 에서입니다. 에서는 가인과 같은 입장이고, 이런 에서를 찾아오는 야곱은 아벨과 같은 입장인데 형 에서가 야곱을 때려죽일 수 있는 입장에서 환영하는 날에는 뒤집어지는 것입니다. 야곱은 21년 동안 자기가 모은 모든 것을 에서에게 갖다 바침으로 말미암아 에서는 야곱을 환영했습니다. 모시게 되었다는 것입니다. 그래서 이 세상의 물질은 사탄이 주관해 나오는 것입니다.

이렇게 해서 바꿔치기는 바꿔쳤습니다. 바꿔치기는 바꿔쳤는데 죄악의 뿌리, 근본이 어디냐 하면 어머니 뱃속, 어머니 사랑으로부터 시작되었습니다. 그렇기 때문에 어머니 뱃속까지 찾아 들어가서 그 근본을 바꿔놓지 않으면 어머니 뱃속에 아기가 잉태될 때, 또 사탄이 '내 아들이다' 한다는 것입니다.

창세기 38장에 유다와 다말을 통해서 태어나는 쌍태 사건인 베레스와 세라의 사건을 우리는 알고 있습니다. 먼저 세라가 손을 내밀고 나오려고 할 그때 산파가 내민 그 손에다가 빨강 실을 매어 놓았습니다. 그런데 동생이 형을 밀치고, 복중에서 바꿔쳐 가지고 먼저 나오게 된 것입니다. 그가 베레스인데 '베레스'란 밀치고 나왔다는 뜻입니다.

하나님은 혈통적으로 더럽혀진 핏줄을 교체하기 위해서 이렇게 2천년 동안 역사적인 섭리를 해 나왔습니다. 그리하여 야곱을 거쳐 유다가정을 통해서 비로소 이 일이 결정났던 것입니다. 결국 핏줄을 중심삼고 싸워서 하늘편이 승리한 기반을 닦아 놓았다는 것입니다. 그렇기 때문에 예수님은 유다 지파를 통해서 나와야 되는 것입니다.

이렇게 맑힌 혈통을, 이스라엘 민족이 사탄 나라 이상의 나라를 이룰 때까지 2천년이라는 기간을 기다려 가지고 승리한 전통적인 핏줄의 인연을 마리아가 인계받는 자리에 섰기 때문에, 마리아 복중을 통해서 사탄이 참소할 수 없는, 비로소 하나님만이 사랑할 수 있는 아들로 태어난 분이 예수님이라는 것입니다.

역사 이래 이렇게 핏줄을 맑혀 태어난 사람은 예수님밖에 없습니다. 그렇기 때문에 '나는 길이요, 진리요, 생명이니 나로 말미암지 않고는 하나님 앞에 갈 수 없다'는 결정적인 말을 할 수 있는 것입니다. 예수님은 역사 이래 하나님의 사랑을 받을 수 있는 첫 번째 아들로 태어났기 때문에 독생자라고 주장할 수 있는 것입니다.

3. 메시아의 강림을 위한 역사노정

본래 하나님이 의도하신 뜻의 세계는 어떠한 세계인가

074 - P.138, 1974.11.28

아담 해와가 타락하지 않았으면 하나님의 사랑 가운데서 하나님의 보호 가운데서 하나님의 아들딸로 선한 가운데서 완성을 향하여 자랐을 것입니다. 그러한 입장에 섰더라면 오늘날 인류역사노정에 하나님의 사랑 가운데서 자란 참다운 형제의 전통이 성립되었을 것입니다.

그러한 형제의 전통 위에서 이들이 성숙하였더라면—하나님이 일남 일녀를 지으신 것은 이들이 성숙하면 반드시 성례식을 이루어 주기 위해서임에 틀림없기 때문에—하나님이 불러다가 친히 축복하셔서 결혼식을 올려 주었을 것입니다.

그렇게 됐더라면 참된 부부의 전통이 남아졌을 것입니다. 또한 서로 사랑하는 참된 부부 사이에서 자녀가 태어남으로 말미암아 참된 부모가 성립되었을 것이며, 이 참된 부모 사이에서 태어난 아들딸은 죄 없는 선한 아들딸이 되었을 것임에 틀림없는 것입니다. 그렇게 되었더라면 인류는 하나님이 보증하는 사랑 가운데 참된 부모의 죄 없는 자녀로서 시작했을 것은 틀림없는 것입니다.

　이러한 참된 가정이 생겨났으면 그 가정을 중심삼고 횡적으로 벌어짐으로 말미암아 참된 종족이 형성되었을 것이고, 그 종족은 참된 국가로서 발전되었을 것이며, 그 국가는 참된 세계로 발전되었을 것임에 틀림없는 것입니다. 그러한 세계가 되었더라면 하나님을 부모로 모심과 동시에 하나님을 세계를 다스리는 왕으로 모실 수 있는, 하나님이 통치하는 주권국가가 되었을 것임에 틀림없는 것입니다.

　그런 입장에 섰다면, 오늘날 우리 인류는 단일민족, 즉 아담의 전통을 이어받은 아담의 후손, 아담의 족속이 안 될 수 없다는 것입니다. 그리고 하나님의 보호 가운데서 그 아담이 하던 말과 아담이 이룬 생활 방도를 전통으로 해서 아담을 중심삼은 이상적 문화세계를 창조했을 것이 틀림없습니다. 그렇게 되었다면, 하나님을 영원히 주권자로 모시고 그 주권자 앞에 통치받는 이 지상이 되기 때문에, 하나님의 주관을 받는 나라이기 때문에 지상천국이 아닐 수 없다는 사실을 알아야 되겠습니다.

　하나님에게 치리받던 사람들이 지상에서 살다가 가는 곳이 영계의 천국이기 때문에, 그 어머니 아버지가 천국에 감과 동시에 그 가족이 같이 가고, 그 종족과 그 민족과 그 국가와 세계가 몽땅 들어갈 수 있는 것입니다. 이것이 우리가 바라는 영원한 천국이라는 것을 알아야 되겠습니다.

　그 자리에는 구주가 필요 없다는 것입니다. 거기에는 종교가 필요 없습니다. 기도니, 하나님을 믿는다느니 하는 이런 말이 필요 없는 것입니다. 그 곳은 지옥이 없는 곳임을 알아야 되겠습니다.

3. 메시아의 강림을 위한 역사노정

그러면 오늘날 신앙이니, 종교니, 구주니, 지옥이니 하는 것이 생겨나게 된 동기는 어디에 있느냐? 그것은 타락으로 말미암아 초래된 결과인 것을 우리는 미처 몰랐습니다.

영원하신 하나님이 구상하신 뜻의 세계를 지금까지 한 번도 이루어 본적이 없는 것을 우리는 알아야 되겠습니다. 인간이 타락함으로 말미암아 이와 같은 세계를 하나님이 이루지 못했습니다. 인간이 타락했기 때문에, 이 세계는 남겨 두고 타락한 결과의 세계가 벌어지게 된 것을 우리는 알아야 되겠습니다.

메시아의 강림

042 - P.281, 1971.3.27

세상 사람들은 아무리 권위가 있다 하더라도 전부 다 원수에게 지배를 받고 있는 것입니다. 따라서 인간은 참감람나무가 되지 못하고 돌감람나무가 되었기 때문에 잘라 버려야 하는 것입니다. 그리고 다시 참감람나무에 접붙이지 않으면 구할 도리가 없는 것입니다.

그래서 인류역사는 종교와 더불어 출발하였고, 종교는 인류와 더불어 흘러가고 있는 것입니다. 왜 그런가? 소망의 길을 발견해야 되기 때문입니다. 하나님은 인간이 타락한 그날부터 당신이 창조한 책임을 짊어지시고 타락한 인간을 구원하시기 위한 섭리를 펴시기 위하여 역사과정을 거쳐 지금까지 수고해 나오신다는 것을 우리가 알아야 되겠습니다.

타락함으로 말미암아 헤아릴 수 없는 지경에 떨어진 인간은 사탄의 지배를 받고 있지만, 사탄을 중심삼고 사랑하는 사람이 되어서는 안 되기 때문에 사탄까지도 잃어버릴 수 있는 자리로 떨어지게 만드는 것입니다. 그렇기 때문에 하나님은 복귀섭리를 두고 볼 때, 종의 종 이하로 떨어진 자리에서부터 구원역사를 하시는 것입니다. 하나님께서 수많은 종교를 통해서 종의 종의 도리를 가르쳐 나오는 섭리를 해 나오신 것은 그런 이유 때문입니다.

그렇기 때문에 인류를 위해 봉사하라는 것입니다. 종의 종 되는 입장에 있는 인간은 섬김을 받을 자격이 없기 때문에 무조건 순종하고 복종하는 길밖에 다른 도리가 없는 것입니다. 종의 종 자리는 주인이 없고 종이 주인 노릇을 하는 자리입니다.

구약시대를 중심삼고 볼 때, 그 이전의 인류는 '종의 종'의 자리에 있었으나 구약시대에 들어와서 종의 자리에 서게 되었고, 그렇게 됨으로써 비로소 주인을 가질 수 있게 되었습니다. 종의 종 자리에서 종의 자리까지 나오기 위해서는 인간 스스로 그 길을 개척할 수 없기 때문에 하나님께서 개척자의 사명을 해 나오셨습니다. 종의 종보다도 더 악한 족속들을 교육해야 했던 것이 하나님의 사정이었습니다.

그런데 하나님은 무형으로 계시기 때문에 인간 앞에 나타나시더라도 보일 수 없는 입장이므로 특정한 사람, 즉 선지자를 세워서 교육하여 나오신 것입니다. 그 선지자는 하나님을 대신해서 이 땅 위에 왔지만. 인간으로서 하나님 명령에 따라 순응해야 하는 입장이었습니다.

그러면 선지자는 인간에게 무엇을 가르쳐 주어야 했느냐? 하나님의 뜻을 따라가려면 순종의 도리를 세워 역사를 거슬러 올라가는 섭리를 해야 한다는 것을 가르쳐 주어야 했습니

3. 메시아의 강림을 위한 역사노정

다. 그러므로 사탄 앞에 충성하는 그 이상으로 하나님을 위해서 충성하는 사람이 나와야 했던 것입니다. 그러한 도리를 누가 가르쳐야 하느냐? 하나님이 가르쳐 주어야 합니다. 그리하여 종의 법도를 세우고 하나의 편제를 갖춘 후에 개인·가정·종족·민족권을 형성하여 섭리의 뜻을 대할 수 있는 환경을 만들어야 합니다. 그런데 종의 입장에서는 이것을 세울 수 없기 때문에 새로운 메시아사상을 제시해 주고 앞으로 구세주를 보내주겠다 하는 약속을 세워 역사해 나오신 것입니다. 그것이 바로 이스라엘 민족을 중심한 섭리였습니다.

 하나님의 약속을 이루기 위해서 하나님의 뜻을 중심삼고 이 땅 위에 오신 분이 예수 그리스도이십니다. 그는 과거 역사시대에 인간이 종의 입장에 있을 때 하나님께서 했던 약속을 이루어 양자와 참아들의 인연을 갖출 수 있는 자리를 세우려 오신 것입니다. 종이 충신의 도리를 다할 때는 양자의 자리에 설 수 있다는 것입니다. 그렇기 때문에 복귀섭리역사를 거쳐 오면서 이스라엘 민족으로 하여금 종으로서 충성을 다할 수 있는 터전을 닦아 가지고 양자의 인연을 맺어 나오도록 한 것입니다.

 양자의 인연은 어떻게 맺느냐? 하나님의 아들이 이 땅 위에 오기 전에는 불가능합니다. 하나님의 아들이 이 땅 위에 와야 되고, 그 아들의 명령을 듣고 거기에 순응해야 비로소 양자의 인연을 맺을 수 있는 것입니다.

 이것이 구약시대와 신약시대가 연결되는 역사라는 것을 우리가 알아야 합니다. 구약을 믿고 나오는 사람들은 종으로서 양자의 혜택을 받기를 바라는데, 그것이 바로 메시아가 오기를 바라는 이유입니다. 즉 메시아로 말미암아 종의 서글픈 신세를 넘어 양자권의 자리에 나아가는 것이 그들의 소망이라는 것입니다. 양자의 자리는 직계 아들딸이 없을 때 부모로부터 상속을 받을 수 있는 인연이 성립되는 자리입니다. 그래서 종의 입장을 초월해서 하나님의 뜻을 맞이할 수 있는 혜택을 받기를 바라면서 나오도록 한 것이 종의 구약시대를 지도해 나오신 하나님의 뜻입니다. 그러기에 그들이 종의 신세를 면하고 하나님의 상속을 받을 수 있는 권내에 들어갈 수 있는 특권적인 한때를 바라고 나온 것이며 그것이 이스라엘의 선민사상입니다.

이스라엘 민족을 세계를 대표한 민족으로서, 외적 세계를 상속받을 민족으로서 약속해 가지고 이스라엘 민족과 유대교를 지도하여 나오신 것입니다. 여기에서 아들과 양자가 하나되어야 하는 것입니다. 종은 하나님의 아들이 오기 전까지 양자의 터전을 닦아 가지고 아들이 겪게 될 모든 어려움을 해결한 다음 아들을 모셔들여 그 직계 아들과 하나되는 자리에 서야 합니다. 그러지 않고는 하늘나라에 들어갈 수 없습니다. 다시 말하면 하나님의 혈통이 아닌 사탄의 피를 받아 가지고 태어난 아들이 하나님 앞에 양자로서 공인을 받게 되면, 직계 아들은 아벨적인 입장에서 가인의 입장에 있는 양자를 복귀시켜야 한다는 것입니다.

이와 같은 역사적인 인연이 있기 때문에 세계적인 인연을 대표한 교단과 나라로서 양자권 입장에 서야 할 것이 이스라엘 나라와 유대교였던 것입니다. 그리고 직계적 권위에 서야 할 것이 하나님을 중심삼은 예수 그리스도가 제시한 기독교와 이것을 중심한 세계 국가였습니다.

이렇게 세계를 대표한 이스라엘 나라와 유대교를 예수님 앞

3. 메시아의 강림을 위한 역사노정

에 바치게 되면, 한 나라와 한 교단을 바침으로 말미암아 모든 나라와 모든 종교를 통합할 수 있는 권세를 갖고 오는 예수님과 연결될 수 있는 일이 벌어지게 되는 것입니다. 즉 이스라엘 나라와 유대교를 예수님 앞에 봉헌해야 예수님이 가지고 온 하늘나라와 지상천국을 이 땅 위에서 상속받을 수 있는 권내로 들어갈 수 있다는 것입니다. 이스라엘 나라가 종으로서 책임을 다하고 예수님을 정성껏 모셔야 했음에도 불구하고 반대했기 때문에 그 길이 끊어지게 된 것입니다.

하나님이 찾아 나오시는 남자

027 - P.063, 1969.11.23

세계의 모든 문화권은 이렇듯 이상적인 하나의 남성에 의한 이상적인 사상권을 목표로 하고 형성돼 나오고 있습니다. 다시 말하면 하나의 절대적인 사상권을 중심삼고 나온다는 것입니다. 결국 사상은 하나의 절대적인 이념권을 중심삼고 나온다는 것입니다. 그 사상은 하나의 남자로부터 나오는 것입니다. 지금까지의 역사는 남자가 이어 나왔습니다. 여자는 생각지도 못했습니다. 이와 같이 역사는 한 남자를 찾아 나오는 역사인 것입니다.

그러면 그 남자는 누구인가? 본심의 사랑을 중심삼고 하나님과 사랑의 인연을 맺는 최초의 사람입니다. 그러나 이것을 못 이루었기 때문에, 몸의 사랑을 희생시키지 않고는 마음의 사랑을 갖지 못하는 것입니다. 아담 해와가 이율배반적인 내용을 중심하고 사탄에게 끌려감으로써 마음의 사랑이 몸의 사랑에 눌렸다는 것입니다. 마음의 사랑을 통하여 몸이 사랑을 받아야 할 것인데, 오히려 몸의 사랑을 중심삼고 마음의 사랑이 눌렸다는 것입니다.

이런 입장에 있는 사람은 3분의 2는 사탄세계에, 3분의 1은 하늘세계에 속해 있는데, 마음의 힘을 가하여 3분의 2를 점령하고 있는 몸을 끌어내야 합니다. 마음이 몸을 반드시 때려잡아야 하는 것입니다. 원수를 때려잡아야 합니다. 이 싸움을 하며 6천년 역사를 이어나온 것입니다. 그러기에 마음의 사랑의 중심이 나오지 않고는 이 싸움은 끝날 수 없습니다.

몸적 사랑이 마음적 사랑보다 강했습니다. 몸적 사랑의 상대가 마음적 사랑의 상대보다 강했다는 것입니다. 요컨대 마음의 사랑의 상대가 하나님이라는 것을 모르고 있습니다. 마음의 소원이나 바람보다 몸의 소원이나 바람이 더 강했다는 것입니다. 그러나 마음적 사랑의 상대를 확실히 알게 되면 몸적 사랑은 문제가 되지 않습니다. 그러므로 하나님은 이것을 확실히 제시할 수 있는 마음의 사랑을 중심삼고 재창조하시는 것입니다.

아담 해와를 창조했지만 타락했기 때문에 없는 것으로 여기고, 다시 만들어 수습하신다는 것입니다. 그래서 하나님은 마음적 사랑의 주체를 대표한 남성을 찾아 나오시는 것입니다. 그러한 역사적인 대표자가 메시아입니다.

메시아는 생명을 중심한 마음의 사랑과, 생명을 중심한 최고의 인격의 표준이 되는 분입니다. 이분을 하나의 모델로 하여 지금까지 사탄세계에서 이어받은 신념이나 사랑의 감성을 모두 매장하여 무의 상태로 만들어야 합니다. 그리하여 본래 타락하지 않은 아담의 몸과 같은, 본성인 마음의 사랑을 중심삼고 백 퍼센트 화합할 수 있는 몸의 상대를 찾아야 됩니다.

3. 메시아의 강림을 위한 역사노정

그리하여 본연의 마음의 사랑을 실체 몸뚱이와 결부시켜 타락의 인연을 벗어난 하나의 남성이 되어야 하고, 하나님의 몸, 즉 내적인 성전을 이루어 하나님과 하나되어 등장할 수 있는 하나의 남성이 되어야 합니다. 이런 남성이 메시아입니다.

메시아란 무엇인가? 인류 최초로 하나님의 사랑을 중심삼고 태어난 사랑의 조상입니다. 그러므로 예수님이나 다시 오시는 주님은 본연의 마음을 중심삼은 사랑의 세계의 아버지, 우주의 사랑의 아버지가 되는 것입니다. 내 몸과 마음은 서로 떨어질 수 없습니다. 몸은 마음의 사랑을 받아야 하는 것입니다. 마음과 몸이 하나된 입장에 서 있지 못한 인간은 그러한 입장에 서 있다 하는 조건을 세워 하나님으로부터 접붙임을 받아야 됩니다. 접붙임을 받되 줄기를 잘라 접붙임을 받아야 됩니다. 메시아와 타락한 인간은 씨가 다르기 때문에 줄기를 잘라서 접붙임을 받아야 된다는 것입니다. 이것이 지금까지의 복귀섭리 경로입니다.

예수님을 보내시기 위한 역사노정

014 - P.047, 1964.5.3

인간이 타락한 그날부터 이 땅 위에는 고통과 슬픔과 비참의 역사가 시작되었습니다. 이것은 창조 당시에 하나님이 계획하신 본래의 목적이 아닙니다. 하나님도 이런 세상을 원치 않으셨고, 인간도 이런 세상에 태어나서 살기를 원하지 않았습니다. 그런 연고로 하나님은 이러한 비참한 역사, 슬프고 고통스러운 역사를 청산하고 본래에 소망하셨던 평화의 세계, 행복의 세계, 자유의 세계, 선의 세계를 되찾기 위한 목적을 세워 놓고 이 타락된 세상을 수습해 나오고 계십니다. 이것이 곧 복귀의 길이요, 구원섭리의 길인 것입니다.

구원을 하기 위해 섭리하시는 하나님은, 이 땅에 대한 모든 고통을 방관하는 무책임한 입장에서는 이 세상을 수습할 수 없는 연고로, 타락한 세상에서 인간이 당하는 모든 고통을 인간만의 고통으로 방관하시는 것이 아니라 직접 그 고통권 내에 들어가 책임을 지고 대응해 나가시는 것입니다. 또한 이 슬프고 비참한 역사적인 대응의 노정 위에 하나님께서 직접 참여하지 않고서는 인류를 구원할 수 없기에 인류의 슬픈 역사에 동참하여 지금까지 싸워 나오고 계시는 것입니다.

이 땅을 구하는 데는 어떠한 기준에서 구할 것이냐? 전체적인 기준에서 온 세계를 한꺼번에 구하려는 것이 하나님의 소원입니다. 그러나 타락한 세계 전체가 하나님의 뜻 앞에 설 수 있는 환경이 못 되어 있기 때문에, 터를 닦고 택한 사람을 세워서 하나의 가정·종족·민족·국가·세계로 복귀의 순서를 거쳐 섭리하시는 것입니다. 그리하여 전체적인 기준에서 섭리할 수 있는 환경과 시대적인 배경을 만들어 놓고, 전체적으로 구원함으로써 복귀완성의 소원과 목적을 달성하려는 것이 하나님의 복귀섭리요, 구원의 섭리입니다.

그러면 역사노정에 있어서 노아시대 혹은 아브라함, 이삭, 야곱시대는 어떠한 시대였는가? 개인과 가정을 중심삼은 섭리시대였습니다. 이러한 개인과 가정의 섭리시대를 기반으로 하여 하나님과 인연 맺은 전통과 심정적 기반 위에서 이스라엘 민족은 전통과 가법을 세우신 하나님의 법도에 따라 민족적인 절개를 세워야 했습니다. 그것이 택함 받은 이스라엘 민

3. 메시아의 강림을 위한 역사노정

족의 책임이었습니다. 그러나 그들은 그런 절개를 세우지도 못하고, 하나님으로부터 상속받은 전통을 지키지 못하고 시대적인 사명을 다하지 못함으로 말미암아, 4백년 애급고역기간을 통한 이스라엘 복귀노정에 있어서 하나님이 약속했던 민족복귀의 뜻을 성취하지 못한 채 쓰러지고 말았습니다.

그리하여 하나님은 모세를 세워 이루려한 뜻을 여호수아와 갈렙을 세워서 이루려 하셨습니다. 그러나 가나안 땅에 들어온 이스라엘 민족이 그들 당대에 민족적인 복귀의 완결을 지을 수 있는 민족이 되지 못하고, 그러한 환경을 갖추지 못한 연고로 하나님은 다시 각 시대 시대마다 수많은 선지자들을 세워서 민족을 이끌어 나오셨습니다. 사사시대를 거쳐서 사울 왕, 다윗 왕, 솔로몬 왕 시대를 거친 다음 남북조 분립시대를 거치고 바빌론 포로 귀환 210년을 거쳐 메시아 강림 준비기간까지 민족적인 복귀의 기준을 완결 짓기 위한 섭리를 해 나오신 것입니다. 그런 터전을 마련하기 위해 예수님을 보내기 전까지 역사와 더불어 수고해 나오신 하나님의 사정이 있었던 것입니다.

4. 메시아 강림에 대한 구약의 예언과 그 결과

양면으로 예언된 메시아의 재림

073 - P.217, 1974.9.18

　메시아가 구름 타고 올 줄 알고 있는 유대교인들 앞에 사람으로 나타났으니 믿지 않았던 것입니다. 신약성경 요한2서 7절을 보면, 예수 그리스도께서 육신으로 임하는 것을 부정하는 자는 적그리스도라고 지적한 것을 보면, 이건 틀림없는 것입니다. 그렇기 때문에 이와 같이 구약성경을 잘못 해석함으로 말미암아 오신 메시아를 잡아 죽였다는 이 엄청난 사실을 이제라도 알아서 회개해야 되겠습니다.
　또 하나 확실히 알고 넘어가야 할 것이 무엇이냐 하면, 성경은 양면으로 예언이 되어 있다는 것입니다. 왜 양면으로 예언이 돼 있느냐? 타락한 인간이기 때문입니다. 타락한 인간은 이랬다저랬다 하기 때문입니다. 하나님하고 하나되었던 사람이 돌아서서 사탄과 짝 돼 가지고 하나님을 망치고, 사탄하고 짝 됐던 사람이 하나님 앞에 돌아와 사탄을 망친다는 것입니다. 그렇기 때문에 사람을 하나님도 무서워하고 사탄도 무서워한다는 것입니다.

4. 메시아 강림에 대한 구약의 예언과 그 결과

그러기에 구약성경 이사야 9장, 11장, 60장, 이 세 장에는 영광의 주로서 당당히 올 것을 말했지만 53장에 가서는 고난받을 것을 예언했습니다. 그런데 믿고 맞이하지 못하여서 이사야 53장과 같이 이루어졌지, 믿음으로 말미암아 이루어질 것은 이루어지지 않았기 때문에, 그것이 연장돼 가지고 재림의 때를 맞아야 되는 것입니다.

그러면 신약시대에 와야 할 메시아의 입장을 신약 성경은 어떻게 예언했느냐? 신약성경도 메시아가 오는 데에 대한 예언은 구약과 마찬가지입니다. 요한계시록 1장 7절을 보면, 재림하는 메시아는 틀림없이 구름 타고 온다고 했습니다. 그러나 데살로니가전서 5장 2절을 보면, 메시아는 도적같이 온다고 예언했습니다. 주님이 도적같이 온다고 예언했어요. 구름 타고 오는데 도적같이 임할 수 있어요? 오늘날 기독교인들은 자기들 멋대로 구름 타고 오는 것은 믿고, 도적같이 오는 것은 안 믿어요? 맘대로 그렇게 할 수 있어요? 그렇기 때문에 우리는 지혜로워야 되겠습니다. 지혜로워야 돼요. 구약시대의 실정을 미루어 봐 가지고 주님이 구름 타고 올 수도 있고, 사람으로 올 수도 있다고 하는 것을 알아야 됩니다.

예수님에 대해 두 가지로 예언돼 있는 성경

069 - P.129, 1974.10.23

성경 이사야서 9장, 11장, 60장을 보면 예수님이 영광의 주로 나타날 것을 말했습니다. 그렇지만 53장에는 십자가에 돌아가실 고난의 예수님을 말했습니다. 그런데 영광으로 나타날 것은 맞지 않고 십자가로 돌아갈 것만을 이루었기 때문에,

다시 나타날 영광의 때가 남아 있다는 것입니다. 어찌하여 때가 남아 있느냐는 것입니다. 어찌하여 하나님은 이런 섭리를 해야 되느냐? 왜 그래야 되느냐? 사람을 골탕먹이고 못살게 하기 위해서 그러느냐?

우리는 타락한 사람이라구요. 하나님도 사람을 무서워하고 사탄도 사람을 무서워합니다. 만일에 사탄편에 있던 미스터 박이라는 사람이 절대적으로 하나님을 믿게 되면 사탄세계를 녹일 수도 있다구요. 망하게 할 수 있다는 것입니다. 또 하나님편에 있던 사람이 만일에 하나님을 믿지 않고 반대하고 나가게 되면 하늘편을 망하게 할 수도 있다구요. 그렇기 때문에 하나님도 사람을 마귀보다 무섭게 생각하고 사탄 마귀도 사람을 하나님보다도 무섭게 생각한다구요. 왔다갔다 할 수 있기 때문입니다. 하나님은 일방적입니다. 선만을 행하는 거예요. 한번 약속하면 그대로 행하는 하나님입니다. 악마도 악만을 행합니다. 선을 행하지 못한다구요. 일방적입니다.

그러한 사람들을 놓고 절대적으로 믿을 수 있는 한 가지로 예언을 하겠어요? 두 가지로 예언하지 않을 수 없다는 것입니다. 그런데 영광으로 이룰 것은 안 맞고 십자가에 돌아갈 것이 맞았다는 것입니다.

유대 민족이 예수님을 불신한 성서적 배경

070 - P.315, 1974.3.10

오늘날 기독교가 메시아가 오기를 바라는 것은 마치 지금부터 2천년 전에 유대교인들이 메시아를 바라던 것과 딱 마찬가지 입장입니다. 오늘날 기독교를 두고 보면 2천년 동안 메

4. 메시아 강림에 대한 구약의 예언과 그 결과

시아가 올 것을 바라고 왔지만, 유대교로 보면 하늘은 4천년 동안 수많은 선지자를 보내 가지고 희생시키면서 메시아를 보내 주마고 약속했던 것입니다.

하나님께서 4천년 동안 메시아를 보내 준다고 약속을 했으니, 그 민족은 4천년간, 그분이 오게 된다면 철석같이 하나되어 하나님의 뜻을 이루려고 정성껏 믿어 왔다는 것입니다.

그래서 하나님은 메시아 되는 예수 그리스도를 약속대로 그 민족 앞에 보냈습니다. 또 약속대로 그 민족은 받아들여야 된다 하는 입장에 서 있었습니다. 그런데 메시아가 오기를 바란 민족이 메시아를 받아들인 것이 아니라 오히려 핍박하고 잡아 죽였습니다. 그거 수수께끼 아니에요?

예를 들어 오늘날 기독교인들이 주님이 오기를, 메시아가 오기를 바라다가 메시아가 왔는데도 불구하고 이 기독교의 최고 지도자인 로마 교황이나 무슨 카디날(cardinal), 비숍(bishop), 목사 같은 자들이 전부 다 동원해 가지고 잡아 죽인 거와 마찬가지라는 것입니다. 그런 결과를 가져 왔다 이거예요. 간단히 '죽으러 왔다' 하는 그런 건 통하지 않는다구요. 이론적으로 맞지 않는다는 것입니다. 죽으려면 뭐 하러 와요? 4천년 동안 수많은 선지자를 죽이고, 이스라엘 민족을 그렇게 고생을 시키면서 보낸 메시아가 죽으러 왔겠어요?

그렇기 때문에 이제부터는 유대 민족이 그렇게 고대하던 메시아를 하나님이 보냈는데도 불구하고 어찌하여 그들이 잡아 죽였느냐 하는 것을 확실히 알아야 되겠습니다.

왜 잡아 죽이게 됐느냐? 첫째는, 구약성경이 잡아 죽이게 되어 있습니다. 왜 그러냐? 구약성경 말라기는 신약성경 묵시록에 해당합니다. 말라기 4장 5절 이하를 보면 "여호와의 크고 두려운 날이 이르기 전에 내가 선지자 엘리야를 너희에게 보내리니 그가 아비의 마음을 자녀에게로 돌이키게 하고 자녀들의 마음을 그들의 아비에게로 돌이키게 하리라" 하고 철석같이 예언되어 있습니다.

엘리야는 어떤 사람이냐 하면, 예수님이 오기 9백년 전에 불수레를 타고 승천한 사람입니다. 하나님이 이 백성을 사랑하여 이와 같이 때를 작정하여 엘리야를 보내 주겠다고 했기 때문에, 불수레를 타고 간 엘리야가 먼저 내려올 줄 알았다구요.

엘리야가 온다고 성경에는 철석같이 돼 있는데 엘리야는 오지 않았어요. 성경은 어떤 책이냐 하면 4천년 동안 이스라엘 민족사상의 기조가 되어 있고, 유대교의 신앙의 중심이 되어 있고, 4천년 동안 모든 생명을 기울여 믿고 나온 책입니다. 이 성경을 예수님의 말을 듣고 버릴 수 있겠느냐 이거예요.

그 말은 무슨 말이냐 하면, 주님이 구름을 타고 하늘로부터 내려오기를 바라고 있는데, 어떤 사람이 와서 '내가 주님이다' 하는 것과 마찬가지입니다. 그걸 지금의 기독교가 믿을 수 있어요?

그러한 사건 때문에 예수님이 골탕먹었나, 안 먹었나 하는 것을 예수님의 말씀을 통해서 알아보자구요. 마태복음 17장 10절 이하에 이런 장면이 나옵니다. 예수님의 제자들은 성경을 잘 모르지요? 이 무식쟁이들이 알 게 뭐예요? 모르는 녀석들이 예수님을 구세주로 전부 다 믿고 전도하러 나가서 '아, 메시아가 왔으니, 메시아를 믿으라'고 할 때에, 안 믿던 이 제사장들이 '야야야야. 너희 선생이 메시아일 것 같으면, 성경 말라기에는 틀림없이 메시아 오기 전에 엘리야를 보내 준다

4. 메시아 강림에 대한 구약의 예언과 그 결과

고 했는데, 엘리야가 어디에 왔느냐?'고 했어요. 그러니 이 무식쟁이들은 모르기 때문에 예수님한테 물어 봐 가지고 답변하는 것입니다. 그런 장면이 나온다구요.

만약 엘리야가 왔다면 예수님은 봉사도 좋고 귀머거리도 좋고 절름발이라도 좋다는 것입니다. 엘리야가 안 왔기 때문에 문제입니다.

성경에 "제자들이 문자와 가로되 그러면 어찌하여 서기관들이 엘리야가 먼저 와야 하리라 하나이까? 예수께서 대답하여 가라사대 엘리야가 과연 먼저 와서 모든 일을 회복하리라. 내가 너희에게 말하노니 엘리야가 이미 왔으되 사람들이 알지 못하고 임의로 대우하였도다…. 그제야 제자들이 예수의 말씀하신 것이 세례 요한인 줄을 깨달으니라(마 17:10~13)" 그렇게 되어 있습니다.

세례 요한이 엘리야예요? 여러분이라면 믿겠어요? 엘리야는 안 왔는데, 엘리야를 세례 요한에게 갖다 붙인다 이거예요. '네가 세례 요한을 엘리야라고 갖다 붙인 것은 메시아를 가장한 사기꾼이 되기 위해서 그런 것이다' 이런다구요.

그래서 예수님을 4천년 동안 하나님이 세운 이스라엘 선민을 망치고, 이스라엘 유대교를 망치는 괴수라고 하고 바알세불의 왕자라고 규정해 버렸습니다.

유대교인들은 성경을 문자 그대로 믿었다

074 - P.148, 1974.11.28

옛날 유대교인들이 예수님을 어떻게 해서 받아들이지 못했느냐 하는 것을 확실히 알아야 합니다. 그래야 앞으로 오시는 주님을 우리가 모실 수 있는 길을 모색할 수 있다 하는 것입니다.

구약성경을 보면, 주님은 구름을 타고 오신다고 말했습니다. 다니엘서 7장 13절을 보면 "인자 같은 이가 구름을 타고 강림하시리니…" 이렇게 되어 있기 때문에 그때의 신앙자들은 주님이 구름을 타고 오실 줄 알았다 이거예요. 그러니 '구름을 타고 오지 않은 사람은 주님이 아니다' 이렇게 믿었다는 것입니다. 신약성경 요한2서 7절에 "이 세상을 미혹케 하는 자가 많이 나타났나니, 만일 예수 그리스도께서 육신으로 임하심을 부정하는 자는 적그리스도니라" 하고 사도 요한이 지적한 것을 보면, 그것은 틀림없는 사실입니다.

그것은 마치 오늘날 구름 타고 올 줄 알고 있는 기독교 교인들 앞에 주님이 구름을 타고 오지 않고 사람으로 왔다가 잡혀 죽겠으니까…. 2천년 전 잡혀 죽은 예수님을 메시아가 아니라고 하는 사람을 대해서, 그 유대교인들을 대해서 예수님을 믿는 제자가 책망한 그것은 마치 오늘날 기독교를 대해 책망하는 것과 딱 마찬가지라는 것입니다.

이와 같이 이스라엘 민족들이 믿고 있던 관과 예수님을 보낸 하나님의 섭리의 뜻은 달랐다는 사실을 알아야 되겠습니다. 그 다음 믿지 못할 것이 무엇이 있었느냐 하면, 말라기 4장 5절에 보면 "여호와의 크고 두려운 날이 이르기 전에 내가 선지 엘리야를 너희에게 보내리니 그가 아비의 마음을 자식에게 자녀들의 마음을 그들의 아비에게로 돌이키게 하리라" 하고 메시아가 오기 전에 반드시 엘리야를 보내 주겠다고 철석같이 약속했습니다. 구약성경 말라기는 신약성경 요한계시록과 마찬가지로 맨 끝에 예언한 것이기 때문에 딱 그렇게 될

4. 메시아 강림에 대한 구약의 예언과 그 결과

줄 믿었다는 것입니다.

엘리야는 예수님이 오시기 9백년 전에 불수레를 타고 승천한 분인데, 하늘로 올라갔기 때문에 다시 하늘에서 내려올 줄 알고 바라고 있던 때에 기다리던 엘리야는 오지 않고 난데없이 더벅머리 총각 예수님이 나타나가지고 '내가 너희들이 4천년 동안 기다리던 메시아다. 나를 믿어라' 하니, 그거 믿겠어요?

유대교인들은 말라기 성경에 있는 거와 마찬가지로 엘리야가 올 줄 알고 믿었다가는 억천만 년이 가도 메시아를 못 만날 것입니다. 내가 영계에 들어가 알아보니 틀림없이 그렇기 때문에 생명을 걸고 선포하는 것입니다. 만약 못 믿겠거든 사실인가 아닌가 여러분이 죽어 보라는 것입니다. 레버런 문이 거짓말을 했나 죽어 보라는 것입니다.

유대교인들은 2천년 전에 왔다 갔던 예수님을 받아들이지 못한 역사적인 죄를 회개하고 이제라도 예수님을 받아들이지 않으면 안 된다고 나는 선언하는 것입니다.

이것이 신약시대에 문제가 됐나 안 됐나를 우리가 알아보자구요, 이것이 사실인가 아닌가. 마태복음 17장 10절 이하를 보면, 예수님의 제자들이 나가서 전도하는데 이스라엘 사람들이 붙들고 '야 야, 너희들 선생이 메시아 같으면 말라기 선지자가 예언한 것처럼 엘리야가 먼저 와야 하는데, 엘리야가 누구냐?' 하고 들이댔습니다.

성경을 모르는 무식한 제자들이 할 수 없으니 예수님에게 물어보기를 "어찌하여 서기관들이 엘리야가 먼저 와야 하리라 하나이까" 하니, 예수님이 대답하여 가라사대, "엘리야가 과연 먼저 와서 이 모든 일을 회복하리라. 내가 너희에게 말하노니 엘리야가 이미 왔으되 사람들이 알지 못하고 임의로 대접하였도다 하니, 그때서야 비로소 제자들이 예수께서 하신 말씀이 세례 요한인 줄 알더라"고 했습니다. 세례 요한이 엘리야예요?

이걸 오늘날로 비유해서 말하게 되면, 주님이 구름 타고 올 줄 알고 믿고 있는데, 그렇게 재림주님이 오실 줄 알고 믿고 있는데, 천변지이(天變地異)가 벌어져 올 줄 알고 믿고 있는데, 청년 하나가 떡 나타나서 '내가 너희들, 기독교가 2천년 동안 바라던 재림주님이다' 하면 그거 믿겠어요? 이 땅 위에 하나님의 뜻을 이루기 위해서 만민 앞에 보내심을 입은 메시아는 유대교인들이 받들지 못함으로 말미암아 우리가 모르는 가운데 이런 엇갈린 사연을 품고 죽어간 원통한 역사가 있다는 사실을 알아야 되겠습니다.

기독교인들에게 '예수님이 뭐 하러 왔소?' 하고 물으면, '만민을 구하기 위해서 왔다'고 할 것이고, '구하는 데는 어떻게 구하러 왔습니까?' 하면, '십자가에 못 박혀 돌아가서 구하기 위해서 왔다'고 대답할 것입니다. 그러면 기독교가 주님이 오기를 바라는데 기독교가 망하려고, 못 되려고 주님이 오시기를 바라요, 잘되려고 주님을 바라요? 잘되려고 바라는 것입니다.

예수님을 받들지 못한 유대교가 복 받았어요? 믿었으면 천리의 복을 받았을 것인데, 믿지 않고 예수님을 죽임으로 말미암아 2천년 동안 나라 없이 유리고객한 사실을 우리는 알아야 되겠습니다. 세계인을 구할 수 있고 본래의 하나님의 뜻을 이룰 수 있는 그 중심존재를 죽였으니 그 이상 큰 죄가 없다는 것입니다. 이 이상 큰 죄가 없다는 것입니다.

4. 메시아 강림에 대한 구약의 예언과 그 결과

　4천년 동안 준비한 백성이, 만약에 엘리야가 먼저 구름을 타고 왔다면 예수님을 잡아 죽일 수 있어요? 안 잡아 죽이는 것입니다. 하나님이 역사적 구약시대에 이렇게 섭리를 하셨는데, 신약시대에 이렇게 섭리를 안 하신다는 보장이 있어요? 구약성경에도 구름 타고 온다고 한 곳과 엘리야를 보내주신다고 한 곳과 사람으로 온다는 곳이 있습니다. 그리고 신약성경에도 요한계시록 1장 7절을 보면 틀림없이 구름 타고 온다고 했지만, 데살로니가전서 5장 2절을 보면 도둑과 같이 온다고 했습니다. 양면 예언을 했어요. 이렇게 온다고도 하고, 저렇게 온다고도 했습니다.

　그런데 자기 좋은 대로 구름 타고 온다고 한 것은 믿고 도둑 같이 온다고 한 것은 안 믿겠어요? 역사적 사실을 미루어 보아 가지고 오늘날 우리가 처해 있는 입장을 밝힘으로 말미암아 우리가 앞날에 다시 하나님의 뜻 앞에 범죄를 저질러서는 안 되겠습니다. 그렇기 때문에 '구름 타고도 올 수 있고 사람으로도 올 수 있다' 이렇게 믿는 사람이 지혜로운 사람인 것입니다.

2

예수님의 탄생과 그 목적

1. 예수님의 탄생과 그 의의

예수님의 강림목적과 말씀의 가치

003 - P.032, 1957.9.15

　인간을 구원해 주시기 위해 이 땅에 오시는 분은 어떤 분이신가. 그분은 인간을 대표하는 입장에 계실 뿐만 아니라 하나님과 영원히 끊어질 수 없는 인연을 맺고 나타나시는 주인공이십니다. 이런 인연과 사명을 띠고 이 땅에 강림하셨던 분이 바로 예수 그리스도이십니다. 그래서 예수님은 복음을 전파하시면서 나는 하나님의 아들이라고 말씀하셨던 것입니다. 또 하나님과 일체를 이루었다고 말씀하셨습니다.
　이것은 놀라운 말씀입니다. 보통 사람들에게서는 찾아볼 수 없는 말씀입니다. 그래서 하나님과 사랑을 중심삼은 혈통적으로 인연을 갖고 나타나신 그리스도이셨기 때문에 역사에 없는 중심으로서 새로운 변천의 역사를 일으키시지 않으려야 않을 수 없었다는 것입니다. 그런 면에서 예수님의 피와 살은 아버지의 피와 살이요, 모든 것이 아버지의 것이었다고 할 수 있는 것입니다. 이와 같이 하나님과 예수님과는 떼려야 뗄 수 없는 인연이 맺어져 있었던 것입니다.

▲ 평북 정주군의 문선명 선생 고향 마을과 생가

그러면 왜 예수님은 이런 분이어야 했었던가? 타락한 인간들은 죄악의 혈통을 받고 태어났기 때문에 아버지의 피살을 대신하여 접붙여 줄 수 있는 한분을 하나님은 이 땅에 보내실 수밖에 없었던 것입니다. 이와 같은 섭리적인 필연에 의해 예수님은 이 땅에 오셔야 했던 것입니다.

예수님께서 이 악한 세상에 오셔서 외치신 말씀은 땅의 말이 아니었습니다. 예수님의 말씀은 이제까지 없었던 참진리의 말씀이었고, 땅 위에 있었던 것과는 너무도 다른 새로운 이념이었으며, 혁신적인 사실을 제시하는 말씀이었습니다.

하나님의 이상과 예수님의 강림

001 - P.165, 1965.7.11

하나님은 자기의 내적인 이상을 실체적으로 느낄 수 있는

1. 예수님의 탄생과 그 의의

하나의 중심존재로 인간을 지으셨습니다. 그래서 그로 말미암아 숨겨진 하늘의 미와 숨겨진 하늘의 사랑과 숨겨진 하늘의 영광을 인간인 아담 해와의 생활을 통하여, 생애를 통하여, 영생의 노정을 통하여 이루고, 어느 때에나 간격이 없는 기쁨의 세계를 만드시려 하셨습니다.

인간이 타락함으로 말미암아 하나님이 뜻하시던 이런 본연의 뜻은 근본적으로 끊어지고, 인간들은 원치 아니했던 사탄을 하나님 대신 세워 놓고 그 사탄의 주관권 내에 거하게 되었습니다. 하나님께 영광과 기쁨을 돌리며 하나님을 모시는 생활을 해야 할 인간이 하나님 대신 사탄을 중심삼고 그를 모시고 따르는 수모의 역사를 거듭하여 나오고 있다는 것입니다.

그리고 하나님에게는 사람을 중심삼고 찾아야 할 영광이 남아 있고, 사람을 중심삼고 사랑해야 할 뜻이 남아 있고, 사람을 중심삼고 권고해야 할 일이 남아 있어서 지금까지 섭리해 나오고 계신데, 사탄은 반대로 하나님의 영광을 파괴하기 위한 싸움, 하나님의 사랑을 파괴하기 위한 싸움, 하늘의 생명을 파괴하기 위한 싸움, 오늘날 인간들을 자기의 수중에 매어 놓고 이를 하나님편으로 넘겨 보내지 않으려는 싸움을 계속하여 나오고 있다는 것입니다.

그렇기 때문에 이제 하나님께서는 사람을 세우셔서 사탄을 원망할 수 있는 하나의 조건을 세우셔야 하고, 사람을 세우셔서 하나님께 돌려야 할 영광을 중심삼고 사탄에게 항의할 수 있는 조건을 세우셔야 하며, 하나님 대신 인간으로부터 사랑을 받고 있는 사탄 대해 항의할 수 있는 조건을 세워야 한다는 것입니다. 또 하나님을 대신하여 사탄이 전체 생명의 권한을 갖고 있으니, 하나님은 이것도 항의할 수 있는 사람을 세위 놓지 않으면 안 된다는 것입니다. 이런 책임이 하나님에게 남아 있습니다. 하나님이 찾고자 하시는 창조본연의 인간, 사탄 대하여 공격할 수 있는 하나의 주인공이 나오지 않으면 다시 하나님께 영광을 돌릴 길이 없고, 사랑을 돌릴 길이 없으며, 생명을 돌릴 길이 없다는 것입니다.

  이 하나의 중심존재를 세우시기 위해서, 하나님께서는 4천년 동안 수고하시며 섭리하셨습니다. 그래서 비로소 하나님이 만민 앞에 찾고자 하셨던 하나의 신앙의 중심, 인간의 대표적인 중심, 하나님의 영광을 증거하고 하나님의 사랑을 증거하고 하나님의 생명을 증거하기 위해서 세우셨던 분이 누구냐 하면 예수 그리스도였습니다.

원죄와 상관이 없으신 예수님

022 - P.256, 1969.5.4

  복중에서부터 승리한 터전 위에 선의 혈통을 중심삼고 선조들의 그러한 전통을 이어, 충성을 다한 이스라엘 민족의 여인들의 정성어린 계대를 이어, 2천년 후에 마리아에 이르렀습니다. 마리아가 다말을 중심삼고 복중복귀에 승리한 혈통적인 전통을 이어받아 비로소 예수님을 잉태했던 것입니다. 보통 사람들은 복중에 애기가 잉태되면 벌써 사탄이 참소합니다. 그러면서 '이 자리는 나의 자리요, 여기에 잉태되는 사람은 모두 그릇된 사랑으로 잉태되었기 때문에 전부 나의 것이다'라고 주장한다는 것입니다.

  그렇지만 예수님은 탕감복귀 원칙에 의해서 다말의 복중에서 하늘편인 베레스가 승리한 혈통적인 기반 위에서 마리아

1. 예수님의 탄생과 그 의의

의 복중을 통해서 태어났습니다. 그러므로 예수님은 복중에 잉태되었을 적부터 사탄이 참소할 조건이 없었던 것입니다. 예수님과 일반 종교의 지도자들과 다른 점이 그것입니다. 태어난 근본이 다르다는 것입니다. 복중에서부터 사탄과 싸워 승리한 기반 위에서 사탄을 굴복시켜 장자의 기준을 세우고 예수님은 태어났기 때문에 하나님의 아들로 태어나도 사탄이 참소할 조건이 없었던 것입니다. 그리하여 비로소 2천년 만에 예수님은 이 세상에 태어나셨던 것입니다.

그러면 왜 2천년 만에 예수님이 태어나셨는가? 복귀는 가인 아벨의 복귀, 즉 형제 복귀인데, 사탄세계의 국가들이 먼저 태어난 가인형의 나라들입니다. 이 가인형의 나라들을 복귀하기 위하여는 아벨 나라가 새로 생겨나야 하는 것입니다. 이 아벨 나라가 바로 이스라엘 나라입니다. 그래서 하나님은 이스라엘 민족을 2천년 동안 길러서 하나의 아벨적인 나라를 이루어 사탄세계의 수많은 가인적 국가들을 굴복시키려 하셨던 것입니다.

본래 예수님은 사탄의 참소를 받지 않아도 되는 입장에서 태어나셨기 때문에 죽지 않았어야 합니다. 그런데 어찌하여 십자가에 죽게 되었느냐는 것입니다. 우리 인간들의 죄를 대속하고 죄인들을 구원하기 위해 죽었다고들 말하지만, 그런 시시한 얘기는 그만두라는 것입니다. 하나님의 아들이 죽지 않고는 구원을 못하느냐는 것입니다.

예수님 자신을 놓고 볼 때, 그는 마리아의 복중에서 잉태되어 태어났지만, 역사적인 승리의 터전 위에 사탄이 참소할 수 있는 내용을 전부 다 걷어치운 입장에서 잉태되어 탄생했기 때문에 사탄이 참소할 아무런 조건이 없다는 것입니다. 사탄이 참소할 조건이 없다는 것은 원죄가 없다는 것입니다.

　죄가 무엇이냐? 하나님의 말씀을 위반한 것이 죄라고 하는데 사탄이 참소할 수 있는 조건을 제시하는 것이 죄입니다. 하나님의 말씀을 믿지 않은 게 죄라고요? 원수가 물고 늘어질 수 있는 조건을 제시하는 것이 죄입니다. 그러니 원리원칙에, 법도에 어긋나면 하나님도 어쩔 수 없는 것입니다. 사탄에게 걸려드는 거예요. 예수님은 태어나기를 사탄이 참소할 수 있는 자리를 벗어난 입장에서 태어났기 때문에 원죄가 없는 분입니다. 사탄의 주관권 내에서 사탄과 접하는 것이 원죄인데 예수님은 사탄의 참소 조건뿐만 아니라 모든 조건을 넘어 태어나신 분이기 때문에 원죄와는 상관이 없다는 것입니다.

　이것을 위해서 바꿔치는 역사를 해왔던 것입니다. 에서와 야곱 때 바꿔치고 또 야곱이 아들 베레스 때 바꿔치고 안팎으로 바꿔쳐서 승리의 기반을 닦아 나왔던 것입니다. 그래서 이스라엘 민족이 생겨난 것입니다.

　이스라엘은 승리했다는 뜻인데 무엇에서 이겼느냐 할 때, 이제 보니 단순히 야곱이 얍복강가에서 천사와 씨름해서 이긴 것이 아니라는 것입니다. 천지에 엉클어진 모든 사연을 풀기 위한 열쇠를 찾았다는 것입니다. 그래서 예수님은 이 땅 위에 태어나되 원죄와 상관없는 사람으로 태어난 것입니다. 이러한 내용을 알아야 합니다.

복중에서부터 모심을 받았어야 할 예수님

017 - P.211, 1966.12.25　예수님의 탄생일이 하나님에게는 기쁨의 날이 되지 못했기

1. 예수님의 탄생과 그 의의

때문에 이 뜻을 모르고 크리스마스를 맞이하는 것은 황공한 일입니다. 예수님이 만일 로마의 왕자로 태어났으면 얼마만 한 영광 가운데서 탄생하셨을 것인가? 하물며 하나님의 독생자로 오셨음에야…. 그런데도 불구하고 이스라엘 민족 중에는 그를 맞는 사람은 한 사람도 없었습니다. 오죽 딱했으면 하나님께서 동방박사를 보내서 예수님을 증거케 했겠어요? 이방인이 찾아와 예수님께 예물을 바쳤다고 하는 것은 이스라엘 민족의 부끄러움이요, 그들에 대한 모독입니다. 왜 이스라엘에는 동방박사만한 사람이 없었느냐는 것입니다. 예수님은 4천년 전역사를 총탕감하기 위해 오셨습니다. 그런 그가 말구유에 뉘이셨다니 말이 안 되는 얘기입니다.

그 당시 이스라엘에는 메시아를 복중에서부터 모실 수 있는 사람이 하나도 없었습니다. 만일 그런 사람이 한 사람이라도 있었다면 그가 아무리 병신이라도 하나님이 사랑하지 않을 수 없었을 것입니다. 그리고 기독교도 이방인의 종교가 되지 않았을 것이며, 하나님의 섭리도 로마로 옮겨지지 않았으리라는 것은 당연한 것입니다.

복중에 있는 메시아를 알았기 때문에 안나는 마리아의 종이 되어 복중에 있는 메시아를 섬겨야 했습니다. 그러나 그녀는 증거는 했으나 모시지는 못했습니다. 동방박사와 목자들도 증거만 하고는 모두 가 버린 것입니다.

예수님은 왜 이 땅에 육신 쓰고 오셔야 하는가

074 - P.155, 1974.11.28

메시아가 와서 해야 할 사명이 무엇이냐 하면, 세계 인류를 사탄나라에서 찾아오고, 사탄주권을 추방해 가지고 본연의 하나님의 뜻의 세계로 돌아가게 하는 것인데, 구름을 타고 영적으로 허깨비같이 와서 되겠어요?

마태복음 16장 19절에 보면, 예수님께서 승천하실 때에 베드로한테 천국문 열쇠를 맡기면서 '네가 땅에서 매이면 하늘에서도 매일 것이요, 땅에서 풀면 하늘에서도 풀릴 것이다'고, 땅이 중요하다고 그랬습니다. 천국은 땅에서 좌우된다고 경고하시고 천국문 열쇠를 땅에 맡기고 가신 것입니다. 땅에서, 사탄세계에서 매였으니 땅에서 풀어야지 영계에서 풀 수 있어요? 땅에서 잃어버렸으니 땅에서 찾아야지, 영계에서 찾을 수 있어요?

이러한 관점에서 보아야 예수님께서 겟세마네 동산에서 세 번씩이나 '아바 아버지여! 할 수만 있으면 이 잔을 내게서 피하게 하시옵소서' 하신 이 기도의 내용을 알 수 있다구요. 이제라도 허락될 수 있다면, 자기가 죽지 않고 영육으로 뜻을 이루어 유대 나라와 합해 가지고 로마를 찾고 세계까지 전부 다 하나님에게 돌릴 수 있는 길이 있다면…. 본래 메시아의 사명은 사탄나라와 사탄을 전부 다 없애고 가야 하는 것이었습니다. 사탄나라와 사탄세계를 남기고는 갈 수 없는 그 입장이었던 것을 몰랐다는 것입니다.

만일에 자기가 죽는 날에는 4천년 동안 하늘이 보호하였던 이스라엘 나라는 산산조각이 나 없어져 가지고 자기가 올 때까지 수난길에서 피흘리고 갈 것을 알았기 때문에 그런 기도를 하지 않을 수 없었다는 걸 알아야 됩니다. 예수님 자신이 십자가에서 피를 흘리고 돌아가면 예수님을 따르는 사람은 피 흘리지 않고는 갈 수 없는 것이요, 앞으로 예수님을 믿는

1. 예수님의 탄생과 그 의의

수많은 기독교 신자들이 순교의 피를 흘린다는 것을 알았기 때문에 이것을 염려하는 마음으로 그런 기도를 하지 않을 수 없었다는 것입니다.

하나님의 소망과 예수님

002 - P.301, 1957.6.30

　창조주 하나님께서 만물을 지으신 목적이 무엇이냐? 그것은 선의 목적을 달성한 인간을 중심으로 하여 온 만물들이 하나님의 사랑을 노래하고 하나님께 영광을 돌려 드리는 모습을 바라보고 하나님께서 기뻐하시자는 것입니다. 그러나 인간의 타락으로 하나님의 창조목적이 성취되지 않았기 때문에 하나님께서는 그것을 다시 회복하기 위하여 6천년의 기나긴 싸움의 역사과정을 거쳐 나왔던 것입니다.

　이렇게 창세 이후 지금까지 우주적인 승리의 한날을 맞지 못하신 하나님께서는 지상의 인간을 통하여 소망하시는 그 승리의 날을 맞으려 하시는 것입니다. 그렇기 때문에 지상의 인간들이 그날을 찾아드리지 못하면, 이 땅에서 인간을 유린하고 있는 사탄을 처치할 수 없을 뿐만이 아니라 천상에서 하나님 앞에 인간을 참소하는 사탄의 세력도 물리칠 수 없을 것입니다.

　그러하기에 하나님께서는 어떠한 수고도 개의치 아니하시고, 어떠한 희생도 개의치 아니하시며, 어떠한 싸움도 개의치 아니하시고 오늘 이 시간까지 여러분 개개인을 세우시기 위하여 방패가 되어 나오셨던 것입니다.

　이것을 보면 우리는 하나님의 소망이 무엇인지를 알 수 있습니다. 하나님께서는 여러분 개체 개체를 세우시어, 인간을 타락케 했던 원수 사탄을 분별하여 사탄이 주관하는 악의 역사를 종결시키려 하시는 것입니다. 우리는 그러한 하나님의 소망을 이루어 드리고, 하늘 앞이나 만물 앞에 당당하게 나설 수 있고, 하늘 앞에 승리의 영광을 돌려드릴 수 있는 사람이 되어야 합니다. 그래야만 하나님께서 수고하여 오신 섭리의 목적이 이루어지게 되는 것입니다.

인간들이 오랜 역사과정을 통하여 이러한 승리의 날을 찾으려 하였으나, 이제까지 찾지 못하였던 것입니다.

하나님께서는 그러한 승리의 한날을 찾을 수 있는 한분을 보내주셨으니, 그분이 바로 예수 그리스도입니다. 그분은 하나님께서 오랜 역사과정을 통하여 인간들을 구하시기 위해 섭리해 오신 내적 심정과 만민의 모든 억울한 사정들을 체휼하신 분이었고, 이 땅에서 사탄과의 싸움에서 승리할 수 있는 대표자로 오셨던 분이었습니다.

그러므로 하나님께서 섭리하시는 뜻과 인류가 소원하는 뜻을 성취하기 위해 나가는 길을 가로막고 있는 사탄을 대하여, 창조주의 심정을 지니고 피조만물을 대표한 역사적인 책임자로, 또 선봉자로 서서 용감히 싸우셨던 예수 그리스도의 생애의 위업을 계승하지 않으면 안 되겠습니다.

예수님의 생애는 자기 일신을 위해 살아가신 것이 아니었습니다. 위로는 하늘, 아래로는 땅, 즉 모든 만상을 홀로 책임지시고 하나님의 뜻이 이루어지는 그 한날을 표준으로 하여 묵묵히 싸워나간 생애였습니다.

예수님께서는 머무는 장소나 밤과 낮을 가리지 않았습니다. 또 보이는 세상의 모든 핍박도 개의치 아니하셨고, 나아가서

1. 예수님의 탄생과 그 의의

는 보이지 않는 곳에서 자신이 가시는 길을 가로막는 사탄을 물리치기 위해 전체적인 책임을 지시고 싸우셨던 용자였습니다.

또 예수님은 4천년 역사를 책임지시고 민족과 세계를 위하여 오셨고, 나아가서 영계의 수많은 생명까지도 책임지고 오셨습니다. 그분은 자기 일신을 위하여 싸우지 않으셨습니다. 그렇다고 민족만을 위하여 싸우셨거나 세계만을 위하여 싸우신 것도 아니었습니다. 역사와 우주를 초월한 천륜의 사명을 일신에 지니고 하나님의 뜻을 이루기 위하여 싸우셨습니다.

이러한 싸움은 예수님의 30여 년의 생애를 거쳐오면서 계속되었고, 돌아가신 후 2천년 역사가 경과한 오늘날까지도 계속되고 있는 것입니다. 인간은 쉴 때가 있지만, 그분은 쉴 사이 없이 오직 하나님이 바라시는 소망의 뜻, 인류가 바라는 소망의 한 날을 찾아 세우기 위하여 성신과 함께 싸움을 전개해 나오시는 것을 뼈저리게 느껴야 합니다.

2. 예수님의 사명과 그 소망

메시아의 의미

074-P.142, 1974.11.28

　메시아는 왜 와야 되느냐 하는 문제를 우리는 확실히 알아야 되겠습니다. 사탄세계의 주권을 빼앗아 가지고 인류로 하여금 속죄하고 하늘나라로 돌아가게 하기 위해서, 본연의 뜻의 세계로 데리고 들어가기 위해서 오시는 세계의 구세주가 메시아라는 사실을 알아야 되겠다는 것입니다.

　구원이란 무엇이냐? 본연의 자리에서 떨어진 것을 다시 찾아가는, 복귀해 들어간다는 말입니다. 그러므로 복귀의 길이 구원의 길인 것을 알아야 되겠습니다. 오늘날 기독교니 뭐니 하는 종교권을 왜 만들어 놓았느냐? 그것은 악한 사탄 마귀에게서 분립해 가지고 본연의 뜻의 세계로 들어가게 하기 위한 준비의 터전인 것입니다.

　하나님이 이 사탄 마귀의 주권을 빼앗기 위해서는 어떻게 하셔야 하느냐? 개인 가지고는 안 됩니다. 그렇기 때문에 하늘편에 서서 강력한 하나의 나라를 형성하지 않으면 안 된다는 결론이 나오는 것입니다. 그래서 지금까지 하나님이 주류

2. 예수님의 사명과 그 소망

적인 입장에서 택해 가지고 준비한 나라가 이스라엘 나라요, 그 종교가 기독교입니다. 그렇기 때문에 지금 우리는 구원섭리과정에 있다는 것을 알아야 되겠습니다.

이 구원섭리의 뜻은 본래 하나님이 계획하셨던 그런 뜻이 아닙니다. 구원섭리를 끝내고 타락하지 않았던 본래의 세계로 돌아갈 수 있게 하는 책임자로 오시는 분이 구세주입니다. 메시아가 이 땅에 와 가지고 본연의 세계로 돌아 들어갈 그때에는 종교도 끝나는 것이요, 구세주의 사명도 끝나는 것이요, 지옥도 끝나는 것이요, 사탄 마귀와 이 세계 사탄나라의 모든 것은 끝나는 것입니다. 그래 가지고 하나님을 중심삼은 하늘나라, 하나님이 통치하는 본연의 뜻의 세계로 돌아가는 것입니다.

오늘날 우리들의 이 세계는 타락한 세계임에 틀림없기 때문에 우리는 구주를 바라지 않을 수 없는 입장에 있는 것이 확실합니다. 우리는 하나님의 뜻이 어떻다는 것을 알았고, 메시아가 오는 뜻이 하나님의 본연의 세계로 돌아가게 하기 위한 것임을 알았습니다.

또한 본연의 세계로 돌아가려면 개인보다도 국가 형태를 갖추고 세계 형태로 확대시켜서 하늘편의 공고한 터전을 넓히고 사탄세계를 굴복시켜 가지고 사탄주권을 빼앗아야 한다는 것을 알았습니다. 그렇게 하여 하늘편으로 돌이키려는 것이 메시아의 사명이라는 것을 분명히 알았습니다.

예수님 강림 목적과 소원

010 - P.028, 1960.6.26

예수님께서 이 땅에 오신 목적이 무엇이었느냐? 그는 길을 잃어버린 양의 무리와 같이 황야에서 방황하는 민족과 세계 인류 앞에 참다운 길을 소개하기 위하여 오셨습니다. 이런 목적으로 하나님이 보내신 독생자였으나 그가 가신 길은 처량한 길이었다는 겁니다.

예수님께서 만민을 구원하기 위해서는 죽어야만 했습니까? 죽지 아니하고는 만민을 구원하지 못하는 것입니까? 그러면 예수님께서 "내가 곧 길이요 진리요 생명이니 나로 말미암지 않고서는 아버지께로 올 자가 없느니라(요 14:6)"고 말씀하신 때가 십자가에 달리고 난 후입니까, 전입니까? 어느 때입니까? 그것은 전입니다. 4복음서에 나온 대부분의 말씀은 십자가에 돌아가시기 전에 하신 말씀입니다. 몰리고 몰려 돌아가시게 되었을 때 말씀하신 것이 아닙니다. 돌아가시지 않고 사실 때 구주로 모심 받으셨다면 얼마나 좋았겠어요.

하나님은 길을 잃은 양떼와 같이 방황하는 인생들, 목적관도 생명의 가치도 잃어버린 인생들 앞에 필시 참다운 목자를 보내 주시는 분이십니다. 그래서 선지자를 다리 놓고 독생자라는 이름을, 구주라는 이름을 세워 하나님의 아들을 이 땅 위에 보내 주신 것입니다. 그러면 예수님께서 30여 년의 생애를 거치시면서 이루고자 하신 것은 무엇이냐? 하나님의 심중을 통하고 하나님의 생명을 통한, 생사의 기준을 넘어선 영광된 아들딸, 승리적인 아들딸을 만들어 만천하 앞에 세워 놓는 것입니다. 그것이 예수님이 일편단심으로 소원하셨던 것입니다.

2. 예수님의 사명과 그 소망

243 - P.185, 1993.1.10

타락으로 잃어버린 아담 해와를 찾아 세우심

본래 창조이상이 이루어졌더라면 재림이니 구원섭리니 하는 것이 필요 없었다는 것을 잘 알고 있을 것입니다. 그때 다 이루어져 가지고 하나의 세계가 되어서 지상천국과 천상천국이 연결되어야 했습니다. 그렇게 출발했다면 가정부터 그 가정이 지상천국 가정이요, 천상에도 가정이 생기고 종족·민족·국가·세계로 역사시대가 발전해 나갔을 것입니다. 영계도 마찬가지입니다.

그렇기 때문에 아담가정은 한 가정이었지만 미래에 세계를 이룰 수 있는 중심이 되고, 국가의 중심, 종족의 중심, 가정의 중심인 것입니다. 아담가정은 전체의 이상을 실현할 수 있는 하나의 모델 가정입니다. 그 말은 아담가정이 완성했더라면 종족도 완성될 것이고, 나라도 완성될 것이고, 세계도 완성될 것이고, 천주도 완성된다는 말입니다. 그런 아담가정은 모든 이상의 대표적 가정이요, 중심 가정이라는 것입니다.

그렇게 보면 아담은 해와는 누구냐? 그들은 하늘땅을 대표한 왕과 여왕입니다. 모든 사람은 왕이 되고 싶고 여왕이 되고 싶은 욕망을 가지고 있습니다. 그러면 그 킹십(Kingship)과 퀸십(Queenship)이 영원히 가정 천국으로부터 종족·민족·국가·세계·천국까지 연결되는 것입니다. 그 킹십을 누가 계대해서 종적 횡적으로 확대시키느냐? 장손이 하는 것입니다. 세계로 주욱 이렇게 연결하는 것입니다. 가정 단위의 표적을 중심삼고 완성한 가정이 많이 연결되면 종족이 되고, 더 많아지면 민족이 되고 국가·세계가 되는 것입니다. 가정을 중심하고 확대하면 세계가 되는 것입니다.

사랑 때문에 혈통적으로 문제되었기 때문에 혈통을 바로잡지 않으면 하늘이 착륙할 길이 없습니다. 하나님이 있다고 하면 구원섭리가 왜 연장되고, 인류가 왜 오늘날과 같이 멸망해야 되느냐? 오늘날 현실적인 모든 것을 볼 때, 선한 세계라고 생각할 수 없는 결과가 된 것은 타락 때문입니다. 타락함으로 말미암아 사탄세계를 이루어 나온 것입니다. 사탄 가정, 사탄 종족, 사탄 민족, 사탄 국가, 사탄 세계까지 이루었으니 이제 사탄의 끝날이 온 거예요. 이러한 사탄세계에 구원섭리가 들어와 가지고 한 사람, 두 사람을 바꾸기 위한 것, 전부 다 하늘편으로 돌리기 위한 것이 구원섭리인 것입니다.

혈통적으로, 핏줄이 사탄 사랑으로 말미암아 시작됐기 때문에 하나님의 사랑을 중심삼고 하나님의 핏줄을 정착시킬 수 있는 근원적 기원이 되어 있지 않은 거예요. 타락함으로 말미암아 사탄을 중심삼고 아담이 따라갔고, 해와가 따라갔고, 가인이 따라갔습니다. 본래는 하나님을 중심삼고 아담 해와, 가인 아벨 이렇게 되어 있는 것입니다.

이쪽은 지옥이고, 이쪽은 천국이에요. 이 세상은 어디예요? 오늘날의 세계가 무슨 세계예요? 사탄세계예요, 하늘세계예요? 사탄세계입니다. 사탄의 사랑은 거짓사랑입니다. 사탄 사랑은 거짓사랑이고 하나님 사랑은 참사랑입니다. 사탄세계에는 참사랑과 참혈통이 존재하지 않아요. 혈통은 반드시 사랑을 통해서, 부부를 통해서 엮어지는 것입니다. 그렇기 때문에 문제가 뭐냐? 구원섭리가 가는 것을 두고 볼 때, 아담 해와의 거짓사랑으로부터 시작됐으니 참사랑을 중심삼은 아담 해와를 찾아 세우는 것이 구원섭리의 목적이라는 것입니다.

2. 예수님의 사명과 그 소망

283 - P.193, 1997.4.12

메시아는 새로운 생명을 접붙여 주기 위해 오시는 참사람

참사랑과 참생명의 씨를 가진 아담을 잃은 하나님은 사탄의 참소 조건이 없는 새로운 씨를 가진 아들을 찾아 세워야 합니다. 이게 기가 막힌 거예요. 하나님 자신이 찾아 못 세웁니다. 사람이 그걸 찾아 세운 자리에 가야 되는 거예요. 창조 때 아담을 먼저 지었듯이 재창조섭리인 복귀섭리도 아담과 무관한 아들을 먼저 세워야 하는 것입니다. 이것이 메시아사상의 근본입니다.

이것이 메시아사상이에요. 메시아가 와야 되는 근본이 여기 있는 것입니다. 잃어버린 하나님의 혈통과 직결되고 영원히 하나님의 나라를 이어받을 수 있는 그 사람이 하나님의 아들 되는 것입니다. 장자예요. 그런데 장자가 못 되었다는 것입니다.

메시아는 사탄 관장 하에 있는 타락한 혈통을 지닌 사람들의 생명을 부정하고 새로운 생명의 씨를 접붙여 주기 위해서 오시는 참사람입니다. 여러분에게 지금 접붙여 주기 위해서 이 놀음하는 것입니다. 가정도 접붙여 주기 위해서 이 놀음하는 것입니다.

뿌리는 하나님에게 두었지만 후 아담으로 와서 아담으로 저질러진 것을 청산지어야 하는 사람이 메시아입니다. 메시아는 참부모입니다. 하나님께서 능력만으로 역사할 초인을 메시아로 보낼 수 없는 사정이 여기에 있는 것입니다.

이 땅에 하나님의 사랑과 생명의 씨를 갖고 태어날 아들을 위하여 먼저 어머니가 있어야 합니다. 어머니가 아들을 낳더라도 그냥 그대로 낳을 수 없는 것입니다. 반드시 복귀의 공식을 통해서 낳아야 되는 것입니다. 복귀섭리 속에 나타난 모자 협조는 모두가 하늘의 아들이 사탄의 참소를 벗어난 새 생명의 씨를 지니고 착지하기 위한 준비요, 조건인 것입니다. 모자 모두 사탄의 공격을 벗어날 수 있는 조건을 세운 터 위에서 사탄을 대표하는 장자를 굴복시킴으로써 사탄이 선점한 사랑과 생명과 혈통을 복귀해 나오시는 것입니다. 이런 걸 다 몰랐어요.

메시아를 통한 혈통전환

172 - P.053, 1988.1.7

믿음의 아들딸을 중심삼고 환경이 아무리 강퍅해도 그 환경을 이김으로 말미암아 거기서 나는 비로소 아담의 자리를 탕감해 가지고 돌아온 자리에 선다는 것입니다. 그렇게 해서 돌아왔지만, 그것은 혈통적으로 사탄의 핏줄을 받았으니 그 자체로서는 하늘 앞에 돌아갈 수 없는 것입니다. 그러니 메시아는 절대적으로 혈통복귀를 해 가지고 사탄이 더럽힌 핏줄을 개조하지 않으면 안 됩니다. 전환시켜야 됩니다. 그래서 메시아는 반드시 와야 되는 것입니다.

메시아가 왜 지상에 와야 되느냐? 그건 뿌리가 다르기 때문입니다. 혈통이 다르기 때문입니다. 메시아를 모셔 가지고 혈통전환을 해야 되는 것입니다. 우리는 뿌리가 다르다구요. 지금까지의 모든 순을 쳐 버리고, 뿌리를 쳐내 가지고 메시아를 중심삼고 접붙여서 메시아의 뿌리로부터 메시아의 순으로 나가야 된다 이겁니다. 접붙이면 같은 뿌리의 열매를 맺어야 되는 것입니다.

2. 예수님의 사명과 그 소망

그렇기 때문에 기성의 관습이라는 것은 절대 용허할 수 없는 것입니다. 대한민국 사람이라고 하는 그 자체가 사탄편임을 자증하는 것입니다. 그러니 국가와 민족을 초월하고, 국경을 초월하고 극복해야 됩니다. 나는 하늘나라의 백성이고, 나는 하나님의 직계이고, 나의 뿌리는 하나님이지 사탄과는 관련이 없다고 해야 된다 이겁니다.

혈통을 통해서 무엇이 상속되느냐? 하늘의 심정이 상속됩니다. 그 심정의 전통이 어떻게 상속돼 나오느냐가 문제입니다. 어떻게 돼서 오늘날 하나님의 심정이 우리에게 연결되어 나오느냐 묻게 될 때, 그건 혈통복귀로 말미암아 가능하다는 것입니다. 선에는 절대적인 하나님을 중심삼은 하나밖에 없는 혈통, 절대적인 혈통을 중심삼고 그것을 자기가 느끼고 거기에서 체험함에 따라 하나님의 심정권이 이루어져 나가는 것입니다.

예수님이 하고자 하신 일

008 - P.125, 1959.11.29

예수님 자신은 하늘의 몸을 대신하여 왔지만, 그 마음은 아버지와 하나되기 위해서 싸웠습니다. 마음의 아버지, 무형의 아버지와 하나되기 위해서 싸웠어요. 그렇지만 몸을 쓰고 나타나 이 땅을 주관해야 할 책임을 완결짓지 못하셨으므로 예수님은 지금도 이념을 세우고 세계를 주관하기 위하여 싸워 나오고 있다는 것을 알아야겠습니다.

예수님이 생전에 싸워 완결지어야 할 것인데 완결짓지 못함으로 인하여 영계(靈界)에 가서도 2천년 동안이나 싸워 나오고 있는 것입니다. 이 싸움이 끝나는 그때 가서는 무엇을 할 것이냐? 불변의 사랑, 불변의 생명, 불변의 이념을 가지고 우리를 찾아와 안식의 보금자리를 허락하겠다는 것입니다. 이것이 재림천국입니다. 뭐 재림이 어떻다고들 하지만 목적은 여기에 있다는 것입니다.

예수님이 땅 위에 와 가지고 '너는 과연 아버지의 생명을 가진 자로구나, 너는 과연 아버지의 이념을 가진 자로구나, 너는 아버지의 사랑을 가진 자로구나, 오, 나의 아들딸아!' 하시며 품고 사랑해 봤습니까? 못 해 봤습니다.

예수님의 무덤을 찾아 헤매던 막달라 마리아가 부활한 예수님을 바라보고 '오, 주여!' 할 때 '너와 나는 아직까지 거리가 남아 있는 것을 모르느냐, 민족에게 다시 권고해야겠구나'라고 하신 곡절이 어디 있느뇨? 하늘의 실체로서 하늘대신 품고 사랑할 수 없었기 때문입니다. 하늘 주권을 대신할 자요, 하늘의 이념과 하늘의 생명을 대신할 자이지만 그런 자리에는 못 갔습니다. 예수님 자신이 그런 자리에 서지 못하였습니다. 왜? 만물을 주관하라던 권한을 땅 위에서 가지지 못하였기 때문입니다.

예수님은 이 땅 위에 왔다 갔으되 한을 남기고 갔습니다. 한은 무슨 한이냐? 역사적인 한, 시대적인 한, 미래적인 한을 우리에게 남기고 갔습니다. 기독교인들은 예수님이 골고다 산정에 끌려가 십자가에 죽음으로써 모든 것을 다 이루었는 줄 알지만 가야 할 길이 남아 있습니다. 죽어서도 가야 할 길이 남아 있다는 것을 알아야 됩니다. 죽지 않고는 왜 넘을 수 없었느냐? 역사를 대신하고 시대를 대신할 수 있는 기반을 못 가졌기 때문입니다.

2. 예수님의 사명과 그 소망

4천년 역사를 가진 유대교와 택해 세운 이스라엘 민족이 불신했습니다. 과거와 현재가 없이는 미래가 있을 수 없기 때문에 과거의 심정, 시대적인 심정, 미래적인 심정을 해원하지 못하고 십자가에 달려 죽으신 것입니다. 그래서 이것을 다시 넘어야 할 예수님의 입장을 우리는 알아야 되겠습니다. 그래서 예수님은 영계에 가서까지도 기도한다는 것입니다. 마음이 편안해서 기도해요? 갈 길이 남아 있기 때문에 기도합니다. 아담 해와가 잃어버린 본연의 주권을 회복하고 불변의 사랑과 불변의 생명과 불변의 이념을 갖추지 못하였기 때문에 예수님은 그 목표를 이루는 한 때를 고대하며 2천년 동안 싸워 나오고 있다는 것입니다.

개척자로서의 결심

005 - P.220, 1959.2.1

예수님이 30년 준비기간에 개척자로서 가진 바의 결심은 무엇이었느냐? 그것은 '죽음의 고개가 있어도 나는 간다, 핍박의 길이 있어도 나는 간다, 망하는 일이 있어도 나는 간다'는 결심이었습니다.

그리하여 예수님은 이 준비기간에 자신의 생활적인 환경을 청산할 수 있고, 자기를 위한 생애의 이념을 청산할 수 있고, 민족적인 모든 인연을 청산할 수 있고, 구약과 법도를 중시하는 유대교단의 형식까지도 모두 청산할 수 있다는 평생의 각오를 했다는 것입니다.

하늘나라를, 온 세계 인류의 마음을 개척해야 할 예수님은, 자나 깨나 그 생활에 있어서 그의 심정은 하나님의 이념의 경지에 하루에도 몇 번씩 왕래하지 않은 날이 없었습니다. 그러한 예수님이었음을 알아야 되겠습니다.

30년 준비기간 동안의 내적 서러움을 이 땅 위의 만민들은 몰라주었지만, 오직 하나님만은 예수님의 편이 되어 주셨습니다. 예수님이 대패를 들고 나무를 미는 자리에서도 까뀌를 들고 나무토막을 깎는 자리에서도, 톱을 들고 나무를 자르는 자리에서도, 밥을 먹고 쉬는 자리에 머물지라도 그의 마음은 하나님의 심정과 사정을 체휼하기를 바랐고, 하나님의 소원이던 천국이 건설되기를 소원했고, 어느 일순간이라도 그것을 잊어버린 적이 없었다는 사실을 알아야 되겠습니다.

뿐만 아니라 4천년 역사를 저버리는 한이 있더라도 이러한 가치는 저버릴 수 없고, 택한 이스라엘은 저버려도 이러한 가치는 저버릴 수 없고, 택한 교단은 저버려도 이것은 저버리지 못하겠고, 부모 친척 어떠한 것도 다 저버릴 수 있지만 이것만은 저버릴 수 없다는 것을 심중에 그리고 뼈와 살에 사무치게 느끼셨던 것입니다. 그리하여 철두철미하게 움직일 수 있는 천정(天情)의 심정을 갖추어 소망의 한날을 바라보면서 준비해 나오던 예수님의 생애야말로 비장한 생활의 연속이었음을 여러분이 알아야 되겠습니다.

한날을 찾아, 한때를 찾아 준비하던 예수님의 심정과 그의 모습을 여러분이 다시 한번 그려 보라는 것입니다. 그가 입은 것은 초라하고 그의 모양은 서글퍼 보이더라도 그의 시선만은 땅의 어떠한 정복자나 어떠한 개척자에게도 지지 않는 것이었습니다.

하늘의 심정과 통하는 그의 시선이었고 우주를 뚫고도 남음이 있는 기막힌 시선을 가지고 있었다는 사실을 우리는 생각

2. 예수님의 사명과 그 소망

치 않을 수 없습니다. 따라서 그러한 심정과 시선을 가지고 바라보는 그는 시련받는 불쌍한 사람의 모습이 되지 않으려야 않을 수 없었고, 서글픔을 지닌 모습이 아니되려야 아니될 수 없었다는 것입니다.

이러한 사실을 회고해 볼 때, 예수님은 역사노정을 통하여 수고해 내려오시는 하나님을 붙드는 심정이 강해지면 강해질수록 불신의 이스라엘 민족이 될까봐 염려하는 마음이 커졌고, 불신의 사도들이 될까봐, 또 불신의 제자들이 될까봐 무한히 염려했다는 사실을 알 수 있습니다. 예수님은 이러한 마음을 품고 묵묵히 30년 준비기간을 지냈습니다.

예수님이 하늘편에 서서 타오르는 심정의 열도가 아무리 강해지더라도 그것은 자기 일신을 위한 것이 아니었습니다. 하늘의 소망에 불타올라 세계를 바라보는 시선이 아무리 심각하더라도 그것은 자기 일신의 욕망을 위한 것이 아니었음을 우리는 알아야겠습니다.

그가 바라보는 시선은 다만 이스라엘 민족을 위하고자 함이요, 그의 심정도 이스라엘 민족을 위하고자 함이요, 전세계를 위하고자 함인 것을 알아야 되겠습니다. 그래서 예수님은 무한히 슬픈 눈물을 흘렸던 것입니다. 그러한 준비기간에 예수님은 십자가의 고개를 한 번만 각오한 것이 아닙니다. 어느 누가 죽는다는 소문이 있으면, 그가 희생시켜야 할 사람이 바로 자기라는 것을 느끼기를 몇 백 번이었습니다. 어느 누가 억울하게 핍박을 받고, 억울하고 몰리고, 불쌍한 처지에서 억울함을 당하고 있는 사람이 있다 할진대, 그 사정을 자기의 사정으로 바꾸어 생각했습니다. 당시에 벌어지는 사회의 처참한 현상을 자기 일신의 실천노정 위에 벌어지는 실증적인 제물과 같이 생각하면서 바라보았던 예수님의 심정을 알아야 되겠습니다.

세계적 승리의 기반을 세우기 위해 오신 예수님

016 - P.230, 1966.6.19

　예수님께서는 개인·가정·종족·민족까지 승리한 역사적인 터전을 인계받아야 했지만, 이스라엘 민족 전체가 예수님을 반대했기 때문에 개인·가정·종족·민족까지 하나님 앞에 세운 역사적인 승리의 기준이 전부 무너지게 되었던 것입니다.

　그렇기 때문에 예수님은 생명을 바칠 각오를 하고 개인의 승리, 가정의 승리, 민족의 승리, 국가의 승리 기준까지 다시 수습하기 위해 나섰던 것입니다. 이것이 예수님의 3년 공생애 노정이었습니다.

　이렇게 하나님께서는 개인·가정·종족·민족의 시대를 거쳐 비로소 메시아를 보내셨던 것입니다. 메시아가 찾아 나가야 할 곳은 세계적인 중심의 자리입니다. 메시아가 그 자리까지 나가기 위해서는 이스라엘 민족 자체가 하나님의 뜻을 중심삼고 세계적인 시련 도상을 극복할 수 있는 완전한 준비를 갖추어야 했습니다. 또한 국가적인 기반을 닦고 국가의 대표적 지도자인 세례 요한과 하나가 되어 메시아를 맞아 일체를 이루어 세계적인 시련과 고통을 참고 넘어가야 했습니다.

　예수님을 중심삼고 세계적인 시련과 고통을 넘어가게 되면 로마제국이 아무리 세계의 강국이라 할지라도, 하나님이 배후에 계시기 때문에 이스라엘 민족을 당할 수 없는 것입니다.

2. 예수님의 사명과 그 소망

만일 이스라엘 민족이 예수님과 하나되었더라면 로마제국의 세력은 문제가 없었을 것입니다. 로마제국만 물리쳤더라면 그때부터 세계는 하나님편으로 넘어올 수 있었습니다. 그러나 이것이 안 되었기 때문에 이것을 다시 찾는 제2차적인 섭리가 2천년 동안이나 연장되어 나온 것입니다.

끝날은 어떠한 시대인가 하면, 역사적인 모든 전체가 탕감되는 시대입니다. 그래서 혼란한 시대가 오는 것입니다. 종교, 경제, 문화 등 모든 것이 혼란 속에 휩쓸리게 됩니다. 그렇기 때문에 끝날이 되었다, 주님이 오신다, 우리 집단을 통해야 되고 우리가 아니면 구원을 못 받는 다는 말이 나오는 것입니다.

모든 것이 겉으로 보기에 평면적인 한 시대에 벌어지는 것 같지만, 그 이면을 보면 역사적이고 전체적인 것이 얽혀져 있는 현실입니다. 현실이 이러한 세계적인 와중에 있기 때문에 혼미한 상태에 있는 것입니다. 이러한 때는 종교의 목적이 희미해지는 때요, 철학의 목적도 희미해지는 때입니다. 또한 가정의 목적이 희미해지는 때요, 민족의 목적도 희미해지는 때요, 국가의 목적도 희미해지는 때입니다. 목적을 지향하는 모든 것이 희미해지는 것입니다.

이러한 때에 개인을 수습하고 가정·종족·민족·국가·세계의 모든 것을 수습할 수 있는 사람이 나타나서 하나님을 중심삼은 새로운 제2의 세계로의 출발을 전개하여야 합니다. 그런 세계가 오지 않고는 하나님의 뜻을 이룰 수가 없는 것입니다.

예수님이 계셔야 할 자리

014 - P.050, 1964.5.3

　하나님은 4천년 동안 수많은 선지자들을 죽음 가운데에 몰아넣으면서까지 새로운 한 날을 준비하셨습니다. 새로운 시대적인·민족적인·국가적인 지도자로서 세계를 지배할 수 있는 하나의 구세주를 보내기 위하여 긴 역사노정을 통하여 선지자를 보내 준비하셨던 것입니다. 택해 놓은 이스라엘 민족, 야곱을 중심한 이스라엘 민족을 수많은 환난노정을 거치면서도 보호해 나오셨고, 한 날의 약속을 이루기 위하여 그들을 끌고 몰면서 나오신 것이 예수님 때까지의 4천년 역사였던 것입니다. 그렇게 해서 하나님이 예수님을 보내셨는데 슬픈 자리에 세우기 위해 보내셨겠습니까? 절대 아니라는 것을 우리는 알아야 합니다.

　이스라엘 민족은 하나님이 보내신 메시아를 그 나라의 왕궁에 모시고 제사장들과 교법사들이 중심이 되어 수많은 교직자들이 자기들 이상의 영광의 자리에서 왕으로 맞이해야 했습니다. 그러한 자리가 이스라엘 민족의 소망이던 메시아가 머물러야 할 자리요. 그것이 이 땅에 메시아를 보내신 하나님의 소원이었습니다.

　예수님은 교법사들을 다스리고 제사장들과 의논해야 했습니다. 그 나라의 군왕을 대신해서 만민에게 명령해야 했습니다. 그것이 하나님이 메시아를 보낸 목적이요, 이 땅 위에 메시아로서의 사명을 지고 온 예수님의 목적이었습니다. 예수님은 나면서부터 최고의 권위 있는 사람들과 의논하고, 그들에게 명령하여 세계적인 발판을 잡고 악한 세계를 무찌를 수 있는 심판의 주인공이 되었어야 했던 것입니다.

2. 예수님의 사명과 그 소망

009 - P.259, 1960.6.5

바라시던 때와 환경을 남기고 간 예수님

예수님은 갔습니다. 어떻게 갔느냐? 사명을 갖고 왔다가 모든 것을 남기고 갔습니다. 남기고 갔어요. 예수님이 찾고자 했던 그 때를 남겼고, 예수님이 보고자 했던 그 환경을 남겼고, 예수님이 행사하고자 했던 그 주권을 남기고 갔다는 말입니다. 그러기에 예수님께서는 '이래도 하나되고 저래도 하나되라. 때가 이르면 너희에게 비유로 말하지 아니하고 밝히 이르리라' 하셨습니다. 예수님은 때를 말하지 못하였습니다. 왜? 원수 앞에서 자기가 만왕의 왕으로 왔다고 말하면 로마 제국의 식민지로 있는 이스라엘이 배겨나지 못하기 때문입니다. 그래서 예수님은 때가 임박했다는 것을 느꼈으나 때를 말하지 못하였고, 환경을 닦기 위해 싸워야 할 것이었으나 그렇게 하지 못했던 것입니다.

예수님의 심정을 한 번 생각해 보십시오. 때를 찾으려고 얼마나 애를 썼습니까? 요셉과 마리아의 가정에서 자랄 때에도 몇 번씩이나 천륜의 모든 것을 말하고 싶었다는 것입니다. 마리아는 동정녀로 잉태하여 예수님을 낳은 후 기르며 젖을 먹일 때에는 그래도 하나님의 아들로 알았고 하나님이 택한 귀공자인 줄 알았지만, 날이 가면 갈수록 그 마음이 퇴색되어 예수님을 보통 아이와 같이 대했습니다. 예수님은 요셉가정에서 먹을 것을 먹지 못하고 입을 것을 입지 못하면서 심정의 왕자로서 일했습니다. 그러나 그 마음 깊이에는 때를 그리워하는 심정이 있었던 것입니다.

예수님은 하나님이 허락한 한 때를 위하여 준비하고, 하나님이 허락한 한 환경을 위하여 내적으로나 외적으로나 또는 인격적인 분야에 있어서나 갖출 바의 모든 것을 다 갖추고 자기 스스로 하나님, 혹은 만민 앞에 나타날 수 있는 때를 고대했던 것입니다. 열두 살 때에 부모 몰래 성전을 찾아간 예수님이었습니다. 그러나 예루살렘의 많은 사람들 앞에 증거해야 할 그의 형제들까지도 희롱하고 조롱했습니다.

예수님은 오늘날 사람들이 생각하는 대로의 가상적인 역사형의 인격자가 아닙니다. 성경에도 먹기를 탐하고 포도주를 즐기는 사람이요, 병자의 친구요, 죄인과 세리의 친구라고 하였는데, 있을 수 있는 일입니까? 왜 그랬겠느냐 이겁니다. 그걸 생각할 때 통곡해야 되겠습니다. 예수님이 어찌하여 죄인과 세리의 친구가 되셨는가? 그들의 친구가 되고 싶었던 예수님이 아니었습니다. 어찌할 수 없었기 때문이었습니다.

예수님께서는 제사장들이 자기 앞에 나와서 무릎 꿇고 '당신은 만왕의 왕이요, 우리의 지도자입니다' 하고 머리를 숙이며 경배해 주기를 얼마나 고대했겠습니까? 그러나 그들은 오히려 손가락질했습니다. 모세의 율법을 유린하고 성전을 더럽히는 자라고 욕했습니다. 그래서 할 수 없이 죄인의 친구가 되고 세리의 친구가 된 것입니다. 4천년 동안 이루어 놓은 제단이 무너지고 말았기 때문에 어쩔 수 없이 그렇게 된 것입니다. 그 당시의 제사장은 대심판 때에 첫 번째로 불리어 심판 받아야 될 것입니다.

지금까지 사람들은 예수님을 맹목적으로 믿었어요, 맹목적으로. '예수님이 우리를 위해 죽었으니 우리는 믿기만 하면 구원받는다' 하고 간단하고 쉽게 말입니다. 그러나 예수님은 복음의 말씀을 전할 때, 먹지 못하고 입지 못했습니다. 오죽했으면 무화과나무 열매를 따먹으려다 무화과나무를 저주했

**2. 예수님의 사명과
그 소망**

겠습니까? 편안하고 태평스럽고 배가 불렀던 예수님이 아닙니다. 천만의 말씀입니다. 하나님의 아들의 신세가 이렇게 폭락될 줄이야….

　때를 잃어버린 예수님이었습니다. 또한 환경을 잃어버린 예수님이었습니다. 있을 곳이 없어서 이 집 저 집을 전전하며 막달라 마리아와 같은 과부의 집을 찾아다녔습니다. 오늘날같이 자연스러운 때 그랬던 것이 아니라 2천년 전에 그랬단 말입니다. 여인이 300데나리온이나 되는 향유를 예수님의 발에 붓고 머리카락으로 씻어 주었습니다. 그런 일을 용납할 수 있겠습니까? 어림도 없다는 것입니다. 예수님은 얼마나 안타까웠겠습니까? 그런 자리에까지 쫓겨난 예수님의 심정이 어떠했겠느냐는 것입니다. '4천년 역사가 유린되어 들어가는구나. 여기가 하나님께서 수고하시고 수많은 선지자들이 피를 흘리며 닦아 놓은 역사적인 터전이 무너지는 자리로구나' 하는 것을 생각할 때에 저주를 하고 싶은 마음이 사무쳤으나 입을 봉한 예수님이었습니다. 저주를 하면 4천년 동안 수고하였던 하나님의 수고가 끊어져 나가기 때문에 자기를 위하여 준비해 온 터전이 무너져도 자기가 책임지겠다고 입을 다무셨습니다. 예수님은 슬프고 어려울 때마다 홀로 감람산을 헤매며 기도하셨고 겟세마네 동산을 헤매며 기도하셨습니다. 이것이 하나님의 아들이 해야 할 일입니까?

　예수님께서는 인간의 행복을 기약할 수 있는 새로운 인생관과 세계관과 우주관을 그 시대에 철석같이 세워 놓고 가야 했는데, 그렇게 했습니까? 예수님의 인격관이 어떠하다고 뚜렷이 말할 수 있어요? 막연합니다. 내가 이러이러한 이념을 갖고 와서 이 땅을 지배했다고 해보았습니까? 때와 환경을 정리하여 이러이러하게 지배했다고 해보았습니까? 못 해보았습니다. 패배자로 사라져 간 예수님입니다.

예수님은 이 땅 위에 오셔서 3년 동안 말씀하셨습니다. 그러나 그 말씀 중 한 가지도 이루지 못했습니다. 3년 동안 끌고 다니던 제자들이 어떻게 되었습니까? 나중에는 다 불신했어요. 3년 동안 있는 정성을 다하고 피살을 깎고 희로애락을 같이하면서 길러 놓은 제자가 그 꼴이었습니다. 선생님은 선생님대로 가고 제자는 제자대로 가는 식이었습니다. 결국 예수님은 다 남겨놓고 갔습니다.

예수님께서 다시 오셔서 해야 할 일

005 - P.186, 1959.1.18

타락하지 않은, 하나님의 사랑을 받을 수 있는 선한 사람의 목표는 먼저 하나님의 인을 받고 내가 형제에게 인을 쳐 주는 것입니다. 나아가 종족과 민족에게 인을 쳐 줄 수 있어야 됩니다. 이런 것을 생각할 때에 하늘의 슬픔이 얼마나 컸을 것인가 하는 것을 알아야 되겠습니다. 이러한 하늘의 슬픔에 대한 말씀은 꿈에서도 알지 못하였던 말씀이요, 어떠한 친구에게서도 들어보지 못하였고, 어떠한 스승이나 어떠한 교역자에게서도 듣지 못하였던 말씀인 것입니다. 이런 내용은 진실로 심각한 말씀입니다.

지금 하나님의 사랑권 내에 있습니까? 참부모의 사랑권 내에 있습니까? 참형제의 사랑권 내에 있습니까? 참종족의 사랑권 내에 있습니까? 참민족의 사랑권 내에 있습니까? 하늘 땅을 통합해서 하나님 앞에 머리 숙일 때 그 하나님이 품을

2. 예수님의 사명과 그 소망

수 있는 사랑권 내에 있습니까? 그러한 사람은 한사람도 없습니다. 예수님께서도 이 일을 못 했다는 것입니다. 그렇기 때문에 예수님은 아직 낙원에서 보류상태에 머물러 계시는 것입니다.

그러면 예수님은 끝날에 다시 오셔서 필히 무슨 일을 해야 할 것인가? 이일을 회복해야 된다는 것입니다. 예수님께서는 말씀을 밟고 올라섰습니다.

그러나 십자가에 돌아가신 후에 부활하신 예수님은 막달라 마리아가 붙들려 할 때 배척하던 분이었고, '신부여! 나와 더불어 아버지 앞에 갑시다' 라고 할 수 있는 자리를 거치지 못한 분이었습니다. 그렇기 때문에 2천년 동안 신부의 자리를 찾는 그날을 바라보면서 수고해 나오셨습니다. 예수님은 원래 환희라는 신부와 더불어 아버지 앞에 나아가 축복을 받고 참부모가 되어야 했습니다. 그리하여 참다운 자식을 품고, 참다운 종족, 참다운 민족을 건설하여야 했던 것입니다. 이와 같이 하나님께서는 예수님을 이 천지에 참다운 조상이 되라고 축복하려 했습니다.

그러나 예수님은 인류의 참조상의 입장에서 축복을 받지 못하고 가셨던 것입니다. 이것을 잘 알고 있습니다. 이것이 하늘의 슬픔이요, 예수님의 슬픔입니다.

3. 예수님의 정체성

예수님은 하나님의 대신 실체

001 - P.081, 1956.5.27

　예수님은 하나님의 내적인 성품을 대신하여, 모든 어려움과 슬픔을 참으면서 사랑하시던 하나님의 심정을 인계받을 수 있었습니다. 그래서 예수님은 자신이 어느 자리 어느 곳에 있든지 오직 하나님의 뜻, 하나님의 사랑을 대신한 실체로서 사탄과 싸워 나갔습니다.

　예수님은 사탄과 싸우는 과정에서, 사탄이 자기를 위한 목적을 중심삼고 공격하게 될 때 그 영향은 예수님 자신에게만 미쳐지는 것이 아니요 하나님에게까지 미쳐진다는 것을 아셨습니다. 그렇기 때문에 예수님은 어떤 수난을 당하게 되더라도 하나님이 예수님을 위하여 참으신 것 같이, 또 만민을 위하여 참으신 것 같이, 그리고 당시까지의 섭리노정에서 사탄 대해 하나님이 싸워 나오신 것과 마찬가지로 30여 평생을 홀로 참으시면서 사탄 대해 싸우셨던 것입니다. 이와 같이 십자가상에서 운명하는 그 절정의 순간까지의 예수님의 생애는 하나님의 실체로서 줄곧 하나님의 사랑을 몸소 실천하고 나

3. 예수님의 정체성

타낸 생애인 것입니다. 그런데 그의 생애노정 곧 하나님의 사랑을 실천하신 노정은 사탄과 싸우면서 걸은 시련 과정이었다는 것입니다.

그런데 어찌하여 하나님께서는 예수님을 사탄 앞에 내주어 십자가에 죽게 하셨는가. 그것은 하나님께서 예수님을 사랑하시지 않아서가 아닙니다. 하나님께서 예수님을 사랑하시는데 어느 정도까지 사랑하셨는지 아십니까? 하나님의 최고의 사랑은 실상 죽음을 넘어서는 자리에서 받는다는 것을 알아야 합니다. 그러므로 하나님 대신 오신 예수님의 사랑을 받기 위해서는 죽음의 고개도 넘을 수 있다는 절절한 마음을 가져야 하겠습니다. 그럴 때 사탄이 굴복하고야 말기 때문입니다.

4천년 동안 하나님 홀로 전체의 세계를 바라보며 슬퍼하고 걱정하고 수고하셨는데, 예수님 한 분이 지상에 세워짐으로 말미암아 그를 중심삼은 사탄과의 새로운 싸움이 전개된 것입니다. 그리하여 예수님은 자기의 모든 것을 잊고 하나님을 위해 싸워나갔을 뿐만 아니라, 죽는 자리에서도 자기를 위한 욕망을 지니지 않았기 때문에 부활의 능력을 나타낼 수 있었습니다. 오늘날 우리도 예수님과 같은 그러한 승리의 과정을 거쳐야 되겠습니다.

예수님께서는 하나님의 영원한 생명을 소유하고, 하나님의 영광을 나타내기 위해 자기의 모든 것을 다 바쳤습니다. 그리고 죄악의 인간들을 위해 자기 일신을 제물로 바치셨습니다. 우리는 사탄이 반대하는 것까지도 잊을 정도의 입장에서 인류를 위해 손을 들어 기도하신 예수님의 사랑을 알아야 할 것입니다.

사탄세계에서 나타낼 수 없는 사랑을 예수님께서는 나타냈

▶ 야외에서 말씀하시는 문선명 선생.

기 때문에, 사탄이 그의 사랑 앞에 굴복하지 않으려야 않을 수 없었습니다. 사탄은 자기로서의 찾을 바의 뜻이 있었지만 예수님을 통해 부끄러움을 느끼게 되었던 것입니다. 그리하여 십자가로 인하여 4천년 동안 섭리해 오신 하나님이 서러워하기 시작하였을 뿐만 아니라 인간도 서러워하기 시작하였고, 또한 사탄도 서러워하기 시작하였다는 것입니다. 이것을 알아야 되겠습니다.

예수님이 돌아가신 것을 놓고 하나님과 인간만이 슬퍼한 것

3. 예수님의 정체성

이 아닙니다. 예수님의 사랑의 죽음을 놓고 사탄도 슬퍼하게 되었다는 것입니다. 그래서 이제 사탄의 슬픔이 커지면 커질수록 예수님의 사랑의 결실은 더 많이 맺어질 것입니다.

예수님은 자신의 사랑을 실증하는 십자가의 승리로 말미암아 4천년 동안 섭리해 오신 하나님과 불변의 인연을 맺었고, 불변의 승리, 불변의 사랑의 실체가 되셨습니다. 예수님은 하늘과 땅 인간을 대신하여 하나님과 하나되었기 때문에, 하나님이 변하지 않는 이상 예수 그리스도 또한 변할 수 없었다는 것입니다.

하나님께서는 4천년 동안 영광을 나타내려고 하셨지만 그 뜻이 이루어지지 않았는데 예수님 한 분을 세워 비로소 그 뜻을 이루시려고 하셨다는 것입니다. 그래서 예수님은 인간을 통하여, 그 뜻을 이 땅 위에 나타내고자 하셨습니다. 그러한 하나님의 4천년 섭리의 증거적인 실체로서 나타나야 했는데 십자가로 말미암아 그 뜻이 사탄에게 짓밟힌 바 되었습니다. 그러나 예수님은 하나님의 영원한 실체로서, 4천년 동안 섭리해 오신 하나님의 영광을 보여 주었는데, 그것이 무엇이냐 하면 부활의 영광이었다는 것입니다.

본연의 인연을 회복하기 위해 오신 예수님

003 - P.053, 1957.9.22

신앙의 이념으로 살아온 유대민족의 정신이 무엇이었던가? 그것은 하나님을 믿는 신앙이었습니다. 그래서 그들은 하나님을 의지하는 신앙으로, 하나님의 나라가 세워지기를 바랐습니다. 그런 소망을 결실시키는 것이 바로 예수님이 이 땅에 강림하신 목적이었습니다.

그래서 예수님은 나는 만왕의 왕이라고 말씀하신 것입니다. 그 다음으로 생활적인 입장에서는 어떤 말씀을 하셨느냐 하면, 나는 신랑이요 너희는 신부라고 하셨습니다. 이것은 부부의 일체이념을 생활권 내에 세우기 위한 말씀이었습니다. 그렇기 때문에 예수님은 돌아가시면서도 당신과 성신을 통한 부모의 역사를 약속하신 것입니다.

어떤 면에서 보면 예수님이 이 땅에 오신 목적은, 땅을 창조하신 하나님은 보이지 아니하므로 보이지 않는 하나님을 증거하기 위한 인간의 대표자로, 혹은 하나님의 대신자로 오신 것이라고 할 수 있습니다.

그러면 이런 사명을 갖고 이 땅에 오신 예수 그리스도의 시야는 어떠한 것이었나. 먼저 예수님께서 천지를 창조하신 하나님을 아버지라 부를 수 있는 입장이었음을 알아야 합니다.

오늘날 수많은 인간들이 타락권 내 즉 이 땅에 살고 있지만, 예수님의 시선과 타락한 인간들의 시선은 다른 것입니다. 예수님은 하나님을 나의 아버지라 부르는 이 하나의 문제에 온 마음을 쏟았습니다. 더 나아가서는 나의 아버님만이 제일이라는 인연을 실현하시기 위해 고심하셨던 것입니다. 그리고는 인간을 대하여 내가 신랑이라는 명사를 세우려고 하셨습니다. 그런데 예수님은 하나님 앞에 인류의 신랑의 자격을 갖추기 전에 하늘 앞에 신부의 입장을 완결하는 단계를 거치신 것입니다.

창조주의 이념을 실현시키는 데에는 인간을 태어나게 하는 부모의 인연과 생활을 위한 부부의 인연과 활동을 위한 국가의 인연과 우주적인 인연이 맺어져야 합니다. 이런 우주적인 창조의 이념이 인간들의 생활환경에 찾아 세워지지 않으면

3. 예수님의 정체성

하나님께서 임재하실 수 없는 것입니다.

예수님은 "내가 곧 길이요 진리요 생명이니, 나로 말미암지 않고서는 아버지께로 올 자가 없다(요 14:6)"고 하셨습니다. 예수님이 가신 길이 어떤 길이냐 하면, 부모의 인연, 부부의 인연, 국가의 인연을 연결짓는 길이었습니다. 그리고 예수님은 천륜의 심정을 통하신 분이요, 천국의 심정을 통하신 분이요, 섭리역사를 주관하시는 창조자의 심정을 통하신 선의 중심이셨습니다.

예수님은 '나는 길이라'고 하셨는데 이 길은 무슨 길을 가리키신 것인가? 사랑의 길을 말하는 것입니다. 그리고 진리는 십자가의 진리입니다. 그리고 생명은 전체적인 생명을 가리키는 것입니다. 그러니 예수님을 믿어야 되는 것입니다.

원죄와 상관이 없으신 예수님

022 - P.256, 1969.5.4

복중에서부터 승리한 터전 위에 선의 혈통을 중심삼고 선조들의 그러한 전통을 이어 충성을 다한 이스라엘 민족의 여인들의 정성어린 계대를 이어, 2천년 후에 마리아에 이르렀습니다. 마리아가 다말을 중심삼고 복중복귀에 승리한 혈통적인 전통을 이어받아 비로소 예수님을 잉태했던 것입니다. 보통 사람들은 복중에 아기가 잉태되면 벌써 사탄이 참소합니다.

그렇지만 예수님은 탕감복귀의 원칙에 의해서 다말의 복중에서 하늘편인 베레스가 승리한 혈통적인 기반 위에서 마리아의 복중을 통해서 태어났습니다. 그러므로 예수님은 복중에 잉태되었을 적부터 사탄이 참소할 조건이 없었던 것입니다. 예수님과 일반 종교의 지도자들과 다른 점이 그것입니다. 태어난 근본이 다르다는 것입니다. 복중에서부터 사탄과 싸워 승리한 기반 위에서 사탄을 굴복시켜 장자의 기준을 세우고 예수님은 태어났기 때문에 하나님의 아들로 태어나도 사탄이 참소할 조건이 없었던 것입니다. 그리하여 비로소 2천년만에 예수님은 이 세상에 태어나셨던 것입니다.

예수님 자신을 놓고 볼 때, 그는 마리아의 복중에서 잉태되어 태어났지만, 역사적인 승리의 터전 위에 사탄이 참소할 수 있는 내용을 전부 다 걷어치운 입장에서 잉태되어 탄생했기 때문에 사탄이 참소할 아무런 조건이 없다는 것입니다. 사탄이 참소할 조건이 없다는 것은 원죄가 없다는 것입니다.

죄가 무엇이냐? 하나님의 말씀을 위반한 것이 죄입니다. 사탄이 참소할 수 있는 조건을 제시하는 것이 죄입니다. 하나님의 말씀을 믿지 않은 게 죄라는 거예요. 원수가 물고 늘어질 수 있는 조건을 제시하는 것이 죄입니다. 그러니 원리원칙에, 법도에 어긋나면 하나님도 어쩔 수 없는 것입니다. 사탄에게 걸려드는 것입니다. 예수님은 태어나기를 사탄이 참소할 수 있는 자리를 벗어난 입장에서 태어났기 때문에 원죄가 없는 분입니다. 사탄의 주관권 내에서 사탄과 접하는 것이 원죄인데 예수님은 사탄의 참소 조건뿐만 아니라 모든 조건을 넘어 태어나신 분이기 때문에 원죄와는 상관이 없다는 것입니다.

참신랑은 참생명의 씨를 가진 분

232 - P.232, 1992.7.9

참된 하늘의 남자가 태어났습니다. 이 땅 위에 하나님이 수

3. 예수님의 정체성

고해 가지고 다시 완성한 아담이 태어났다는 것입니다. 완성한 아담은 옛날에 에덴에서 타락한 그 시대의 아담이 아닙니다. 사탄세계를 개인적으로 이기고, 가정적으로 이기고, 종족·민족·국가·세계적으로 다 이겨 가지고 50억 인류, 역사의 모든 탕감조건을 청산해서 사탄이 다시 참소할 수 없게끔 정비한 해방의 자리에서 태어난 아담이라는 것을 말하는 것입니다.

참된 하늘의 남자가 태어났습니다. 사탄세계는 아는 것입니다. 이 남자가 태어나 참아버지가 되고 참신랑이 된다는 것을 사탄세계는 아는 것입니다. 이 남자가 어떤 사람이냐 하면 참신랑입니다. 오늘날 사탄세계에서 복귀섭리를 하는 데 있어 종교를 통하는 그 목적이 뭐냐? 어머니 하나를 세우기 위한 것입니다. 사탄 앞에 더럽힌 어머니를 해방된 어머니로 세우기 위한 것입니다.

그렇게 세운 해와는 뭘 바라느냐 하면 신랑을 바라요. 신랑이면 무슨 신랑이냐? 참사랑을 갖고 오는 신랑, 참사랑을 중심삼고 참생명의 씨를 가져오는 신랑입니다. 지금까지 참사랑과 참생명의 씨를 가진 사람은 하나도 없었다구요. 사탄이 더럽힘으로 말미암아 전부 다 사탄적 혈연관계에서 사탄의 생명의 씨를 이어받은 것이기 때문에 본연적 하나님의 참사랑, 창조이상이 완성된 자리에서 하나님이 원하시던 이상적 참사랑을 중심삼고 생명의 씨를 가진 남자가 없었다 이거예요. 이걸 만들어 놓아야 되는 것입니다.

하나님과 일체 되어 가지고 세계 역사상 처음으로 승리자가 되어 사탄세계의 개인·가정·국가·세계·천주를 찾아오게 되었습니다. 그래서 복귀가 가능하다는 말이에요. 지금까지 세계에 있는 개인 입장은 역사시대를 거쳐 와 가지고 세계에 전개된 전체를 합한 개인이에요. 그러니까 세계적 개인은 세계사적이지요? 세계사적 개인, 세계사적 가정, 세계사적 종족, 세계사적 민족 그런 의미라구요. 그런 단계를 넘어가야 합니다. 그 8단계를 올라가야 한다구요. 개인은 세계를 대표한 개인이에요. 그 '세계적(世界的)'의 적(的)이라는 게 접미사 아니에요? 세계의 개인을 말하는 것입니다. 처음으로 승리자가 된 것입니다.

참부모로 오신 예수님

145 - P.133, 1986.5.1

예수님은 어떤 분으로 왔느냐? 타락한 부모가 생겨났기 때문에 타락한 인류의 원죄를 청산할 부모로 오셨다는 것입니다. 타락한 인류의 원죄를 청산할 부모로 왔는데 그 부모가 영계의 부모로 와서는 안 되는 것입니다. 지상의 우리와 같이 육을 쓴 모습, 하나님이 아담 해와를 흙으로 빚어 만들었듯이 그런 모습으로 와야 됩니다. 아담이 완성하여 하나님의 사랑 가운데서 하나님의 혈족이 되었더라면 참부모의 역사를 중심 삼아 가지고 인류는 참하나님의 직계 자녀로서 완성하여 완성 세계인 이상적 세계, 하나님이 주관하는 사랑의 세계에서 살았을 것입니다.

인류가 메시아를 바라는 것은 타락했기 때문입니다. 타락했기 때문에 메시아를 바라는 것입니다. 그 바라던 메시아가 와 가지고 뭘 할 것이냐? 참된 부모로 와 가지고 새로 낳아 줘야 되는 것입니다. 그렇기 때문에 지상에 있는 모든 사람들은 새

3. 예수님의 정체성

로 오시는 메시아, 즉 부모를 통해 가지고, 메시아를 찾아 들어가 가지고 다시 나와야 되는 겁니다.

　사탄세계 사람은 그냥 그대로 직행해 갈 수 있는 역사시대가 없는 것입니다. 메시아를 맞아 가지고…. 타락세계에서 메시아를 맞는 그 길이 이 타락세계를 부정하는 길입니다. 사탄세계는 메시아를 못 맞게 반대하고 있는데, 메시아를 맞아 나가는 그 길은 사탄세계를 부정하는 맨 첨단의 자리인 것입니다. 그런 자리에서 메시아를 맞게 되는데 메시아를 맞아 가지고는 이 반대하는 세상과 상관없는 새로운 세계로 넘어가야 되는 것입니다. 마치 분수령을 넘어가는 거와 마찬가지예요. 이쪽은 사탄세계지만, 메시아를 중심삼고 다시 태어나는, 참부모의 제2의 혈육의 인연을 거친 무리들은 이 세계에 사는 사람이 아닙니다. 분수령을 너머 저세계의 사람으로서 옮겨져야만 되는 것입니다.

하나님의 창조이상을 이루기 위해 오신 예수님

001 - P.229, 1956.11.11

　하나의 중심되는 본체, 소망의 존재로서 오셨던 분이 누구냐 하면 예수 그리스도였습니다. 예수 그리스도를 보낼 때까지 하나님께서는 4천년 동안 수고하셨습니다.

　창조 이후 비로소 화동할 수 있는 하나의 새로운 존재로, 만물 만상 앞에 보여줄 수 있는 존재로 예수님을 보내셨으나, 인간들은 예수님을 하나님의 소원의 푯대 되는 존재로서 대하지 못하고 반대하는 타락한 역사를 다시 벌였습니다.

　잃어버린 선의 기준을 찾기 위하여 수고하신 하나님은 4천년 역사를 거쳐 오면서 사탄의 참소 하에 있는 사람들을 불러 모아 민족적인 발판을 만들어 나왔습니다. 그러므로 이 민족적인 발판은 하나님과 만물을 대신하고 천상천하의 모든 존재를 대신할 수 있는 하나의 주인공으로 세우신 예수님을 위한 발판이 되어야 할 것이었는데도 불구하고 예수님은 예수님대로 민족은 민족대로 가버리고 말았습니다. 여기에서 우리들의 사명과 하나님의 사명이 결정되었습니다.

하나님을 중심삼고 만우주를 새로움의 세계로 다시 이루어 놓기 위해 전체의 대신 존재로 보내신 예수 그리스도를 전체의 주인공으로 모셔야 할 유대 백성들이 모시지 못함으로 말미암아 전체의 주인공 된 사명을 가진 예수님은 예수님대로 백성은 백성대로 사라져 버리게 되었고, 그로 인해 하나님의 서러움은 더욱 가중되었다는 사실을 알아야 되겠습니다.

예수님 자신이 그 당시 유대 백성을 대하여 하시던 말씀과 그가 나타내신 모든 것은 자기 일신의 뜻이 아니었습니다. 누구의 뜻이었느냐 하면 하늘의 뜻이었습니다. 예수님은 하나님의 섭리의 뜻을 대신하였던 것입니다. 그러나 예수님을 통하여 하나님의 뜻을 대해야 하는 타락권 내의 백성과 예수님 사이에 상충적인 논쟁이 벌어졌습니다.

타락한 이 세상에 하나님의 말씀이 나타난다 할 때, 이 말씀이 민족 앞에 나타나면 민족을 혁명시킬 수 있는 말씀이 될 것이요, 개인에게 나타나면 개인을 혁명시킬 수 있는 말씀이 될 것이요, 세계 가운데 나타나면 세계를 혁명시킬 수 있는 말씀, 또한 하늘땅을 새로이 혁명시킬 수 있는 말씀으로 나타난다는 것을 그때의 유대 백성들은 알지 못했습니다.

이스라엘 백성은 4천년 동안 줄곧 모세를 통해 내려 주신

3. 예수님의 정체성

율법과 야곱에게 내린 언약이 자기들의 이상을 이루어 줄 수 있고 전체를 대신할 수 있는 것으로 알았습니다. 그러나 하나님께서는 맨 하급에서부터 점진적으로 끌어 올리는 역사를 하셨습니다. 소생적 구약역사를 거쳐 나온 후에는 장성적인 신약시대를 거쳐서 완성급까지 나아가는 천지 창조의 원칙적인 순로를 다시 거쳐 나가는 역사를 하고 있다는 것을 모르는 이스라엘 민족이었습니다. 그렇기에 예수님의 말씀은 그 시대 사람들이 용납할 수 없는 생명의 말씀이었습니다. 구약 율법보다 더 높은 새로운 말씀이요, 종래의 것보다 더 높은 새로운 가치와 인연 맺기 위한 말씀이었다는 것을 그때의 백성들은 알지 못했습니다. 그렇기 때문에 하늘땅을 대신하여 우주적인 사명을 완수하려고 끊임없이 혁명적인 과정을 거쳐 예수님이 바라시던 것이 무엇이었느냐 하면, 하나님의 전체적인 창조이상을 이루어 드리는 것입니다. 그렇기 때문에 예수님이 이 땅에 나타나서 우주적인 뜻의 길을 가게 될 때에는 타락 인간을 본연의 위치로 끌어 올리는 과정이 있었고, 그 과정에는 무수한 싸움의 곡절과 혁명적인 과정이 있었음을 오늘날 끝날에 처해 있는 알아야 되겠습니다.

장자복귀를 위해 차자의 입장으로 오신 예수님

283 - P.198, 1997.4.12

요셉과 결혼할 마리아는 자기의 몸을 통하여 메시아가 태어난다는 가브리엘 천사장의 놀라운 메시지를 받았습니다. 처녀의 입장에서 아기를 가지면 죽을 수밖에 없다는 당시의 규율이었지만 "주의 계집종이니 말씀대로 내게 이루어지이다"

(눅 1:38) 하며, 신앙하는 사람은 생명을 걸고 가야 된다는 것입니다. 기독교 신자들도 이와 같은 자리에서 생명을 걸고 마리아와 같이 죽을 수 있는 각오를 하고 가지 않으면 천국 문을 못 연다는 걸 알아야 된다구요. '주의 계집종이니 말씀대로 이루어지이다' 하며 절대신앙으로 하나님의 뜻을 받아 들였습니다. 절대신앙해야 됩니다.

마리아는 친족이요, 존경받는 대제사장 사가랴에게 상담했습니다. 이런 어려운 문제를 제사장에게 문의했다는 것입니다. 사가랴가정에서는 그 부인 엘리사벳이 하나님의 능력에 의하여 임신한 세례 요한을 태중에 지닌 채 마리아에 대하여 "여자 중에 네가 복이 있으며 네 태중에 있는 아이도 복이 있도다. 내 주의 모친이 내게 나오니 이 어찌된 일인고?"(눅 1:42~43) 하고 예수님의 잉태를 증거했습니다.

이렇게 하나님께서 마리아와 사가랴와 엘리사벳으로 하여금 메시아의 탄생을 제일 먼저 알게 하였습니다. 이들은 예수님을 잘 모시고 하나님의 뜻을 잘 받들어야 할 중대한 사명을 가진 자들이었습니다. 사가랴 부부는 마리아를 자기들 집에 머물게 하였습니다. 예수님은 사가랴가정에서 잉태했습니다.

여자들이 난자만 갖고 있어요, 난자 정자 둘 다 갖고 있어요? 여자들이 뭘 갖고 있어요? 마리아는 난자, 정자를 갖고 있다는 말이에요? 그럴 수 있어요? 하나님은 창조의 원칙을 중요시하는 분입니다. 법도를 따르는 하나님인데 그럴 법이 없다는 것입니다. 그 정자는 남자로부터 받아야 된다는 것은 이론적이라구요.

사가랴가정에 있었다면 사가랴가 누구냐? 아버지라구요.

3. 예수님의 정체성

엘리사벳은 큰어머니입니다. 마리아는 첩이에요. 첩 자식이 메시아가 돼요. 세례 요한도 알았다는 것입니다. 마리아의 아들이라는 것을 알았습니다. 요단강에서 세례 주고 나서 '세상에 이럴 수가 있나! 메시아라는 것이 직계의 본처 혈통을 타지 않고 첩의 혈통을 통해서 나다니!' 생각한 것입니다. 믿지 못했어요.

그래서 마태복음 11장을 보면 예수님이 세례 요한을 대해 '세상에서 여인이 낳은 자 중에 이 사람보다 큰 자가 없지만 천국에 들어가면 제일 지극히 적은 자가 그보다 크다' 그랬다구요. 그리고 '너희들은 무엇으로 크겠느냐? 옷 잘 입는 사람이냐?' 이거예요. 예수님을 메시아로 보냈는데 세례 요한은 뭘 했느냐 이거예요. 경고장입니다. 천국은 싸우는 자가 빼앗는 것입니다. 세례 요한이 수제자 되어야 할 것이 베드로가 수제자 되었다는 것입니다. 원통하지요. 그런 걸 다 몰라 가지고 천국이 어떻고, 신부가 되겠다구요? 그런 걸 다 알아야 됩니다.

엘리사벳과 마리아 사이는 어머니 쪽으로 이종자매 관계였지만 섭리적으로는 언니 동생의 관계였습니다. 사가랴 앞에서 엘리사벳의 도움을 받은 마리아는 레아와 라헬이 야곱가정에서 모자 일체 되지 못했던 것을 국가적 기준에서 사가랴 가정을 통하여 탕감하는 조건까지 세우면서 예수님을 탄생시켜야 했습니다.

사가랴가정을 통하여 탕감하는 조건까지 세우면서 예수님을 탄생시켜야 되었습니다. 야곱가정에서 잘못된 그 모든 것을 청산해야 돼요. 오시는 재림주인 3차 아담은 1차 아담의 실수, 2차 아담 예수님을 정리하지 않고는 3차 재림주의 세계적 무대에 갈 수 없는 것입니다. 마찬가지 이치예요. 야곱에 있어서 전부 다 형제가 싸워 가지고 남편 빼앗은 싸움을 한 거와 마찬가지로 사가랴가정의 형제가 남편 빼앗는 싸움을 대신할 수 있어서 탕감해야 된다는 것입니다.

277 - P.293, 1996.4.19

사가랴가정에서 엘리사벳이 언니고 마리아가 동생인데 동생 마리아가 언니의 남편을 빼앗아야 된다는 것입니다. 남편에 대한 관점이 이와 같이 뒤집어지는 것입니다. 이와 같이 엘리사벳 편을 복귀하는 것은 180도 다른 것입니다. 이쪽이 연결되는 것은 마리아와 예수님이라는 것입니다. 사가랴를 중심삼고 보면 두 아내와 두 아들이 있는 셈인데 본래의 어머니와 아들은 새 아내와 새 아들이라는 것입니다.

그것이 어떻게 가느냐? 언니는 사탄편이므로 동생이 언니의 자리를 차지하게 되는 것입니다. 이렇게 들어가는 것입니다. 천국에 들어가는 것은 한 부모뿐이에요, 한 부모와 한 아들딸. 타락은 두 어머니와 두 아들이 나와서 싸우는 것이에요. 거기에 싸우는 컨셉을 연결할 수 없습니다.

어떻게 그것을 한 라인으로 만들 수 있느냐? 그것은 동생이 센터가 되고 언니가 뒤를 따라감으로써 돌아가야 되는 것입니다. 동생인 마리아가 언니의 자리에 서야 된다는 것입니다. 언니인 엘리사벳은 동생을 따라가야 돼요. 그래서 하나의 라인을 만드는 것입니다. 그거 거꾸로 된다는 것입니다. 그러니 어떻게 해야 되느냐 하면 동생이 자기 언니의 남편을 빼앗아야 된다는 것입니다.

3. 예수님의 정체성

제2차 아담인 예수님

159 - P.205, 1969.5.12

예수님에게 죄가 있느냐? 여기는 원죄가 없는 뿌리예요. 예수님에게는 원죄가 없는 것입니다. 왜 원죄가 없느냐? 예수님은 어떤 혈통을 통해서 났느냐? 원죄를 갖고 태어나지 않았다는 것입니다. 다른 종교의 지도자들은 원죄를 갖고 태어났지만 예수님만은 원죄 없이 태어난 것입니다.

복귀역사는 천사장이 먼저가 아니라 아담이 먼저여야 하는데 천사장이 먼저 되었기 때문에 여기에서 가인 아벨이 싸우는 것입니다. 이걸 기르는 역사를 중심삼고 가인과 아벨이 싸우는 것입니다. 아벨은 동생인데 동생 중심삼아 가지고 거꾸로 가야 된다는 것입니다. 본래 하나님이 사랑을 중심삼고 출발했다면 하나님편에 있는 아벨이 장자로 태어나야 되는 것입니다. 타락했기 때문에 차자로 태어나는 것입니다. 해와가 사랑의 인연을 천사장과 맺었기 때문에 두 아들로 갈라놓아 가지고 가인은 사탄편에 아벨은 하늘편에 세운 것입니다. 하늘편 아벨이 가인편 장자의 자리를 뒤집어 가지고 올라가야 된다는 것입니다.

타락되었기 때문에 이 원수의 자식이 장자의 자리를 차지한 것입니다. 장자를 상속받을 수 있는 특권을 가진 것입니다. 이것을 야곱이 속여서 빼앗은 것입니다. 에덴동산에서 사탄이 속여서 빼앗았기 때문에, 야곱도 에서를 굴복시킴으로 말미암아 장자를 복귀해서 이스라엘, 이겼다는 조건이 성립된 것입니다. 성경 66권에 다 있어요. 성경에 보면 장자는 축복 상속을 못 받았다는 것입니다. 차자가 받았다는 것입니다.

이런 것을 보게 될 때 통일교회가 사랑을 중심삼고 타락했다고 말하는 것을 부정할 도리가 없다는 것입니다. 그렇게 되어야 된다는 것입니다.

　그러면 예수님도 차자로 태어났기 때문에 이런 것 다 굴복시켜야 돼요. 마리아도 굴복시켜야 되고 그래야지요? 예수님만이 최고다, 예수님을 중심삼고 신부만이 최고다 할 수 있는….

　자, 태어나는 데는 어떻게 태어나느냐? 가인 아벨 때 형제끼리 바꿔치는 싸움을 하다가 아벨이 죽었습니다. 그 이후에 야곱과 에서가 쌍태로 태어나 가지고 야곱이 형을 굴복시키는 놀음을 한 것입니다. 굴복시켜 가지고 형제끼리 바꿔치는 놀음을 하는 것입니다. 에서가 굴복했어요. 쌍태로 태어나 가지고 싸워서 굴복했지만 태어나기 전, 복중의 기준까지는 청산짓지 못했다는 것입니다. 복중기준까지는 청산을 못 지었다는 것입니다.

　그 기준을 어느 때 청산짓느냐? 야곱의 손자 때 와 가지고 유다와 다말을 중심삼은 베라스와 세라 때 청산짓는 것입니다. 거기에 대한 성경의 내용을 알지요? 다말에 대해서 알 것입니다. 세라가 먼저 나오려고 하는데 동생인 베레스가 복중에서 싸워 가지고 밀치고 나온 것입니다. 베레스란 이름은 밀치고 나왔다는 뜻입니다.

　세라를 굴복시키고, 복중에서 형을 무너뜨리고 먼저 뛰쳐나왔기 때문에 복귀섭리를 하시는 하나님을 중심삼은 섭리의 아들이 태어날 때 복중에서 승리한 기반을 닦은 것입니다. 그렇기 때문에 복중의 하나님의 아들딸이 태어나더라도 사탄이 참소할 수 없어요. 사탄이 맏아들이라고 주장할 수 있는 기준을 완전히 청산했다는 것입니다.

3. 예수님의 정체성

그 청산된 혈통을 통해 가지고 2천년 역사를 거쳐 그 전통을 본받아 마리아에게 그 기준에서 예수님을 복중에 잉태시킨 것입니다. 예수님은 복중에서 청산된 기반 위에 태어났기 때문에 사탄이 예수님을 참소할 수 없었다는 것입니다. 마리아 이후에 태어나는 아들딸들은 사탄의 피를 받은 것이기 때문에, 이런 청산을 짓지 않았기 때문에 사탄이 내 아들이라고 주장할 수 있는 것입니다.

이런 청산을 다 지은 기반 위에 태어난 예수님에 대해서는 사탄이 자기편의 아들이라고 참소할 아무런 조건이 없는 것입니다. 하나님의 주관 하에서 태어난 아들의 입장에 섰기 때문에 예수님은 원죄를 벗어난, 사탄의 참소의 조건을 가진 것을 원죄라고 하는 것인데 원죄를 벗어난 자리에 섰다는 것입니다. 그런 입장에 서 있기 때문에 본연의 기준, 타락하기 전 아담의 자리에 돌아갈 수 있는 것입니다. 그렇기 때문에 예수님만이 제2차 아담이 될 수 있다는 겁니다. 인류의 조상으로서 아담이 실패했던 걸 복귀할 수 있는 겁니다. 아담의 자리를 대신할 수 있다는 것입니다. 여기서부터 새로운 역사시대로 접어드는 것입니다.

예수님은 원죄 없이 태어났기 때문에 사탄의 참소를 완전히 벗어난 것입니다. 사탄의 참소를 벗어남과 동시에 사탄을 완전히 굴복시킨 것입니다. 천사장을 굴복시켰다 이겁니다. 이렇게 굴복시킨 자리가 뭐냐 하면, 하나님의 아들로서 당당히 설 수 있었던 본연의 에덴의 자리인 것입니다.

아들로 태어나 가지고 그 다음에는 어떻게 해야 되느냐? 신부만 택하면 되는 것입니다. 요셉가정을 중심삼고 신부를 맞아야 돼요. 요셉가정은 다윗의 후손입니다. 그 가정이 예수님과 하나되어야 됩니다. 그 가정이 하나되면 친척도 하나될 것이요, 친척이 하나되면 종족이 하나되고, 종족이 하나되면 민족이 하나되고, 그러면 국가도 자연히 하나되는 것입니다.

이스라엘 사상을 중심삼고 유대교를 중심삼고 택함받은 다윗 후손을 중심한 요셉가정에서 마리아 중심삼고 예수님을 완전히 하나님의 원대로, 에덴동산에 있어서 아담 해와를 천사장이 모셔야 하던 거와 마찬가지로 요셉이 혹은 마리아가 예수님을 모셔야 할 것인데 모시지 못한 연고로 여기서 사건이 벌어지는 것입니다.

말씀의 실체로 오신 예수님

003 - P.319, 1958.2.2

소망의 중심은 어떤 존재일 것인가? 그는 말씀을 대신한 존재요, 말씀의 실체입니다. 동시에 하나님의 사랑을 중심삼고 생명의 실체가 되어야 한다는 것입니다. 이것이 문제라는 것입니다. 이렇게 생명의 실체가 되는 그때에야 비로소 하나님의 형상을 대신할 수 있는 실체를 이룰 수 있는 것이요, 하나님의 말씀을 대신할 수 있는 하나의 주의 주장을 갖고 나타날 수 있다는 것을 알아야 되겠습니다.

성경 말씀 가운데 "내가 곧 길이요, 진리요, 생명(요 14:6)"이라는 말씀이 있습니다. 다시 말하면 예수님은 길이요, 진리요, 생명이시라는 것입니다. 이것은 만 인간들 앞에 무엇을 예시시킨 것인가. 이것은 아담 해와가 타락함으로 말미암아 하나님의 말씀이 이루어지지 않고 그 말씀이 그대로 하나님의 심령에 돌아가 버리고 말았지만, 말씀을 잃어버린

3. 예수님의 정체성

사람도 역시 이 땅에 살고 있기 때문에 하나님은 다시 이 말씀을 인간들에게 주신다는 것을 예시하신 것입니다.

창조 당시에 하나님께서 하셨던 그 말씀과 인간들이 인연 맺어져 있는 연고로 그 말씀을 변치 않는 하나의 목표, 하나의 소망으로 지금까지 바라고 나왔다는 것입니다. 그런고로 이 말씀을 이루기 위해 말씀의 실체가 오셔야 한다는 것입니다.

하나님의 말씀을 대신할 수 있는 이 땅 위의 실체는 어디 갔던가? 이 실체를 찾아 헤매는 노정이 하나님이 6천년 수고하신 섭리의 노정인 것을 여러분이 알아야 되겠습니다. 닷새 동안에 지은 모든 만물을 말씀의 실체를 갖고 있으되, 엿새 날 지은 인간은 하나님의 말씀 앞에 있어도 말씀의 실체를 갖추고 서지 못한 채, 오늘날까지 내려오고 있다는 것을 여러분이 알아야 되겠습니다. 이와 같이 말씀의 실체를 찾아 세우는 것이 하나님의 운명의 노정이요, 복귀의 노정이며, 역사적인 노정인 것을 알아야 하겠습니다.

그래서 예수님께서 "내가 곧 길이요, 진리(곧 말씀)요, 생명이니(요 14:6)"라고 하셨는데, 이것은 하나님께서 소망하던 하나님의 말씀의 실체가 예수님이라는 것을 나타내는 말씀입니다.

그래서 예수님의 말씀은 어떤 말씀이었는가 하면, 4천년 동안 역사과정에서 하나님께서 인간들을 대하여 말씀하시고 싶었던 간절한 심정을 대신하는 하나의 결실 존재로 나타나 하나님의 안타까운 심정을 하나님 대신 인간과 만물 앞에 발표한 말씀이라는 것입니다. 이런 일을 위해 말씀의 주인공으로 오신 분이 바로 예수님입니다.

이와 같이 하나님이 4천년 동안 찾아 오셨던 말씀의 실체로 나타나신 분이 예수님이었습니다. 하나님의 가슴 속에 있던 말씀이 피조세계를 통해 나타나야 했는데 그렇게 되지 못했습니다. 그런데 예수님이 나타나심으로써 하나님 마음속에 있던 말씀이 예수님의 심정에 다시 옮겨질 수 있었다는 것입니다. 이 사실이 인간들에게는 무엇보다 반가운 희소식이란 것을 알아야 되겠습니다.

그러면 예수님이 이런 역사적인 말씀의 실체로 나타나 입을 열어 말씀을 발표하실 때 무엇을 느꼈을 것인가. 즉 어떤 심정이었을 것인가. 예수님은 당신의 말씀이 역사적인 섭리의 뜻을 대신한 말씀이라는 것을 느꼈습니다. 또 당신의 말씀이 하나님의 마음속에 있던 말씀을 대신한다는 심정을 느꼈으며, 영원을 걸어놓고 하나님의 뜻과 말씀의 실체가 이 땅 위에 이루어질 때까지 대신 재창조의 역사를 거듭할 수 있는 말씀이라는 것을 느꼈다는 것입니다.

그래서 우리가 오늘날 예수님의 말씀을 받기 위해서는 예수님이 간단하게 30년의 생애를 거쳐 가신 분이 아니라는 것을 알아야겠고, 예수님의 말씀이 그 시대의 생애노정을 변명하기 위한 말씀이 아니며, 예수님의 말씀은 4천년 역사를 대표할 수 있고, 그 당시의 세계를 대신할 수 있고, 지금까지 인류역사를 대신할 수 있는 말씀이라는 것을 알아야 합니다. 그런데 그 당시에는 이런 예수님의 말씀의 가치를 알아 드린 사람이 없었다는 것입니다.

하나님의 탄식은 무엇이었던가. 말씀으로 지어진 만물이 말씀의 실체로 나타나지 않은 것이 탄식이었습니다. 예수님 역시 하나님의 심정을 대표한 재창조의 말씀의 실체로 오셔서

3. 예수님의 정체성

재창조의 역사를 일으키기 위해 말씀을 전하셨으나, 그 말씀 앞에 나오는 사람들이 없는 것이 예수님의 서러움이었던 것을 알아야 되겠습니다.

사탄을 이긴 승리의 왕 예수님

001 - P.034, 1956.5.16

예수 그리스도를 하나님이 자랑하실 수 있었던 것은, 많은 사람이 수천년 동안 사탄과 싸워 나왔지만 예수 그리스도가 비로소 승리의 왕으로 설 수 있었기 때문이었습니다. 그래서 예수 그리스도를 하나님이 자랑하신 것입니다.

4천년 동안 수많은 선조들이 이 땅에 와서 사탄과 싸웠습니다. 메시아를 보내시려는 하나님의 뜻을 위해 수많은 선지자들이 와서 사탄과 싸웠습니다. 그러나 그들은 사탄을 굴복시키지 못했습니다. 4천년 동안 사탄과 싸웠지만 사탄을 점령하지 못했고, 사탄을 굴복시킬 수 없었으나 예수 그리스도가 이 땅에 오심으로 말미암아 비로소 사탄을 점령하고 굴복시켰습니다.

예수님은 무엇을 가지고 사탄을 굴복시켰느냐? 하늘의 사랑의 원칙을 가지고 굴복시켰습니다. 그걸 알아야 돼요. 오늘날 우리 기독교인들이 알아야 할 것은, 사탄을 굴복시키는 데는 사랑의 원칙이 아니면 안 된다는 사실입니다.

사랑의 원칙은 어떤 원칙일 것인가? 예수 그리스도는 만민 앞에서 돌아 가셨습니다. 또 이 땅 위에 수많은 사람들이 왔다 갔지만 예수 그리스도는 하나님이 지극히 사랑하신 외아들이라는 것입니다. 그렇기 때문에 예수 그리스도의 30여 평생의 생활을 보면 어느 한 부분 효자의 생활이 아닌 부분이 없습니다. 하나님 앞에 있어서의 한 날의 생활은 밤이건 낮이건 어떤 시간도 떼어버릴 수 없는, 하나님의 마음에 알맞는 생활이었습니다. 하나님이 보실 때, '이 땅 위에 너 하나밖에 없구나' 하는 말씀을 하실 정도로 효자의 생활을 했다는 것입니다.

예수님은 자기 일생의 모든 것이 사라질지라도 오로지 하나님을 위하는 마음뿐이었습니다. 자기의 육신은 무시되더라도 만민의 구주로서의 사명을 다하겠다는 마음밖에는 없었다는 것입니다. 오로지 '아버지여! 나 하나가 사라져서 당신이 4천년 동안 찾아오신 사랑의 대신 존재, 당신의 사랑을 받는 아들로서 그 사랑의 대가를 돌려 드릴 수 있는 효자가 되겠습니다' 하는 이 하나의 마음밖에는 아무것도 없었습니다.

그래서 억천만민이 예수 그리스도를 하나님의 아들이 아니라 하더라도 하나님은 그러려야 그럴 수 없었다는 것입니다. 천지의 중심으로 맺어진, 하나님의 사랑에 인연된 부자관계의 천륜의 힘은 아무도 막을 수 없습니다. 예수님은 어떠한 어려움 속에서도 환경에 굴하지 않았습니다. 골고다 산상의 외로운 자리에서도 십자가를 지셨습니다. 예수님은 그 자리에 하나님의 뜻이 있는 것을 아셨고, 4천년 동안 고대하신 아버지의 사랑의 심정을 잘 아셨던 것입니다.

그렇기 때문에 아버지의 뜻이 변치 않는 이상 아버지의 사랑을 받을 수 있는 아들로서의 자랑은 영원한 것입니다. 하나님은 예수 그리스도를 독생자로, 하나님의 변치 않는 사랑의 화신체로 온 피조만물 앞에 자랑했습니다. 사탄세계 앞에 자랑했습니다.

3. 예수님의 정체성

　오늘날까지의 6천년 역사상에는 자기를 낳아 준 부모에게 효성을 다한 사람이 많습니다. 사탄 품안에서의 효자 효녀는 많다는 것입니다. 그러나 하나님이 예수 그리스도를 자랑할 수 있고, 예수님처럼 하나님의 사랑을 받을 수 있으려면 역사상의 모든 사탄권 내의 효자 효녀들을 합한 이상의 가치와 실적이 있어야 된다는 것입니다. 그래야만 하나님이 '이는 내 사랑하는 아들' 이라고 할 수 있고, 천상천하에 유일하게 천륜을 대신한 효자가 될 수 있다는 것입니다.

　이런 기준을 가지고 예수님이 수많은 군중을 바라보게 될 때 어이가 없었다는 것입니다. 그러한 예수님의 심정이었기 때문에 자신의 가치와 그들의 가치 사이에는 천지의 차이가 있다는 것을 느꼈습니다. 그래서 예수님은 스스로 늠름하게 하늘 앞에 그들을 위하여 기도할 수 있었다는 것입니다.

　또 하나님과 사랑으로 맺어진 부자의 관계에서 나오는 힘에 의해 사탄까지 망하게 할 수 있었다는 것입니다. 왜냐하면, 사탄권 내의 많은 사람들이 사탄에게 동조하는 것과 예수 그리스도가 하나님을 섬기고 사랑하는 기준과는 비교가 되지 않기 때문입니다. 예수 그리스도가 하나님의 사랑을 갖고 나타나는 거기에는 원수들 앞에 있어서 철옹성과 같은 방패가 되었던 것입니다. 그래서 예수님을 중심삼고 모이는 곳곳마다 사탄을 굴복시킬 수 있는 것입니다.

　예수님은 4천년 동안 선조들이 승리한 것과 패한 것 모두를 합하여 자신의 발판으로 삼을 수 있는 하나의 기준을 쟁취했기 때문에 하나님이 자랑할 수 있었습니다.

　오늘날 우리들이 생각해 보아야 할 것은 무엇이냐? 지금까지 인류가 6천년 동안 사탄과 투쟁해 나왔는데, 어찌해서 예수 그리스도가 4천년 동안 많은 선지자들이 승리한 것을 전부 합한 가치 이상의 승리의 실적을 거둘 수 있었던가 하는 것을 생각해 보아야 하겠습니다. 또 우리의 선조들이 어떻게 사탄 대해 승리할 수 있었던가 하는 것을 생각해 볼 줄 알아야 하며, 여러분 자신이 그분들의 입장에 서서 생각해 볼 줄도 알아야 되겠습니다.

하늘이 이제 이 땅 위의 성도들에게 염원하는 것이 무엇일 것이냐? 예수 그리스도만 사탄을 굴복시킬 것이 아니라 오늘날 끝날의 전체의 성도들이 모두 사탄을 굴복시켜서 예수 그리스도의 사랑을 통해서 하나님의 사랑을 느끼는 것입니다.

예수 그리스도는 30여 평생 승리의 생활을 하였습니다. 예수님은 승리하지 못할 말은 피했다는 것입니다. 승리할 수 없는 말은 피했습니다. 예수님이 패할 수 있고, 사탄이 접근해 올 수 있는 말은 피했다는 것입니다. 남 보기에는 한 사람의 동네 총각이었지만 일단 전체를 책임지고 나서면 그의 말이나 행동이나 소망은 전체를 승리의 기대 위에 올려놓을 수 있는 말과 행동과 소망이었습니다.

오늘날 우리는 예수님이 이렇게 수고하시며 다져 놓으신 승리의 발판 위에 서 있습니다. 예수님으로부터 이런 은사를 받고 있다는 것입니다. 이제는 예수 그리스도가 이 땅 위에서 승리하여 이뤄 놓으신 승리의 발판 위에 서서 어떻게 하면 더 높이 올라가겠느냐 하는 것이 문제입니다. 하늘이 여러분을 위해 이 땅에 내려오셨음을 알고 하늘에 올라갈 때까지 승리의 땀을 흘려야 하겠습니다.

우리는 우리의 마음에 하나님의 사랑을 채워야 하겠습니다. 예수님과 성신의 사랑을 느껴서 하늘의 사랑을 체험해야 하

3. 예수님의 정체성

겠습니다.

예수님은 개인적으로 승리하셨지만 십자가에 돌아가신 연고로 영적으로만 승리의 기대를 닦으셨습니다. 그래서 2천년의 역사를 종결해야 하는 우리는 예수님의 영적인 기대 위에 서서 예수님의 몸을 대신하여 승리의 터전을 이루어 놓지 않으면 안 되는 것입니다. 또 우리에게는 영적인 구원을 완성시켜 주는 신약성경의 차원을 넘어서 실체적인 구원을 완성시켜 주는 새로운 말씀을 하늘이 이 땅에 선포하게 될 때에 사탄이 이를 반박할 것인데, 이것까지 책임지고 싸워 이겨야 할 책임이 있다는 것입니다.

또 그 다음에 예수 그리스도는 어떤 조건으로 인해 하나님의 사랑을 받을 수 있었던가? 예수님은 '책임을 지는 왕자'가 되었기에 하나님의 사랑을 받을 수 있었습니다. 예수 그리스도는 태어날 적부터 요셉의 집에서 목수의 일을 했지만 책임을 완수하기 위해 노력했다는 것입니다. 요셉의 가정에서 목수의 일을 도우면서 부모가 떠맡고 있는 가족의 생계를 도와주는 이런 생활을 했지만, 예수님의 마음에는 그것만이 생활의 전부가 아니었다는 것입니다. 또 큰 뜻을 마음에 품은 동시에 작은 일에까지도 책임을 다하신 예수님이었습니다. 이런 예수님이었음을 망각해서는 안 되겠습니다.

하나님의 자랑으로 세워진 믿음의 왕 예수님

001 - P.31, 1956.5.16

하나님의 자랑으로 나타났던 예수 그리스도의 눈에 보여지는 것과 이스라엘 민족이 자랑하고 있던 것과는 판이하였다는 것입니다. 즉 하나님의 복귀섭리의 뜻을 대해 나온 이스라엘 민족이 스스로 하나님의 선민임을 자랑했던 형과 하나님의 복귀섭리의 뜻을 받들면서 싸우시던 예수 그리스도가 하나님의 뜻을 위하여 자랑했던 형이 달랐습니다. 그래서 이스라엘 민족은 하나님을 대신하여 자랑할 수 있었던 예수님의 말씀 앞에서, 예수님의 생애 앞에서 자기들이 그때까지 세워 나오던 민족적인 자랑을 포기하는 자리에 처해야 했던 것입니다.

자기들의 자랑을 포기하고 하나님의 뜻을 대신하여 자랑하기 위한 새로운 자랑을 가지고 나타난 예수 그리스도 앞에 온유 겸손히 엎드렸던들 십자가의 어려운 관문이 예수 그리스도 앞에 남아지지는 않았을 것입니다. 기독교 역사에 십자가의 도라는 것은 없었을 것입니다. 예수님의 말씀을 경청함으로 말미암아 구원되었다는 말은 있었어도 십자가를 믿음으로 구원 되었다는 이런 말은 없었을 것입니다.

오늘날 예수 그리스도의 죽음을 축복하여 십자가에 속죄의 권한이 있음을 믿고 있지만 그것이 전부는 아니라는 것입니다. 예수 그리스도가 생전에 하신 말씀에 속죄의 권한이 있었다는 것을 오늘날 기독교인들은 망각하고 있습니다. 우리들이 알아야 할 것은 물론 그리스도의 십자가를 믿음으로써 영적인 속죄가 가능하지만, 예수님이 생전에 하신 말씀을 믿고 말씀대로 실천하였더라면 영육 아울러 구속이 이루어졌을 것입니다.

그러면 예수 그리스도는 이 땅에 와서 먼저 무엇을 자랑해야 했던가? 아담 해와는 타락함으로 말미암아 하나님의 말씀을 세우지 못했습니다. 말씀을 믿지 못했습니다. 그래서 인간

3. 예수님의 정체성

이 하나님의 말씀을 믿지 못하여 타락했고 4천년 동안 섭리역사가 연장되었기 때문에 예수 그리스도께서 이 연장된 4천년 역사를 가로막기 위해 사탄 앞에 세운 하나의 중심이 뭐냐 하면 믿음이었습니다. 예수님은 믿음의 왕으로 이 땅에 나타나신 것입니다.

예수님은 어떤 분이냐, 또 예수님은 하나님의 자랑으로 설 수 있는 하나의 가치의 기준을 어디에서 세웠느냐? 4천년 역사가 흘러오는 과정에서 어느 누구도 믿을 수 없고 하나님의 뜻을 대할 수 없었던 온 만민들 앞에 예수님은 믿음의 왕으로 나타나신 것입니다. 그래서 하나님이 예수 그리스도의 믿음을 자랑하실 수 있었다는 것입니다.

많은 사람들이 하나님을 믿노라 하였지만, 그러한 믿음으로써는 하나님의 천륜의 심정을 통한 상하의 내적인 관계를 맺어 놓지 못한다는 것입니다. 또 수많은 선지선열들이 왔다 갔지만 그들이 믿고 그들이 따라가던 것을 통해서는 하나님 속에 사무쳐 있는 사랑의 원칙을 알 수 없습니다. 더 나아가 예수 그리스도는 수많은 성도들이 걸어 나오던 그 역사적인 믿음의 과정 전체를 도맡아서 혈혈단신으로 모든 사탄의 역사를 끊어놓으려 했습니다. 4천년의 믿음을 총 결실하는 입장의 예수 그리스도는 우주의 중심형으로, 믿음의 주인공으로 왔다 가셨습니다.

이 하나의 기준 때문에 하나님은 예수 그리스도를 믿음의 왕으로 세우셨습니다. 예수 그리스도는 하나님의 뜻을 대신했고 하나님의 말씀을 대신 전했는데, 선포하신 말씀은 구약 말씀 그대로가 아니었습니다. 구약 신앙을 가지고 믿은 것이 아닙니다. 선지선열들이 말씀하고 예언했던 그 한계권 내에서 믿은 것이 아닙니다. 다시 말하면 예수님은 이스라엘 민족이 믿고 나온 구약성경의 말씀권 내에서의 메시아의 사상을 갖고 있지 않았습니다.

예수 그리스도는 어떠한 믿음을 가졌느냐 하면, 구약성경에 없는, 그때까지의 역사상에 없었던 믿음, 그때까지 나타나지 아니 한 새로운 믿음, 세계의 어떤 환경, 어디에도 나타나지 않았던 믿음을 가졌던 믿음의 대표였습니다. 그렇기 때문에 구약역사가 예수 그리스도 앞에서 달려야 된다는 것입니다.

그러면 하나님의 자랑으로 세워졌던 믿음의 왕 예수 그리스도를 믿고 있는 우리는 무엇을 알아야 할 것인가. 우리는 우리가 어떤 한계 내에서 예수 그리스도를 바라보면, 예수 그리스도가 강림하시기 전의 4천년 역사와 예수님의 30여 생애와 영원한 미래에까지 미치는 그의 가치를 알 수 없다는 것을 알아야 합니다. 또 우리는 억조창생이 하나님의 뜻을 몰라서 반대하는 자리에 서 있더라도 '나는 그 뜻 하나만을 붙들겠나이다. 어느 누구도 믿지 못하는 것을 나는 믿겠나이다' 라고 할 수 있는 믿음의 기준이 세워져야 예수님이 만민의 구세주, 믿음의 왕으로 설 수 있었다는 사실을 알아야 되겠습니다.

그러면 오늘날 우리들이 믿고 있는 예수 그리스도는 생전에 말씀을 다 해주고 가셨던가? 만일 말씀을 다 해주고 가시지 않았다면, 우리에게는 다시 오시는 주님이 해주시는 말씀이 필요한 것입니다. 예수님은 아담 해와의 타락 이후 4천년만에 사탄 앞에서나 모든 피조세계 앞에서 자랑할 수 있었던 믿음의 왕이요, 하나님이 찾으려던 믿음의 왕이었는데, 유대민족이 불신함으로 말미암아 그를 원수에게 내어줄 수밖에 없었습니다. 그래서 예수 그리스도가 이 땅에 다시 온 피조물

3. 예수님의 정체성

앞에 자랑할 수 있는 기준을 갖고 오셔서 여러분에게 새로운 말씀을 해주시게 되어 있는 것입니다.

예수님은 믿음의 대표자, 믿음의 왕으로서 구약성경에 없었던 새로운 말씀을 발표했습니다. 그 말씀은 신약의 말씀으로서 오늘날 우리에게 전해 오고 있습니다.

이제 우리들이 갖추어야 할 것은 오늘 이 시대는 새로운 시대요, 앞으로 영광의 시대가 올 것인데 그 영광의 시대에 남아질 수 있는 믿음을 가질 수 있어야 하겠습니다.

예수 그리스도의 소망과 믿음은 인간들이 4천년 동안 믿어 온 차원의 믿음이 아니었습니다. 그의 일대를 거쳐 먼 후대, 즉 영원까지 미치는 믿음, 하나님이 생각지 못했고 그 당시에 나타나지 못했던 사랑과 선을 나타낼 수 있는 믿음이었습니다.

그래서 예수 그리스도는 역사상에 없었던 믿음의 왕이었고, 하나님이 자랑하실 수 있는 분이었습니다. 예수님과 마찬가지로 여러분도 이러한 믿음을 가져야 되겠습니다.

하늘 가정의 중심인 구세주

007 - P.267, 1959.9.27

타락한 인간들은 말씀을 그리워하는 때를 통과하여야 합니다. 하늘은 역사와 더불어 이 말씀을 중심삼고 말씀을 실천할 줄 알며, 아버지의 말씀에 의하여 살고 싶어하도록 인간의 마음을 재촉하여 나왔습니다.

말씀을 중심삼고 사는 것은 어떻게 사는 것인가. 천적인 실체인 하늘이 보내신 아들과 더불어 사는 것입니다. 그 아들은 인류의 참아버지입니다. 그러한 사명을 갖고 오셨던 분이 예수님이었습니다.

예수님은 어떠한 존재이신가? 타락으로 잃어버린 인류의 참아버지가 될 수 있는 존재였습니다. 오랜 역사와 더불어 말씀의 실천적 기반 위에 세워진 말씀의 실체로서, 아버지 대신 존재로서 오신 분이었습니다. 그래서 예수님은 '내가 곧 길이요 진리요 생명이니 나로 말미암지 않고는 아버지께로 올 자가 없느니라(요 14:6)'고 말씀하셨습니다. 오직 예수님만이 도의 중심이요 마음의 중심이요 심정의 중심이라는 것입니다. 왜냐? 예수님이 아버지라는 내용을 가지고 있기 때문입니다. 그러기에 예수님은 만민의 구세주이며 하늘땅을 대표하는 것입니다. 그러므로 그 말씀을 통하여 아버지의 모습을, 그 말씀을 통하여 아버지의 마음을, 그 말씀을 통하여 아버지의 사랑을 더듬어 나가는 것이 오늘날 기독교입니다.

예수님은 이 땅 위에 오셨습니다. 무한한 이상을 품고 오셨습니다. 그가 바라던 소원이 있었다 할진대, 그것은 하나님을 대신한 소원이었습니다. 하나님의 소원이 무엇이냐? 창조이상, 창조목적을 이루는 것입니다. 예수님이 그 소원을 품고 개인의 입장으로 나타나실 당시의 환경은 선하지 못하였습니다. 뜻 앞에 서지 못한 환경은 예수님에 대하여 반기를 들었습니다. 예수님은 거기에서 쓰러지는 한이 있다 할지라도 자신의 심중에 품은 지조만은 땅 위에 남기고 가야 했습니다. 그래서 예수님은 '나는 너희의 아버지요 너희는 나의 자녀다'라는 인연을 강조하셨습니다. 부모는 참아버지와 참어머니가 있어야 됩니다. 예수님이 돌아가신 후 어머니격으로 오신 분이 성신입니다.

3. 예수님의 정체성

이 땅 위에서 영육을 합한 실체로서 아들딸을 축복할 수 있는 축복의 한날을 갖지 못하고 간 것이 예수님의 슬픔입니다. 해야 할 말씀을 다하지 못하고, 천국 가정의 기준을 세우지 못하고 간 것이 예수님의 한입니다. 천국 가정을 이루지 못하였으니 천국 가정의 식구를 세울 수 없었고, 식구를 중심삼은 종족, 종족을 중심삼은 민족, 민족을 중심삼은 국가, 국가를 중심삼은 세계를 이루지 못한 것입니다.

국가적 기반을 갖추어야 했던 유대나라요, 택한 이스라엘 민족이었지만 끊겨버리고 예수님은 유대교단으로부터 몰리게 되었습니다. 하늘도 어찌할 수 없는 처참한 반역자로 몰리신 예수님이었습니다. 나중에는 12사도들에게까지도 배반 받는 예수님이 되었습니다. 땅 위에 하늘의 심정을 통할 수 있는 하나의 혈족도 인연 맺지 못하고 가신 것이 예수님의 서러움이었습니다.

하나님의 소원하시던 하나님의 가정을 건설하기 전에는 하나님이 소원하시는 민족도 세울 수 없고, 민족을 세우기 전에는 나라도 세계도 세울 수 없는 연고로 가정을 찾기 위하여 싸우던 예수님은 이 뜻을 이루지 못하고 가실 때에, 인류 앞에 나는 신랑이요 너희는 신부라는 명제를 남기셨습니다. 그것이 무슨 뜻인지 알아요? 가정이 하나님나라의 중심이라는 것입니다.

예수님은 전체의 뜻을 책임진 왕자

001 - P.037, 1956.5.16

예수님의 생활은 전부 자신의 책임과 사명을 완수하는 생활이었습니다. 그는 영원히 남아질 수 있는 책임을 땅 위에 완수해 놓았다는 것입니다. 예수님의 30여 평생의 생애는 영원불변의 실적, 책임을 다한 실적을 이 땅 위에 이루어 놓은 생애였습니다. 그렇기 때문에 예수 그리스도의 말씀이, 그리스도의 믿음의 복음이 남아 있는 이상 그의 생애도 남아질 것입니다.

예수님은 자기 일대에 있어서는 말할 것도 없고, 역사적인 면에서도 책임을 졌다는 것입니다. 그리고 하나님께서 4천년 동안 역사해 오신 뜻에 대해서도 홀로 책임을 졌다는 것입니다. 예수 그리스도 이외에 하나님의 책임을 대신하여 나서는 이가 이 땅 위에는 한 사람도 없었다는 것입니다. 예수님은 혈혈단신으로 책임을 했다는 것을 알아야 하겠습니다.

예수님은 자신이 홀로 전체의 뜻을 책임지는 것에 대해 외로워한 반면 더 큰 책임을 느꼈다는 것입니다. 그래서 예수님의 하루하루의 생활은 전체적인 책임을 완수하기 위한 발판을 놓는 생활이었습니다. 그리고 30년 준비시대와 3년 실천시대, 3일간의 완성시대까지 예수님의 시선 앞에는 사탄을 굴복시키는 것과 그 토대 위에 하나님의 뜻을 성취시켜 드리는 것밖에 생각하지 않았습니다. 이 책임을 절감하며 산 생애였습니다. 예수님은 어느 한 순간에도 이 책임을 잊어버린 일이 없었다는 것입니다.

또 십자가를 지고 골고다의 산정에 나갈 때에도, 온 만민이 비방하고 사탄이 조롱하는 그런 최후의 순간에도 예수님은 맡은 바의 천륜의 책임을 홀로 감당하겠다는 마음이 변하지 않았습니다. 예수님이 책임완수의 일념을 갖고 십자가의 고비를 넘었기 때문에 부활의 역사를 일으킬 수 있었다는 것입

3. 예수님의 정체성

니다. 그리고 지상에 남아있는 제자들을 재수습해야 할 책임이 있었으므로 예수님은 하늘나라에 가셨다가 다시 내려오셔서 하나님의 힘을 의지하여 부활의 역사를 일으킬 수 있었다는 것입니다.

예수님은 죽어서도 흩어진 제자들을 염려했고, 무덤의 3일간에도 이 제자들을 영원히 지키겠다는 마음을 가졌기 때문에 부활하신 후에 갈릴리 해변가로 제자들을 찾아다니셨던 것입니다.

오늘날 우리가 인간적으로 생각해 보면, 책임감이 없었던 그들을 대하여 예수님이 어떻게 그럴 수 있었겠느냐고 생각하기 쉽습니다. 어려운 자리에서 배척한 제자들이지만, 예수님은 부활 후에 먼저 갈릴리로 찾아가셔서 자신의 책임을 수행하기 시작하셨습니다. 이와 같이 죽음의 고개를 넘을 때 변하지 않는 제자들로 세워 준 예수 그리스도의 인격이야말로 오늘날 우리들이 본받아야 할 인격입니다.

그뿐만이 아닙니다. 그 당시의 제자들과 그 이후의 수많은 성도들, 2천년이 경과한 오늘날 우리들까지 책임지셨음을 알아야 하겠습니다. 구원의 역사가 전체의 역사였습니다. 하늘의 뜻은 전체를 구원하는 것이므로 예수님은 전인류까지 책임지고 있다는 것입니다.

그러면 예수님은 어떠한 책임을 지고 계신가. 예수님은 세상적인 일에 대한 책임을 지고 계신 것이 아니고, 잘 사는 일에 대한 책임을 지고 계신 것이 아닙니다. 우리의 생명을 책임지고 계시다는 것입니다. 이 세상에 어려운 일이 많지만 이 이상 어려운 일이 없다는 것입니다.

오늘날 신앙자들은 까딱하기만 하면 생사가 왔다갔다 하는 기로에 서 있습니다. 칼날과 같은 아슬아슬한 선상에 서 있는 사람들을 모두 오른편으로 끌어내는 책임을 예수님은 지고 있다는 것입니다. 이렇듯 예수 그리스도는 옛날에 30여 평생을 지낼 때도 그랬고, 죽음의 길에 들어섰을 때도 그랬으며, 어느 때 어느 시기에도 같은 마음이었습니다. 인간들은 이런 책임감과 사명감을 느끼지 못할지라도 예수 그리스도는 이 책임과 사명, 이 한 뜻을 이루기 위해 지금도 역사하고 계시다는 것입니다.

하나님이 세우시려는 참아들

007 - P.116, 1959.7.26

우리들이 예수님을 바로 알고 모시지 못했다고 말하는 것은 무엇 때문이냐? 에덴동산에서 아담 해와가 타락하여 하나님 품에서 자라지 못하게 된 후 사탄과 대적하여 싸워 나온 지 4천년 만에야 비로소 유대나라 앞에 나타난 예수님이었음을 이스라엘 민족이 몰랐다는 것입니다. 당시 이스라엘 민족이 그 예수님 앞에 굴복했다면, 모세가 이스라엘 민족을 끌고 나올 때 실패한 것도 승리요, 노아가정이 실수한 것도 승리요, 아브라함이 제물 실수한 것도 승리이며, 라벨이 죽은 것도 승리로 귀결될 수 있었습니다. 예수님은 이러한 실체였습니다. 역사적인 산 실체예요. 섭리하시면서 찾으시던 4천년의 전의 산 실체. 아담은 죽었으나 그를 세워 나오시던 아버지의 심정은 죽지 않았기에 그것은 산 실체입니다.

끝날에는 많은 인간들이 자신을 중심삼고 '나는 우주의 중심이다' 하는 식의 종교관을 갖고 나옵니다. 그런데 4천년을

3. 예수님의 정체성

거쳐 6천년을 역사해 오시는 하나님의 섭리의 목적은 무엇인가. 잃어버린 것을 다시 찾는 것입니다. 아담이 실수했기 때문에 대신 보내신 예수님은 어떤 분이냐. 제2 아담입니다. 예수님을 놓고 하나님이니 뭐니 하고 있으나 그게 아니에요. 성경에도 예수님을 후아담이라 했습니다.

이제 하나님이 찾으시는 내 아들이라 할 수 있는 참된 아들은 제3 아담입니다. 제3 아담의 수속이 끝나 참아들의 입장에 서기 전에는 어느 누가 아무리 무슨 신부라 무슨 양자라 해도 안 됩니다. 예수님도 아들의 영광을 갖고 이 땅 위에 왔지만 아들의 행세를 다 못했습니다. 행세를 하려면 하늘의 수속을 마쳐야 합니다. 그러려면 아들만 가지고 안 됩니다. 신부를 갖추어야만 수속이 끝납니다.

에덴동산에서 무엇을 잃어버렸어요? 아담과 해와를 잃어버렸습니다. 그 아담과 해와는 인류의 참조상이 될 사람이었습니다. 그런데 인류의 참조상을 잃어버렸으니 참조상을 복귀해야 합니다.

예수님은 아버지격입니다. 인류의 참아버지격입니다. 그리고 성신은 어머니 신입니다. 인류의 참어머니. 이와 같이 참아버지 참어머니를 영적으로 세워 놓고 이를 실체 형상으로 이 땅 위에 나타내려는 것이 재림의 목적입니다.

인류 앞에 참다운 아들딸이 나타나는 때가 끝날이거늘, 그때는 어떠한 때인가? 참조상을 잃어버림으로 타락한 후손이 되고 참부모와 혈통적인 인연을 맺지 못했으니, 반대의 경로를 통해서 에덴동산에서 잃어버린 아들딸을 찾는 때입니다. 거꾸잡이 역사, 복귀역사로서 인연을 맺어 그들을 양자로 승진시키는 것이 하나님의 역사입니다. 만약 이 말을 듣고 틀린다고 생각하거든 영계에 가서 항의하십시오. '아무 때 아무개가 이렇게 말했는데 그 말이 맞소, 틀리오?' 하고 물어보면 틀림이 없다고 할 것입니다.

망상적이고 공상적인 신앙을 하는 시대는 지나갔습니다. 관념적인 신을 믿고 그 이념 밑에서 사는 시대도 지나가고 있습니다. 뼈와 살이 심정에 부합되는 기준을 갖고 아버지라 할 수 있고, 그 아버지의 6천년 역사하신 심정을 오늘 내 심정에 귀일시켜 그 심정적 기준을 통한 입장에서 하나님과 부자의 관계를 자랑할 수 있는 자리에 서야 합니다.

하늘을 찾아나가는 인류, 혹은 목적의 세계를 찾아 나가는 인류는 이런 길을 가야 할 것입니다. 그렇기 때문에 동양에서는 삼강오륜을 세웠던 것입니다. 천적인 마음을 다하고, 충신이 되라, 열녀가 되라 했던 것입니다. 이와 같이 동양에서는 무엇으로 보든 내적인 사조를 갖추어 나오고 있습니다. 그런데 서양은 외적입니다. 외적으로 돌아 들어옵니다. 두고 보십시오.

양자들이 출세하는 때는 지금까지의 20세기 문명이고, 앞으로 참아들딸이 출세하는 때는 이상세계입니다. 하나님이 계시다면 그럴 거 아니겠어요? 옛날에는 남의 자식들이 잘 살던 때였고, 오늘날은 예수님의 이념을 중심삼고 민주진영을 중심한 양자들이 잘 사는 때이며, 이 시대를 넘어 참아들딸이 잘 사는 때가 크리스천들이 바라는 재림시대요 이상시대입니다.

그러면 그러한 자리에 남아질 수 있는 참아들딸이 되어서 하나님이 찾으시는 한때, 한 시간에 참아들딸의 명분을 갖고 나타나려면 어떻게 해야 될 것인가. '나는 수십년을 잘 믿었

3. 예수님의 정체성

습니다' 하며 배를 쑥 내미는 소인배는 안 됩니다. '아, 나는 아무 교회 목사요, 아무 교회 지도자요, 나로 말미암아 수많은 사람들이 예수님의 이름을 알게 되었고 그를 따라가게 되었는데…' 어쩌구 저쩌구 하지만, 예수님의 이름을 중심삼고 기쁨의 요소를 찾아나서는 사람들은 전부 안 됩니다. 왜 그러뇨? 하나님은 오늘날까지 6천년의 기나긴 세월을 섭리해 나오시면서 하루 한 시간도 기쁨의 날을 보지 못하셨기 때문입니다. 참아들딸을 찾아 헤매는 아버지가 아들딸도 찾지 못하고 무슨 기쁨이 있다는 말입니까?

역사를 지나오면서 인류는 기쁨의 시간을 갖고 향락한 사람들이 많았을지 모르지만, 어떤 집권자들은 자기의 권력을 중심삼고 하나님 대신 영광을 누렸을는지 모르지만, 4천년, 6천년 역사를 허덕이고 허덕이면서 참아들딸이 그리워 찾아 헤매시는 하나님께서는 그런 시간이 없었습니다. 영광을 누리고 기쁨을 누려야 할 하나님은 아직도 그런 한 시간을 갖지 못하셨다는 것입니다.

실체의 아버지와 무형의 아버지

008 - P.124, 1959.11.29

예수님은 이 땅 위에 어떤 분으로 오셨느냐? 실체의 하나님으로 오셨습니다. 실체의 하나님, 실체의 아버지로 오셨다는 말입니다. 아버지도 실체의 아버지가 계시는 동시에 무형의 아버지가 계십니다. 우리 사랑과 마찬가지입니다. 몸이 있는 동시에 마음이 있습니다. 무형의 하나님의 모양을 닮아 실체를 쓰고 오신 분이 예수님입니다. 내 마음의 실체가 몸인 것과 같습니다.

이 땅 위의 인간에게는 두 개의 '나'가 있습니다. 여러분 자신은 하나가 아닙니다. 둘입니다. 나는 마음의 나와 몸의 나로 되어 있습니다. 천주(天宙)를 대신한 내가 그런 것을 볼 때 우리의 아버지도 그렇다는 것입니다. 실체의 아버지와 무형의 아버지, 이 둘을 하나로서 사랑해야 할 인류이기 때문에 인류는 참아버지를 찾아나가는 것입니다. 그 아버지를 찾아나아가는 데는 참심부름꾼, 즉 참종에서 참양자, 참양자에서 참아들로 나아가는 것입니다. 오늘날 교계에서 책임진 이들은 자신을 '하나님의 종'이라고 합니다. 인간의 본래의 자리는 거기에서 머물게 되어 있지 않습니다. 그러니 좋은 말이 아닙니다. 그런 말 하는 사람들 그만 따라 다니십시오.

예수님은 어떠한 분으로 오셨느냐? 하나님의 아들로 오셨습니다. 하나님의 아들로 오셨으니 하나님 대신자요, 인류의 참아버지입니다. 타락함으로 말미암아 참아버지를 잃어버렸기 때문에 참아버지 대신 존재로 오신 분이 예수님이라는 것입니다. 여러분은 아버지를 잃어버렸습니다. 아무리 잘났다고 할지라도 타락한 후손임에 틀림없기 때문에 본연의 참아버지를 잃어버린 자입니다. 고아입니다. 의지할 곳이 없어 허덕이고 발버둥치는 고아입니다. 마음세계에 있어서는 고아와 같으니 허덕일 수밖에 없다는 것입니다.

본향의 아버지, 그 아버지가 계시는 곳은 내 마음의 본향이요, 안식처입니다. 아버지가 계시는 그곳은 영원한 안식의 자리입니다. 그 아버지와 내가 부자의 인연이 맺어진 입장에서 아버지 집에 와 있다고 하면 아버지가 나가라고 하겠어요? 세상의 어떠한 환경에 접하더라도 마음은 그곳을 벗어나려

3. 예수님의 정체성

고 하는데, 어디로 가야 합니까? 부모의 품으로, 아버지에게로 가야 합니다. 내 마음은 무엇을 바라고 쉴새 없이 나오고 있느냐? 아버지를 모시기 바라면서 나옵니다. 선조들은 여러분의 이러한 마음을 통하여 최후의 결판을 지어야 할 때를 재촉해 왔다는 것입니다.

하나님의 소원을 이루어 드리려는 예수님

002 - P.079, 1957.3.3

예수 그리스도는 어떤 분이셨던가? 예수 그리스도는 하늘의 원한과 땅의 원한을 제거할 수 있는 선의 실체로 오신 분이었습니다. 그렇기 때문에 하나님 앞에 자랑할 수 있고, 하늘을 대신할 수 있고, 땅을 대신할 수 있는, 하나님이 고대하시던 이상적인 선의 실체로서 이 땅에 오셔서 생활을 통하여 본연의 선의 수확물이 되어 하나님께 바쳐지는 것이 그분의 사명이었습니다. 그러한 사명을 갖고 오신 그리스도께서 인간의 불신으로 골고다에서 십자가를 지게 됨으로 말미암아 선의 수확이 되어야 할 분이 희생의 제물이 되고 말았던 것입니다.

그렇기 때문에 예수님께서는 그 이루지 못한 원한의 심정을 품으시고 하나님의 본래의 뜻이 다시 지상에서 이루어지길 기나긴 세월 동안 기도하고 계시며 이 뜻을 이루시기 위해 반드시 재림하신다는 것을 우리들은 알아야 되겠습니다.

이처럼 예수님은 하나님의 선의 대상으로서 구원해야 할 만민들 때문에 오셨습니다. 그렇기 때문에 그분에게는 이 땅에 오셔서 사탄을 퇴치하고 소멸시키는 동시에 하나님 대신자로서 하나님의 이상을 실현해야 할 사명이 있었던 것입니다.

그리고 예수님은 하나님께서 보시고 즐거워하실 수 있는 생애노정을 가야 되는 것입니다. 그러므로 예수님은 돌아가심으로써 이러한 뜻을 이루시는 것이 아니라 생전에 이루시지 않으면 안 되는 것입니다.

예수님께서 살아 계실 적에 이러한 일들을 완수하셨다면 오늘날 우리들은 그분이 다시 오시기를 기다리지 않아도 되는 것이며, 당시 예수님을 중심한 생애노정을 통해서 이미 하나님께서 이상하시고 소원하셨던 그 목적, 즉 선의 수확물은 바쳐졌을 것입니다. 만일 그렇게만 되었더라면 기독교인들이 2천년 동안 예수님이 다시 오시기를 기다리면서 수고하며 애원해야 하고 또 기도의 생활을 해야 할 필요가 없었을 것입니다.

오늘날 우리들은 예수님께서 섭리적인 사명을 다하기 위해 이 땅에서 걸으신 그 노정을 본받아 걸으면서 예수님이 세우셨던 목표와 태어나신 목적 모두를 필연적으로 이뤄 드려야 할 것입니다.

이제 우리는 생명을 바쳐서라도 하나님의 뜻을 이루어 드리지 않는다 할진대는 하나님께서 우리를 선의 결실체로서 거두어들일 수가 없는 것입니다.

하나님께서는 인간을 영계(靈界)에서만 살도록 지으신 것이 아니라 이 땅 위에서 실체를 갖추고 영과 육이 조화를 이루는 생활을 하도록 지으셨습니다. 그것은 인간의 영이 영으로 계신 하나님과 통하여 만물을 주관하게 하고 육체에 영인체가 통하여 영과 육이 화합할 수 있게 만드신 것입니다. 이것이 창조의 법도입니다. 그렇기 때문에 4천년 역사 이래 선

3. 예수님의 정체성

의 결실체로 이 땅에 오셨던 예수님이 돌아가셔서 영적인 만왕의 왕으로만 계셔서는 안 되는 것을 알아야 되겠습니다.

예수님은 사랑하는 제자들에게 마음을 터놓고 천륜의 비밀을 밝히 가르쳐 주고 싶은 마음 간절했습니다. 그러나 당시에 예수님의 이런 간곡한 심정을 알아 가지고 그 뜻을 계승할 수 있는 합당한 인물이 없었던 것입니다. 그렇기 때문에 승리의 한때를 소망하고 나아가는 예수님에게는 말할 수 없이 괴로운 사정이 그의 가슴을 억눌렀다는 것을 알아야 되겠습니다.

인간을 위하여 오셨고 인간과 더불어 사정을 나누고 싶었던 예수님이 인간에 대하여 사정을 통하지 못하게 되었으니, 하나님은 예수님이 이 땅의 인간과 사정을 통하게 되기를 간절히 바라고 계십니다. 그렇기 때문에 신부라는 명사를 걸어 놓고 예수님의 내적 외적 심정을 헤아리는 자가 나타날 수 있게 하기 위하여 2천년이란 긴 세월을 섭리해 나오시는 것입니다.

아담 타락 이후 4천년이란 역사가 경과한 후에 예수님이 비로소 하나님의 소원을 이뤄 드리기 위해서 이 땅에 우주적인 선의 실체로 오셔서 많은 대가(代價)를 치르셨고, 하나님을 섬기기 위해 생명을 바치셨습니다. 또 우리에게 고난과 고통과 수고의 상징으로 계신 분이 예수님입니다.

이렇게 예수님께서 남기신 모든 선의 결실을 우리가 영적으로만 찾아서는 안 됩니다. 그것은 "네가 땅에서 무엇이든지 매면 하늘에서도 매일 것이요. 네가 땅에서 무엇이든지 풀면 하늘에서도 풀리라(마 16:19, 18:18)"고 하신 예수님의 말씀과 배치되는 것입니다.

우리에게 원한이 있다면 그것은 나 한 자체의 개별적인 것이 아닙니다. 거기에는 하나님의 원한과 예수님의 원한과 성신의 원한이 사무쳐 있으며, 나아가서는 선지선열들의 원한까지 사무쳐 있습니다.

하나님께서는 6천년 역사를 거쳐 오면서 인간들이 그러한 자신들임을 깨달아 선의 제물로 바쳐질 수 있는 한날을 고대해 오셨습니다. 그러한 이상이 이루어지는 때가 재림의 때이며, 지금이 그때인 것입니다.

예수님의 인격과 지조의 생활

002 - P.340, 1957.8.4

우리가 예수님의 30여 평생의 인격을 살펴보게 될 때, 예수님은 그 당시에 국한된 일개인의 인격자가 아니었습니다. 그의 인격은 자기 일신의 인격뿐만 아니라 4천년 역사를 대신한 천적인 가치의 인격이었다는 것입니다. 이것을 여러분이 깨달아야 되겠습니다.

예수님이 주장하시던 이념은 어떠한 이념이었느냐? 수많은 선지선열들이 역사적으로 바라왔던 소망의 이념인 동시에 섭리의 목적을 이루시기 위한 창조주의 이념이었던 것입니다. 그러한 사명을 완수하시기 위해 피눈물 나는 길을 걸었던 예수님의 생애였습니다.

그러므로 불변의 마음으로 예수님의 이념과 생애를 통하여서 그의 지조와 인격을 본받아야 하겠습니다. 그리고 예수님께서 4천년 역사를 대신하여 천륜의 지조를 세우기 위하여 무한한 투쟁도 개의치 않고 싸워 나오신 것과 마찬가지로 여러분도 그 예수님이 남기신 사명을 이어받아 2천년을 첨부한

3. 예수님의 정체성

6천년의 역사를 대신하여 불변의 절개심을 갖춘 인격자로서 하늘 앞에 나타나야 되겠다는 것입니다. 만일 그러한 여러분이 되지 못한다면 천륜을 대신한 이념, 예수 그리스도가 소망하신 이념, 오늘날 우리가 찾고 있는 이념과는 영원한 관계를 맺을 수 없다는 것입니다. 이것을 명심해야 되겠습니다.

그러면 예수님은 어떻게 살았는가? 예수님은 오직 하나님의 뜻을 자신의 생애의 목적으로 삼았고, 그 뜻이 이루어질 때까지 전체를 책임지겠다고 천륜 앞에 맹세하고 나선 이후 자신의 안락을 생각지 않고 절개를 지키는 생활을 했습니다.

그러면 하나님은 어찌하여 예수님을 만민의 구주로 세울 수 있었던가? 4천년 역사과정을 거쳐오면서 예수님 한 분만이 하나님의 뜻을 위하여 전체의 생애를 바쳤고, 창세 이후 처음으로 하나님의 뜻을 위해 충절과 절개를 지켰기 때문입니다. 그리하여 예수님은 영원한 메시아로 세워질 수 있었으며, 모세를 중심으로 이어져 내려온 섭리역사가 예수님의 이념을 통하여 새로운 단계로 접어들었던 것입니다.

최후의 심판을 앞두고 무한한 공포의 골고다의 고개를 넘어야 할 끝날에 처한 오늘날 여러분에게 있어서 여러분의 호소를 무엇으로 그치게 할 수 있을 것인가? 지금까지 이 땅에 있는 이념으로써는 되지 않을 것입니다. 그래서 우리에게는 막혀져 있는 우리의 갈 길을 헤쳐 주는 하나의 중심존재가 필요한 것입니다. 역사적으로 보면 하나님께서도 당시의 이념으로서는 불가능하다는 것을 아셨기 때문에 하나님의 섭리를 지향하는 수많은 종교를 통하여 섭리의 중심인물을 보내주시겠다고 약속해 오셨습니다. 이것이 곧 재림이상이라는 것입니다.

이제 우리는 하나님을 대하여 혹은 피조만물을 대하여 상대적인 가치기준에 서 있으면 안 되겠습니다. 절대적인 하나님의 인격과 절대적인 하나님의 불변의 이념과 천적인 생활의 이념을 대신한 중심을 가진 자로서, 하나님의 뜻대로 처음과 끝이 영원히 관계를 맺을 수 있는 입장에 서서, 만물만상 앞에 자신의 가치를 나타낼 수 있는 우리가 되어야 하겠습니다. 그리고 그러한 인간이 될 수 있게 인도해 주는 진리를 찾아야 합니다. 그러한 진리를 찾기 위해 나선 여러분들이라면 무엇보다도 예수님의 소망, 예수님이 바라던 이념, 예수님의 생활의 표준을 이어받고 거기에 새로운 이념을 가할 수 있어야 되겠습니다. 또한 스스로 활동무대를 찾아야 될 것입니다.

그리하여 이념적인 기준과 실천적인 기준을 갖추어 모든 면에 통솔할 수 있는 절대적인 위치를 자신들이 찾아 끝날에 하늘이 찾고자 원하시는 인격자, 천상의 전체 목적을 대신할 수 있는 참사람이 되어야 하겠습니다. 그렇지 못하면 스스로 회개할 수 있는 심정이라도 지닐 줄 아는 사람이 되어야 하겠습니다.

오늘날 우리는 개인이지만, 개인으로서 그쳐서는 안 됩니다. 우리가 믿고 있는 기독교도 민족과 국가를 위한 종교로서만 머물러서는 안 되고 세계와 인류를 위하는 종교가 되어야 합니다. 또 인류역사를 대신할 수 있고 인류의 역사적인 소망을 책임질 수 있는 동시에 인류와 천륜의 이념을 대신할 수 있어야 합니다.

그러한 역사와 역사적인 소망과 인류와 천륜의 이념이 여러분이 생활하는 환경과 인연이 맺어져 있다는 것을 똑똑히 느껴야 하고, 불변의 인격자로 소망의 실체로 2천년 전에 오셨

3. 예수님의 정체성

던 예수님 앞에 부끄럼 없이 나타나 '주여 당신의 소원이 이것이 아니옵니까? 제가 이루어 드리겠나이다' 라고 할 수 있어야 되겠습니다. 그리고 우리는 천륜의 원칙을 대신하여 변치 않는 절개를 가지고 하늘 뜻을 위해 책임을 다한 후 '하늘이여 받으시옵소서' 라고 기도하셨던 예수님을 회고해 보아야 되겠습니다.

3
예수님의 생애노정

1. 예수님의 유년기

요셉의 불신과 무지

038 - P.198, 1971.1.3

　　요셉은 그것이 절대적인 하나님의 계시라고 믿고 마리아를 데리고 왔습니다. 그렇게 데려오긴 했지만 기왕이면 또 한 번 가르쳐 주고 두 번 세 번 꿈속에서 매일 가르쳐 주면 좋겠는데 그렇지를 못하니 요셉의 마음이 싱숭생숭했다는 것입니다. '남아일언은 중천금'이라고 했는데 하나님의 일언은 몇 억천금 될 것이 아니겠습니까? 한번 한 약속은 지켜야지 시시하게 솔개 새끼처럼 자꾸 다짐해서야 되겠어요? 하나님은 그렇게 할 수 없다는 것입니다. 한번 가르쳐 주면 그만이라는 것입니다.

　　그러니 요셉은 마리아의 뱃속에 들어 있는 아이가 사내애인지 계집애인지 몰라도 대관절 누구의 아이일까 하고 궁금했겠어요, 안 궁금했겠어요? 만약 목사의 부인이 그렇게 됐다고 할 때, 거룩한 하늘나라에 가겠다는 목사라고 할지라도 부인에게 묻겠어요, 안 묻겠어요? 안 묻겠다는 사람은 미친 사람입니다. 선생님도 그런 입장에 처하게 된다면 묻겠습니다.

물어도 직격탄으로 물을 것입니다.

그러면 요셉의 가슴속에 궁금증이 일고 염려대상이 되는 이 사건이 멍울져 남아 있는데 마리아에게 물어봤겠어요, 안 물어봤겠어요? 요셉이 마리아에게 순하고 사랑스런 표정으로, 하나님이 기뻐할 수 있는 어조로 '하나님은 이렇게 가르쳐 주었고, 또 뜻이 있는 줄 알고 있지만 대관절 아기를 배게 한 사람이 누구요?' 라고 물어봤겠지요?

그렇게 물어볼 때 마리아의 기분이 좋았겠어요, 나빴겠어요? 사실 그런 질문은 응당히 해야 되는 것입니다. 그러니 마리아가 '난 몰라요!' 라고 대답할 수 있었겠어요? 요셉은 마리아의 생명의 은인인데 그럴 수 있었겠어요? 아니면 '예, 얘기하지요' 그랬겠어요? 마리아의 신세를 가만히 생각해 보세요, 어떠했겠나. 틀림없이 낑낑거리며 안절부절 못했을 것입니다. 여자들이 그렇다고 대답하면 틀림없습니다.

그래, 그것이 대답할 수 있는 내용입니까, 아닙니까? 만일 대답하는 날에는 천지가 요동을 치고 세계가 뒤집히고 일족이 망한다면 아무리 요셉이 물어 본다고 하더라도 대답을 해야 되겠어요, 안 해야 되겠어요?

옆에서 입을 꽉 다무는 마리아를 보고 있던 요셉의 기분이 어떠했겠습니까? '내가 참 좋은 아내를 맞았구만' 그랬겠어요? 생각해 보라구요. 그리고 물어 보는 말에 대답을 안 하고 있는 마리아를 보고 요셉이 가만히 있었겠어요? '여보, 누구 아기요?' 하고 또 물어 봤겠지요. 그래도 대답을 안 하니 세 번째 물어 볼 때는 노기를 띠어 가지고 '당신 정말 말 못하겠어?' 하고 물어 봤겠지요. 그러니 가정불화가 일어났겠어요, 안 일어났겠어요? 사나이가 한번 물었다가 대답을 못 들으면

1. 예수님의 유년기

기분 나쁜 거라구요.

그렇기 되니 방안에 들어가서도 요셉이 버티고 앉아 있으면 마리아가 똑바로 앉을 수 있었겠어요? 요셉이 마리아를 쳐다보는 시선이 옛날같이 다정하지 않았다는 것입니다. 이러한 판국이나 요셉과 마리아가 수많은 언쟁을 했을 것입니다.

그리고 동네 사람들이 볼 때, 혼삿날이 지났는데 요셉이 혼인잔치도 안하고 처녀를 데려와 사는 것도 수상한데 매일 싸움을 하니, '요셉이 순한 사람인데 무슨 특별한 사연이 있구만' 해 가지고 쑥덕공론을 벌였을 겁니다. 그렇게 10개월을 보내는 동안 마리아가 예수님을 낙태하지 않은 것이 다행이라는 것입니다. 그러면 요셉이 마리아와 싸우고 때렸겠어요, 안 때렸겠어요? 요셉에게 매 맞고 산 마리아가 분했겠어요, 안 분했겠어요? 분했겠지요. 그런데 성경에는 이런 내용이 기록되어 있지 않습니다.

서럽게 자란 예수님

016 - P.024, 1965.12.26

예수님이 죽기 위해서 오셨단 말입니까? 예수님의 꿈이 죽는 데 있었단 말입니까? 만일 예수님이 죽기 위해서 오셨다면 하나님께서 선민은 무엇 하러 세우셨겠습니까?

예수님은 비참한 환경에서 이 땅 위에 태어나셨습니다. 그것은 마리아와 요셉이 책임을 다하지 못했기 때문이었습니다.

예수님을 낳은 마리아도 하늘의 고운 천사들의 지도를 받아서 자신이 낳은 아들이 장차 어떻게 된다는 것을 알았습니다. 그렇다고 해서 예수님이 자라실 때 하나님께서 언제나 마리아에게 같이하여 주신 것은 아니었습니다. 따라서 시일이 경과함에 따라 마리아는 어찌 하다 보니 예수님이 태어난 것이라고 생각하게 되었던 것입니다. 이러한 요셉가정에서 예수님은 자랐던 것입니다.

한편 요셉에게는 예수님이 진실로 성령으로 잉태했는지, 아니면 누구에 의하여 잉태했는지 의심스럽다는 마음이 생겨나게 되었던 것입니다. 그래서 생각하면 생각할수록 마음이 괴로웠던 것입니다. 정혼한 처녀가 아기를 배어 가지고 와서 성령으로 잉태했다고 하니 요셉의 마음이 어떠했겠습니까? 하나님이 가르쳐 주신 그 사실은 믿었을지 모르지만 예수님을 바라볼 때마다, 마리아를 바라볼 때마다 어찌 심한 고통을 느끼지 않았겠습니까?

이렇게 되어서 예수님은 의붓아버지의 품에서 서럽게 자라지 않을 수 없었던 것입니다. 이러한 예수님의 사정을 알아야 되겠습니다. 서러웠던 예수님이었습니다. 동생들의 시중은 들어 주었지만 동생들에게 시중 한번 받아보지 못했던 예수님이었습니다. 예수님은 요셉으로부터 무엇을 하라는 말을 들을 때에도 진정으로 아버지의 사랑을 받는 입장에서 듣지 못했습니다. 의붓아버지의 의심을 받는 입장에서 들었다는 것입니다. 이처럼 예수님은 보이지 않는 학대 속에서 자라났습니다.

예수님 출생의 비밀

250 - P.200, 1993.10.14   예수님의 가정에서 예수님의 아버지가 누구라구요? 사가랴

1. 예수님의 유년기

입니다. 그러면 사가랴의 본래 부인이 누구예요? 엘리사벳입니다. 성신으로 잉태했다고 하는데, 세례 요한도 성신으로 잉태했다고 했습니다. 사가랴와 엘리사벳과 마리아입니다.

그러면 마리아가 어떻게 돼서 사가랴 품에 들어갔을까요? 계시인지 무엇이니 모르지만 누구 계시에 의해서 그런 거예요? 마리아가 들어가는 것을 보면 계시 안 받은 엘리사벳이 벼락을 치겠어요, 안 치겠어요? 엘리사벳 모르게 들어갔겠어요, 알게 들어갔겠어요?

첫날밤에 애기가 뱄겠어요, 몇 번 만났겠어요? 여러 가지로 문제가 되는 것입니다. 얘기하면 그렇게 되는 것입니다. 그렇다면 누구의 후원 없이 마리아가 혼자 할 수 있는 그런 배포가 있었느냐 그거예요. 그것은 형님(엘리사벳)이 소개해 줘야 되는 것입니다.

레아가 라헬의 자리를 빼앗았기 때문에 그것을 탕감복귀하기 위해서는 형님 되는 레아가 라헬을 축복해 줘야 된다는 말입니다. 그래야 탕감이 됩니다. 계시를 받은, 어떻든 이런 탕감원칙에 있어서 그렇게 보기 때문에 엘리사벳이 영적으로 가르침을 받아 형제가 하나되는 자리에서 그 일이 가능했다는 것입니다.

왜? 야곱가정에서는 형제가 하나 안 되었습니다. 그러면 세계적 국가 기준에서 형제가 하나될 수 있는 철통같은 출발에서 벌어지지 않았느냐 하는 그런 논리가 형성되는 것입니다. 엘리사벳이 자기 남편 앞에 소개해 주던 이러한 문제가 있기 때문에 근친상간 관계가 생기는 것입니다. 선진국 미국이 이와 같은 과정을 끝까지 갔다가 돌아서야 된다는 것입니다. 하나님이 허락했기 때문에 이것이 생겨나지, 그냥 생겨나지 않았습니다. 근친상간 관계가 왜 나오느냐? 자기 형님의 남편을 동생이 겁탈하는 것입니다. 그것을 근친상간 관계라고 하는 것입니다. 야곱가정에서 레아를 집어넣은 것은 왜 그랬느냐 하면, 탕감법에 있어서 타락한 해와가 없어 가지고는 복귀시대가 없어지기 때문입니다. 여자세계에서도 가인이 없어 가지고는 안 되는 것입니다. 마찬가지 이치입니다.

예수님의 아버지는 누구라구요? 사가랴입니다. 예수님의 아버지는 사가랴입니다. 그 부인은 엘리사벳입니다. 엘리사벳에서 낳은 자식이 누구예요? 세례 요한입니다. 그리고 예수님의 어머니는 누구예요? 마리아입니다.

마리아가 누구하고 관계해서 예수님을 낳았어요? 사가랴입니다. 누가 소개했을까요? 마리아가 몰래 밤에 뛰어 들어가서 관계한 거예요, 누가 소개했어요? 엘리사벳이 성령이나 하늘의 지시에 의해서 자기 남편과 자기 동생을 관계시킨 것입니다. 그것은 보통 이스라엘의 법적으로는 할 수 없는 일입니다.

예수님이 왜 죽었느냐? 사가랴는 예수님이 누구의 자식인지 알고 있습니다. 마리아도 예수님이 누구의 자식인지 알고 있습니다. 세례 요한은 어땠을까요? 30대 이상이 되어서 그와 같은 가정의 비밀의 일을 남모르게 들은 적이 있었겠나, 없었겠나 생각해 보라구요. 있었던 것입니다. 세례 요한조차 알고 있는 사실이라는 것입니다.

그러나 이러한 비법적인 관계로 자기 일가에 문제를 일으키는 일을 해서 배후가 얽혀진 가운데 태어난 예수님이 바로 메시아가 될 줄은 꿈에도 생각하지 못했을 것입니다.

여러분이라면 그런 예수님을 메시아로 모실 수 있겠어요?

1. 예수님의 유년기

첩의 자식인데, 첩의 자식을 어떻게 왕으로 맞이할 수 있겠느냐 이거예요. 자기가 절대 복종해야 할 왕, 제사장의 입장에 세울 수 있어요? 할 수 없었을 것입니다. 백이면 백 모든 사람들이 그렇게 생각하는 것이 상식이라구요.

예수님에 대해 책임 다하지 못한 친척들

052 - P.119, 1971.12.25

　우리는 요셉이 의로운 혈통 출신이라고 봅니다만, 다른 누구를 더 들 수 있겠어요? 우리는 요셉가정과 사가랴가정을 들 수 있습니다. 가정적으로 한 가정은 가인의 자리에 있었고, 다른 한 가정은 아벨의 자리에 있었습니다. 사가랴의 부인인 엘리사벳과 마리아는 그들의 두 아이들, 세례 요한과 예수님에 관해서 서로 의논을 했어야 합니다. 아이들이 어떻게 자라고, 아이들을 키우는 데 있어서의 어려움 같은 것들을 서로 얘기를 했어야 했습니다. 그들은 두 아이 모두에게 관심을 가졌어야 했습니다. 마리아와 엘리사벳은 자매였습니다. 그러므로 예수님과 세례 요한은 사촌간이었습니다.
　세례 요한은 태어날 때부터 이상한, 범상치 않은 아이였습니다. 세례 요한이 태어나기 전에도 아주 신기한 이야기가 있었습니다. 그의 아버지 사가랴는 제사장이었습니다. 사가랴가 지성소에서 제물을 드리고 있었을 때, 주의 천사가 그에게 나타나서 아이가 태어날 것을 알려 주었습니다. 그의 아내가 이미 늙었는데 그런 계시가 있었다는 것입니다. 그래 가지고 그가 그 말을 믿지 않자 그는 벙어리가 되었습니다. 그리고 그 아이가 태어난 후에, 그가 주의 천사에게서 들은 그대로 그 아이의 이름을 가르쳐 준 후에야 말하게 되었습니다. 온 동네 사람들이 이 소문을 들었습니다. 예수님도 또한 똑같은 경로로, 그와 같은 이상한 방법으로 태어났습니다. 그 둘은 서로 사촌간이었습니다.

성경에서 우리는 마리아가 오직 한 번밖에 엘리사벳을 방문하지 않았다는 것을 발견합니다. 이것은 또다른 복잡한 이야기입니다. 만일 그들이 가까운 자매였다면, 그들은 여러 가지 의논을 하려고 서로 왔다갔다 하였을 것입니다. 사가랴와 엘리사벳도 성스러운 아기인 예수님에 관한 소문을 들었습니다. 그래서 그들은 동네 사람들의 쑥덕공론 때문에 마리아가 자주 찾아오는 것을 좋아하지 않았습니다. 그래서 마리아가 엘리사벳의 집을 더 이상 방문할 수 없었던 것입니다.

만일 그 둘, 엘리사벳과 마리아가 하나님의 뜻 아래에서 하나가 되어서 예수님의 사명에 관해서 서로 오가며 상의할 수 있었더라면, 일은 매우 쉬워졌을 것입니다. 예수님의 길을 곧게 하기 위해서 온 세례 요한을 놓고 볼 때, 만일 그가 참으로 주 예수님을 증거할 수 있었더라면, 그를 높이 받들던 그 당시의 사람들이 예수님을 더욱 쉽게 따를 수 있었을 것입니다. 또한 그 두 어머니도 하나가 되었더라면, 일은 훨씬 쉽게 되었을 것입니다.

요셉의 입장

022 - P.285, 1969.5.4

인류의 조상이 될 예수님을 낳아서 인류의 어머니의 입장에 있는 마리아를 요셉은 천사장의 입장에서 받들고 모셔야 했

1. 예수님의 유년기

습니다. 요셉은 종의 입장이기 때문에 사탄의 해와를 유혹하여 불륜한 사랑을 맺었던 것을 탕감복귀 해야 되는 것입니다. 이러한 입장에 있는 마리아와 요셉이 절대로 하나되어서는 안 되는 것입니다. 이것은 원리적으로 볼 때 부정할 수가 없는 것입니다. 그렇기 때문에 요셉은 마리아에게 누구의 아들을 낳았든 간에 물어볼 권한이 없는 것입니다. 그런데도 요셉이 마리아를 데려다가 살면서 이것이 누구의 아들이냐는 등 항상 툭탁거리며 싸우니 요셉의 친척들이나 주의의 사람들이 그것을 몰랐겠어요? 그렇지 않아도 애기 가진 처녀를 데려다가 사는데 숱한 싸움을 하니 동네의 모든 사람들이 이상한 눈초리로 바라보지 않을 수가 없었을 것입니다.

따라서 주위의 동네 사람들의 말이 많았다는 것입니다. 이렇기 때문에 친척들도 요셉에게 '야! 이 멍청이 자식아. 얼마나 못났으면 마리아 뱃속에 있는 자식이 네 자식인지 아닌지도 모르냐'고 조롱했을까요, 안 했을까요? 아마 별의별 일이 다 벌어졌을 것입니다. 그뿐 아니라 이런 사실을 부모까지도 다 알고 그 친척 전부가 알았다는 것입니다.

그러면 아담 대신으로 오신 예수님이 이 땅 위에서 찾아야 할 것이 무엇입니까? 바로 타락하지 아니한 해와를 찾는 것입니다. 깨끗한 혈통으로 태어난 해와와 같은 신부를 찾아야 되는 것입니다. 그리하여 천사장에게 침범받지 않은 부모의 기준을 결정해야 하는 것이 예수님의 사명이었지만, 이 사명을 다하지 못하고 돌아가신 것입니다.

그것을 못하게 된 동기가 무엇이냐? 어머니 아버지가 책임을 못 했기 때문입니다. 예수님은 태어나기 전부터 동네에서나 주위의 친척들로부터 조롱을 받고 몰림을 받을 수밖에 없는 입장에서 태어났습니다. 그리고 예수님은 철이 들면서 요셉과 마리아의 사이가 좋지 못한 것을 알고 그 눈치만 보면서 자라게 되었던 것입니다. 또한 주위에 있는 친척들도 전부 다 예수님을 이해하지 못했던 것입니다.

본래는 요셉가정에 있어서 예수님은 하나님의 독생자요, 하늘의 왕자이기 때문에 요셉과 마리아는 합심해 가지고 장래 이 땅 위에 메시아로 등장하도록 새로운 가정을 건설할 수 있는 전면적인 터전을 닦아 놓아야 하는 것입니다. 하나님이 4천년을 두고 이스라엘 민족을 길러서 준비한 축복의 터전 위에서 예수님이 탄생하셨기 때문에 요셉과 마리아가 하나 되어서 예수님을 철옹성처럼 보호하고 그를 위하여 생명을 걸어놓고 싸웠던들 예수님이 비참하게 돌아가시지는 않았을 것입니다. 그렇게 되었던들 예수님의 3년 공생애노정이라는 것은 필요 없었을 것입니다.

그리고 만일 그렇게 되었더라면 예수님의 신부는 자기의 친척 가운데에서 택할 수 있었을 것입니다. 본래는 사랑하는 12제자도 지지리 못난 천한 무리들을 택하고자 하신 것이 아니었습니다. 2천년이 지난 오늘에도 직업이 어부라고 하면 전부 다 사람 대접을 받기가 힘든데 그 당시는 어떠했겠습니까?

본래 요셉과 마리아는 어떻게 해야 되느냐? 하나님의 아들로 태어난 예수님을 중심삼고 그 집안에서부터 하늘의 법도를 세워야 하는 것입니다. 그러기 위해선 요셉과 마리아가 하나님의 아들로 태어난 예수님께 정성을 들여 가지고 매일 아침 진지상을 올리고 아침 저녁으로 경배 드려야 된다는 것입니다. 그런데 그렇지 않아도 동네방네 소문이 나서 사이가 좋

1. 예수님의 유년기

지 않은데 그렇게 할 수 있었겠어요?

기가 막혔던 예수님의 사정

040 - P.020, 1971.1.16

예수님이 집을 나와 가지고 혼자 돌아다녔으니 얼마나 기가 막혔겠습니까? 하나님이 4천년에 걸쳐 준비한 그 나라는 어디 갔는고. 그래도 4천년 동안 나라를 세운 것은 그 터전 위에 나를 보내 가지고 나를 중심삼고 세계를 구원하기 위해 하나님이 준비한 것인데도 불구하고 그 나라가 배척하고, 4천년 동안 준비한 이 유대교가 배척한다는 것입니다.

요셉가정을 중심삼고 신뢰의 초점으로 알고 따라와 주기를 바랐는데 배척을 하니 어떻겠어요? 그러니 예수님이 기가 막히겠어요, 안 막히겠어요? 그들이 환영하지 않는 입장에 섰으니 어떻게 되었겠느냐 이겁니다. 나라를 바라보아도 소망이 끊기고, 교회를 바라보아도 소망이 끊기고, 친척들을 바라보아도 소망이 끊겨서 가려야 갈 수 없게끔 다 막혀 버렸기에 할 수 없이 토굴을 찾아가고 빈민굴을 찾아가야 할 신세가 되었던 것입니다. 그러니 기가 막혔겠어요, 안 막혔겠어요?

예수님이 자기 집을 나와 가지고 혼자서 다니시니 얼마나 굶주렸겠습니까? 그러한 자신이 얼마나 기가 막혔겠습니까? 그나마 집이라는 데서 나왔으니 다시 들어갈 수도 없는 처지였습니다. 성경에 예수님이 집에 들어가서 형제들하고 재미있게 이야기하고 자신이 행했던 이적 기사를 자랑했다는 내용이 있어요? 그런 내용이 어디에 있어요? 3년 동안 그렇게 헐벗고 돌아다니면서 자기 친척들을 부여안고 이야기해 본적이 있느냐는 것입니다. 고향 산천을 찾아가 30평생 자기를 길러 주고 정을 준 그 어머니와 밤을 새워 가면서 이야기한 적이 있느냐는 것입니다. 예수님이 왔다고 해서 어느 한 날 어머니가 떡을 하고 잔치를 벌여 예수님을 환영했다는 내용이 성경에 있느냐는 것입니다. 정말 기가 막히다는 것입니다.

예수님이 집을 나왔으니 배도 고프고 처량했겠지요? 그때 자기 가까운 친척집에서 혼인잔치가 열린다고 해서 가게 되었는데, 그곳은 갈릴리 가나의 혼인잔치집이었습니다. 그 집은 어머니 마리아하고 아주 가까운 친척집인데 예수님이 배도 고프고 하니까 밥을 얻어먹고 떡도 얻어먹고 하려고 갔다는 것입니다. 거기에서 포도주를 만드는 이적 기사를 행한 것입니다. 그때 마리아는 과방(果房)에 술이 떨어진 것을 알고 예수님께 포도주가 없다고 말했습니다. 그런데 마리아가 예수님이 좋아서, 하나님의 아들이라 능력이 많으니 포도주를 만들어 줄 줄 알고 부탁한 줄로 아십니까? 그래, 마리아가 예수님을 능력 많으신 하나님의 훌륭한 아들, 능력을 자유자재로 행할 수 있는 거룩한 예수님로 알고 '포도주가 다 떨어졌다'고 한 줄 알아요? 처량하게 얻어먹으러 와 가지고 그것을 바라고 있는 신세 같아서 바라지 말라고 그런 말을 한 것이라구요. 그렇게 말할 수 있는 거 아니에요? 좋게 해석하려면 좋게 해석하고, 나쁘게 해석하려면 나쁘게 해석할 수 있다는 겁니다.

당시 예수님이 배가 고팠겠어요, 안 고팠겠어요. 누가 따라다니며 끼니를 대준 사람이 있었어요? 복 받겠다고 하는 사람들은 많았지만, 예수님을 이용해 먹으려는 사람들은 많았지만, 더우면 더울세라 추우면 추울세라, 배가 고프면 배가

예수님의 생애노정 · 165

| 1. 예수님의 유년기

고플세라, 어려우면 어려울세라 앞을 다투어 나가면서 매를 맞아도 내가 맞고, 어려움이 있어도 그 어려움을 내가 뒤집어쓰고, 예수님의 비운을 대신해서 담당하겠다는 사람이 하나라도 있었느냐는 것입니다.

마리아는 예수님과 요셉의 중간 역할을 해야 했다

038 - P.202, 1971.1.3

아기를 낳자니 뭇사람들이 쳐다볼 것이고, 명문의 딸이 사생아를 배어 배가 불룩해 가지고 뒤뚱뒤뚱 걷는 것을 그 부모들이 볼 수 있었겠습니까? 체면과 위신을 모를 리 없는 마리아는 그렇다고 죽고 싶어도 죽을 수 없었다는 것입니다. 자기 하나 죽는 것은 문제가 아니지만 천사 가브리엘이 나타나 틀림없이 하나님의 아들을 잉태한다고 했으니 죽을 수도 없고, 그렇다고 사연을 털어놓을 수도 없는 입장이었습니다. 고독한 심정을 홀로 부둥켜 안고 여자로서의 최고의 사지권(死地圈)에서 허덕이지 않을 수 없었다는 것입니다.

그러니 마리아는 기회만 있으면 하나님께 간구하기를 '하나님이여! 제가 이 군중 앞에서 아기를 낳을 수 있는 사정이 못 됩니다. 제가 아기를 낳아야 한다면 나그네 신세도 좋고, 집시의 신세도 좋으니 국경을 넘는 일이 있을지라도 이 지역을 벗어나서 아기를 낳을 수 있게 해주시옵소서. 그럴 수 있는 길이 있다면 그 길을 택하는 것이 저의 소원입니다' 했을 겁니다. 일구월심 이런 기도를 했을 것입니다. 하나님은 이러한 마리아의 심정을 너무나도 잘 알고 있기 때문에 호적 하러 가는 길에 베들레헴에서 예수님을 낳게 했던 것입니다. 이것은 마리아의 뜻을 생각하는 마음에 대한 하나님의 후대하신 사랑인 것을 알아야 되겠습니다.

　이래서 마리아가 아기를 낳았으면 부모는 손주를 보았으니 기뻐하고, 형제와 친척들은 모두 기쁨으로 환영해야 할 텐데도 불구하고, 그런 입장이 안 되어 있으니 예수님을 데리고 고향으로 돌아갈 수 있었겠습니까? 돌아갈 수 없었다는 것입니다. 그러한 때에 하나님은 헤롯왕이 예수님을 노리고 있다는 사실을 요셉과 마리아에게 알려주어 애급으로 피신하게 하였던 것입니다. 그래서 고향을 등지고 애급에 가서 3년 동안 지내다가 헤롯왕이 죽은 후 다시 갈릴리 해변가로 돌아와 살면서 예수님은 남모르는 성장과정을 거쳐 왔던 것입니다. 의붓자식의 몸으로 태어난 예수님이 요셉가정에서 30년 동안 목수의 일을 도우면서 편안한 생활을 했겠느냐는 것입니다.

　요셉은 마리아와의 정이 틀어졌기 때문에 예수님의 사정을 알아주지 않았습니다. 예수님의 사정을 하나에서 천만사에 이르기까지 알아줄 수 있는 가정이 못 됐던 것입니다. 마리아도 그런 사정권 내에 살면서 남편 요셉을 바라볼 적마다 과거의 모든 일들을 남자의 입장에서 생각하면 그러지 않을 수 없었겠다는 생각도 들게 되었던 것입니다. 그러니 예수님을 품고 요셉 앞에서 자랑스럽게 젖을 먹일 수 있는 입장이 못 됐다는 것입니다. 이러한 엇갈리는 심정을 예수님이 자라면서 체득하게 될 때에 자기 어머니의 무릎에 가서 앉으려 해도 요셉의 눈치를 봐야 되었던 것입니다. 의붓자식은 의붓부모를 안 따르는 법입니다. 또한 동생들한테까지도 환영받지 못하는 판국이 벌어지게 되니 예수님이 얼마나 고독했겠느냐는 것입니다. 우리는 예수님의 한을 해원성사해야 하는 것입니다.

1. 예수님의 유년기

그러면 하나님께서 4천년 동안 수고해서 세운 이스라엘 나라와 유대교는 누구를 위해서 세운 것이냐? 예수님 하나 사랑하기 위해서였습니다. 또 이스라엘 민족을 대표하고 유대교를 대표하여 유대 지파의 요셉 족속을 택한 이유는 어느 누구보다도 예수님을 사랑하게 하기 위해서였습니다. 예수님을 사랑하게 하기 위해 요셉과 마리아를 택해 세웠는데도 불구하고 요셉은 예수님을 사랑하지 못했고, 마리아 역시 예수님을 사랑하지 못했다는 것입니다.

마리아는 진정한 예수님의 어머니로서 예수님의 깊은 심정을 알아 가지고, 금후에 할 일이 무엇이냐고 예수님과 의논하면서 요셉과 예수님의 중간 역할을 해야 했습니다. 그 가정에서 예수님이 자유롭게 생활할 수 있는 무대를 만들어 주어야 했던 것입니다. 그러한 주도적인 역할은 예수님 자신이 직접 할 수 없는 것입니다. 마리아가 해야 했습니다. 그러나 마리아는 이러한 책임을 할 수 있는 입장이 되지 못했습니다. 과거로부터 요셉과 엇갈린 심정이 누적되어 있는 사정에 몰린 마리아는 알면서도 요셉의 눈치를 보는 입장에서 예수님을 대하지 않을 수 없었던 것입니다. 그런 생활 속에서 예수님은 30여 년의 생애를 보셨습니다.

예수님을 모시고 하늘의 법도를 세워야 했던 요셉가정

038 - P.204, 1971.1.3

본래 요셉가정은 예수님을 모시고 하늘의 법도를 세워야 했습니다. 그것은 왜냐? 예수님은 하늘의 왕자이기 때문입니다. 그러면 하늘의 왕자를 모시는 마리아는 어떠한 사람이냐? 마리아는 예수님의 어머니가 아닙니다. 어머니는 어머니이지만 하나님 뜻을 중심삼고 볼 때 어머니가 아니라는 것입니다.

하나님에게는 아들을 낳을 수 있는 딸이 없습니다. 그래서 예수님도 딸을 통해서 태어난 것이 아닙니다. 원래는 해와 자체가 완성하여 가지고 하나님의 사랑에 일치될 수 있는 결과 밑에서 딸로 결정되어야 했는데도 불구하고, 타락했기 때문에 하나님의 딸이 되지 못한 것입니다. 이렇게 하나님의 아들을 낳을 수 있는 여자가 없기 때문에 하나님은 할 수 없이 종의 몸을 빌려서라도 아들의 씨를 남겨야 했습니다. 그런 운명에서 종의 입장인 마리아를 통하여 비로소 하늘의 왕자가 나왔던 것입니다. 하늘의 왕자가 나왔으면 그 다음에 하늘의 왕녀가 있어야 할 텐데 왕녀가 없었습니다.

그러면 마리아가 해야 할 사명은 무엇이냐? 종에서 딸로, 딸에서 어머니로 올라가야 되는 것입니다. 복귀의 노정을 거쳐야 하는 것입니다. 그러면 종의 몸으로 하나님의 딸이 될 수 있는 입장에 서기 위해서는 어떻게 해야 되느냐? 하나님이 아담을 창조하시고 아담을 본따 가지고 해와를 지었기 때문에, 마리아도 창조원칙에 의하여 예수님을 따라 복귀되어야 하는 것입니다.

마리아는 예수님의 소원과 하나되어야 했습니다. 하나님의 아들인 예수님은 형과 누나가 있는 것이 아니요, 아버지가 있는 것이 아닙니다. 불쌍하게도 세상에서 믿을 수 없는 종의 몸을 빌어서 나왔기 때문에, 그래도 예수님과 인연을 맺고 있는 사람이라고는 마리아밖에 없습니다. 여기서 마리아는 예수님의 심정을 알고 예수님의 뜻을 받들어 가지고 천만사의

1. 예수님의 유년기

죽음길을 가더라도 하늘의 왕자인 그 아들이 거동할 수 있게 가정이면 가정, 사회면 사회에 만반의 준비를 해야 하는 것입니다.

그 다음엔 천도를 세울 수 있는 생활의 법도가 마리아와 예수님 사이에서 벌어져야 되고, 그 사연을 중심삼아 가지고 마리아는 요셉을 끌고 들어와 예수님의 뜻에 응할 수 있도록 해야 하는 것입니다. 그것이 마리아의 책임이었지만, 마리아의 입장은 그렇게 할 수 있는 자연스러운 입장이 아니었던 것입니다. 마리아는 가냘픈 여인의 몸으로서 자기의 사명을 다하기에는 너무나 벅찬 환경에 몰려 있었습니다. 요셉을 버리고 뜻만 따라갈 수도 없는 것이요, 자기의 아들딸을 버리고 예수님만을 따라갈 수도 없는 입장이었다는 것입니다. 이것도 저것도 하지 못하고 주저하는 가운데에서 예수님 홀로 때와 사명을 다 짊어지게 되었다는 것입니다.

본래 마리아는 하늘의 생활적인 규범을 중심삼고 종의 몸으로서 아들이 갈 수 있는 하늘의 규범을 세워야 되고, 딸이 갈 수 있는 하늘의 규범을 세워야 했습니다. 그 다음에는 하나님의 왕자 앞에 있어서 왕녀로서 계대를 이을 수 있는 접붙임을 받아야 했습니다. 그 접붙임을 받는 것은 아담의 몸을 통해서 해와가 창조된 것과 마찬가지로 예수님의 뜻과 예수님의 사상과 예수님의 소원에 마리아가 일치되어 복귀되는 것입니다. 마리아에게는 이런 일을 심고 거두어야 할 책임이 있었습니다.

그래 가지고 예수님의 뼈 중의 뼈요, 살 중의 살이 될 수 있는 하나의 신부를 요셉가정을 중심삼고 마리아의 정성의 터전 위에 결정해 놓아야 했습니다. 그런데 그렇게 하지 못했기 때문에 예수님은 마리아를 붙들고 눈물 흘리면서 당신은 천륜에 의해서 나와 인연 맺어졌기 때문에 하늘 뜻을 세워야 한다고 자신의 심정을 토로했던 것입니다. 그렇지만 마리아는 그것을 받아들여 가지고 협조할 수 있는 입장에 서지 못했다는 것입니다.

그렇기 때문에 예수님은 어머니가 있어도 하늘을 중심삼아 가지고 사랑할 수 있는 어머니를 갖지 못했습니다. 마리아는 땅 위의 어머니로서 누구보다도 하늘의 은총을 가지고 예수님을 사랑해야 했습니다. 그리고 비록 종의 몸이지만 종중에서 최고의 사랑을 하늘 왕자로부터 받아야 할 어머니 입장이었습니다. 그런데도 불구하고 그럴 수 있는 입장에 마리아가 서지 못했기 때문에 예수님은 30세에 집을 나가게 되었던 것입니다. 예수님은 30년 생애를 살아오면서 마리아와 요셉이 책임 다하기를 기다렸지만 요셉과 마리아는 그런 생각조차 하지 않았기 때문에, 더 이상 허송세월을 할 수 없어 30세 때에 공적인 노정을 출발하였습니다. 그것을 통하여 재차 하나님의 뜻을 받들 수 있는 종족 편성에 나선 것입니다.

바로 알고 예수님을 믿어야

040 - P.014, 1971.1.16

성경을 보면 예수님의 생애는 3년 공생애로부터 시작됩니다. 그전에 예수님의 탄생에 대해서라든가 열두 살에 예루살렘에 갔다 왔다는 약간의 기록은 있습니다만, 그것은 문제도 되지 않는 것입니다. 그것보다도 서른 살이 되기까지 그동안 뭘 했는지, 집안에서는 화목하게 자랐는지, 어머니 아버지가

1. 예수님의 유년기

사랑해 주었는지, 형제간에 의가 좋았는지, 사돈의 팔촌까지 예수님을 존경했는지, 그러한 내용은 하나도 모른다는 겁니다. 그런 내용은 성경에 기록되지 않고 뚝 잘라져 버렸다는 것입니다.

왜 이런 이야기를 하느냐 하면 역사는 바로 밝혀야 되기 때문입니다. 역사는 바로 밝히지 않으면 안 됩니다. 자기 부모가 나라의 역적이라면 역적이라고 밝혀야 되는 것입니다.

기독교의 중심 되시는 예수님에 대해서 알아야 하는 겁니다. 그분의 역사에 대해서 논하려고 하는 것은 아니고 다만 그 배후가 어떻게 되었는가에 대해서 알아보려는 것뿐입니다. 배후가 올바르게 되어 있느냐, 그렇지 않으면 그릇되게 되어 있느냐? 과거 역사를 알아야만 지금 가고 있는 방향이 올바른 방향으로 가고 있는지, 올바른 결과로 결하게 될지를 헤아릴 수 있기 때문에 이런 이야기를 하는 것입니다.

예수님의 30년 생애노정은 성경에 기록되어 있지 않습니다. 성경의 4복음서라든가 사도행전을 보면 예수님 사후에 사도들이 기록한 3년 공생애노정만이 나타나 있습니다.

그러니 예수님이 3년 노정에서 베드로 야고보 등 사도들을 데리고 다니는 데에 있어서, 언제나 친척들을 만날 수 있고 모든 사실을 다 알 수 있는 지역인데도 불구하고, 어찌하여 요셉가정의 족속들은 한 사람도 예수님의 뒤를 따르지 않았느냐는 것입니다. 사촌이나 육촌, 이종 형제들이 있었을 텐데 그 누구도 그가 누구인지 알아보지 못한 원인이 어디에 있었느냐는 것입니다. 이게 기가 막힌 사실이라는 것입니다.

만약 어떤 집에 맏아들이 있다고 하면 그 맏아들이 의붓자식이라 해도 그가 집을 나가 3년 동안 어떠한 뜻을 품고 새로운 일을 한다고 해서 많은 사람들이 관심을 갖고 그를 따라다니는데 그것을 본 친척 패거리들이 거기에 하나도 안 낄 수 있겠느냐는 것입니다. 반대로 나쁜 일이나 한다면 모르지만, 뭇사람들로부터 놀라운 추대를 받으며 또 그 배후에 나타난 이적기사라든가 역사에 없었던 놀라운 일을 하고 다니는 예수님인데도 불구하고 친척들이 그렇게도 빤빤하게 모른 척할 수 있어요? 예수님도 친구가 있었을 것인데 도와주는 형제나 친구 한 사람 있었으며, 가정을 중심삼고 누이 동생이나 혹은 이모 등 진정으로 예수님을 염려하면서 울고불고 하던 사람이 어느 누구 하나 있었느냐는 것입니다. 이런 것이 다 수수께끼라는 겁니다.

2. 예수님의 청년기

1) 부모의 사랑을 받지 못한 예수님

세계적 아벨가정인 예수님가정

058 - P.185, 1972.6.11

　예수님을 중심삼고 볼 때에 예수님가정은 이스라엘 민족을 대표해서 세계적인 아벨가정인 것입니다. 이스라엘의 기성 가정들은 예수님 앞에 절대 희생해야 할 가인가정인 것입니다. 그런 가정 입장에서 정반대가 되어야 되는 것입니다. 그러므로 사탄은 어디 와서 싸우느냐? 기성 가정에 와서 싸우는 것입니다. 여기 기성 가정이 일선이 되고, 후방이 아벨가정이 되는 것입니다. 그러니까 아벨가정이 안식할 수 있는 것입니다. 아벨가정은 일선이 아니고 후방이기 때문에 쉴 수 있다는 것입니다. 이 자리를 예수님시대에 마련하지 못함으로 말미암아 역사는 가정을 되찾기 위한 운명의 길을 다시 걸어 온 것입니다.
　신랑 신부의 이념을 세워 가지고 그 가정을 찾아 나오는 데는 가인가정과 같은 것이 있어야 되는 것입니다. 그러면 누가 되어야 되느냐? 요셉과 마리아가 그러한 사람이 되어야 했던 것입니다. 또한 사가랴가정, 세례 요한의 어머니 아버지가 그러한 사람이 되어야 했던 것입니다. 그 다음에는 그때까지 제멋대로 결혼한 제사장 가정들이 되어야 했던 것입니다.

그러면 맞는 데는 누가 맞아야 되느냐? 아벨가정이 맞아야 되겠어요? 가인가정이 사탄세계에 대항에 가지고 싸워야 되는 것입니다. 그러한 전통이 기성 가정에서 비로소 시작함으로 말미암아 그 전통 가운데서 자라고 있는 아들딸은 예수님과 자동적으로 하나되는 것이 아니냐? 이것이 안 되었기 때문에 예수님과 유대민족은 비운의 역사를 맞이하게 되는 것입니다.

예수님을 사랑하지 못한 마리아

050 - P.064, 1971.10.31

예수님의 노정, 예수님이 갈 길은 뭐냐? 예수님의 갈 길은 하나님의 사랑을 이 땅 위의 사람들에게 옮겨 주는 것입니다. 그것이 예수님의 갈 길입니다. 그러면 하나님의 사랑을 움켜쥐고 어릴 때부터 그대로 옮겨 줄 수 있는 자리는 어떤 자리냐? 어머니의 품에 품겨 젖을 먹을 때, 철모를 때 어머니의 가슴에 파고들어 젖을 먹으면서 어머니의 얼굴을 만지고 어머니를 좋아하는 자리입니다. 좋아하는 데는 세상적으로 좋아하는 것이 아니라, 하나님의 사랑을 중심삼고, 하나님의 뜻을 중심삼고 좋아해야 합니다. 하나님의 뜻을 중심삼고 좋아하지 못하게 될 때는 원수가 되는 것입니다.

2. 예수님의 청년기

　마리아가 진정한 의미에서 이 땅 위의 어떠한 사탄세계의 어머니보다도 예수님을 사랑하지 않고는 사랑의 길을 찾아가게 되면 천리 법도에 어긋난다는 것입니다. 마리아는 예수님 때문에 선택된 여인입니다. 그러므로 마리아는 예수님의 어머니로서 예수님을 잉태해서 낳았으면 누구보다도 예수님을 사랑해야 되는 것입니다. 사랑하는 데는 세상에 어떠한 어머니보다도 더 높고 높은 자리에서 사랑해야 되는 것입니다. 자기의 생명을 바치고, 자기가 찢겨 죽는 한이 있더라도 사랑을 지키기 위해서 가야 되는 것입니다. 죽음과 엇바꾸는 일이 있더라도 사랑을 지키기 위해서 가야 되는 것입니다.

　요셉이 호지부지하면 발길로 차 버리고서라도, 예수님 때문에 대판 싸움을 하고 다리가 부러지고 머리가 터지는 한이 있더라도 예수님을 사랑하는 데에 미쳐야 되는 것입니다. 그런데도 불구하고 뭐 요셉하고 살아요? 예수님을 사랑했다는 자리에서 키워 가지고 사랑할 수 있는 때가 되면 장가보내어 사랑할 수 있는 자리까지 내보내야 되는 것입니다.

　예수님은 어릴 적부터 어머니의 사랑을 받아 가지고 '우리 어머니는 천상천하에 둘도 없는 어머니입니다. 단 한 분밖에 없는 어머니입니다. 하나님이여, 이 어머니는 사랑하지 않을 수 없는 제 어머니오니 당신의 나라에 저의 어머니로 입적해 주시옵소서' 해야 되는 것입니다. 예수님이 결정해야 마리아도 하늘나라에 입적할 수 있는 것입니다. 그런데 입적 못 한 마리아를 천주교에서는 성모라고 하는 것입니다. 성모는 무슨 성모예요? 하늘나라에 입적 못 했다는 것입니다.

　그걸 생각할 때, 어머니가 예수님을 사랑했어요? 남편도 모른다, 그 누구도 모른다 하는 자리에서 예수님만을 사랑하기에 미쳐야 됩니다. 세계사에 없는 어머니로서 외적인 환경이야 어떻든간에 예수님 앞에 사랑을 퍼부을 수 있는, 예수님을 위해서 일생의 정성을 다 바쳐 아들을 사랑하는 어머니가 되어야 했습니다. 일등 어머니가 되어야 했던 것입니다. 마리아가 그랬어요? 그것을 못 했기 때문에 예수님으로부터 '여인이여, 나와 무슨 상관이 있느냐'고 하는 말을 들어도 싸다는 것입니다. 싸도 깨깨 싸다는 것입니다.

예수님이 조금 철들 만할 때 형제들이 태어나 가지고 자라는 가운데 동생들이 예수님을 천대했다구요. 가만히 보니까 예수님은 의붓아들이고 그 형제들은 진짜 아들이라는 것입니다. 그래서 마리아하고 요셉하고 예수님 때문에 번번이 트러블이 생겼다는 것입니다. 생겼겠어요, 안 생겼겠어요? 사생아로 태어난 예수님은 기가 막혔을 것이 아니냐는 것입니다. 이들과 싸우게 되면 동생들이 번번이 누구한테 가느냐 하면 어머니한테 가는 것이 아니라 아버지한테 가서 형이 어떻고 어떻고 하게 되니 본래부터 마음이 편안치 않은 입장에서 좋은 말을 했겠느냐 이거예요.

전부 다 화근이 됐다는 것입니다. 요셉도 그렇고, 동생들도 그렇고, 그 환경이라는 것이 기가 막힌 것입니다. 의붓아버지 밑에 들어가면 그렇다는 것입니다. 그래 예수님이 아버지의 사랑을 받아 봤어요? 동생들 사랑을 받아 봤어요? 그랬으면 왜 집을 나왔겠어요? 집을 나올 필요가 없다구요. 뭐 베드로, 야고보, 요한 등 12제자가 뭐 필요해요? 자기 친척들을 중심삼고 이끌어 가면 된다는 것입니다. 그런데 그러지 못했기 때문에 요셉 족속은 깨깨 망했어요. 그들이 예수님을 옹호하고 예수님을 중심삼고 나갔더라면 이스라엘 나라가 망하지 않았

2. 예수님의 청년기

을 것이고, 유대교가 망하지 않았을 것입니다.

예수님과 마리아의 입장

022 - P.283, 1969.5.4

　하나님을 중심한 삼위일체가 깨졌기 때문에 이것을 다시 찾아 세워야 하는 것입니다. 그래서 아담의 대신으로 세워진 존재가 예수님입니다. 아담이 실패했기 때문에 실패한 삼위일체의 빈자리를 메우기 위해서 예수님이 오신 것입니다. 그런데 이런 내용도 모르고 예수님이 하나님이라구요? 하나님이 하나님에게 기도합니까? 아바 아버지여 할 수만 있다면 이 잔을 나에게서 지나게 해달라고 기도할 수 있습니까? 그래, 하나님이 두 분이에요? 그러면 예수님이 십자가에 못 박혀서 돌아가실 때 하나님 자신이 십자가를 지신 게 아닙니까? 이런 엉터리 모순 투성이를 믿고 신앙한다고 하고 있으니 현재 지성인들에게 몰림을 받을 수밖에 없는 것입니다.

　본래 인간이 타락하지 않았으면 누가 아버지 된다구요? 하나님입니다. 하나님이 아버지가 된다는 것입니다. 그런데 지금은 누가 아버지가 되어 있습니까? 사탄입니다. 타락함으로 인하여 사탄이 아버지가 되었다는 것입니다. 그러므로 전부 다 하나님의 자식으로 복귀해야 한다는 것입니다. 사탄을 중심삼고 전개되어 가는 이 세상은 전부 다 하나님의 뜻과는 일치되지 않는 원수의 세상이기 때문에 이것을 전부 다 뒤집어 엎어 본연의 모습을 갖춘 아들딸을 중심삼아 본연의 국가와 세계를 만들어야 합니다. 그러기 위해서 예수님이 오셨던 것입니다. 그런데 예수님이 죽어서야 되겠어요?

▲ 야외에서 식구들을 교육하시는 문선명 선생.

   그러면 예수님이 이 땅 위에 오셔서 어떻게 탕감복귀해야 하는가? 탕감복귀원칙에서 살펴보면 처음에 사탄이 해와를 끌어들였고 그 다음엔 아담을 끌어들였습니다. 이것을 탕감복귀하기 위해서는 어떻게 해야 되느냐? 그대로 복귀해야 합니다. 해와를 빼앗겼으니 빼앗긴 해와를 도로 찾아와야 된다는 것입니다. 그런데 천지창조의 원칙에 의해 아담의 본을 따서 해와를 지었기 때문에 탕감복귀를 하려면 아담 창조와 같은 역사가 있어야 하는 것입니다. 이 분이 4천년 동안 준비한 기반 위에 보낸 예수님이십니다.

   예수님은 아담이 잃어버린 것을 복귀하기 위해 재창조된, 타락하지 않은 제2차 아담인 것입니다. 고린도전서 15장 45절에 기록되어 있는 바와 같이 제1차 아담은 산 영이 되었지만 제2차 아담은 살려주는 영이 되었다는 것입니다. 그러면

2. 예수님의 청년기

제2차 아담은 뭐냐? 타락하지 않은 부모입니다. 이런 점에서 볼 때 마리아는 해와를 대신한 입장인 것입니다. 그러므로 해와가 아담을 죽였기 때문에 그것을 탕감복귀하기 위해서는 해와의 입장에 선 마리아가 아담 대신자인 예수님을 다시 낳아야 된다는 것입니다.

그러면 요셉은 무슨 입장입니까? 천사장의 입장입니다. 에덴동산에 있어서 천사장은 하나님을 중심삼고 아담 해와를 모시고 섬겨야 할 입장에 있었기 때문에 천사장의 입장에 선 요셉은 하나님을 중심삼고 탕감복귀의 원칙에 따라 예수님과 마리아를 모시고 받들어야 하는 것입니다. 탕감복귀의 원칙이 그렇게 되어 있다는 것입니다. 그렇다면 마리아와 요셉이 같이 살아야 하겠어요, 안 살아야 되겠어요? 안 살아야 됩니다. 원래는 살지 않아야 된다는 것입니다.

진실로 사람을 사랑해 보지 못한 예수님

051 - P.113, 1971.11.18

예수님이 이 땅 위에 와서 진짜로 사람을 사랑해 봤어요? 사랑해 봤다고 생각해요? 예수님이 어머니 아버지를 진짜로 사랑해 봤어요? 또 예수님한테 삼촌, 할머니, 할아버지가 있으면 그들을 사랑해 봤어요? 그 다음에 형제들이 있는데 그들을 사랑해 봤어요? 형제들의 핀잔을 받았습니다. 동생들이 예수님에게 '형님이 나타나기를 바란다면 예루살렘에 먼저 올라가지 왜 이렇게 틀어박혀 있느냐'고 하면서 핀잔했습니다.

예수님은 30여 년의 생애 동안 입이 있어도 말을 하지 못했습니다. 눈이 있어도 바로 보지 못하고 귀가 있어도 바로 들지 못했습니다. 예수님은 모든 것을 참고 가면서 후대의 길을 닦기 위해 묵묵한 가운데서 바쁜 생활을 했습니다. 그래 가지고 때를 맞아 길을 나섰지만 그 도상에서 사랑할 수 있는 제자들을 찾았어요? 3년 동안 제자들을 끌고 다니면서 별의별일을 다 했지만, 그저 예수님을 이용해 먹으려고 했지 예수님 편에 선 사람이 누가 있었어요?

예수님이 사지사판에서 그들의 사랑을 받았다면 예수님이 그들을 대해 '나는 너희들과 같이 있고 싶지만 너희들은 나와 같이 있고 싶어하느냐?'고 했겠어요. 그런 걸 두고 볼 때, 여기에는 상충적인 요인이 있었던 것을 우리는 성서를 통해서 얼마든지 엿볼 수 있습니다. 예수님이 이마에 수건을 동이고 세수대야에 물을 떠놓고 제자들의 발을 씻어 주면서 '너희들도 이렇게 하라'고 한 것은 제자들이 귀여워서 그랬겠어요? 제자들끼리 모여 앉으면 그저 선생님이 누구를 사랑하고 뭐 어떻고 어떻고, 이런 수작을 하고 있으니까 예수님이 직접 모심의 도리, 받듦의 도리를 가르쳐 준 겁니다. 그걸 볼 때 제자들은 예수님을 사랑하지 못했다구요.

베드로 야고보 요한, 세 수제자도 나중에는 전부 다 도망갔지요? 수제자들이 예수님을 왜 사랑하지 않았느냐고 하겠지만 예수님이 부활해 가지고 베드로에게 '요한의 아들 시몬아 네가 이 사람들보다 나를 더 사랑하느냐?'라고 한 번 묻고 두 번 묻고 세 번 물을 때, 베드로는 '내가 이 사람들보다 당신을 더 사랑하는 것을 선생님이 아시나이다'라고 세 번씩이나 대답했습니다. 예수님이 한 번 묻고 두 번 묻고 세 번 물을 때, 베드로가 미웠했기 때문에 세 번씩이나 대답했다구요. 지혜롭고 약삭빠른 사람은 한 번 묻고 두 번만 묻게 되면 벌써

2. 예수님의 청년기

고개가 딱 수그러졌을 것입니다. 그걸 볼 때 베드로가 미욱했다는 것입니다.

예수님이 '요한의 아들 시몬아 네가 이 사람들보다 나를 더 사랑하느냐'고 물은 것은 과거에 네가 나를 세 번씩이나 배반하지 않았느냐는 말입니다. 그래서 세 번씩이나 묻는데도 버티고 서서 대답을 했다는 것은 베드로가 미욱했다는 것입니다. 곰 같은 성격을 가진 사람이라는 것입니다. 그런 사람은 지혜롭고 약삭빠른 사람이 아니라구요. 두 번째 물었을 때 '할 말이 없습니다'라고 대답하지 않은 것을 보면 말입니다. 또 모르지요, 베드로가 '나는 그럴 자신이 없습니다'라고 대답했는데 제자들이 그렇게 썼는지. 그러나 세 번씩이나 버티고 서서 그렇게 말할 수 있었던 걸 보면 베드로는 미욱하다구요. 그렇지 않아요?

세 번씩이나 예수님을 부정한 역사를 가졌는데도 불구하고 예수님이 눈을 부릅뜨고 손가락질을 하면서 '요한의 아들 시몬아 네가 이 사람들보다 나를 더 사랑하느냐'고 다그쳐 묻는다면 얼굴을 떨구고 허리가 구부러지고 다 이렇게 되게 되어 있지, 얼굴 들고 허리를 펴고 버티고 서서 '내가 이 사람들보다 더 사랑하는 줄을 선생님이 아시나이다'라고 말할 수 있겠어요? 그걸 보면 베드로가 미욱하다는 것입니다.

그걸 볼 때, 예수님이 제자들을 사랑했어요? 부활해 가지고 제자들에게 나타나서 '아, 내가 너희들 때문에 찾아왔다, 죽고 나서도 한이 맺혀서 너희들을 찾아왔다'고 말을 했다면 예수님이 제자들을 사랑했다고 할는지 모르지만, 만나자마자 제자들을 들이 갈긴 것을 보면 예수님이 제자들을 사랑했어요? 또 어머니를 대해 '여인이여, 내가 당신과 무슨 상관이 있느냐'

고 들이 제겼다는 것입니다. 예수님이 이 세상에 와 가지고 자기 어머니도 들이 제기고, 자기 제자들도 들이 제겼습니다. 그러니 예수님이 누구를 사랑했겠어요? 막달라 마리아를 사랑했겠어요? 어림도 없다는 것입니다. 막달라 마리아가 부활하신 예수님을 만나 보려고 나아갔을 때, 예수님은 '나에게 손대지 말라'고 말했습니다. 그를 사랑했다면 그랬겠어요? 예수님은 이 땅 위에서 사람을 사랑하지 못하고 간 분입니다.

예수님의 내적 30년 준비기간

053 - P.224, 1964.1.3

　　예수님이 30년 동안 준비한 것이 무엇이냐? 지금까지 하나님이 내적으로 섭리한 내적 세계에 저끄러진 모든 곡절을 전부 다 풀어 놓고, 이것을 외적인 세계에 그냥 그대로 횡적으로 전개시켜서 탕감복귀하기 위한 준비기간이었어요. 30년 준비기간은 내적이요 3년 공생애노정은 외적기간으로서, 33년 기간을 통하여 완전한 아담복귀, 개체완성을 완결짓기 위해 싸워 나왔다는 것을 알아야만 되는 겁니다.

　　메시아로 태어난 그날부터 메시아의 행세를 하는 것이 아니라 선조들이 잘못했으면 잘못한 모든 것을 완전히 사탄 앞에 탕감하여 분별된 승리적 기반을 닦은 터전 위에서 메시아로 출발할 수 있는 것입니다. 이 땅 위에 그런 출발을 할 수 있는 발판이 있었더라면 예수님은 고난의 길을 갈 필요가 없다는 것입니다.

　　만일에 동방박사들 혹은 목자 등이 예수님이 준비시대로서 내적인 투쟁을 하는 30년 준비기간에 예수님의 울타리가 되

2. 예수님의 청년기

어 외적인 투쟁의 기반을 닦아 놓았던들, 예수님은 외적 3년 공생애노정에서 내적인 그 모든 천적인 한을 지상에 횡적으로 전개시켜 탕감하는 데 있어서 고난의 길, 핍박의 길, 수고의 길을 가지 않고도 터전을 닦을 수 있었을 것입니다. 또 닦아진 그 터전을 중심삼고 이것을 움직여 나가서 고난을 당하되 이것을 기반으로 하여 이들과 연락할 수 있는 세례 요한을 중심한 사람들이 책임을 했더라면, 예수님은 외적인 고난에 부딪치지 않고서도 뜻을 이룰 수 있었을 것입니다. 그렇지만 그런 발판이 전부 다 깨져 나감으로 말미암아 예수님은 동방박사들, 목자들이 추구하였던 인간 대표로서의 사명을 다시 수습하고, 세례 요한을 세우시어 모든 준비의 기반을 닦아 나왔던 것까지 전부 다 수습하여 가지고야 시대 앞에 나타날 수 있다는 것입니다.

　그렇기 때문에 길게 보면 4천년 역사를 수습해야 되었고, 자기생애를 두고 보면 30여 생애 수정에 있어서 하늘이 준비했던 횡적인 지상의 역사적 조건까지도 탕감해야 되었던 것입니다. 그래서 예수님이 탕감하지 않으면 안 될 기간이 30년 생애와 3년 공생애노정이라는 것을 알아야 돼요. 이 3년 공생애노정이라는 것은 지극히 슬픈 노정입니다. 인간이 책임하지 못함으로 말미암아 예수님이 고난의 길을 갔고, 십자가의 길을 갔다는 것을 우리들은 알아야 됩니다.

　예수님이 33년 동안 이 땅 위에서 하늘을 대표하여 싸운 목적이 어디에 있느냐 하면 개체완성입니다. 그렇기 때문에 사탄이 3대 시험을 걸고 시험한 것이 무엇이냐? 예수님을 일시적인 한 원수로 시험한 것이 아닙니다. 예수님의 전체 목적을 놓고 시험하였다는 것입니다. 사탄이 시험하는 데 있어서 예수님의 3대 시험의 내용과 같은 그런 목적의 실체가 되어서, 시험하는 사람을 대해서 '사탄아 물러가라' 해서 방패막이를 해줄 수 있는 사람이 있었던들 예수님에게는 시험이 필요 없는 것입니다. 3대 시험이 필요 없다는 것입니다. 시험을 통하지 않고 출발과 동시에 개체 완성이 되고, 출발과 동시에 성전 이상이 완성되고, 출발과 동시에 세계의 영광을 세울 수 있게 된다는 것입니다. 그러한 기준이 출발과 동시에 일시에 벌어질 것이었는데, 그러한 외적인 환경에서 방패막이를 해줄 수 있는, 사탄과 대결하여 '이놈 사탄아, 네가 알기 전에 내가 안다. 네가 시험하는 이러이러한 조건은 나에게 해도 안 된다' 하고 방패막이할 수 있는 사람들이 없었기에 예수님은 고난의 길을 간 것입니다.

사생애 기간의 예수님, 그 심정과 생활상

006 - P.171, 1959.4.26

예수님께서는 철이 든 후부터는 먹는 것도 민족을 위하여 먹었고 사는 것도 민족을 위하여 살았습니다. 그가 무엇보다도 고심했던 것은 하늘 아버지의 뜻을 위하는 것이었습니다. 그런데 하늘의 뜻을 위하여 노심초사하신 예수님의 30여 년의 생애를 알아 예수님을 붙들고 구한 자가 없었고, 예수님을 붙들고 찾아 나선 자가 없었으며, 예수님을 붙들고 그의 심중을 두드린 자가 그 당시에 한 사람도 없었습니다.

그런 환경이었기 때문에 불쌍한 예수님이 되어 버렸던 것입니다. 하늘을 위하여 민족 대신 구하지 않으면 안 될 입장이 되었고, 민족을 대신하여 찾지 않으면 안 될 입장이 되었고,

2. 예수님의 청년기

민족을 대신하여 문을 두드리지 않으면 안 될 입장이 되었던 것입니다. 예수님은 이와 같이 위로는 하늘을 대신하여, 구하고 찾고 문을 두드리지 않으면 안 될 입장에 선 반면, 아래로는 땅을 대신하고 민족을 대신하여 간곡히 구하지 않으면 안 될 입장에 서게 되었습니다. 또한 간곡한 심정을 품고 찾으면 민족의 심정을 두드려 민족의 마음을 열지 않으면 안 될 입장에 서게 되었다는 것입니다.

불신과 배반의 민족을 바라보시는 예수님께서는 그 민족이 자고 있을 때도 향락을 누리고 있을 때에도 편히 자지 못하고, 쉬지 못하고, 즐거워하시지 못하고 민족을 붙들고 하늘과 인연 맺어주기 위해 싸우셨던 것입니다. 이러한 사실은 예수님 자신만이 알고 계셨습니다. 민족 중의 어느 누구 한 사람이 예수님의 심정을 위안해 주는 사람이 없었던 것입니다.

환경과는 동떨어졌던 예수님의 심정은 뜻의 때를 고대함에 반하여 말할 수 없이 초조한 마음을 금할 수 없었을 것입니다. 30여 년이 지나 뜻의 실천노정을 각오하고 나서던 예수님의 심정은 비장하다면 말할 수 없이 비장할 것이요, 형용할 수 없는 심정이었을 것이며, 인간으로서는 체휼할 수 없는 애달픈 심정이었을 것입니다. 이러한 마음으로 뜻을 실천하려는 공생애노정을 염려했던 예수님을 우리들은 깨닫지 않으면 안 되겠습니다.

예수님께서 뜻을 펴시기 전에 하셨던 생활

012 - P.224, 1963.5.15

다시 한 번 예수님을 생각해 봅시다. 예수님은 하늘 보좌를 두고 복귀의 사명을 짊어지고 이 땅의 비참한 자리로 오셨습니다. 그렇게 온 예수님은 무엇을 해야 했느냐? 그에게는 만물을 복귀해야 할 책임이 있었고, 만민을 복귀해야 할 책임이 있었으며, 종(천사)을 복귀해야 할 책임이 있었으며, 또한 자녀를 복귀해야 할 책임이 있었습니다.

그렇기 때문에 그는 부모 중에서도 세계적인 부모의 마음을 가져야 했고, 형제 가운데에서도 큰형의 마음, 형 중에서도 형의 마음을 가져야 했으며, 세계적인 효자의 마음을 가져야 했고, 세계적인 충신의 마음을 가져야 했습니다. 또한 세계적인 제사장의 마음을 가져야 했습니다. 그리고 이 땅 위에서 하나님 앞에 충성을 하여 선의 실적을 쌓은 선조들이 있다면 그들에게 뒤지지 않는 충성스런 마음까지 가져야 했습니다. 그렇기 때문에 예수님께서는 예루살렘에 살면서 밥을 먹을 때도 '하나님이시여, 제가 밥을 먹사오니 아브라함의 제단에 올리어졌던 3제물로 받아 주시옵소서' 하는 식의 생활을 했습니다.

타락으로 말미암아 모든 것을 잃어버리고 탄식권 내에 있는 만물과 인간의 모든 탄식의 조건을 내적으로 탕감해야 할 사명이 그에게 있었기 때문입니다. 그래서 예수님은 남모르는 가운데 그런 역사적인 생활의 기반을 닦아 나가야 했습니다. 그는 인간 세상에서 뜻을 펴기 전에 남모르는 가운데 내적 심정의 세계에 있어서 역사의 배후를 중심삼고 생활하지 않으면 안 되었던 것입니다.

그가 30년 동안 세상에서 웃고 아무렇게 생활한 것 같지만 그의 생활은 전부가 제사였습니다. 그가 보고 듣고 하는 전부가 아버지께서 받아 주실 수 있는 것이었다는 것입니다. '내

2. 예수님의 청년기

가 우는 것은 아버지의 고통과 인연 맺고자 함이요, 내가 움직이는 것은 이 땅, 이 악한 세상을 아버지의 것으로 드리기 위함이다' 하는 기준에서 생활하였던 것입니다. 그리하여 이 땅의 온 만물과 관계를 맺겠다는 것을 절대적인 목적으로 하였다는 것입니다. 이런 것을 알아야 하겠습니다.

예수님은 자나 깨나 자신으로 말미암아 만민의 죄가 속죄되기를 바라는 심정을 갖고 있었습니다. 잠을 잘 때도 만민의 죄가 속죄되기를 바라는 심정을 가지고 잠자리에 들었다는 것입니다. 남모르는 고요한 밤에 깨어 일어나 잠자고 있는 만민을 대신하여 홀로 기도하고 제사를 드리는 제사장적 사명을 하기도 했습니다. '아버지, 천주적인 한의 조건을 탕감하기 위한 하나의 실체로서 나를 받아 주시옵소서' 하는 숨은 기도의 생활을 했다는 것입니다.

예수님의 생활을 보면 그는 만물의 가치를 무한에 두고 만물의 한을 풀어 주기 위해 힘썼습니다. 또 종의 입장에서 종 중의 종의 생활을 했습니다. 그리고 아들의 사명을 가지고 아들 중의 아들의 사명을 했습니다. 이렇듯 30여 년이란 짧은 생애노정을 살다 갔지만 그는 그 생애 동안 복귀의 한 전체를 일신에 걸고 탕감의 조건을 세워 가지고 골고다 산정까지 감으로써 사탄을 굴복시켰습니다.

예수님의 출가

283 - P.148, 1997.4.12

예수님은 어머니 마리아로부터도, 사가랴와 엘리사벳으로부터도 반대를 받고, 최후로 세례 요한으로부터도 반대를 받아 육친의 보호를 받으면서 사명을 완수할 것을 단념할 수밖에 없었습니다. 이것이 역사적인 비밀입니다. 수많은 기독교인들이 순교의 피를 흘리는 이렇게 억울하고 비참한 역사가 누구의 동기로 삼아 가지고 그렇게 된 것인지 그 누구도 몰랐어요. 이걸 풀어줘야 해방이 되는 것입니다. 땅에서 매였기 때문에 땅에서 풀어줘야 돼요.

새로이 영적 기반을 찾아 다시 복귀섭리를 하시고자 출발한 것이 예수님의 출가였습니다. 출가한 예수님은 갈 곳이 없었습니다. "여우도 굴이 있고 공중의 나는 새도 거처할 곳이 있으되 오직 인자는 머리 둘 곳이 없다"(마 8:20)고 탄식하였습니다. 가문의 기반을 잃은 예수님은 그것을 대신할 수 있는 기반을 찾아 나선 것이 예수님의 3년 노정이었습니다. 기가 차요! 가정과 일족을 내버리고 어디 가서 이걸 찾아요? 그러니 십자가에 돌아가는 것밖에 길이 없는 것입니다.

가정과 민족의 불신을 받고 제자들이 믿음이 약해져서 사탄의 침범을 받고 말았음으로 예수님의 기대는 무너지고 십자가의 길을 가실 수밖에 없었습니다. 본래 예수님은 메시아로 지상에 와서 제자들과 만민을 축복하시고 죄 없는 천국을 이루어야 했습니다. 그런데 불신을 받아 신부를 맞지 못하였음으로 참부모가 되지 못하여 그 사명을 완수할 수가 없었습니다.

예수님의 진정한 친구

004 - P.233, 1958.5.11

오늘날 내 한 자체는 말할 수 없이 귀중한 존재입니다. 그런 까닭에 나 하나가 잘못하면 후대의 천추만대에 원한의 흔적

2. 예수님의 청년기

이 영원히 남아질 것입니다. 그러므로 역사를 두고 또 미래의 영원한 시간까지 변치 않는 중심 기준을 소유한 자격자가 되어야 하겠습니다. 예수님이 품으셨던 뜻을 계승하여 역사와 시대와 미래적인 증거자가 되어야 하겠습니다.

그리고 예수님께서 승리의 인연을 맺고 나온 것을 어떤 시대나 어떤 환경에서도 입증시켜 드리는 여러분이 되어야 하겠습니다.

여러분의 손과 몸과 발이 민족과 세계를 대신하여 움직여 본 일이 있습니까? 광야에서 헤매는 이스라엘 민족 같은 세계 기독교인을 바라보면서 우리는 2천년 전의 예수님의 심정을 다시 한 번 느껴야 될 것이며, 하늘은 안팎의 양면을 보시기 때문에 더 슬퍼하고 계시다는 것을 깨달아야 할 것입니다. 슬픔과 역경이 문제가 아니라 현실과 미래까지 연결시킬 수 있는 사람이 되어야 할 것이며, 생사의 결정을 지어야 할 때 도망가 버린 그런 제자들이 되어서는 안 되겠습니다. 만약 여러분에게 변화산상의 권고가 있다면 그것을 생명의 도화선으로 하여 무한한 세계의 뜻을 생활적인 면에서 이루어야 되겠습니다. 오늘날 우리는 생명을 책임질 역사적인 선봉자가 되어야 한다는 것입니다.

여러분이 무한한 세계와 인연을 맺을 때에 예수님과 하나님은 여러분에게 역사하여 주실 것입니다. 이 피조만물도 우리들의 손을 거치지 않으면 안 됩니다. 그러므로 만물을 지으시며 기뻐하시던 하나님께서 아담 해와에게 내리신 축복을 이루어야 하겠습니다. 이런 마음을 갖고 변화산상에서 고민하셨던 예수님의 친구, 골고다에서 고난 받으셨던 예수님의 친구가 되어야 하겠습니다.

사명을 감당하기 위한 예수님의 노력

005 - P.218, 1959.2.1

　예수님은 이러한 사명을 감당하기 위하여 준비기간을 거치셨습니다. 그리하여 예수님께서는 하늘의 마음에 인류의 마음을 접붙이고자 하셨고, 하늘과 땅이 동하고 하늘과 사람이 동할 수 있는, 즉 일체적인 이념을 성취하고자 하셨습니다. 자기의 일신을 걸고 하늘과 땅이 하나되고 인간과 땅이 하나되고 땅과 하늘이 하나되고 하늘과 사람이 하나될 수 있는 그러한 입장을 성취하는 개척자로 나서려고 했던 예수님의 각오는 말할 수 없이 비장한 것이었음을 우리들은 알아야 되겠습니다.

　하늘이 택한 이스라엘을 위해 자신을 세우셨고, 또한 땅 위에 있는 온갖 피조만물을 위해 자신을 세우셨으니, 땅이 자신을 배반해도 민족이 남아 있으니 자신을 버릴 수 없었고, 민족이 배반해도 하늘이 남아 있으니 자신을 버릴 수 없었던 예수님이었습니다.

　그리하여 그는 내적 심정으로부터 비장한 각오와 결심을 갖고 나타나지 않을 수 없었다는 것입니다. 그렇기 때문에 사탄으로부터 세계를 되찾고야 말겠다는 비분(悲憤)의 심정과 원수에 대한 적개심이 심중으로부터 폭발되면 폭발될수록 그는 무한히 서러웠다는 사실을 우리는 알아야 되겠습니다.

　그러한 마음으로 충일된 준비기간에 있어서 예수님은 몇 백번, 몇 천번, 몇 만번을 마음속으로 맹세했을 것입니다. 이 이념을 향하여 나가는 노정에 있어서 4천년 동안 하늘을 대신하여 나오던 이스라엘 선민의 역사를 회고해 볼 때, 이스라엘 민족은 하늘의 편이 되어 주지 못했습니다. 이것을 알게 될

2. 예수님의 청년기

때, 예수님께서는 이 길을 향하여 나아가는 데는 어려운 핍박이 있을 것을 예상하시고 새로운 각오를 하셨던 것입니다.

예수님은 이러한 슬픔에 잠기는 그 시간마다 '나는 하늘을 위하여, 인류를 위하여, 이 땅을 위하여 하늘편에서 싸우겠다'는 각오와 '어떠한 핍박이나 어려움이 닥친다 할지라도 이것을 이겨내고야 말겠다'는 결심이 그에게서 용솟음치지 않을 수 없었습니다. 그렇기 때문에 30년 준비기간에 다짐한 것은 앞날의 실천노정에서 일대 싸움을 전개하리라는 각오였습니다. 불신의 입장에 있는 이스라엘 민족 앞에 배척의 제물이 되어 사라지는 한이 있더라도 지금 나는 이러이러한 길을 가야겠고, 이러이러한 방편을 찾아 세우겠다고 각오했습니다. 믿으면 이렇게 할 것이고 안 믿으면 이렇게 한다는 방안을 누구도 생각치 못하는 가운데 생각하였고, 누가 염려하지 못하는 가운데 하늘을 대하여 기도하였던 예수님이었음을 알아야 겠습니다. 또한 30년 동안 목수 요셉의 가정에서 자라면서 형제들이 기뻐하더라도 기쁨의 얼굴을 할 수 없었고, 친척과 교회 등 모든 모임이 즐거워한다고 해도 즐거움을 표시할 수 없었던 예수님이었음을 알아야 되겠습니다.

예수님의 참된 식구가 되려면

003 - P.141, 1957.10.18

어떠한 사람이 예수님의 식구일 것인가. 그는 모든 사람에게 말씀을 전해주고 싶어하시던 예수님을 닮은 사람일 것이며, 예수님께서 사탄과 싸우실 때 수고하시면서 근심하고 염려하고 탄식했던 그 모든 심정을 체휼할 수 있는 사람일 것입니다. 그렇기 때문에 예수님께서 십자가의 길을 가실 때에 그저 따라만 가는 사람은 예수님의 식구가 아니요, 십자가의 길로 나아갈 때까지의 그 심정을 알 수 있는 사람이 예수님의 식구라는 것을 분명히 알아야 되겠습니다.

그리고 예수님께서 이 땅에 오시어 30여 생애의 노정에서 참다운 증거자의 사명을 띠고 나타나실 때, 당신을 대신하여 증거하는 참다운 식구를 갖지 못했고, 사탄과 싸우는데 있어서 같이 싸워줄 수 있는 식구, 골고다의 십자가를 지고 나아가는 길에 있어서 같이 나가줄 수 있는 참다운 식구, 나아가 하늘땅 앞에 자랑할 수 있는 참다운 식구를 갖지 못했던 것이 가장 큰 예수님의 애달픔이었다는 것을 알아야 되겠습니다.

그러면, 오늘날 무엇을 해야 할 것인가. 2천년 전에 예수님께서 하나님의 뜻을 증거하기 위하여 애달파하시던 것과 같이, 있는 정성을 다 기울여 하나님의 뜻을 증거해야 되겠다는 것입니다. 또한 당시 유대교단 이스라엘 민족의 반대를 무릅쓰고 비장한 심정과 각오를 갖고 사탄과 대결하여 싸우시던 예수님의 사정, 하늘의 뜻 성사를 위하여 염려하시던 예수님의 심정을 갖고 대신 뜻을 이루어 드릴 수 있는 사람이 되어야 하겠습니다.

더 나아가서는 하늘 뜻을 성취하기 위해 나아가는 길을 가로막는 모든 것을 제거하기 위해서는 생명도 바칠 수 있다는 각오를 하셨던 예수님의 그 비장한 심정을 느낄 줄 아는 사람이 되어야 하겠습니다. 또한 스스로 민족을 대신하여 십자가를 지겠다는 제물의 정신도 지닐 줄 아는 사람이 되어야 하겠습니다.

또한 이스라엘 민족을 대신하여 산 제물이 될 뿐만 아니라

2. 예수님의 청년기

2천년 전 예수님의 심정을 통할 수 있으며, 예수님의 인격을 지닐 수 있는 사람이 되어야 하겠습니다. 사탄 앞에 굴복하는 죽은 제물이 되어서는 안 된다는 것입니다. 예수님의 심정에 사무쳐 하나님의 뜻을 증거하다가 낙망해서는 안 되겠고, 사탄과 싸우다가 패배하는 사람이 되어서도 안 되겠다는 것입니다.

그렇기 때문에 끝날에 처한 여러분은 죽음의 고개를 밟고 올라서서 원수를 하나님의 사랑의 품으로 이끌겠다는 비장한 각오와 심정을 지닌 사람이 되어야만 예수님의 참다운 식구가 될 수 있는 것입니다.

2) 예수님의 결혼을 중심한 한(恨)

신랑으로서 신부를 찾아야 할 책임을 지고 온 예수님

114 - P.025, 1981.5.14

하나님의 뜻은 뭐냐? 지금까지 4천년 유대교 역사를 거쳐 가지고 수고하여 하나님이 무엇을 찾으셨느냐, 무엇을 복귀하였느냐 할 때에 타락하기 전 혈통을 더럽히지 않은 아들, 아담을 복귀했다는 것입니다. 한 사람 아담을 찾았다, 한 사람 아들을 찾았다는 것입니다. 그렇기 때문에 고린도전서에 예수님을 후아담이라고 했어요.

하나님의 구원역사는 복귀역사이기 때문에, 다시 찾는 역사이니 이렇게 4천년 역사를 하나님이 수고하여 인간 세상이 이해를 하지 못하는 그 길을 따라 가지고 비로소 독생자 예수 그리스도가 현현했다는 것입니다. 이러한 사실은 타락하지 않고 하나님의 사랑을 받을 수 있는 아담의 자리를 복귀했다는 말입니다.

하나님은 천리의 원칙을 따라 운행하시는 것을 알아야 됩니다. 아담을 찾았으니, 신랑이 되었으니 무얼 찾아야 되느냐? 사탄세계에서 해와, 신부를 찾아와야 되는 것입니다. 아담이 잘못되어 남편 노릇을 못 함으로 말미암아, 해와를 지배하고 명령할 수 있는 자리에 섰는데도 불구하고 책임을 이행하지 못함으로 말미암아 빼앗겼으니 사탄세계에서 찾아 와야 된다는 것입니다. 이걸 찾아오려면 싸워야 되는 겁니다.

그것을 준비하기 위해서 나라의 기반으로부터, 교회의 기반으로부터, 종족의 기반으로부터, 가정적 기반을 하나님이 준비해야 된다는 것입니다. 그래 요셉가정, 사가랴가정을 준비했던 것입니다.

예수님의 신부의 자격과 사명

003 - P.086, 1957.10.4

오늘날 역사적인 종말의 시대를 맞이한 이 때에 있어서 우리의 책임은 무엇이겠습니까? 잃어버린 예수님의 모든 이념을 회복하고, 이 땅 위의 모든 죄악과 싸워 승리하여 천국의 세계를 건설하고, 예수님을 신랑으로 맞이할 수 있는 신부의 자격을 갖추어야 하겠습니다.

그저 예수님의 사정을 듣고 아는 정도가 아니고, 내 머리로 깨닫고 아는 정도가 아니라, 마음으로 느끼고 몸으로 체휼할 수 있어야 되겠다는 것입니다.

2. 예수님의 청년기

그러므로 예수님께서 하신 말씀 가운데는 그때 당시의 인간들 앞에 아버지의 뜻을 다 털어놓지 못한 사정, 천륜의 비밀을 다 드러내놓고 말씀하시지 못한 무한한 고통의 심정이 있었다는 것을 알아야 되겠습니다. 그러한 예수님의 사정과 심정을 모른다면, 예수님의 말씀을 진정으로 이해할 수 없을 것이요, 그 말씀을 세우기 위하여 사셨던 예수님의 생활도 이해할 수 없을 것이며, 땅 위의 만민을 구원하기 위하여 노력하셨던 예수님의 그 일도 이해할 수 없을 것입니다.

당시 예수님의 심정과 대하는 사람의 심정은 무한한 차이가 있었습니다. 예수님께서는 자신의 마음 속 깊이 사무쳐 있는 말씀을 하시지 못하고 그저 무지한 백성들을 깨우치기 위한 권고의 말씀만을 하셨던 것입니다.

그러면 그 당시 예수님께서 말씀하신 내용은 어떠한 내용인가? 사탄세계, 악한 땅, 원수들의 세상에서 살고 있지만, 하늘의 자녀가 되겠다는 자들 앞에 권고하신 말씀이었던 것입니다. 사탄세계에서 시험받지 아니하고 승리할 수 있는 방편을 제시한 내용의 말씀이라는 것입니다. 다시 말하면 예수님께서는 만민이 사탄세계에서 당신의 말씀을 지키고, 당신의 심정을 대신하여 살 수 있는 그러한 하나의 발판을 남기고 가셨다는 것입니다.

그래서 예수님께서 우리들을 대하여 어떠한 최후의 명사를 남겼느냐 하면 '너희는 나의 신부' 라는 말씀입니다. 당시 하나님께서는 이렇게 사랑하는 제자들을 대하여서도 직접적으로 말씀하시지 못하고, 후일을 약속하는 입장에서 말씀하실 수밖에 없었다는 것입니다. 이런 예수님의 심정을 알아야 되겠습니다.

하늘이 맡겨주신 뜻을 놓고 예수님이 당신의 제자와 이스라엘 민족과 유대교를 사랑하는 마음에는 변함이 없었습니다. 그러나 무지한 백성, 무지한 교단, 무지한 제자들이었기 때문에 예수님께서는 사탄과 싸우는 선봉자로서 홀로 모든 화살을 맞으셨으며, 그들에게 삶의 길을 개척해 주기 위하여 수난길을 걸으셨던 것입니다. 즉 자신의 마음속 깊이 숨겨진 심정, 하늘의 신랑 신부의 이념을 털어 넣고 말할 수 있는 환경을 갖지 못하였던 서러운 예수님이었다는 것을 확실히 알아야 되겠습니다.

그러면 예수님께서 가시면서 이 땅의 우리에게 기쁨의 한날을 맞이할 수 있는 소망의 표적으로 '너희는 나의 신부' 라는 말씀을 하셨는데, 오늘날 그 신부의 이념은 어찌되었는가. 아직까지 수천년의 역사과정을 거쳐오면서 사탄과의 모진 싸움에 승리하여, 그러한 예수님의 신부의 입장에 들어간 자가 없었다는 것입니다. 그러므로 오늘날 2천년 전에 하늘을 대표하여 택함을 받았던 이스라엘이 세우지 못하고, 사랑하는 제자들이 세우지 못하였던 예수님이 바라신 신부의 이념을 대신 세워 드려야겠으며, 예수님의 심정을 대할 줄 아는 사람이 되어야 하겠습니다.

그러면 예수님께서 하신 말씀은 어떠한 입장에서 하신 말씀인가? 신부의 이념을 완성하지 못한 입장을 두고 하신 말씀인 것입니다. 그의 말씀은 신랑의 입장에서 믿는 사람들이 진정한 신부의 자격을 갖추어 예수님의 간곡한 사정을 통할 수 있게 하기 위해 남겨놓은 말씀이었던 것입니다. 그렇기 때문에 오늘날의 우리들은 예수님이 주신 말씀의 참뜻을 이루어, 예수님이 바라시는 신부가 되어 신랑의 말씀으로 세워드려야

2. 예수님의 청년기

하겠고, 또한 그 당시 예수님께서 느끼셨던 내적 심정을 체휼하는 자리까지 나아가야 하겠습니다.

예수님의 신부를 준비해야 할 엘리야

270 - P.117, 1995.5.14

사가랴가정하고 마리아가정이 합해 가지고 예수님의 신부를 준비해야 됩니다. 예수님이 신부를 맞이해야 됩니다. 가인 아벨이 하나돼 가지고, 여자편도 가인 아벨이 하나돼 가지고 하나의 중심 존재를 세움으로 말미암아 어머니가 세워지는 것입니다.

그렇기 때문에 신부를 중심삼고, 예수님의 황후를 중심삼아 가지고 여자들도 가인 아벨이 하나되고, 여자 둘이 낳은 가인 아벨이 하나되어야 하는 것입니다. 그러면 다 끝나는 것입니다. 이걸 잃어버렸기 때문에 그걸 준비하기 위해서 오는 분이 엘리야라는 것입니다. 엘리야는 뭐냐 하면, 형제를 하나 만들기 위한 뜻 가운데 왔기 때문에 타락한 아담 복귀형입니다. 복귀된 아담이라는 것입니다.

엘리야가 와 가지고 신부를 준비해야 됩니다. 가인 아벨 두 아들을 합해야 됩니다. 두 아들을 합해서 여왕을 준비해 가지고 여왕을 중심 삼은 궁전에 있는 가인 아벨, 이스라엘 나라와 유대교를 하나 만들고 여왕을 중심삼고 복귀된 아담인 세례 요한과 하나 만들어 가지고 이것을 예수님에게 바쳐야 돼요. 세례 요한이 아담 완성형으로 와 가지고 유대교와 이스라엘 민족을 수습할 수 있는 것입니다. 새로운 세례를 통해서 유대교와 이스라엘 민족을 메시아 사상을 중심삼고 준비해 가지고 완전히 예수님 앞에 바쳐야 되는 것입니다.

　유대 나라 10지파하고, 이스라엘 나라 2지파가 원수가 돼 있던 것을 하나 만드는 것이, 북조 이스라엘과 남조 유대 나라를 하나 만드는 것이 엘리야의 사명이었습니다. 엘리야가 북조 이스라엘의 우상을 섬기고 바알신을 섬기는 제사장들하고 하나님을 유일신으로 모시는 남조 유대 나라의 제사장과 하나 만들어야 됩니다. 남조 대표 제사장은 엘리야고, 그 다음에 북조 대표는 850명인데 이들을 하나 만들어야 한다는 것입니다. 그때에 가인 아벨이 하나됐더라면 어머니도 하나 될 수 있는 것입니다. 두 어머니가 합한다는 것입니다.

　이것이 예수님 때의 엘리사벳하고 마리아하고 세례 요한의 경우와 같습니다. 이건 기독교입니다. 국가적 기준에서 실패했으니 세계적 기준에서 전부 다 탕감해야 되겠기 때문에, 예수님이 가정을 못 이루었기 때문에 실패한 예수님이 된 것은 아담과 마찬가지 기준이 돼 있기 때문에 세계사적 구원섭리에 있어서 복귀된 아담형 기준을 대표해서 오는 것이 재림주님이다는 것입니다. 예수님이 엘리야와 세례 요한과 똑같은 입장입니다.

성혼을 위한 예수님의 사정

277 - P.295, 1996.4.19

　예수님이 결혼한다면 누구하고 결혼해야 되는 거예요? 이복동생하고 해야 한다는 거예요, 이복동생. 동생이에요, 동생. 그때 그 환경에서 처녀가 아기를 배면 돌로 때려죽이고 말이에요, 가정적으로 음란한 일이 벌어지면 일족이 망하는

2. 예수님의 청년기

그때에 있어서 이것을 행할 수 있는 환경적 여건이 됐겠느냐, 안 됐겠느냐? 사가랴가정만 보게 된다면 말이에요, 동생이 언니의 남편을 빼앗아 임신을 해 버리고 오빠라는 녀석이 이복동생을 겁탈해 버렸다는 말이 되는 것입니다. 그것이 드러나는 날에는 일가가 멸족을 하는 것입니다.

그러니까 사가랴 혹은 엘리사벳, 세례 요한도 예수님이 누구인지를 알고, 또 마리아도 그런 환경에 있었는데 그런 놀음을 하겠다면 눈이 둥그래지고 입술이 이렇게 포개지게 되었겠어요, 안 되었겠어요? 저렇게 첩에서 태어난 아들이 자기 누이동생을 빼앗겠다고 하면 '이놈은 음란의 자식이다' 그런다는 것입니다.

그래서 세례 요한도 예수님을 거부한 것입니다. 엘리사벳도 부정하고, 사가랴도 부정하고, 마리아도 '할 수 없다' 한 것입니다. 열여섯 살 때 타락했기 때문에 예수님이 결혼한다고 열일곱 살 때 한 번 얘기하고, 스물 일곱 살 때 얘기하고, 서른 살 때 결판하듯이 얘기했는데도 불구하고 듣지 않았기 때문에 집을 떠나지 않을 수 없었다는 것입니다.

왜 13수가 나쁜 수가 된 줄 알아요? 예수님이 상대적 이상을 이루지도, 정착하지도 못했던 원한의 수이기 때문에 13수는 나쁘다고 하게 된 것입니다. 결혼하는 것은 13세가 제일 좋은 건데 이것을 잃어버림으로 말미암아 개인을 잃어버리고, 가정을 잃어버리고, 나라·세계 전부 다 잃어버렸어요. 얼마나 악하고 나쁜 수냐 이거예요. 제일 바랐던 수인데 말이에요. 이것을 세 번 얘기했는데도 말을 안 들었어요.

그러니까 열일곱 살 때에 마리아를 통해 가지고 사가랴한테 말했겠어요, 안 했겠어요? 엘리사벳한테 얘기했겠어요, 안 했겠어요? 세례 요한이 알았겠어요, 몰랐겠어요? '이놈의 자식, 내 동생의 자리를 빼앗아 가려고? 나도 결혼 안 했는데 뭐 어째? 집안을 망치려고…' 이랬을 것입니다. 예수님은 세례 요한의 이복동생인데 '이놈의 새끼, 나도 결혼 안 했는데, 뭐 내 동생 가지고 또 이래? 이놈의 음란 대표!' 그런다는 것입니다. 집안 망치는 대표라고 한다는 것입니다.

예수님이 결혼할 수 있어요, 없어요? 아버지가 봐도 '이놈의 녀석!' 하고, 엘리사벳이 봐도 '이놈의 자식!' 그러고, 세례 요한도 '이놈의 자식!' 하고, 마리아도 '이놈의 자식!' 했다는 것입니다. 그래 가지고 스물일곱 살 때 가서도 '그 놀음 하겠어, 이놈의 자식아?' 그랬다는 것입니다. 안 되니까 3년 후에 그 담판을 지었는데 '이 자식, 이게 뭐야?' 하고 쫓아낼 수밖에 없었다는 것입니다. 아버지도 그런 예수님을 보고 싶어 하지 않았고, 어머니도 마찬가지였고, 형제도 마찬가지였다는 것입니다. 그러면 예수님은 어디로 가겠어요? 쫓겨나는 것입니다.

그래서 예수님이 나가 가지고 '여우도 굴이 있고 공중에 나는 새도 깃들 곳이 있는데 인자는 머리 둘 곳이 없다' 한 것입니다. 이게 다 뭐예요, 이게? 그래요, 안 그래요? 환영받아야 할 가정과 부모에게서 쫓겨나고 형제에게서 쫓겨났어요. 가정에서 쫓겨난 예수님이 그와 같은 환경을 다시 만들기 위해서 제자들을 중심삼고 해 봤지만 아무리 꿈꿔도 불가능한 것입니다.

제자들끼리 싸우고 원수가 되고 시기하는 것을 볼 때 딱 마찬가지라는 것입니다. 그래서 소망이 없으니 영적 구원이라도 얻기 위해서 십자가에 돌아가 가지고 영계의 어머니를

2. 예수님의 청년기

땅 위에 보내 가지고 아버지를 다시 해산하기 시작한 것입니다. 나라 없고 땅에 근거 없는 이 구름과 같은 물을 만든 것이 기독교 물이에요. 나라에서 피를 흘리고 죽게 된 것입니다.

예수님의 신부를 준비해야 했던 마리아

036 - P.256, 1970.12.6

창조원칙을 보면 아담을 먼저 지으시고, 그 아담을 중심삼고 해와를 지었습니다. 그러기에 마리아는 아들과 협조해 가지고 아들의 신부를 찾아야 되는 것이었습니다. 마리아는 그렇게 해야 하는 것이었습니다. 예수님은 물론이요, 마리아도 협조해 가지고 신부를 찾아야 된다는 겁니다.

이런 것을 볼 때에 마리아가 책임을 못 했다는 것을 알 수 있습니다. 어느날 마리아는 갈릴리 가나의 잔칫집에서 예수님에게 포도주가 다 떨어졌다고 하자 예수님은 '여인이여, 나와 무슨 상관이 있느냐'고 했습니다. 그 말은 남이 장가가는데 무슨 상관이냐는 것입니다. 즉 예수님이 장가갈 때가 되었는데도 왜 마리아는 모르고 있느냐는 것입니다. 결국 마리아가 책임을 못 했다는 것입니다.

예수님이 장가를 갔으면 예수님의 아들딸은 하나님의 손자이자 손녀가 됩니다. 하나님의 존속이 되는 것입니다. 어떤 사람은 예수님이 거룩한 하나님이라고 하는데 그야말로 미친 놈들입니다. 사교 중의 사교입니다. 예수님이 우리와 같은 세인으로 와 가지고 장가간다는데 뭐가 어째요? 그것에 대해 '오, 우리 거룩한 하나님이 장가를 가다니' 하며 실망한다는 것입니다. 왜 장가를 가면 거룩하지 않아요? 남자나 여자나 제일 거룩한 것이 장가가고 시집가는 것입니다.

만약에 예수님이 장가를 가서 아들딸을 낳았다면 교황은 누가 되겠어요? 베드로와 같은 사람이 되어야 되겠어요? 예수님의 직계 아들딸들이 로마의 교황이 되어야 하는 것입니다. 그러면 세계의 왕은 자연히 되었을 겁니다.

이렇게 땅 위에 기반을 갖추려고 했던 예수님이 죽었기 때문에 이스라엘권을 잃어버린 기독교는 영적 이스라엘권만을 이루게 된 것입니다. 그러기에 하나님에게는 기반을 갖출 수 있는 땅덩이가 없습니다. 교회가 예수님이 차지할 수 있는 왕국입니까? 그러니 쫓김을 당하고 나온 것입니다.

하나님은 아담을 통해 가지고 해와를 지었습니다. 구원섭리 역사는 재창조역사이기 때문에 원리대로 해야 됩니다. 그래서 마리아는 예수님의 신부를 맞이해 주기 위해서 준비했어야 했습니다. 그런데 그 책임을 못 했기 때문에 예수님은 할 수 없이 집을 떠난 것입니다. 집을 떠나서 거지떼 같은 사람들을 모은 것이 열두 제자입니다. 집안에서 예수님의 신부를 찾아 주었더라면 그 일가 사람들이 열두 제자가 되게 됩니다. 예수님은 가만히 앉아 가지고 '이것은 네가 하고 저것은 네가 해라' 이렇게 다 맡겨 주면 되는 것입니다. 시시하게 나돌아 다니면서 그렇게 힘들게 제자를 구하는 일은 안 한다는 것입니다. 당신의 유대인들은 대제사장 사가랴 가문의 세례 요한의 말이라면 전부 다 따르게 되어 있었습니다. 그렇기 때문에 한꺼번에 다 끌려온다는 것입니다.

그렇게 되었으면 예수님은 유대교인과 교법사 제사장들과 하나되어 그들에게 사탄편 국가인 로마제국에 대해 반기를

2. 예수님의 청년기

들라고 했을 것입니다. 세계적인 아벨 국가인 소(小) 이스라엘을 중심삼고 세계적인 대(大) 사탄 국가인 로마를 굴복시키라고 한다는 것입니다. 그때의 로마는 사통팔달한 세계 문화의 중심지이기 때문에 로마만 굴복시킨다면 기독교와 이스라엘을 중심삼고 그때에 이미 뜻은 다 이루어지는 것이었습니다. 죽은 예수님이 4백년 만에 로마를 정복했는데, 만약 예수님이 살아 있었다면 40년 동안에 로마를 정복하지 못했겠느냐는 것입니다. 아무도 예수님이 80살 되기 전에 로마를 다 요리했을 것입니다. 요리만 해요? 구워 가지고 간장 찍고 소금 찍어서 나누어 먹었을 것입니다.

예수님을 성혼시켜 드리지 못한 마리아와 요셉

038 - P.193, 1971.1.3

예수님이 죽기 위해 왔습니까, 살기 위해 왔습니까? 살기 위해 왔습니다. 그럼 예수님이 총각이에요, 아저씨예요? 총각입니다. 또 예수님은 남자입니까, 여자입니까? 남자입니다. '예수님은 중성이다' 라고 큰소리쳐도 예수님은 남자라고 생각할 것입니다. 예수님은 분명히 남자입니다.

그럼 남자인데 감각이나 감정이 모두 이그러지고 찌그러진 무감각적인 남자이겠습니까? 아닙니다. 예수님은 유감각적입니다. 안테나로 말하면 세계에서 제일 높은 안테나 챔피언입니다. 그러니까 안테나가 예민하여 원거리 소식도 들을 수 있다는 것입니다.

예수님이 남자이니만큼 남자의 감정이 있었습니다. 그러면 장가도 가고 싶었겠어요, 안 가고 싶었겠어요? 오늘날 기성교회 사람들에게 예수님이 장가가야 한다고 말하면 기절하여 나가자빠질 것입니다. 만일 예수님에게 '당신은 천년 만년 독신으로 살다 죽을지어다' 라고 축복하겠다고 해보십시오. 그랬다가는 예수님이 '야 이녀석아' 하며 주먹으로 칠 것입니다.

예수님이 장가를 간다고 한다면 어떤 색시를 얻겠어요? 이제부터 문제가 되는 것입니다. 미인을 얻겠습니까, 추녀를 얻겠습니까? 미인을 얻을 것입니다. 미인 중에서도 왕족 미인이었을 것입니다. 그 나라 주권자의 천하일색인 외딸을 색시로 얻겠다고 한다면 죄가 될까요, 안 될까요? 죄가 안 된다구요. 그러면 헤롯왕이나 대제사장 가야바의 맏딸이 예수님과 혼인잔치를 벌였다면 어떻게 됐겠습니까? 가야바가 예수님을 잡아 죽이자고 선동했겠어요, 살리자고 했겠어요? 그런데 예수님 자신의 신세가 얼마나 처량했으면 "내가 땅의 일을 말하여도 너희가 믿지 아니하거든 하물며 하늘 일을 말하면 어떻게 믿겠느냐(요 3:12)"라는 말을 했겠습니까? 예수님은 또 "내가 불을 땅에 던지러 왔노니 이 불이 이미 붙었으면 내가 무엇을 원하리요(눅 12:49)"라고 하셨습니다. 이는 낙망이요, 절망이요, 탄식이요, 하소연이었습니다.

그러니 제자들이 노총각이신 예수님 장가가라고 권했다면 기분이 좋았을 것입니다. 그런데 베드로, 야고보와 같은 12제자는 예수님을 따라다니면서 보리개떡만 먹는다며 배고픈 타령만 했지, 예수님 장가보내기 위해서 결사적으로 연구하고, 결사적으로 중매하는 놀음은 하지 않았다는 것입니다. 만일 그들이 그런 놀음을 했었다면 예수님이 그들을 미워했겠어요, 사랑했겠어요?

이렇게 볼 때 예수님의 중신아비는 누가 되어야 하며, 예수

2. 예수님의 청년기

님이 장가 갈 수 있는 상대는 누가 되어야 하느냐? 이것이 문제가 되는 것입니다. 예수님이 중신아비를 원할 때 동네에 사는 할머니 할아버지가 되는 것을 원하겠습니까, 예수님의 어머니 아버지가 되는 것을 원하겠습니까? 아니면 종이 되는 것을 원하겠습니까, 형님이 되는 것을 원하겠습니까? 정적인 면으로 보면 이왕지사 될 바에야 사랑하는 어머니 아버지가 되는 것이 제일 좋다는 것입니다. 어머니 아버지가 됐으면 예수님이 얼마나 좋아했겠습니까?

노총각을 자식으로 둔 부모는 자식을 장가보내기 위해서 전문적인 연구를 해야 됩니다. 자식의 허리띠를 붙들고 장가가라고 통사정이라도 해야 하는 것입니다. 그런데 요셉과 마리아가 한번이라도 그렇게 해봤습니까? 해봤다고 생각해요, 안 해봤다고 생각해요? 안 해봤을 것입니다. 그러니 그들이 부모의 책임을 다했습니까? 서른 살이 다 되도록 더벅머리 노총각 신세를 면하지 못하고 목수의 조수 노릇을 하던 예수님은 자신이 처량했겠어요, 신이 났겠어요? 처량했다는 것입니다. 이런 것을 생각하면서 성경을 보면 참 재미있습니다.

예수님은 3년 공생애노정을 왜 갔습니까? 무엇 때문에 집을 버리고 나갔느냐는 것입니다. 병이 나서 나갔습니까? 기성교회에서는 여기에 얽혀 있는 내용도 모르면서 '예수님의 3년 공생애노정은 거룩할지어다'라고 말합니다. 하는 수작들은 좋다는 것입니다.

하나님이 이스라엘 나라의 중심으로 세운 것이 유대교요, 유대교를 믿는 씨족 가운데 선민을 대표할 수 있는 씨족으로 세운 것이 요셉과 사가랴가정입니다. 다시 말해서 예수님을 누구보다도 적극적으로 모시고, 적극적으로 후원할 수 있게 하기 위해서 택해 놓은 대표적 씨족이 요셉 일파라는 것입니다. 그런데 과연 그들이 예수님을 적극적으로 모셨습니까? 해원성사라는, 천륜에 의한 사명과 뜻을 펼 수 있는 내정적인 인연을 예수님의 가슴에서 끌어내어 협조하기 위해 노력했느냐 할 때, 그러지 않았다는 것입니다.

예수님은 역사적인 하나의 남성으로 왔기 때문에 역사적인 하나의 여성을 구해야 하는 것입니다. 성경 가운데 "일천 남자 중에서는 하나를 얻었거니와 일천 여인 중에서는 하나도 얻지 못하였느니라(전 7:28)"는 말씀이 있습니다. 이것이 바로 하나님의 한이 되는 내용입니다. 그러므로 '하나의 여인을 찾을 때까지 나의 답답함이 어떠하겠느뇨?' 라고 결론을 내리셨던 것입니다.

이러한 역사적인 열매인 예수님이 혼인 잔치를 하기 위해서는 엉클어져 누더기 판이 된 역사시대의 모든 실패의 요인들을 바로잡아야 했습니다. 그 실패의 요인으로 생겨난 천사세계의 비운의 감옥인 지옥을 해원성사 해야 하는 구세주의 책임이 있었던 것입니다. 그 시대에는 그런 예수님의 역사적인 사정을 꿈에라도 생각하는 사람이 없었습니다. 더욱이 예수님이 그릇된 역사적인 허물을 바로잡아 가지고, 그 기대 위에서 하나의 신부를 맞게 되기를 바라고 소원했던 제자가 한 명도 없었다는 것입니다.

탕감원칙에 있어서 가인의 누이동생을 찾아와야 돼

251 - P.202, 1993.10.17

예수님은 장가를 가야 됩니다. 기성교회 믿던 사람들, 옛날

2. 예수님의 청년기

에 장가가야 된다고 생각했어요, 안 가야 된다고 생각했어요? 안 가야 된다고 생각했을 것입니다 그러니까 미친놈들이지요. 예수님이 남자니 그것이 있어요, 없어요?

뿌리가 다를 뿐이에요. 돌감람나무와 참감람나무가 다를 게 뭐 있어요? 뿌리가 다를 뿐이지 모양은 비슷합니다. 그러면 예수님이 차지할 상대는 탕감복귀에 의해서 누구냐? 세례 요한이 가인형이고 예수님은 아벨형입니다. 에덴동산에서 타락할 때 아담의 누이동생이 누구예요? 해와입니다. 해와를 가인형인 천사장이 빼앗아 간 것입니다.

그러면 탕감원칙에 있어서 가인의 누이동생을 누가 찾아와야 돼요? 이런 말을 하기 때문에 이단이라고 합니다. 탕감복귀원칙에서 예수님이 그런 걸 알았다면 세례 요한의 동생을 색시 삼겠다고 생각해야 되겠어요, 안 해야 되겠어요? 이렇게 볼 때 세례 요한의 동생이 예수님 앞에 누구예요? 자기 누이동생이에요. 배다른 누이동생입니다. 그러니까 돌아가야 할 가정에 있어서 최후에 남아진 근친상간 관계를 이대로 밟지 않고는 못 돌아가는 것입니다.

예수님의 상대는 어디에 있느냐? 탕감복귀라는 것을 생각하면 타락한 것과 같은 입장을 중심삼고 반대 방향으로 가지 않으면 돌아갈 수가 없습니다. 이러한 입장에서 보면 타락할 때 가인이 아담의 여동생을 빼앗아 간 것입니다. 예수님이 그것을 탕감복귀하려면 가인의 여동생을 거꾸로 빼앗아 오지 않으면 안 됩니다. 그렇기 때문에 예수님의 신부는 누가 되느냐? 이러한 관계를 갖고 세례 요한의 여동생을 취하면 두 가정은 하나되는 것입니다. 가인인 천사장이 아담의 여동생을 타락시킨 것입니다. 예수님이 자기의 상대로 가인의 여동생을 취해 옴으로 말미암아 이것이 탕감복귀되는 것입니다.

　이렇게 되면 예수님은 죽지 않는 것입니다. 요셉가정과 세례 요한 가정이 하나되었으면 세례 요한의 제자들은 자동적으로 예수님에게 연결되게끔 되는 것입니다. 죽음 길은 없다구요. 그러므로 누구 때문에 죽었느냐 하면 여자가 사명을 다하지 못해서, 여자 때문에 죽었습니다.

　제1차 아담의 타락도 여자 때문입니다. 제2차 아담도 여자 때문에 죽게 된 것입니다. 제3차 아담, 재림주의 시대도 신부 기대를 잃어버렸기 때문에 40년간 수고해서 세례 요한권을 복귀한 것입니다. 세례 요한의 여동생은 예수님과 남매입니다. 이복이라 해도 좋고 뭐라 해도 좋아요. 남매입니다. 이것이 당시의 이스라엘 나라에 있어서 허락될 수 없는 것입니다. 위법이에요. 돌에 맞아 죽게 되는 것입니다. 자기 여동생과 결혼한다고 하는 것은 근친상간입니다.

　그 관계를 사가랴도, 마리아도, 엘리사벳도, 세례 요한까지도 알고 있었습니다. 예수님이 그렇게 주장하면 '구세주가 그런 것을 하느냐?' 하는 것입니다. 그러한 것은 말할 수 없다구요. 마리아에 대해서 예수님은 세 번이나 말했다는 것입니다. 17세, 16세를 넘을 때부터 말이에요. 그때가 출발의 때입니다. 세 번이나 간절하게 마리아에게 호소했습니다. '나는 이러한 길을 가지 않으면 안 됩니다. 근친상간 관계로서 이러한 탕감복귀를 하지 않으면 일 가정에 있어서 두 계열이 분열된 것을 통합할 길은 없습니다'라고 말이에요. 그런데 그것을 마리아가 말하지 못했다구요. 엘리사벳에게도 말하지 못했고 사가랴에게도 말하지 못했어요.

　그래서 할 수 없이 예수님은 출가하는 것입니다. 집을 나가

2. 예수님의 청년기

서 자기가 그러한 기대를 만들어서 명령에 절대복종하는 기반을 만들어, 다시 출발하려고 한 것입니다. 예수님의 공적 3년 노정입니다. 그 3년 노정 도중에 쫓겨서 십자가에 달리는 비참한 남자가 되어 사라져 간 것입니다. 이러한 내용은 아무도 모릅니다. 그러한 어려운 환경 가운데 있어서 해야 할 것인데 자유자재로, 아무것도 모르고 예수님의 완성권에 선 것을 감사해야 하는 것입니다.

예수님을 중심삼고 본 여성의 책임

038 - P.067, 1971.1.1

　예수님이 죽은 것은 여자가 잘못했기 때문입니다. 사실 마리아가 예수님의 신부를 찾아 주어야 할 책임을 못 했다는 것입니다. 마리아만이라도 책임을 했다면, 요셉이야 죽든지 살든지 내버려두고 예수님을 복중에서부터 한 3년만이라도 잘 모셨더라면 문제는 달라졌을 것입니다. 그러니 여자들이 첫째는 어머니의 책임을 못 했고, 둘째는 신부의 책임을 못 했으며, 셋째는 종의 책임을 못 했습니다. 이러한 세 가지의 책임을 못 한 것입니다.

　예수님께서 사마리아 여인을 붙들고 얘기한 것이 무엇 때문이겠습니까? 사마리아 여인을 종으로 삼고자 해서 그랬던 것입니다. 어머니를 잃어버리고 신부를 찾지 못하고 종인 사마리아 여인에게 가서 물을 달라고 한 것입니다. 그 여인이 사마리아 사람, 종 아닙니까? 그런데 이 종도 책임을 못 한 것입니다. 이 사마리아 여인은 종 중에서도 누더기 같은 종년이라는 것입니다. 다섯 남편을 섬기던 여인이었습니다. 가정이 형편없고 더러운 여인이었던 것입니다.

 그런 여인이라도 예수님의 말씀을 듣고 이 길만이 나의 살 길이라고 하면서 보따리 싸들고 예수님을 따랐다면 어떻게 됐겠어요? 막달라 마리아보다도 훌륭했을 것이 아니냐는 것입니다. 그렇게 했더라면 그 사마리아 여인은 막달라 마리아 이상의 자리에 서게 되었을 것입니다.

 그런 관점에서 볼 때 예수님이 죽게 된 것은 여자 때문입니다. 그 여자는 어머니, 딸, 종, 3단계의 여자입니다. 타락한 아담을 중심삼고 보면, 아담의 여편네는 종년입니다. 해와가 타락하여 종이 된 것입니다. 그러한 종의 몸뚱이를 빌어 가지고 예수님이 태어난 것입니다.

 예수님이 이 땅에 옴으로 말미암아 양자시대에 들어왔습니다. 양자권은 직계권에 가깝지요? 종은 직계 아들인 예수님하고 관계를 맺어야만 양자권 내에 들어올 수 있는 것입니다. 그렇기 때문에 기독교를 믿는 사람들은 양자인 것입니다.

 구약시대는 종의 시대입니다. 예수님이 태어나기 전 시대인 구약시대에는 하나님의 딸이 없었습니다. 그러니 할 수 없이 종의 몸뚱이를 빌어서 주인(하나님)의 씨를 받아 가지고 나오는 것입니다. 마리아가 이렇게 종의 입장이었습니다. 주인의 땅이 없으니까 종 밭에 가서 주인의 씨를 받아 온 것입니다. 종 밭에서 받아 온 씨라 하더라도 씨만 옳으면 된다는 것입니다. 하나님의 씨를 종 밭에 심어 가지고 받아 오는데 그 밭이 마리아의 것입니다. 이런 마리아를 천주교에서 성모로 모시고 야단이지요?

 이처럼 종의 몸을 거쳐 가지고 나온 예수님을 아들의 자리

2. 예수님의 청년기

에 세운 것입니다. 이리하여 아들의 자리에 선 예수님을 중심삼고 인연된 사도들은 종의 자리에서 양자의 자리에 올라가게 되는 것입니다. 예수님을 중심삼고 한 단계 높이 올라간다는 것입니다. 예수님과 더불어 일체가 되면 종의 자리에서 한 단계 높은 양자의 자리에 그냥 올라간다는 것입니다.

종의 자리에서 한 단계 올라왔으니 딸이 나와야 합니다. 종의 몸을 빌어 하나님의 아들인 예수님이 나왔으니 다음엔 하나님에게 필요한 딸이 나와야 된다는 것입니다. 그 딸을 예수님이 만들어야 합니다. 예수님은 타락하지 않은 아담이 되었으니 예수님의 아내가 될 수 있는 타락하지 않은 해와가 있어야지요? 후아담, 즉 복귀된 본연의 아담 예수님이 나왔으니 복귀된 해와가 나와야 된다는 것입니다.

그러면 해와가 어떻게 나와야 하느냐? 창조원칙에 의해 해와는 아담을 통해서 지어져야 합니다. 예수님은 마리아를 통해서 태어났지만 해와가 태어나는 데는 그런 원칙이 없습니다. 해와가 종의 입장에 탕감복귀하려면 예수님이 아담을 복귀완성한 후에 예수님으로 말미암아 지음받아야 된다는 것입니다. 본래부터 해와는 아담으로 말미암아 지어졌기 때문에 복귀된 해와도 아담을 대신한 예수님을 중심삼아 가지고 지어져야 합니다.

그러면 예수님을 중심삼고 복귀된 해와를 짓는 데에 누구의 협조를 받아야 되느냐? 천사장의 협조를 받아야 됩니다. 그런데 남자 천사장의 협조를 받으면 안 됩니다. 왜냐? 남자 천사장으로 말미암아 해와를 잃어버렸기 때문에 복귀노정에 있어서는 남자 천사장의 협조를 받아 가지고는 안 되는 겁니다. 여자 천사장의 협조를 받아야 됩니다. 그래야 해와가 창조될 수 있는 것입니다. 여기에서 타락한 해와를 누가 복귀해야 하느냐면, 아담이 책임지고 복귀해야 됩니다. 즉 예수님 자신이 해야 된다는 것입니다.

여자 천사장의 협조를 받아 가지고 예수님의 상대적 존재 해와를 창조해야 된다는 것입니다. 그러기 위해서는 마리아가 먼저 예수님과 하나되어야 합니다. 마리아가 예수님의 뜻을 중심삼고 예수님과 하나되어야 합니다. 그렇게 되면 남자 천사장의 입장에 선 요셉이 협조하게 되는 것입니다. 그래야 타락함으로 말미암아 종의 입장으로 떨어졌던 아담 해와가 아들딸의 입장으로 복귀되는 겁니다.

아담 해와가 천사장과 하나됨으로 말미암아 타락되었기 때문에 천사장이 복귀된 입장에 서야만 예수님도 예수님의 아내도 복귀될 수 있는 것입니다. 그 복귀된 입장에 서야 하는 천사장 부부가 요셉과 마리아입니다. 그들은 예수님이 완성될 수 있도록 협조해 주어야 했습니다. 예수님이 성인이 될 때까지 기쁨 가운데서 완성될 수 있게끔 협조해 주고, 그의 신부를 선택하는 데 온 정성을 다하여 협조해 주어야 했습니다. 그들은 천사장 부부의 입장으로서 예수님과 그의 대상을 본연의 아들딸과 같이 완성시켜 주어야 할 게 아니겠느냐는 것입니다.

마리아를 중심으로 천사장격인 요셉은 절대복종해야 하는 것입니다. 그래야 복귀가 되는 것입니다. 해와 앞에 천사장이 굴복했으면 아담 해와가 타락하지 않았을 것입니다. 마리아에게 요셉이 불평하며 복종을 하지 않은 것은 마리아의 책임입니다. 예수님을 완성시키는 데는 마리아가 주체가 되어야 하는 것입니다. 그리하여 천사장과 아담이 실수했던 것을 복

2. 예수님의 청년기

귀해 주어야 합니다. 해와가 천사장과 아담, 두 남자를 타락시켰지요? 그러니 해와 입장인 마리아가 천사장과 아담을 복귀해야 됩니다.

자손을 번성시켜야 했던 예수님

053 - P.032, 1972.2.6

문제가 되는 것은 예수님이 독신이었다는 것입니다. 제사장이 되는 데도 독신이요, 왕이 되는 데도 독신이어야 되겠어요? 그것은 그럴 수 없다구요. 만일 예수님이 결혼을 했더라면 어떻게 되었을 것이냐? 예수님을 중심삼고 예수님의 가정이 생겨났을 것입니다. 또 아담 해와가 타락하지 않고 이루어야 했던 참된 부모의 자리를 예수님이 대신 이룰 수 있었을 것입니다.

예수님도 남자인데 신부를 맞이해서 아들딸을 낳고 싶었겠어요, 안 낳고 싶었겠어요? 이 땅 위에서 아버지라는 말을 예수님이 듣고 싶었겠어요, 안 듣고 싶었겠어요? 물론 듣고 싶었을 것입니다. 자기에 대해서 아버지라고 하는 말을 듣고 싶었을 것입니다. 또 할아버지라는 말도 듣고 싶었을 것입니다. 이래 가지고 예수님이 제사장이 되고 이스라엘의 왕이 되었으면 하나님이 친히 지배하실 수 있는 황족이 생겨났을 것입니다. 그렇게 되었으면 오늘날 이 세계에 예수님의 직계 후손이 남아 있었을 것입니다.

그러면 하나님은 이스라엘 민족보다 예수님의 직계 후손을 더 사랑하겠습니까, 덜 사랑하겠습니까? 누구를 더 사랑하겠습니까? 그렇게 되었으면 예수님을 중심삼고 기독교인들은 하나의 왕권국가, 선의 주권국가를 이루어 세계로 퍼져 나갔을 것입니다. 이것은 상식적으로 생각해도 알 수 있는 것입니다. 여러분도 남자로서 예수님과 같은 입장에 서면 그렇게 생각하지 않겠느냐는 것입니다. 또 그런 것을 원하지 않겠느냐는 것입니다.

 그런 입장에 섰던 예수님이 뜻을 이루지 못하고 십자가에 가야 할 돌변지사가 벌어짐으로 말미암아 예수님은 '아바 아버지여, 할 수만 있으면 이 잔을 내게서 피하게 하시옵소서. 그러나 내 뜻대로 마시옵고 아버지의 뜻대로 하시옵소서'라는 심각한 기도를 올리지 않을 수 없었다는 사실을 우리는 알아야 되겠습니다. 죽기가 싫어서 그런 기도를 한 것이 아니라구요. 구주가 십자가에 달려 돌아가게 되면 구주를 믿는 사람들도 피를 흘리는 길을 가야 된다는 것입니다. 자기가 죽음으로 말미암아 후대의 수많은 사람들이 학살을 당하고 세계를 유리하며 비참한 죽음을 당할 사태가 날 것을 생각하게 될 때, 간곡히 세 번씩이나 하늘 앞에 호소하지 않을 수 없었던 것입니다. 그런 예수님의 사정을 그 누구도 몰랐습니다.

 그러면 예수님이 와서 무엇을 해야 했느냐? 사탄주권국가 이상의 주권국가를 이룩함과 동시에 우리 인류의 원죄를 빼 버려야 했습니다. 원죄를 빼 버려야 했다는 겁니다. 예수님으로부터 접붙임을 받고 원죄를 뺀 자리에서 예수님과 하나된 사람의 자녀는 예수님을 믿지 않아도 천국에 갈 수 있는 것입니다. 예수님을 믿지 않아도 천국에 갈 수 있다는 것입니다. 타락이 없었더라면 우리에게는 구주가 필요 없습니다. 종교니 기도니 하는 것이 다 필요 없다는 것입니다. 타락했기 때

2. 예수님의 청년기

문에 구주가 필요하다는 것입니다.

탕감복귀하려면 예수님이 독신생활을 해서는 안 돼

252 - P.235, 1994.1.1

지금까지 완성 자리에서 태어난 인간이 없음으로 말미암아 장성기 완성급의 사탄권 내에 있는 이 모든 물건들은 폐물이에요. 폐물로 취급하는 것입니다. 사탄이 폐물 취급한다는 것입니다. '완성의 자리에 못 간 사람은 내가 폐물로 취급한다' 하는 것입니다. 그렇게 폐물로 취급하기 때문에 사탄이 기독교인들을 학살하고 전부 다 순교시키더라도 하나님은 무력한 하나님으로서 살아 왔다는 것입니다.

그거 왜? 아담 해와가 타락하는 것을 간섭하지 못했습니다. 하나님은 완성한 자리에서 열매를 거두게 되어 있기 때문에 이들은 미완성한 자리에 있었습니다. 미완성한 자리의 것은 떨어지게 마련이라구요. 그렇기 때문에 지옥 가는 것입니다. 지옥 가는 자는 하나님이 수습할 수 없다는 것입니다.

그래서 이것을 접붙여서 타락하지 않았다는 조건을 세워 가지고 완성의 자리에 세움으로 말미암아 천국에 들어간다는 것입니다. 예수님도 그렇기 때문에 이 땅 위에서 독신생활을 해 가지고는 안 되는 것입니다. 타락하지 않았다면 아담 해와가 부부로서 완성해서 하나님을 중심삼고 참사랑을 중심삼고 인류의 참부모가 되어 가지고 참생명과 참혈통의 씨를 심어야 할 텐데 그것을 못 심었다는 것입니다. 그것을 탕감복귀하려면 예수님이 독신생활을 해서는 안 되는 것입니다.

신부를 찾지 못하고 돌아가신 예수님

019 - P.102, 1967.12.31

예수님이 아버지가 되려면 어머니가 있어야 합니다. 예수님이 무엇을 하려고 남자로 왔습니까? 예수님이 죽음에 임박해서 하신 유언 한마디가 '나는 신랑이요, 너희는 신부'라는 것이었습니다. 이것이 이루어지지 않았다는 것입니다. 유언은 그 가정에 있어서 제일 중요한 문제요, 아버지로서 자식 앞에 남겨 주는 최후의 중요한 문제인 것입니다. 예수님은 신부를 찾다가 찾지 못하고 죽었다는 것을 알아야 합니다.

그러한 입장에서 예수님이 사마리아 여인을 우물가에서 만나 이야기한 것도 하늘의 뜻을 세우기 위해, 이스라엘 창건을 위해 어머니 될 수 있는 존재를 생각하면서 말했던 것입니다. 그러한 예수님의 사연을 아무도 모를 것입니다. 그때 유대 나라의 풍습은 한국의 풍습과 같이 여자들의 세계가 없었습니다. 그런 입장에서 하나님의 뜻을 이루기 위해 어머니를 찾아야 할 사명을 짊어지고 가는 그 심정을 누가 알겠습니까? 결국 예수님이 바라시는 그 기준까지 모셔 줄 수 있는 그런 한 여인이 없었던 것입니다. 예수님이 나라와 민족과 세계를 사랑하는, 천심(天心)과 천정(天情)이 통하는 그런 자리에서 하나님의 아들과 딸로 유대를 맺을 수 있는 환경이 갖추어지지 않았던 것입니다. 예수님이 탄생할 때 찾아온 동방박사 세 사람은 종의 입장이었지 신부의 입장은 아니었습니다. 예수님은 아버지로 왔으니 어머니를 찾아 세워야 하는 것입니다.

해와가 타락했기 때문에 선조로부터 내려오는 죄의 뿌리는 여자에게 있는 것입니다. 그래서 여자는 지금까지 역사적으로 비참한 길을 걸어 나온 것입니다. 이 죄의 뿌리가 뽑히기

2. 예수님의 청년기

전에는 여자는 해방이 되지 않습니다. 2차대전이 끝나고 여성해방운동이 벌어지고 있지만, 그리 쉽게는 안 될 것입니다. 어머니가 되어야 할 해와가 타락해서 죄를 유발시켰기 때문에, 이런 역사적인 죄를 탕감하고 어머니가 될 수 있는 존재가 되어야 합니다. 그래서 다시 해산의 수고를 거침으로써 탕감의 승리권을 마련하여 신랑을 모실 수 있는 승리적인 기준을 닦아야 합니다. 이러한 여인이 나타나지 않고는 메시아는 아버지적 메시아로 등극할 수 없는 것입니다. 따라서 여성 해방도 있을 수 없는 것입니다.

2천년 전에 그러한 사명을 다하지 못하고 십자가에서 돌아가신 예수님의 소원을 2천년이 지난 지금 이루어야 합니다. 제1차로 유대민족을 중심삼고 이루려 했으나 이루지 못했으니, 이제 우리가 제2차로 기독교의 세계적인 판도를 중심삼고 아버지와 어머니의 상봉을 실현시켜 드릴 수 있어야 합니다. 이러한 기점(基點)을 마련하지 않고는 하나님의 참된 직계 아들딸이 되지 못합니다. 그렇기 때문에 이러한 기준을 연결시켜 맞추기 위한 것이 재림이상인 것입니다. 재림이상에 있어서도 역시 참다운 가정이 있어야 천도가 출발하는 것이요, 이것이 있어야 참된 사랑과 참된 행복의 출발이 이루어지는 것입니다.

성혼하지 못한 예수님

039 - P.100, 1971.1.10

마리아는 어떻게 해야 합니까? 종 되는 마리아는 타락했던 해와의 입장에서 자기의 계대를 통해 타락하지 않은 해와를 만들기 위해 온갖 정성을 다해야 하는 것이었습니다. 그래야 될 게 아니겠어요?

그 말은 무슨 말이냐 하면 예수님이 결혼하는데 관심을 가져야 된다는 말입니다. 예수님이 죽게 된 것은 장가를 가지 못했기 때문입니다. 장가를 갔으면 왜 죽겠습니까?

마리아는 전심전력을 다해서 여자를 창조해야 했습니다. 마리아는 여자입니다. 마리아는 종으로서의 여자 가운데 대표적이기 때문에 종권 내에 있는 여자들을 전부 다 동원해야 했습니다. 세 사람 이상 동원해야 했습니다. 삼위기대를 세워야 한다는 것입니다. 그렇게 동원되어 가지고 서로 협조해야 하는 것입니다.

예수님의 친척들 가운데 딸이 있나 찾아보고 그런 딸이 있으면 그들을 모아서 기대를 만들어야 했는데 그걸 못 했던 것입니다. 예수님의 친척 가운데 누가 있었습니까? 세례 요한의 누이동생이 있었으면 얼마나 좋았겠습니까? 세례 요한의 어머니는 마리아가 예수님을 밴 다음 시중을 들어 주었습니다. 예수님이 복중에 있을 때부터 환영했습니다. 그러므로 세례 요한의 누이동생이나 사돈의 팔촌 내에 딸이 있었으면, 세례 요한의 어머니와 마리아, 그리고 누나가 있었으면 그 누나와 세 사람이 하나되어 예수님보다 나이 어린 그 친척의 딸과 인연 맺게 해야 했던 것입니다. 예수님과 더불어 한 여성을 재창조했어야 되었다는 것입니다.

만일 세례 요한의 동생이 있으면, 그 동생이 어릴 적부터 예수님이 동으로 가면 동으로 따라가고 싶고, 서로 가면 서로 따라가고 싶어하며, 못 따라가게 하면 '나 죽겠다'고 할 수 있게끔 짝사랑하도록 만들어 놓아야 했습니다. 예수님이 장

2. 예수님의 청년기

가를 가기 전에 그렇게 해 놓아야 했던 것입니다. 그렇게 하는 데 있어서는 아무나 안 되는 것입니다. 그런 여자는 지금까지 믿지 못했던 역사적인 모든 내용을 풀 수 있는 특별한 씨족 가운데서 나와야 하는 것이었습니다. 그 특별한 씨족은 어떤 씨족이냐? 세례 요한 가정과 요셉가정입니다. 요셉가정에는 요셉의 사촌도 있었을 것입니다.

하나님께서는 이스라엘 나라 안에 유대교가 중심이요, 유대교 안에 요셉가정이 중심이요, 요셉가정 안에 세례 요한 가정이 중심인 것을 아셨던 것입니다. 그렇기 때문에 그 가정들은 제일 중요한 혈족이었습니다. 조상 중에 씨가 좋다는 것입니다. 하나님께서는 예수님을 가망성 있고 문중으로 봐서 명문인 가문을 통해서 태어나게 하셨습니다. 또 세례 요한 가정을 볼 때도 세례 요한을 엘리사벳이 잉태할 때 제사장의 책임을 하고 있는 사가랴가 벙어리가 되는 일이 벌어졌던 것을 볼 때, 족보, 즉 가문이 괜찮은 집안이라는 것입니다. 그러니 그렇게 괜찮은 사촌권 내에서 예수님의 상대자를 취했다면 하나님께서 싫어했겠습니까, 좋아했겠습니까?

예수님의 상대는 다른 데에서 취할 수가 없습니다. 자기 직계 사촌 누이 동생이 아니면 이종 사촌밖에 없습니다. 혈통이 다르면 안 됩니다. 이종 사촌은 한 소속이기 때문에 가능한 것입니다. 이렇게 사촌 누이를 통해서 일이 잘 되었다면 어떻게 되었겠습니까? 예수님에게 반해서 예수님 아니면 칼을 꽂고 죽겠다고 하고, 예수님 아니면 시집을 안 가겠다고 하는 그런 누이동생이 있었다면 어떻게 되었겠습니까? 예수님이 죽을 때에 자기도 같이 죽겠다고 쫓아나온 여자가 있었다면 어떻게 되었을까요?

이 땅 위에 하나님의 왕자가 왔다 가는데 남자들은 천사장의 입장이기 때문에 도망을 갔지만, 그의 상대로서 남아질 수 있는 해와의 무리, 낭군이 가야 할 길을 절개로써 지킬 수 있는 하나의 여성, 짝사랑이라도 할 수 있는 여성이 있었다면 어떻게 되었겠습니까?

만일 그렇게 되었다면 예수님은 죽더라도 하나님 앞에 영광을 돌릴 수 있는 것입니다. 또한 '당신께서는 이 땅 위에서 나를 사랑해 줄 수 있는 한 사람을 찾으시지 않았습니까? 죽을 자리에서까지 제 옆에서 저를 사랑하다 죽어가는 가냘픈 여인을 긍휼히 여기시옵소서' 하고 복을 빌 수 있다는 것입니다. 만민을 대신하여 복을 빌어 줄 수 있다는 것입니다.

만일 그렇게 되었다면 예수님은 죽음길, 황천길에서도 외롭지 않았을 것입니다. 지옥을 가더라도 쌍쌍이 갔을 것이고, 낙원을 가더라도 쌍쌍이 갔을 것이 아니겠습니까? 그러니 외롭겠습니까, 안 외롭겠습니까? 그렇게 되었다면 성신을 뭣하러 보냅니까? 성신을 보낼 필요가 없습니다. 그러나 쌍쌍이 있을 수 없는 운명이기 때문에 성신을 보낸 것입니다. 아버지 신인 예수님은 하늘나라로 가고 어머니 신인 성신은 땅에 내려오는 이별이 벌어진 것입니다. 그런 여성이 있었다면 승천은 필요 없는 것입니다. 땅은 아들딸을 직접 보호하기 때문에 그렇게 죽지 않는다는 것입니다.

예수님의 행적과 일심동체가 되는 가정 형성의 중요성

003 - P.145, 1957.10.18

예수님께서는 누구를 위해서 십자가의 죽음의 자리까지 나

2. 예수님의 청년기

가셨는가? 그것은 물론 사랑하는 식구들을 위해서였습니다. 나아가서 수많은 민족과 인류를 위해서였던 것입니다. 예수님께서는 기도하실 때에도 자신을 위하여 기도하지 않았고, 만민을 위하여 기도하셨던 것입니다. 그가 증거한 것도 역시 그러했고, 그가 싸운 것도 역시 그러했고, 그가 사신 것도 역시 그러했다는 것입니다. 그렇기 때문에 그러한 예수님의 식구가 되기 위해 있는 정성을 다하지 않으면 아니되겠습니다. 즉 증거의 길을 통하여, 싸움의 길을 통하여, 죽음의 길을 통하여 예수님의 참다운 식구가 되기 위해 모든 정성을 기울여 나아가야 되겠다는 것입니다.

008 - P.103, 1959.11.22

　나를 낳아 준 부모는 나만 사랑할 줄 알지 옆에 있는 사람은 사랑할 줄 모릅니다. 부부도 자기들끼리만 서로 품고 좋아하지 만민 앞에 영광을 드러내고 하나님 앞에 그 영광을 돌려 드릴 생각은 하지도 않습니다. 또 자기 자식만 사랑합니다. 그것은 본래 하나님의 창조목적이 아닙니다.

　부모를 사랑하되 온 세계 인류를 대신하여 우리 부모를 사랑한다는 관(觀)이 있어야 됩니다. 그래야 여러분의 부모를 하나님이 사랑할 수 있는 것입니다. 부부가 서로 사랑하되 하늘땅에 있는 모든 남성과 여성을 대신하여 하나님을 중심삼고 사랑해야 됩니다. 자녀를 사랑하되 일대(一代)의 인연을 넓혀서 우주적으로, 평면적이 아니라 입체적으로 사랑할 줄 아는 사람이 되어야 합니다.

　그래서 예수님은 '누구보다도 나를 더 사랑하라'고 하신 것입니다. 그런데 가정을 이루어 살고 있는 인간들은 이런 사랑의 관(觀)을 망각해 버렸지만, 예수님은 그런 우주적인 심정을 품고 인류를 사랑해 오셨기 때문에 구주라는 것입니다. 그가 하나님이 그리워하시는 식구를 찾아 나섰을 때, 그의 모친과 동생들이 찾아오자 '내 모친과 내 형제는 아버지 뜻대로 하는 자'라고 하셨습니다. 또 그 모친을 대하여 '여인이여, 나와 무슨 상관이 있느냐'고 하셨습니다. 응당히 그럴 수 있는 입장이었습니다.

하나님이 소망하시는 하나의 가정도 이루지 못한 인간들, 하늘의 뜻도 이루지 못한 인간들, 하나님의 자식이 되고 하늘의 백성이 되어야 할 인간들이 자기들끼리 좋아할 수 있습니까? 그렇기 때문에 도인들은 독신생활을 하는 것입니다. 하나님이 그리워하시는 가정을 찾지 못했는데 즐거워할 수 있습니까? 그러기에 높은 기준을 가진 도(道)는 독신생활을 주장하는 것입니다. 왜? 천륜 앞에 면목을 세울 수 없는 인간들이기 때문입니다. 내 한 자체가 하늘 앞에 역사적으로 저끄러뜨린 죄상만 해도 용납받을 수 없는데, 그런 내가 하늘이 소망하시는 가정 형태를 이룬다고 하니 하늘은 이를 용인할 수 없는 것입니다. 순서가 거꾸로 된 때문입니다.

하늘이 진정으로 그리워하시는 가정을 이루어야 할 사명을 책임지고 오셨던 예수님이 그 사명을 완전히 종결지어 가정을 이룬 후에 우리는 그의 아들딸이 되어야 된다는 말입니다.

예수님이 이루고자 하셨던 가정은 어떤 가정일 것인가? 여러분이 살고 있는 그런 가정이 아닙니다. 절대로 아닙니다. 여러분이 하늘 앞에 갈 때는 동서 사방으로 다 갈라집니다. 죽어서 갈 때에 '이 사람은 내 아내인데, 아버지, 데리고 왔습니다' 할 수 있습니까? '저기 우리 아들딸이 있는데, 제가 천당 가면 같이 보내 주십시오' 할 수 있어요? 없습니다. 당당

2. 예수님의 청년기

코 '아버지여, 혈통적인 인연이 있는 이들을 하늘을 대신하여 사랑할 자신이 있습니다' 하는 아들딸, 혹은 남자나 여자를 하늘은 만나본 적이 없다는 것입니다. 그것이 하나님의 한입니다.

예수님은 이런 문제를 해결하기 위해 오셨습니다. 하늘 가정을 찾아 헤매시던 예수님이었습니다. 그런 견지에서 예수님께서는 "여우도 굴이 있고 공중의 새도 거처가 있으되 오직 인자는 머리 둘 곳이 없다(마 8:20)" 하신 것입니다. 그를 아무리 편안하고 좋은 곳에 모신다 해도 그곳은 하늘이 그리워하시는 곳과는 천양지차라는 것입니다. 거리에 누워 잠을 잘지라도 거기에 하늘이 함께 하신다면, 예수님에게는 그곳이 보금자리였던 것입니다.

4천년 동안 준비한 이스라엘 민족이 예수님께서 땅 위에 오셔서 하나님이 같이하실 수 있는 가정을 이루게 될 때 그 가정을 중심삼고 단결하였으면 틀림없이 제사장 국가가 되었을 것입니다. 하늘의 혈족으로서, 하늘의 가정으로서 이 세상을 통치할 수 있었을 것입니다. 그런데 예수님이 죽으니 하늘의 혈족이 끊기게 된 것입니다. 그 예수님께서 최후에 남긴 것은 신랑 신부라는 명사입니다. 신랑 신부, 참부부. 참부부인 동시에 참부모의 입장에서 하나님이 최초의 아담 해와에게 허락하신 본연의 기준을 4천년 만에 다시 세워서 이루어야 할 예수님이었습니다. 그런데 예수님이 죽음으로 말미암아 그 뜻을 종결짓지 못하였기 때문에 오늘날까지 허덕이고 있는 것입니다.

3. 예수님과 세례 요한

세례 요한의 격위(格位)와 사명

015 - P.245, 1965.10.17

오늘날 기독교 신자들은 예수님이 천사장의 나팔 소리와 함께 구름 타고 다시 오신다고 하는데, 그렇지 않습니다. 그러기 전에 이 땅 위에 천사장의 사명을 완결지을 수 있는 하늘의 충신이 나와야 됩니다. 그리하여 '내가 온 것은 내 뜻을 위해서가 아니라 하나님의 아들의 뜻을 위해서다' 라고 선포하는 자가 나와야 하는 것입니다. 그와 같은 일이 예수님 당시에도 벌어졌습니다. 그 사명의 대표적인 중심 존재가 세례 요한이었지요. 그래서 그는 '회개하라 천국이 가까왔나니! 내가 온 것은 나를 위해서가 아니라 그를 증거하기 위해서다' 라고 했습니다.

그 세례 요한은 종으로 와서 이스라엘 나라 전체를 대표하여 타락한 직후의 아담의 자리를 복귀해야 했습니다. 타락 직후의 아담의 자리, 타락하지 않은 아담의 자리로 연결될 수 있는 그 자리를 복귀해야 했던 것입니다. 타락한 이 세상에서 타락하지 않은 아담의 자리를 복귀하여 세상의 모든 권한을

3. 예수님과 세례 요한

그에게 상속해 주기로 약속해야 할 대표자가 세례 요한이었던 것입니다.

'회개하라 천국이 가까왔다'는 말은 세례 요한 개인의 말이 아니었습니다. 그것은 전 이스라엘 역사를 대표하고, 이스라엘 민족을 대표한 말이요, 4천년 역사를 대표하고, 이 지구상에 살고 있는 전인류를 대표하는 말이었던 것입니다. 또 세례 요한이 예수님께 세례를 준 그 자리는 역사적인 모든 책임을 상속하는 자리였습니다. 그 다음부터 예수님은 출발하게 되는 것입니다.

그것이 무엇입니까? 이 땅에 아직까지 하늘의 충신이 나오지 않았다는 것입니다. 충신이 나오려면 이 땅 위에 참다운 하나님의 아들이 나와야 됩니다. 천사장은 그 하나님의 아들을 모심으로서 하늘 앞에 충신의 도리를 다해야 하는 것입니다. 하나님의 아들을 사랑함으로 말미암아 충신의 기준이 결정되는 것입니다. 그렇기 때문에 역사적인 이 종말시대에 기필코 하나님이 사랑하실 수 있는 아들이 나와야 됩니다. 그래야 충신이 결정되는 것입니다.

하나님이 세례 요한을 불러 세우신 것은 그때까지 4천년 동안 하나님과 대결해 온 사탄의 괴수 천사장, 하나님을 배반한 그 천사장 말고 하나님을 위해 충성을 다짐하고 나서는 천사장의 입장을 대신하게 하기 위해서였습니다. 예수님께 충성을 다하고, 예수님을 위하라는 것이었습니다. 예수님의 어려움을 자기의 어려움으로 알고 그것을 헤쳐 나가기 위해 있는 힘을 다하라는 것이었습니다. 그런데 세례 요한이 그러한 책임을 다하지 못했습니다. 그래서 역사적인 슬픔은 더욱 가중되지 않을 수 없었던 것입니다. 세례 요한의 제자들은 예수님의 제자가 되어야 했고 세례 요한은 예수님의 세 제자 가운데 들어가야 했던 것입니다. 세례 요한을 환영하던 수많은 무리들은 예수님을 환영하는 무리가 되어야 했습니다. 그리하여 세례 요한은 신랑 신부의 본연의 이름을 갖춘 하나님의 아들딸 앞에 충성한 천사세계의 대표적 실체로 나타난 자로서 천사세계를 이끌고, 실체 사탄세계를 방비해야 했던 것입니다. 하나님이 찾아오실 수 있는 천사장의 실체목적을 완결한 세례 요한이 되어야 하는데, 그가 그 사명을 완결하지 못했기 때문에 예수님이 그 사명까지 책임지지 않으면 안 되었던 것입니다.

그래서 종 되는 도리가 생긴 것입니다. '내가 섬김을 받으러 온 것이 아니라 섬기러 왔노라'고 했지요? 하나님의 아들이 그러는 법이 어디 있습니까? 신랑으로서 있을 수 없는 일이었습니다. 그러기에 영광 가운데 출발해야 했던 예수님은 슬프고 원통한 종의 멍에를 쓰고 출발하지 않으면 안 되었던 것입니다. 그런 역사적인 과정이 남아 있기에 그 고개를 넘기 위해 나온 것이 기독교의 2천년 역사입니다.

그러면서 하나님은 민족적 섭리를 세계적 섭리로 끌고 나오신 것입니다. 역사를 이끌고 나가는 데는 역사의 내부를 전부 청산해야 합니다. 청산하는 데는 개인적으로, 가정적으로, 국가적으로, 세계적으로 전부 청산해야 합니다. 본래는 만민이 받들어 발전시켜 나가야 하는 것이 하늘의 섭리임에도 불구하고 인간들이 그 책임을 못 했기 때문에 역사는 점점점점 발전해 나온 것입니다. 하나님은 그러한 외적인 역사에 보조를 맞추면서 내적으로는 역사의 목적과 때를 이루기 위해서 준비해 오셨습니다.

3. 예수님과 세례 요한

엘리야의 대신자로 온 세례 요한

252 - P.132, 1993.11.14

　야곱 가정에서 12형제가 하나 안 되었습니다. 또 레아와 라헬이 싸웠어요. 레아가 욕심을 가지고 자기 몸종들을 시켜 낳게 한 네 형제를 합해서 10형제가 나와 가지고 북조 이스라엘이 되었고, 라헬의 요셉과 베냐민 지파를 중심삼고 남조 유대가 되었습니다. 가정적으로 하나 안 되었기 때문에 민족적으로 갈라져 나가는 것입니다.

　그래서 예수님시대에 와서 엘리야를 보내 가지고 이걸 하나 만들지 않으면 안 되는 것입니다. 원래는 엘리야를 중심삼고 종족시대에서 하나 만들려고 했습니다. 그래서 850명의 바알신과 아세라신을 섬기는 선지자를 불살라 죽여 가지고 살아 있는 하나님을 중심삼고 전부 규합하려고 했는데, 자기들의 선지자와 신들을 죽여 놓으니까 잡아 죽이려고 한 것입니다. 그러니 엘리야가 도망가 가지고 '나를 데려가 주십시오' 하고 빌 때 하나님이 말하기를 '아직까지 바알에게 굴하지 않은 7천 여 무리가 있다'고 한 것입니다.

　하나님 입장에서는 가인 아벨이 하나 안 되면 안 되는 것입니다. 장자권 복귀를 못 하면 큰일나는 것입니다. 이것이 종족적으로 이루어지지 않았기 때문에 예수님시대, 국가시대에 있어서 엘리야와 같은 대신자로 부른 것이 세례 요한입니다.

　세례 요한이 예수님시대에 실패했다는 것입니다. 엘리야가 세례 요한으로 온 것을, 사람으로 올 줄 누구도 생각하지 못했다는 것입니다. 엘리야는 9백년 전에 불수레를 타고 영계에 올라갔으니 불수레를 타고 올 줄 알았는데 불수레도 안 왔다구요. 그 시대에 있어서 구약성경 믿는 유대 백성들은 말라기 성경에 의해서 엘리야가 불수레를 타고 와 가지고 메시아가 오기 전에 전부 준비하고 갈 길, 첩경을 바르게 하고 모든 것을 가르쳐 준다고 알고 있었습니다. 그런데 엘리야도 하늘로부터 내려오지 않았는데 세례 요한을 대해 예수님이 '세례 요한이 엘리야다' 한 것입니다.

구약성경에는 엘리야가 온다면 불수레를 타고 온다고 했는데 불수레를 타고 내려오지 않았지 않느냐 이겁니다. 그걸 믿을 법이 없어요. 그래서 세례 요한한테 가서 물어 보니까 자기는 엘리야가 아니라고 얘기했다 이겁니다. 그러나 세례 요한은 요단강에서 세례를 줄 때 예수님에 대해 하나님의 어린 양이라고 하고 성령이 비둘기같이 임한다고 틀림없이 메시아인 것을 알고 증거했는데, 가만 보니까 예수님이 그렇지 않다는 것입니다. 예수님의 족보를 세례 요한이 다 알고 있다구요. 그 아버지가 누구라는 걸 다 알고 있다구요. '그런 사람이 메시아 될 수 없다'고 부정하지 않을 수 없었다는 것입니다.

세례 요한은 헤롯에게 첩을 가졌다고 비난하다 목 베여 죽었습니다. 그가 그렇게 죽을 사람이 아닙니다. 예수님과 하나 되었으면 그가 왜 죽어요? 그건 탕감법에 의해서 안 그럴 수 없는 것입니다.

예수님과 세례 요한을 중심한 섭리

243 - P.199, 1993.1.10

예수님은 핏줄을 맑게 해서 태어난 하나님의 첫 번째 아들이기 때문에 독생자라고 하는 것입니다. 하나님으로 볼 때,

3. 예수님과 세례 요한

하나님편에서 혈대를 맑힌 첫아들로 태어났기 때문에 독생자라고 하는 것입니다. 4천년을 통해서 이 놀음을 한 것입니다. 마리아가 해야 할 것은 아벨 입장인 예수님과 가인 입장인 세례 요한을 하나 만드는 것입니다. 가인과 아벨, 에서와 아벨은 전부 싸웠지만 예수님과 세례 요한은 하나되어야 합니다. 그래서 세례 요한은 가인 입장의 형님이고 예수님은 아벨 입장의 동생입니다. 예수님과 세례 요한이 하나되었어야 할 것인데, 갈라진 것입니다. 이것을 하나 만들어야 할 책임을 마리아가 했다면 예수님은 할 필요가 없었습니다.

에덴동산에서 가인 아벨이 갈라진 것과 같이 역사시대에 예수님을 중심하고 우익과 좌익으로 갈라진 것입니다. 가인 아벨로 갈라진 것입니다. 또 종교도 가인 종교인 이슬람교와 아벨 종교인 기독교로 갈라졌습니다. 세례 요한의 어머니와 예수님의 어머니는 레아와 라헬과 같이 형제간입니다. 레아와 라헬이 하나되어 가지고 가인과 아벨을 하나 만들어야 하는데, 레아와 라헬은 둘이 싸웠습니다. 그래 가지고 이스라엘 10지파와 유대 2지파로 갈라져 가지고 역사적으로 서로 원수가 된 것입니다.

세례 요한의 어머니와 마리아는 이종사촌간이기 때문에 예수님을 일찍 장가보냈으면 하나가 될 수 있었습니다. 세례 요한의 동생하고 예수님이 결혼했으면 갈라지지 않고 하나가 될 수 있었다는 것입니다. 하늘편의 여자가 없기 때문에 가인편의 여자를 빼앗아 와야 된다는 것입니다.

하늘편에는 여자가 없습니다. 예수님이 아담의 대표자로 태어났으나 여자가 없었습니다. 그러니 가인편, 사탄편이 빼앗아 간 것을 찾아와야 합니다. 찾아온다고 할 때는 어디가 제일 가까우냐? 세례 요한의 동생을 예수님의 상대자로 삼아 결혼시키면 그것이 제일 가깝다는 것입니다. 그랬더라면 세례 요한도 예수님과 자연히 하나가 되는 것입니다. 그렇게 결혼이 이루어졌더라면 그때 예수님을 통하여 깨끗한 핏줄이 이어져 가지고 예수님의 후손이 기독교를 전부 다 통일해 가지고 교파 없이 세계가 통일 된 지 오래되었을 것이라는 것입니다.

어머니들이 하지 않으면 예수님이 세례 요한과 하나되어 가지고 어머님을 택해야 되는 것입니다. 가인 아벨을 복귀해서 어머니를 복귀하는 것과 같이 예수님과 세례 요한이 하나되었으면 어머님을 찾아 세울 수 있는 길이 벌어지기 때문에 여기서 하나될 수 있었다는 것입니다. 아벨 입장에 있는 예수님과 가인 입장에 있는 세례 요한이 하나되었더라도 어머니를 찾아 세울 수 있었고, 반대로 어머니들이 싸우지 않고 하나되었어도 단일민족이 벌어질 수 있었다는 것입니다. 통일이 벌어질 수 있었다구요. 어머니들이 하나되어 아들들에게 협조했어도 어머님을 찾아 세울 수 있었고, 아들들이 하나되었어도 어머니를 찾아 세울 수 있었는데, 이것을 못 한 것이 이스라엘 비운이었습니다.

가정이 이런 것과 마찬가지로 국가적인 차원에서 보면 이스라엘 나라가 가인이고 유대교가 아벨이었습니다. 이것이 하나되어야 하는 것입니다. 이스라엘이 가인이고 유대교가 아벨로서 국가적 차원에서 하나되었더라면 여기에서 어머님을 맞는 것입니다. 가인 아벨이 하나되어 어머님을 찾는 것입니다.

3. 예수님과 세례 요한

041 - P.247, 1971.2.16

예수님의 수제자가 되어야 했던 세례 요한

예수님 가정이 그를 믿고 철옹성 같은 울타리가 되었다면 열두 제자는 누가 되는지 알아요? 베드로 같은 어부나 무식한 사람들이 되는 것이 아니라 예수님의 형제들이나 사촌, 육촌, 팔촌 등 문중에서 되는 것입니다. 그런데 예수님의 제자들이 예수님의 사촌이나 사돈의 팔촌이라도 되는 거예요? 아니라는 것입니다. 그러기에 마태복음 11장을 보면 "너희는 무엇을 보려고 광야에 나갔더냐. 바람에 흔들리는 갈대냐 부드러운 옷을 입은 사람이냐 부드러운 옷을 입은 자들은 왕궁에 있느니라(마 11:7~8)" 또 "세례 요한의 때부터 지금까지 천국은 침노를 당하나니 침노하는 자는 빼앗느니라(마 11:12)"고 기록되어 있습니다.

본래는 세례 요한이 예수님의 수제자가 되어야 하는 것입니다. 세례 요한이 광야에 나갔던 것은 예수님을 만나기 위해서 예수님께 세례를 해주기 위해서 나갔던 것입니다. 그런데도 불구하고 세례 요한은 예수님에게 제자들을 보내어 "오실 이가 당신이오니이까 우리가 다른 이를 기다리오리이까(눅 7:19)" 하고 수작을 했던 것입니다. 그래, 천국은 힘쓰는 자가 빼앗는 거 아니냐는 것입니다. 세례 요한 자신이 이루어야 할 천국을 힘쓰는 베드로가 빼앗아 버린 것입니다. 그렇기 때문에 예수님은 "여자가 낳은 자 중에 세례 요한보다 큰 이가 일어남이 없도다. 그러나 천국에서는 극히 작은 자라도 저보다 크니라(마 11:11)"고 말씀하셨던 것입니다. 세례 요한이 못생겨서 그런 얘기를 한 거예요? 여인에게서 낳은 자 중에 컸으면 영계에 가서도 커야 되는데 거꾸잡이라구요.

선지자는 예수님을 증거하는 것이 사명입니다. 과거의 모든 선지자들은 예수님을 증거하는 증인으로서 예수님을 보지 못하고 미래를 바라보며 예언적인 증거를 했지만, 예수님의 실체를 보고 증거할 수 있는 사람은 세례 요한밖에 없었던 것입니다. 그러니 세례 요한이 제일 큰 선지자라구요.

그러나 예수님을 모시는 데 있어서 세례 요한은 맨 꼴찌라는 것입니다. 영계에 간 수많은 선지자들은 먼 미래를 두고 메시아를 증거했습니다. 메시아를 직접 모시는 입장은 아니지만 영계에서 예수님을 메시아로 모시고 있다는 것입니다. 그런데 세례 요한은 예수님을 모시는 데 있어서는 맨 꼴찌라는 것입니다. 그렇기 때문에 지극히 작은 자라도 그보다 크다고 했던 것입니다.

세례 요한과 예수님은 가인 아벨

274 - P.133, 1995.10.29

사가랴하고 엘리사벳하고 세례 요한이 직계입니다. 정통이에요. 정통이고 사가랴하고 마리아하고 예수님은 뭐예요? 첩이에요, 첩. 정통을 통해 가지고는 복귀가 안 돼요. 여기서 새로운 가지를 통해서 거꾸로 가야 돼요. 거꾸로 가야 된다구요. 첩이 정처가 되고, 첩이 본처가 되고 본처가 첩이 돼야 된다는 것입니다. 나중 것이, 아벨이 형님 것을 차지해야 된다구요.

엘리사벳하고 마리아는 이종사촌이에요. 그렇기 때문에 남자에서 가인 아벨을 복귀한 것과 마찬가지로 여자도 형제 가운데서 아벨을 복귀해야 되는 것입니다. 이러지 않으면 돌아

3. 예수님과 세례 요한

갈 길이 없습니다. 이런 노정을 풀기 위해서 야곱가정에서 흘러나온 모든 실패의 원인을 사가랴가정과 예수님가정에서 다시 청산 지어야 되는 것입니다.

그러면 엘리사벳은 레아와 같이 라헬을 죽인 것이 아니라 라헬과 같은 마리아를 도와서 자기 신랑 품에 품기게 하는 것입니다. 남편을 옮겨 주는 것입니다. 세상에 이런 법이 어디 있어요? 하나님의 복귀섭리가 이런 법이 어디 있느냐 이거예요. 하늘로 돌아가려면 이러한 엄청난 놀음을 해야 되는 것입니다. 그게 누구냐 하면 동생한테 자기 남편을 소개해 주는 것입니다.

그럼으로 말미암아 레아가 라헬을 죽이려고 하던 반면에 이런 죽음의 길을 각오하더라도 하늘의 지시에 따라 가지고 자기 동생을 생명 이상 존중시하는 데 있어서 자기 남편에 품기게 한 것입니다. 한 번 만나 가지고 애기를 배요? 한 달도 걸릴 수 있고 길면 십년도 걸릴 수 있는 일이에요. 예수님을 밸 때는 엘리사벳은 아들이 아니고 딸이면 좋겠다고 생각했을 것입니다. 딸은 시집보내면, 쓱싹 치워버리면 되지만 아들이기 때문에 문제되는 것입니다.

섭리의 뜻적으로 볼 때 하나님의 눈에는 예수님이 장자가 되고 세례 요한은 차자가 돼야 된다는 것입니다. 사탄의 눈에는 세례 요한은 장자고 예수님은 차지의 입장에서 절대복종해야 할 입장이에요. 이걸 뒤집어 박아야 된다구요. 그렇지 않으면 못 돌아간다는 것입니다.

그러면 세례 요한과 예수님은 가인 아벨이에요. 천사장과 아담의 자리입니다. 에덴동산에서 타락할 때 천사장과 아담의 자리인데, 그러면 예수님이 결혼할 수 있는 상대는 누가 돼야 되느냐? 아무나 할 수 없어요. 천사장은 가인이에요. 가인적 자리의 천사장이 아담의 동생을 훔쳐 갔어요. 해와가 누구냐 하면 아담의 동생이에요. 동생을 훔쳐갔습니다. 탕감복귀원칙에 있어서 가인의 동생을 아담이 찾아와야 돼요. 그 말은 뭐냐 하면 세례 요한의 누이동생을 아내로 삼아야 된다는 것입니다. 그게 누구냐 하면 이복동생입니다. 이게 문제예요. 이복동생과 결혼하지 않으면 안 된다는 것입니다. 이러한 엄청난 사실이 벌어져야 된다는 것입니다.

해와 복귀의 중심 사명을 해야 했던 세례 요한

050 - P.197, 1971.11.7

그러면 그 국가와 교회를 대표해 가지고 평면적인 입장에 있어서 역사를 대표한 실체적 천사장이 누구냐? 세례 요한입니다. 세례 요한과 신부와 아담 대신인 예수님이 하나되었던들 예수님 앞으로 해와가 돌아가고 해와 앞에 천사장 대신인 세례 요한이 돌아갔을 것입니다. 에덴동산에서 타락할 때에 천사장을 중심삼고 해와를 끌어갔고 해와를 중심삼고 아담을 끌어갔던 것을 반대로. 천사장 대신인 실체 세례 요한을 중심삼고 요한과 요셉이 마리아의 주선에 따라서 하나의 신부를 예수님 앞에 돌려드렸더라면, 그 신부를 중심삼은 유대교도 예수님 앞으로 돌아갔을 것이요, 유대교를 중심삼은 이스라엘 나라도 예수님의 통치권 내에 설 수 있는 나라가 되었을 것입니다.

이렇게 되었더라면 어떻게 되었을 것이냐? 예수님과 신부가 하나될 수 있는 인연을 맺었더라면 에덴동산에서 천사장

3. 예수님과 세례 요한

과 해와와 아담이 실수했던 것을 이 지상에서, 즉 평면적인 입장에서 탕감복귀해 가지고 비로소 새로운 가정의 출현을 볼 수 있었을 것입니다.

섭리역사의 중심이 누구냐 할 때에 개인의 중심은 예수님입니다. 그 예수님 때문에 지금까지 종교를 세워 나왔습니다. 그 종교는 예수님 앞에 흡수되기 위한 것입니다. 흡수되는 데 있어서는 그냥 그대로 흡수될 수 없습니다. 원리적인 탕감 내용에 따라서 흡수되어야 되는 것입니다. 흡수되기 위해서는 반드시 천사장이 해와를 유인하는 데 있어서 동기가 되었던 것을 거꾸로 해서 해와를 찾아야 합니다. 해와를 찾는 데에 동기가 되어야 할 사람이 예수님이 되어서는 안 되는 것입니다. 천사장의 입장에선 요셉이나 세례 요한이 동기가 되어야 됩니다. 가정적 천사장의 입장이 요셉이요, 교회적 천사장의 입장이 세례 요한이며, 국가적 천사장 입장이 그때의 총독이 되어야 되는 것입니다.

이러한 3대 천사장권이, 가정과 교회와 더불어 국가가 일치되어 가지고 예수님 앞에 일치되었더라면, 여기서부터 하늘의 섭리로서 찾아 나오던 중심 개인이 결정되는 것이요, 중심 개인으로서 자리를 잡고 설 수 있는 자리가 결정되는 것이요, 그 개인이 결정됨으로 말미암아 비로소 가정이 결정되는 것입니다. 그렇기 때문에 개인 예수님을 두고 볼 때 그는 이스라엘 나라의 중심적인 존재요, 유대교의 중심적인 존재인 것입니다. 그리고 가정을 중심삼곤 볼 때에도 예수님과 신부가 하나된 그 가정은 모든 가정의 중심이 되는 것입니다.

모든 개인의 중심이 결정되었으니 모든 가정의 중심이 결정되는 것입니다. 그 중심 가정과 중심 개인은 사탄세계보다도 위에 선 가정이요, 개인입니다. 여기서부터 비로소 천국이 형성되는 것입니다. 거기서부터 하나의 국가가 형성되는 것입니다. 그렇게 되었다면 이 국가는 하늘이 찾고자 하는 섭리적 중심국가로 남아졌을 것인데, 모두가 반대함으로 말미암아 예수님이 설 수 있는 가정이 없어졌고, 예수님이 설 수 있는 교회가 없어졌고, 예수님이 설 수 있는 나라가 없어졌습니다. 예수님을 위해 세워진 이스라엘 나라요, 예수님을 위해 만든 유대교요, 예수님을 위해 세운 요셉가정, 사가랴가정이었는데도 불구하고 그 나라가 반대하고, 그 교회가 반대하고, 그 가정이 반대했다는 것입니다.

다시 말하면 에덴동산에서 천사장을 중심삼고 타락한 것을, 아담 해와를 놓고 가정적 천사장과 교회적 천사장과 국가적 천사장을 일시에 굴복시키려 했던 그 터전이, 이스라엘 나라와 유대교와 요셉가정이 예수님과 하나되지 못하는 입장에 서게 됨으로 말미암아 완전히 깨져 버렸습니다. 완전히 깨져 버렸다는 것입니다. 그런 자리에 몰려 가지고 예수님은 할 수 없이 십자가에 돌아가게 된 것입니다. 십자가에 돌아가는 예수님의 운명의 자리는 이스라엘 나라의 종말을 고하는 자리요, 유대교의 종말을 고하는 자리요, 축복해 세웠던 요셉가정과 사가랴가정, 그 가문의 종말을 고하는 자리로서 지상에 있어서 지극히 비통한 자리요, 장면이었다는 것을 우리는 알아야 합니다.

그렇기 때문에 하나님의 섭리 가운데서 찾아 세운 그 나라는 간데 없이 사라져 버렸습니다. 교회도 간데 없이 사라져 버렸고, 가정도 간데 없이 사라져 버렸습니다. 이 한 나라와 교회와 가정을 세우기 위하여 4천년 동안 사탄과 대결하여

3. 예수님과 세례 요한

수많은 싸움을 거치고 수많은 역경을 가려 가지고 남겨 놓았던 것이 전부 다 무너졌기 때문에, 사탄이 그 나라와 그 교회와 그 가정을 송두리째 집어삼키지 않을 수 없었다는 것입니다.

사명을 완수하지 못한 세례 요한

073 - P.214, 1974.9.18

유대교인들이 엘리야가 구름 타고 올 줄 믿고 몰라서 예수님을 반대했지만, 예수님을 증거한 세례 요한은 예수님을 믿었느냐 알아봅시다. 마태복음 11장 2절 이하를 보면 우리는 알 수 있습니다. 세례 요한의 제자들이 나가 전도하는데, 세례 요한에게서 세례받은 예수님한테로 모든 사람이 몰려갔습니다. 그래서 제자들이 세례 요한에게 하는 말이 '선생님한테서 세례받은 예수님께로 모든 사람이 가나이다'라고 보고했다구요.

그래서 감옥에 있는 세례 요한이 제자를 보내 예수님에게 물어 보는 것입니다. 요단강가에서는 '세상 죄를 지고 가는 하나님의 어린양을 보라'고 하더니, 이제 와서는 제자를 보내어 예수님을 의심했지 않느냐 말입니다. 그가 바로 왕의 연애 사건에 휘말려 옥중에서 죽게 됐어요. 예수님께 사람을 보내어 묻는 그 말을 보면 세례 요한이 예수님을 믿었어요, 안 믿었어요? '오실 그이가 당신이오니이까, 우리가 다른 이를 기다리오리이까?' 그러한 말을 듣게 될 때에 예수님의 마음이 어떠했겠습니까? 세상 천지에 교회와 나라와 백성이 전부 다 반대하고 누구 하나 지지하는 사람이 없지만, 그래도 요단강가에서 자기를 증거한 세례 요한 하나만은 자기를 지지할 줄 알았는데, 그마저 그러니 기가 막혔다는 것입니다.

그러니 마태복음 11장 6절을 보라구요. 예수님께서 말하기를 '누구든지 나를 인하여 실족하지 아니하는 자는 복이 있도다' 고 했습니다. 그건 누구를 지적한 거예요? 세례 요한을 지적한 것입니다. 그 다음에 세례 요한의 제자들이 떠나고 예수님께서 무리에게 세례 요한에 대하여 풍자적으로 들이 때리기를, '너희가 무엇을 보려고 광야에 나갔더냐. 바람에 흔들리는 갈대냐 부드러운 옷을 입은 자냐 그런 자들은 궁중에나 있다. 그러면 너희가 어찌하여 나갔더냐' 고 들이쳤던 것입니다.

그 다음에는 11절을 보세요. 성경을 잘 보라구요. 마태복음 11장 11절에 나온 말씀을 봐요. 예수님이 기가 막혀 가지고 세례 요한을 다시 공격하는 말이 '여인이 낳은 자 중에 세례 요한보다 더 큰이가 일어남이 없도다. 그러나 천국에서는 극히 작은 자라도 저보다 크다' 고 들이쳤던 것입니다. 그러면 영계에 간 사람들이 많은데 왜 그렇게 반대적인 현상이 벌어지느냐 이겁니다.

모든 선지자의 사명은 오실 메시아를 증거하는 것입니다. 과거에 왔다 간 선지자들은 메시아를 증거하는 데도 먼 역사적 거리를 두고 증거했지만, 세례 요한은 메시아를 증거하는 데 있어서 직접 증거했습니다. 그러니 증거라는 입장에서 보면 제일 크지 않을 수 없다는 것입니다. 그런데 왜 천국에서 제일 작으냐? 천국에 있는 모든 선지자들은 이 땅 위에서 핍박받는 예수님이 메시아인 줄 알고 믿고 모시고 있다는 것입니다. 다 그렇게 알고 모시고 있다는 것입니다. 그러니 작을

3. 예수님과 세례 요한

수밖에. 작다는 것입니다. 작아야 되는 것입니다.

12절을 보면, '세례 요한의 때부터 지금까지 천국은 침노를 당하나니 침노하는 자만이 천국을 빼앗는다'고 했습니다. 그러니 예수님과 세례 요한 사이에 천국 쟁탈전이 벌어졌다 그 말입니다. 힘쓰지 못했다는 것을 증거한 것입니다. 만일에 힘 썼으면 어떻게 됐을 것이냐? 힘 썼더라면 수제자는 베드로가 되는 것이 아니고 세례 요한이 되는 것입니다. 이것을 알아야 되겠습니다.

만일에 세례 요한이 수제자가 됐더라면, 열두 제자인 사도들과 세례 요한의 제자들과 70문도, 120문도, 세례 요한을 따르던 모든 사람들도 메시아 되는 예수님하고 하나됐을 것이기 때문에, 예수님을 잡아 죽이는 일은 벌어지지 않았다는 것입니다. 그랬다면 누가 죽이겠어요? 하나님이 준비한 선지자 되는 세례 요한이 유대교의 고위층과 모든 서기관들을 합하여 가지고 예수님과 하나되게끔 했어야 합니다. 그 일을 하도록 준비한 대표자가 세례 요한이 아니었더냐? 그건 틀림없어요.

그러면 세례 요한에게 그런 자격이 없었더냐? 그걸 알아봅시다. 14절까지 계속 읽어보면 '모든 선지자와 율법에 예언한 것이 요한까지니 만일 너희가 즐겨 받을진대 오리라 한 엘리야가 곧 이 사람이니라' 했습니다. 세례 요한을 구약성경의 열매라고 예수님이 그랬습니다. 구약성경의 열매 되는 세례 요한이 예수님과 하나됐더라면 신약이 출발을 하는 겁니다. 만인의 주님이 되었다면 무식한 사람들을 제자 삼지 아니했다는 것을 알아야 되겠습니다. 할 수 없이, 할 수 없으니까 그랬다는 것입니다.

요한복음 3장 30절에 보면, 세례 요한이 제자들에게 예수님을 대해서 증거하여 말하기를 '그는 흥하여야 하겠고 나는 쇠하여야 하리라'고 했습니다. 그렇게 답변한 세례 요한의 말에 대하여, 오늘날 기독교인들은 세례 요한이 겸손하고 온유하기 때문에 그런 대답을 했다고 위대한 선지자로 모셔 왔습니다. 그렇지만 사실은 정반대의 내용이었다는 것을 우리는 알아야 되겠습니다. 기독교인들은 그를 선하고 높은 분으로 본다구요. 그 말이 뭡니까? 세례 요한이 메시아하고 행동을 같이했다면, 메시아가 흥하면 세례 요한도 흥하는 것이요, 메시아가 망하면 세례 요한도 따라서 망할 것입니다. 그런데 왜 두 갈래 길이 생겨날 수 있었느냐? 그것은 세례 요한이 예수님과 행동을 같이하지 않았다는 확실한 증거인 것을 알아야 되겠어요.

세례 요한이 사명을 다할 수 없었던 것은 엘리사벳의 무지 때문

052 - P.120, 1971.12.25

세례 요한은 영계가 역사했을 때는, 자기도 모르게 예수님을 증거했습니다. 그러나 예수님이 진짜로 주님 또는 구세주라는 것은 꿈에도 생각지 않았습니다. 세례 요한은 30년 동안 그의 생애의 대부분을 바쳐 주를 위한 길을 준비해 나오면서, 그는 흔히 사람들이 상상하듯 주는 굉장해 보이는 사람이요, 외적으로 못하는 것이 없는 사람일 거라고 기대했습니다. 여러 가지 면에서 이 사람은 실제의 자신보다 훨씬 뛰어나야 했고, 훨씬 숭고해야 했고, 훨씬 훌륭한 사람이어야 했습니다. 그는 자기의 사촌이 주가 되고, 세계의 구세주가 되리라고는

3. 예수님과 세례 요한

꿈에도 생각지 못했습니다.

예수님은 여러 면에서 요한과 비교도 안 됐습니다. 세례 요한은 믿음의 길을 걸었고, 높은 교육을 받았고, 사람들에게 많은 놀라운 것들을 보여 주었습니다. 목수의 조수인 예수님에게서는 사람들이 아무것도 특별한 것은 발견할 수 없었습니다.

예수님이 세례를 받으려고 세례 요한에게 왔을 때, 세례 요한은 영적으로 감동되어서 예수님을 증거했습니다. 세례 요한은 성령이 비둘기같이 예수님 위에 내리는 것을 보고, '이는 내가 기뻐하는 사랑하는 아들이요, 그가 세상을 구원하리라'는 소리를 들었을 때는, 예수님을 증거했습니다. 그러나 그가 제정신으로 돌아왔을 때는 달랐습니다. 성령이 자기에게서 가 버리고 나자 그것은 꿈만 같았습니다.

세례 요한의 사명은 예수님이 올 때까지였습니다. 그래서 예수님을 증거한 후에는 기쁘게 자기의 모든 제자들을 데리고 와서 예수님을 따라야 했습니다. 온 이스라엘 민족이 그를 가장 위대한 예언자라고 믿었습니다. 그러면 예수님을 증거하고 난 후에, 무엇이 세례 요한이 예수님을 따르지 못하게 했겠어요? 거기에는 큰 이유가 있었습니다. 그는 예수님이 서자라는 소문을 들었습니다. 세례 요한은 예수님을 사촌으로도 생각하지 않았습니다. 그의 어머니 엘리사벳이 그에게 그렇게 말했던 것입니다.

엘리사벳과 마리아 그리고 세례 요한과 예수님 사이에는 어떤 감정이 있었습니다. 세례 요한은 고등 교육을 받아 존경을 받았고, 위대한 예언자로 인정받았는데, 예수님은 일상적인 문제에 대해서도 무식하고, 충분히 교육도 받지 못한 것으로 알려졌습니다.

세례 요한의 실수로 부모의 사명을 다하지 못하고 가신 예수님

160 - P.101, 1969.1.3

우리 인간은 무엇으로 태어났느냐? 하나님의 적자로 태어나지 않고 사탄의 적자로 태어났습니다. 그것이 지금까지의 내용입니다. 이런 내용을 복귀하기 위해서 예수님이 오신 것입니다. 이런 사명을 탕감하기 위해서 태어난 것입니다.

그렇기 때문에 유대 나라는 어떻게 되어 있었느냐? 하나님께서 부모는 없지만 자녀 형태를 중심삼은 가정형태, 친척형태, 씨족형태, 민족형태, 국가형태를 다 이루어 놓았던 것입니다. 이것이 선민사상입니다. 이 선민권을 만들어 가지고 거기에 하나의 주권을 중심삼아, 거기에 메시아가 와 가지고 하나의 국가 주권만 가졌으면 하늘과 땅이 연결된다는 것입니다.

연결되는 데는 어떻게 연결되느냐? 전체가 하나같이 전부 다 연결되는 것이 아니고 요렇게 된다는 것입니다. 이렇게 연결되어서 여기서 옮겨져 가지고 점점점점 종족·민족·국가·세계가 되면 완성되는 것입니다. 국가 기준은 이 기준이라는 것입니다. 핵심적인 기준이 연결된다는 것입니다.

과거에는 이것이 연결 안 되어 있었기 때문에 언제든지 믿는 사람들은 정성들여 가지고 하늘을 찾아갔던 것입니다. 하늘과 인간이 만나는 데는 언제든지 인간은 하늘로 올라가야 되고 하늘은 내려와서 공중에서 만났어요. 꿈속에서 만났다는 것입니다. 그런데 이것이 땅 위에 연결됨으로 말미암아 믿는 사람이 이런 자리에 들어가게끔 됐다는 것입니다. 이것을 정적으로 대할 수 있는 사방성을 가졌기 때문에 이 중앙을 중심삼아 가지고 동서남북 어디든지 대할 수 있다는 것입니다. 뜻을 대할 수 있는 상대는 어디든지 있다는 것입니다. 민족

3. 예수님과 세례 요한

전체 가운데 뜻을 대할 수 있는 사람이 있다는 것입니다. 이 기준만 결정하면 된다는 것입니다.

국가를 대표해서 이 기준을 연결시키기 위해서는 복귀역사니까 가인적인, 다시 말하면 양자와 같은 국가형이니까 그 국가를 수습하기 위해서는 양자의 대표적인 사람이 있어야 합니다. 그것이 뭐냐? 양자 대표 국가의 선지자로 나온 사람이 세례 요한입니다. 이 세례 요한은 누구냐? 아담이 타락해서 사탄세계에 끌려갔지만 다시 찾아진 아담형이라는 것입니다. 이것이 생겨난 것입니다. 그 찾아진 아담형하고 예수님하고 볼 때에 누가 사탄의 방어진을 만들어야 하느냐 하면, 타락은 아담이 했기 때문에 찾아진 아담형인 세례 요한이 완전히 막아 놔야 되는 것입니다. 이것을 완전히 막아 왔더라면 예수님은 타락하지 않은 본연의 아들 입장에 서기 때문에, 장성기 완성급을 넘어선 하나님의 사랑을 중심삼고 탄생한 분이기 때문에 사탄의 침범을 안 받는다는 것입니다.

그런데 세례 요한이 외적 기준에 있어서 타락한 아담의 복귀 사명을 완결짓지 못했다는 것입니다. 사탄을 막아 민족을 이끌어 가지고 예수님 앞에 굴복시킬 수 있는 주도적인 역할을 해야 하는데 세례 요한이 책임 못 함으로 말미암아, 꺾여 나감으로 말미암아 장성기 완성급까지…. 장성기 완성급, 여기서 타락했기 때문에 예수님은 어디서 태어났느냐 하면 타락한 아담 기준 이상의 자리에서 탄생했다는 것입니다. 타락하기 전 장성기 완성급에 올라간 그 이상의 자리에서 예수님이 하나님과 관계 맺었다는 것입니다. 그런데 소생·장성·완성급 권내까지 타락의 침범권 내에 있기 때문에, 여기서 이것을 사탄으로부터 완전히 막아 줄 수 있어 가지고 하나님만이 간섭할 수 있는 권한을 못 마련해 주게 될 때는 이 권은 다시 사탄의 침범을 받는다는 것은 자동적인 결론입니다.

그런데 예수님이 하나님의 사랑하는 아들이라면 왜 사탄에게 3대 시험을 받아야 되느냐? 이 완성권을 벗어나지 못했기 때문입니다. 완성권을 벗어났다면 사탄이 하나님의 아들을 시험할 수 없다는 것입니다. 장성기 완성급 권내에서 완성권내를 향해 넘어가야 할 그 기준에서 타락했기 때문에, 3단계 권내가 침범받는 권내에 있기 때문에 세례 요한이 꺾어지게 될 때는 사탄이 예수님까지도 시험할 수 있다는 것입니다. 예수님까지도 때려잡을 수 있다는 것입니다. 예수님까지도 타락시킬 수 있다는 겁니다. 그런 운명을 가졌다는 것입니다.

세례 요한을 중심삼아 가지고 그거 왜 복귀해야 되느냐? 그것은 종적 역사를 횡적으로 전개시키자는 것입니다. 지금까지 예수님과 아담은 종적이잖아요? 그렇지 않아요? 이 종적 역사를 횡적으로 연결하려니 옛날에 타락했던 아담 복귀형을 횡적대표자로 세움으로 말미암아 종적 역사를 횡적으로 탕감할 수 있는 기반이 성립된다는 것입니다.

세례 요한을 왜 택해 세웠느냐? 종적인 역사형을 횡적으로 탕감하기 위해서입니다. 횡적으로 벌어진 이 지구성 위에 세례 요한이 방어함으로 말미암아 사탄이 침범할 수 있는 권을 해방시키기 위한 것이 목적입니다. 그래서 민족 대표한 대표자, 국가 대표한 대표자의 권한을 가지고 예수님을 증거했고 예수님을 따를 수 있었지만 세례 요한이 책임 못 함으로 말미암아 사탄이 예수님에게까지 재침공할 수 있는 길을 열어 준 것입니다. 이것이 지금까지 수천년 비운의 역사를 연장시키게 된 동기가 된 것입니다.

4. 공생애를 중심한 예수님의 고난과 시련

예수님의 눈물과 기도

001 - P.316, 1956.12.23

하나님은 4천년 동안 서러워하시면서도 그 서러움을 나타내시지 못하셨는데 예수님은 실체적으로 눈물을 흘리시며 사셨습니다. 성경 상에는 서너 곳밖에 나타나 있지 않지만 실제 예수님께서 눈물 흘리신 숨겨진 사실은 무한히 많다는 것입니다.

하나님이 수천년 동안 섭리역사를 통해 사랑해 오신 유대 백성들을 바라보게 될 때, 어느 한 순간도 눈물 흘리지 않은 때가 없었다는 것입니다. 예수님은 하나님 앞에 기도할 적마다 눈물을 흘리셨습니다. 어렵고 외로운 일에 부딪칠 적마다 예수님은 아버지만이 알아주시는 가운데 서러워하셨다는 것입니다. 그렇지만 예수님은 이러한 서러움을 제자들에게 말하지 못하셨던 것입니다. 이런 예수님의 사정을 알아야 하겠습니다.

예수님께서 감람산에 올라가 밤을 새워 기도하시던 것이 한두 번이 아닙니다. 겟세마네 동산에서만 기도하신 것이 아닙니다.

어려운 길을 걸으시면서도 서러움의 사정을 아뢸 수 있는 곳은 하늘밖에 없었다는 것입니다. 그렇다고 해서 그 서러움을 하늘에게 맡기려고 하신 것이 아닙니다. 오히려 그 서러움을 자기가 도맡아 지게 해달라고 했던 것입니다.' 아버님이여! 저를 보고 서러워하시는 그 서러움을 제가 맡을 것이오니, 아버님이여! 저를 보시고 위안받으시옵소서! 아버님의 서러움을 제가 감당하겠사오니 서러워하지 마시옵소서' 라고 호소했던 것입니다. 그리고 '4천년의 수고를 제가 책임지겠사오니, 아버님이여, 염려하지 마시옵소서. 제가 있사오니 아버님의 소망이 남아 있다고 염려하지 마시옵소서' 라는 기도만 했던 것입니다.

예수님의 내적 30년 준비기간과 외적 3년 공생애노정

153 - P.224, 1964.1.3

예수님이 30년 동안 준비한 것이 무엇이냐? 지금까지 하나님이 내적으로 섭리한 내적 세계에 저끄러진 모든 곡절을 전부 다 풀어 놓고, 이것을 외적인 세계에 그냥 그대로 횡적으로 전개시켜서 탕감복귀하기 위한 준비기간이었어요. 30년 준비기간은 내적이요 3년 공생애노정은 외적기간으로서, 33년 기간을 통하여 완전한 아담복귀, 개체완성을 완결짓기 위해 싸워 나왔다는 것을 알아야만 되는 겁니다.

메시아로 태어난 그날부터 메시아의 행세를 하는 것이 아니라 선조들이 잘못했으면 잘못한 모든 것을 완전히 사탄 앞에 탕감하여 분별된 승리적 기반을 닦은 터전 위에서 메시아로 출발할 수 있는 것입니다. 이 땅 위에 그런 출발을 할 수 있는

4. 공생애를 중심한 예수님의 고난과 시련

발판이 있었더라면 예수님은 고난의 길을 갈 필요가 없다는 것입니다.

만일에 동방박사들 혹은 목자 등이 예수님이 준비시대로서 내적인 투쟁을 하는 30년 준비기간에 예수님의 울타리가 되어 외적인 투쟁의 기반을 닦아 놓았던들, 예수님은 외적 3년 공생애노정에서 내적인 그 모든 천적인 한을 지상에 횡적으로 전개시켜 탕감하는 데 있어서 고난의 길, 핍박의 길, 수고의 길을 가지 않고도 터전을 닦을 수 있었을 것입니다. 또 닦아진 그 터전을 중심삼고 이것을 움직여 나가서 고난을 당하되 이것을 기반으로 하여 이들과 연락할 수 있는 세례 요한을 중심한 사람들이 책임을 했더라면, 예수님은 외적인 고난에 부딪치지 않고서도 뜻을 이룰 수 있었을 것입니다. 그렇지만 그런 발판이 전부 다 깨져 나감으로 말미암아 예수님은 동방박사들, 목자들이 추구하였던 인간 대표로서의 사명을 다시 수습하고, 세례 요한을 세우시어 모든 준비의 기반을 닦아 나왔던 것까지 전부 다 수습하여 가지고야 시대 앞에 나타날 수 있다는 걸 알아야 돼요.

그렇기 때문에 길게 보면 4천년 역사를 수습해야 되었고, 자기생애를 두고 보면 30여 생애노정에 있어서 하늘이 준비했던 횡적인 지상의 역사적 조건까지도 탕감해야 되었던 것입니다. 그래서 예수님이 탕감하지 않으면 안 될 기간이 30년 생애와 3년 공생애노정이라는 것을 알아야 돼요. 이 3년 공생애노정이라는 것은 지극히 슬픈 노정입니다. 인간이 책임하지 못함으로 말미암아 예수님이 고난의 길을 갔고, 십자가의 길을 갔다는 것을 우리들은 알아야 됩니다.

예수님이 33년 동안 이 땅 위에서 하늘을 대표하여 싸운 목

▲ 서대문교도소에서 출감하신 후 백운대에서의 문선명 선생.

적이 어디에 있느냐 하면 개체완성입니다. 그렇기 때문에 사탄이 3대 시험을 걸고 시험한 것이 무엇이냐? 예수님을 일시적인 한 원수로 시험한 것이 아닙니다. 예수님의 전체 목적을 놓고 시험하였다는 것입니다. 사탄이 시험하는 데 있어서 예수님의 3대 시험의 내용과 같은 그런 목적의 실체가 되어서, 시험하는 사람을 대해서 '사탄아 물러가라' 해서 방패막이를 해줄 수 있는 사람이 있었던들 예수님에게는 시험이 필요 없는 것입니다. 3대 시험이 필요 없다는 것입니다. 시험을 통하지 않고 출발과 동시에 개체 완성이 되고, 출발과 동시에 성전 이상이 완성되고, 출발과 동시에 세계의 영광을 세울 수 있게 된다는 것입니다. 그러한 기준이 출발과 동시에 일시에

4. 공생애를 중심한 예수님의 고난과 시련

벌어질 것이었는데, 그러한 외적인 환경에서 방패막이를 해 줄 수 있는, 사탄과 대결하여 '이놈 사탄아, 네가 알기 전에 내가 안다. 네가 시험하는 이러이러한 조건은 나에게 해도 안 된다' 하고 방패막이 할 수 있는 사람들이 없었기에 예수님은 고난의 길을 간 것입니다.

예수님이 40일 금식을 하시게 된 이유

006 - P.172, 1959.4.26

예수님께서는 하늘을 대신하여 오시고 만민의 구세주로서 만민을 구원하러 오셨으나 구원을 받아야 할 민족 가운데에 그 예수님의 심중을 헤아려 나타난 사람은 한 사람도 없었습니다. 그의 심중은커녕 그의 30년 수고의 노정도 알지 못하였습니다. 광야생활을 하고 민족을 책임져야 할 입장에 있던 세례 요한 일당마저도 반대하고 말았습니다.

이처럼 슬픈 심정으로 민족을 바라보면서 세례 요한에 대한 한가닥 기대를 걸었지만, 세례 요한마저 예수님을 외면하고 나서게 될 때 예수님에게는 더 큰 슬픔이 가중되었다는 사실을 우리는 알고 있습니다.

민족 앞에 하늘의 복음을 갖고 나타나야 할 때가 가까워 오는 데도 불구하고 민족이 간 곳 없고 민족 앞에 하늘이 세우신 세례 요한도 간 곳 없어져, 예수님께서는 인간 앞에 나타날 수 없게 되었습니다. 그래서 광야에서 40일 동안 금식노정을 거치게 되신 것입니다.

오늘날 기독교인들은 예수님에게 있었던 40일 금식기간이 영광스러운 기간이요, 예수님께 반드시 있어야 할 기간으로 알고 있지만 그런 것이 아닙니다. 예수님께서 40일 금식기간을 거치시게 된 것은 예수님 앞에 민족이 사라진 연고요, 세례 요한 일파가 사리진 연고였습니다. 더 나아가서는 동방의 세 박사와 안나, 시몬, 그리고 뜻을 품고 예수님을 잉태하였던 요셉가정의 마리아가 예수님의 실천노정을 나설 때에 그를 알아주지 못하였던 연고이기도 했습니다. 땅의 주인공으로 오신 예수님이요, 만민의 생명을 구하기 위해 오신 하늘의 황태자이신 예수님이요, 또한 만민의 구주이신 예수님께서 이처럼 불쌍한 신세가 되었다는 것을 우리는 알아야 되겠습니다.

4천년 역사를 종결짓고 새로운 하늘 제단을 꾸며야 할 예수님이 이루셔야 했던 하늘 제단은 영광의 제단이요, 기쁨의 제단이요, 승리의 제단이었습니다. 그런데 새로운 제단을 꾸미기 위해 나선 예수님은 불쌍한 처지가 되고 말았습니다. 굶주리는 예수님이 되었고, 사탄의 시험을 받는 예수님이 되었습니다. 사탄에게 시험받는 그 장면은 온 인류가 가장 비통하게 여겨야 할 장면입니다. 예수님께서 40일 동안 주리신 후 사탄에게 농락당하고, 그 사탄이 제시한 여러 조건의 시험을 당하는 슬픔의 시간은 원래 민족이 겪어야 할 시련기간이야 했는데 도리어 예수님의 슬픔으로 인계되었던 것입니다. 이런 것을 생각할 때 예수님께서는 그 민족을 끊어버리고, 그 민족을 원망하고 저주하여야 할 입장이었는데도 불구하고 자신의 굶주린 몸을 일으켜 하늘의 심정을 붙들고 민족을 위해 사탄과 싸우셨습니다.

그때 예수님께서 처한 자리는 이스라엘 민족도 모르는 자리였습니다. 그런 자리에서 각오를 하고 하늘 앞에 나타나실 때

4. 공생애를 중심한 예수님의 고난과 시련

의 예수님의 심정은 어떤 슬픔의 자리를 거쳐서라도 자신이 온 목적과 자신이 품은 아버님의 뜻에 대한 일편단심이 변할 수 없다는 것이었습니다.

본래의 아버지의 뜻이 민족을 통하여 만민을 구하려는 것임을 아시는 예수님이시고 그 뜻을 존중하는 예수님이었던 연고로, 굶주림과 헐벗음도, 부딪쳐오는 어떠한 핍박과 시험도, 그가 30여 년 동안 뜻을 고대하고 바라던 마음을 깨뜨리려야 깨뜨릴 수 없었습니다. 그런고로 뜻을 품고 나타날 적마다 예수님은 하늘을 대신하여 자기가 겪게 되는 서글픔과 하늘이 당하시는 서글픔을 동시에 느끼지 않을 수 없었습니다. 또 그런 자리에서 뜻을 대하여 더 한층 굳은 결심을 했기에 배반한 민족과 배반한 무리를 다시 찾아 나설 수 있었다는 것을 우리들은 알아야 되겠습니다.

예수님께서는 자신이 살아 있을 때 이스라엘 민족이 찾아주기를 바라셨으나 그렇게 해주지 않음으로 인하여 반대로 죽고 난 후에 찾아주어야 할 예수님이 되었습니다. 민족이 예수님을 모셔 주지 못함으로 말미암아 살아 있는 자리에서 인류를 구원해야 할 예수님이 죽어서 구원의 역사를 하게 되었습니다.

예수님이 당하신 고난의 가치

002 - P.155, 1957.3.31

지상에서 예수님은 30여 평생 서럽고 외롭고 고통스러운 길을 걸으셨으며 승천한 이후 오늘날까지 2천년 동안도 서럽고 외로운 길을 걸어 오셨습니다. 그런데 예수님은 당신 일신을 위하여 이런 길을 가신 것이 아닙니다. 타락한 우리 인간 때문에, 즉 타락한 인간을 하나님 앞에 찾아 세우기 위하여 자진해서 그 고통의 길을 가셨던 것입니다.

예수님은 굶주리신 때도 있었고, 목마르신 때도 있었고, 또 병들었을 때도 있었고, 나그네 될 때도 있었고, 갇히신 때도 있었습니다. 그리고 예수님은 외적인 면에서만이 아니고 내적인 면에서도 그러한 어려운 사정을 느끼신 것입니다.

4천년 동안 섭리해 오신 하나님의 뜻을 이어받아 그 뜻을 이루어 드려야 할 이스라엘 민족에게서 예수님은 하나님의 생명이 고갈된 것을 느꼈고, 하나님의 소망이 고갈된 것을 느끼셨습니다.

그래서 이것을 책임지기 위하여 예수님은 혈혈단신 나그네가 되어 온 이스라엘 곳곳을 헤매시면서 유대 백성들을 찾아다녔던 것입니다. 원래는 유대 백성이 그런 길을 가야 되는 것입니다. 그런데 유대 백성들이 그런 길을 가지 않았기 때문에 예수님이 그들을 대신하여 아무도 맞아주지 않는 사람들 속에서 그 스스로가 하나님의 참다운 아들딸을 찾고 참다운 생명과 사랑을 세우기 위해 그런 나그네길을 걸으셨던 것입니다.

또 자신들이 고통을 당하고 갇히는 입장에 있어야 할 이스라엘 민족이 그 사실을 망각하고 있었기 때문에 예수님은 그들을 대신하여 고통을 당하시고 갇히는 입장에 있었던 것입니다.

예수님이 변화산을 오르시게 된 전후 사정과 비장한 결심

005 - P.199, 1959.1.25

변화산에 올라갈 때에는 세 제자가 예수님의 뒤를 따르고 있었습니다. 그들은 보기에 민족을 대표해서 택한 제자 입장

4. 공생애를 중심한 예수님의 고난과 시련

이었으나 산에 오르시는 예수님 앞에 아무런 도움의 조건도 세워드리지 못한 제자들이었습니다.

예수님이 광야를 찾아나갈 때는 그래도 천사가 와서 수종을 들어 주었는데, 민족을 위하여 싸우고 민족을 위하여 죽음을 각오하며 변화산을 오를 때는 민족을 대표하여 따르던 세 제자마저 예수님의 수종을 들지 못하였던 것입니다. 이것을 생각하게 될 때, 슬픔으로 시작되어 슬픔으로 끝난 예수님의 생애는 비통했다는 사실을 우리는 느끼지 않을 수 없다는 것입니다.

그 예수님은 무릎을 꿇고 하늘을 우러러 내 힘이 닿는 데까지, 내게 있는 모든 정성을 다 들여 원하시는 뜻을 따라 나가겠다고 기도했습니다. 역사적인 어떠한 선조들보다 굳은 지조와 충의와 성심과 노력을 기울여 3년 공생애노정을 걸었으나 민족에게 몰리었고 교단으로부터 몰림받았습니다. 친척과 제자들 어느 누구 한 사람 자신의 편이 되어 주지 않는 가운데서 예수님은 하늘을 향하여 기도하는 생활을 했던 것입니다.

예수님의 심정은 자신이 외로운 자리에서 슬픔을 느끼는 것보다도, 하나님께서 인간을 대해 4천년 동안 수고해 나온 역사의 결과가 이 모양 이 꼴인가 하여 하나님 앞에 자기의 심정을 고하기에 민망스러운 심정이었다는 것을 알아야 되겠습니다.

그러한 심정에 사무쳐 있는 예수님에게 민족에 대한 원망심이나 교단에 대한 원망심, 혹은 타락된 아담 해와에 대한 원망심이 나올 수 없었습니다. 누구를 원망할 여지가 없었던 예수님이었음을 우리는 알아야 되겠습니다.

옛날 선조들은 슬플 때 하늘의 위로를 받았으나 예수님은 슬픈 자리에서도 슬프다고 기도할 수 없는 자신임을 깨달았다는 것입니다. 기도하기 전에 흐느낌의 눈물이 먼저 예수님의 무릎을 적시었으리라고 나는 봅니다. 그 모습은 하늘땅 위에 죄인 중의 죄인과 같은 모습이었습니다. 4천년 동안 수고의 역사를 거듭하여 섭리하셨던 하나님 앞에, 승리의 조건을 세우지 못하고 패배의 일로에서 서글픈 사정을 품고 변화산상에 홀로 나타나 하늘을 대해 호소하지 않으면 안 될 입장에 서게 된 예수님은 차마 입을 열어 기도할 수 없었던 것입니다.

 그 모습과 사정이 딱하였기에 하나님께서는 엘리야와 모세를 보내시어 예루살렘에서의 예수님의 죽음을 의논하게 하셨습니다. 제자뿐만 아니라 하나님께서 슬픔에 잠길 것을 안 예수님은 백성을 위하여, 또 이 후대를 위하여 하늘을 염려하실 것을 아시고 과거와 현재와 미래를 놓고 슬퍼하셨던 것입니다. 죽음의 길을 걸어서라도 소망이 없고 앞길이 가로막힌 가운데 처해 있는 유대 백성들을 살려야 할 것을 느낀 예수님은 엘리야가 '아바 아버지여! 나만 남았나이다'라고 호소하던 그러한 기도의 심정으로 하나님 앞에 나타났던 것입니다. 이러한 예수님의 심정은 참으로 비통하였던 것입니다.

 예루살렘에서 죽을 것을 예고 받은 예수님은 그 죽음의 한 날을 남몰래 준비했습니다. 예수님은 자신의 죽음의 날이 점점 촉박해지고 사태가 어지러워지는 것을 느꼈습니다. 또 사랑하는 제자가 자신을 팔 것을 알고 자신이 십자가에 나가기 전에 먼저 세상의 모든 만사를 다 종결지어야겠다는 심각한 심정을 가졌습니다. 그러한 심정이 그의 몸 마음에 어리었다는 것입니다.

 죽음을 앞에 놓고 최후의 길을 가야 할 구세주의 사명을 짊

4. 공생애를 중심한 예수님의 고난과 시련

어진 자신임을 예수님은 알았기 때문에 죽음의 길을 거친 후에 가야 할 방향을 설정하지 않으면 안 되었습니다. 예수님은 자신의 이러한 죽음으로 말미암아 역사적인 서러움과 시대적인 서러움, 그리고 미래의 서러움이 없어지는 것이 아니라 죽음의 고개를 넘고 난 후에까지도 저끄러진 채 남아 있을 것을 염려했던 것입니다. 이러한 예수님의 심정은 어느 때보다도 비장한 것이었음을 알아야 합니다.

이러한 심정에 사로잡혀 있는 예수님을 알아준 사람은 땅 위에 한 사람도 없었습니다. 그 사정을 알아주는 하나의 제자도 없었습니다. 예수님의 사정을 아는 분은 하나님밖에 없었습니다. 그리하여 예수님은 자신만이 아는 서글픈 심정을 지니게 되었고, 역사적이요 시대적이요 미래적인 원한을 품게 되었고, 비운의 장벽과 검은 구름이 앞을 가로막는 환경, 죽음 앞에 몰리는 비참한 환경에 처했던 것입니다. 이러한 예수님의 심정이 슬프다면 이 땅 위의 어느 누구보다 슬픈 심정이었을 것이요, 분하고 억울하다면 어느 누구에게도 비할 수 없이 분하고 억울했을 것입니다.

만왕의 왕으로서 행세하지 못한 예수님

153 - P.228, 1964.1.3

예수님은 메시아라는 이름, 구주로서의 이름은 남기고 갔지만 만왕의 왕으로서의 이름은 성사하지 못하고 갔습니다. 만민을 위해 십자가에 돌아간 예수님은 구주로 죽어 갔습니다. 나라를 구하기 위해서 구주로서 죽어갔습니다. 그렇지만 만왕의 왕으로 영광의 자리에 등극하여 구원받는 사람들을 영광의 자리에 해방시킬 수 있는, 영광의 자리에 동참시킬 수 있는 왕의 권위에 도달하는 데 있어서는 성사하지 못했어요. 그 목적은 성사시키지 못했어요. 그렇기 때문에 다시 와야 되는 겁니다. 구하다가 잘못되었다 그 말입니다. 힘이 부족하여서 지쳐서 죽어 갔어요.

영과 육을 합하여 구원하려 했는데, 힘이 부족하기 때문에 영적인 분야만 구하고 갔다는 것입니다. 그렇기 때문에 구주로서의 책임은 어느 정도 했다고 볼 수 있지만 만왕의 왕으로서의 책임은 못 했다 이겁니다. 따라서 이것이 연장되어 내려와서 앞으로 재림시대에 와 가지고 만왕의 왕으로서, 성사해야만 이루어 놓아야만 하늘의 뜻이, 예수님의 뜻이, 인류의 뜻이 완결되어 들어간다는 것입니다.

유대민족으로부터 불신당한 예수님

002 - P.206, 1957.5.26

예수님은 이 땅 위에 오셨다가 십자가에 달려 돌아가셨고, 부활하신 이후에 승천하셨기 때문에 다시 오셔야 할 섭리적 운명에 처해 있는 것입니다.

오랫동안 하나님의 섭리의 뜻을 받들어 나오던 이스라엘 민족 중에서도 택함을 받은 유대교는 하나님의 뜻을 이루어 승리의 터전을 마련해야 할 사명이 있었습니다. 이것이 그들을 택한 하나님의 바라심이었고 또 그들 자신의 소망이었습니다.

이러한 뜻이 이루어지는 한때를 바라서서 하나님은 당신이 믿을 수 있고 창조이상을 실현하는 전체의 임무를 수행할 수 있는 외아들인 예수님을 보내셨습니다. 그러므로 하나님은

4. 공생애를 중심한 예수님의 고난과 시련

예수님을 인간 앞에 주인으로 나타내셔서 이스라엘을 통하여 이루려던 축복을 이루셔야 했고, 또 역사적인 하나님의 구원섭리의 뜻을 종결지어야 했던 것입니다.

그런데 그러한 예수님이 어찌하여 이 땅에서 섭리의 뜻의 성취하여 하나님의 영광을 노래할 수 있는 이상동산을 이루시지 못하고 가셨는가? 이것이 오늘날 우리들에게 슬픔을 자아내게 하는 내용이 아닐 수 없습니다.

예수님께서 이 땅에 오셔서 돌아가실 때까지의 노정은 오늘날 이 땅 위에 살고 있는 인간들이 가는 그런 생애의 노정이 아니었습니다. 누구보다도 어려운 자리, 누구보다도 외로운 생애를 거쳐 가셨습니다. 또 예수님은 하나님의 뜻과 인간의 이상을 한 몸에 지니고 한 세대권, 한 시간권 내에 한 존재로서 나타났던 분입니다. 그렇지만 그러한 예수님의 가치를 하늘이 바라보는 것과 같은 가치로서 알아주는 사람이 이 땅에는 한 사람도 없었습니다. 뿐만 아니라 인간들은 예수님을 모든 인류에게 하나님의 사랑을 연결시켜 줄 수 있는 사랑의 중심존재로서 모셔 드리지 못하였습니다.

그렇기 때문에 예수님은 말할 수 없이 비참한 생활을 하셨던 것입니다. 어느 누구 한 사람을 친구로 세워놓고 자신의 슬픔을 토로할 수 없었던 예수님이었습니다. 이처럼 예수님은 어느 누구보다도 불쌍하게 살아가셨다는 것을 오늘 알지 않으면 안 되겠습니다.

하나님의 뜻을 성취시키고 하나님의 영광을 위해 예수님이 오신 것은 이스라엘 민족의 기쁨이 되고, 유대교단과, 세계 인류의 기쁨이 되어야 했습니다. 그리고 하나님의 독생자인 그분은 온 인류의 주인공으로 나타나셔야 했습니다. 그런데 어찌하여 그 예수님은 굶주림과 슬픔을 당하는 불쌍한 생활을 하셨던가?

시대는 변하고 역사는 경과하였으나 예수님께서 생존시에 느끼셨던 서러움과 고독함을 체휼하여 그의 불쌍함을 느낄 줄 아는 사람이 되어야겠습니다. 그런데 만일 여러분이 하늘 땅을 대신하여 사탄과 싸워 승리함으로써 하나님께 영광을 돌려드릴 수 있는 아들딸이 되지 못한다면, 슬픔과 외로움으로 맺혀져 있는 예수님의 원한을 풀어 드릴 도리가 없다는 것입니다.

예수님의 소망은 자기 자신의 욕망을 채우는 것이 아니었고 자기 자체를 희생해서라도 하나님의 창조이상을 실현해 드리는 것이었습니다. 피조세계의 중심존재로 세워졌던 인간이 타락했기 때문에, 하나님은 창조이상을 실현하시기 위하여 4천년 동안 복귀섭리를 해 나오셨고, 예수님은 타락한 인간시조의 과오를 책임지고 그러한 하나님의 뜻을 자신의 이념, 자신의 목표로 삼고 나타나셨던 분이었습니다.

그런데 이스라엘 민족은 그러한 예수님을 알지 못했습니다. 그 뿐만이 아닙니다. 유대민족은 예수님의 일신이 역사적인 소망을 대신한 동시에 당시 하나님의 전체적인 뜻을 대신한 분이었다는 것도 몰랐습니다.

예수님은 고고(孤高)한 한 개인이로되 그 자체는 역사를 대신할 수 있고, 현실을 대신할 수 있는 동시에 천륜의 뜻을 대신할 수 있는 영원한 하나님의 이상을 지닌 분이었습니다. 그렇지만 하나님의 뜻을 받들어 나오던 이스라엘 민족과 유대교단은 예수님이 그러한 분인 것을 알지 못했습니다. 그래서 그들은 예수님이 가시는 길을 협조하기는커녕 공공연(公公

4. 공생애를 중심한 예수님의 고난과 시련

然)히 방해하고 핍박하였던 것입니다.

메시아를 맞을 준비

038 - P.189, 1971.1.3

메시아를 맞이할 수 있는 준비를 해야 합니다. 메시아가 오시면 일등으로 빼앗겠다는 운동이 적극적으로 벌어져야 합니다. 그렇게 서로 모시려고 하면 문제가 벌어지는 겁니다. 그렇기 때문에 메시아를 모실 수 있는 일등을 미리 뽑아 놓아야 되는 것입니다. 이론적으로 생각해도 그런 준비를 해 놓아야 된다는 것입니다. 메시아를 모실 수 있는 챔피언을 뽑기 위한 챔피언 후보전이 벌어져야 된다는 것입니다.

유대교는 예수님을 위해 하나님께서 준비하신 것인데 그러한 유대교인들은 예수님이 베들레헴에 태어난 줄을 몰랐습니다. 오히려 동방의 박사들이 먼저 알고 황금, 유향, 몰약을 낙타에 싣고 국경을 넘어와 예수님이 탄생한 곳을 헤롯왕에게 물었던 것입니다. 이렇게 되니 예수님 태어난 것이 헤롯왕에게 알려졌고, 헤롯왕은 예수님을 잡아 죽이려고 계획을 세웁니다.

그래 국가를 중심삼고 챔피언 후보까지 만들어 놨으면 예수님이 탄생했다고 했을 때 달려가야 되겠어요, 안 달려가야 되겠어요? 달려가야 합니다. 그런데 달려갔어요? 안 달려갔다는 것입니다. 또 인류 역사상에 있어서 몇 천년 만에 한번 오는 귀한 손님, 즉 메시아를 맞기 위한 일등 호텔을 준비해야 되겠어요, 안 해야 되겠어요? 준비했어요? 안 했습니다. 하나님의 하나밖에 없는 왕자요, 만세에 하나밖에 없는 귀한 왕자님이 군림하시는데 말구유라니 말이나 됩니까? 4천년 동안 하나님이 준비하고 수고해서 세운 이스라엘 백성들은 다 어디 갔느냐는 것입니다. 그들은 메시아가 유대 베들레헴에서 태어난다고 떠벌렸다는 것입니다. 그래서 동방박사 세 사람이 베들레헴에 와 가지고 황금과 유향과 몰약을 예물로 바치니 이웃에 있는 예루살렘에도 소문이 난 것입니다.

그러면 예수님을 죽게 만든 장본인이 누구입니까? 유대민족입니다. 목사들은 이런 섭리적인 뜻을 잘 알고 말해야 합니다. 예수님이 정말로 죽으러 왔다면 무엇 때문에 하나님이 4천년 역사를 준비했겠습니까? 예언자들의 예언이 다 거짓말이에요? 하나님이 예수님을 죽이라고 예언했어요? 생각도 안 해보고 믿고 있다는 것입니다.

이스라엘 민족이 예수님을 믿지 못했기 때문에 예수님은 죽음을 당했던 것입니다. 헤롯왕을 중심삼은 이스라엘의 최고 간부들과 가야바를 비롯한 제사장들이 한패가 되어 예수님을 죽인 것입니다. '요놈의 예수님은 우리들의 모든 생활기반을 빼앗아 갈 위험분자다' 라고 판단을 했던 것입니다. 그러니 '그 예수님 그냥 놔둘 수가 없다' 해 가지고 예수님을 십자가에 매달아 죽게 한 것입니다. 유대교단과 이스라엘 민족이 하나되어 예수님을 모시는 챔피언이 되었어야 할 텐데 도리어 예수님으로 하여금 십자가의 길을 가게 했던 것입니다.

만약 예수님과 그들이 하나되었더라면 예수님은 죽지 않았을 것입니다. 예수님의 재간이 사탄의 재간보다 못하겠습니까? 나은 내용을 가지고 왔지만 결국 그들이 예수님과 하나되지 못했기 때문에 십자가에 돌아가게 된 것입니다.

5. 예수님의 제자들에 대한 한탄과 염려

예수님이 대했던 사람들

050 - P.052, 1971.10.31

예수님이 대했던 사람들은 고작해야 베드로 같은 어부였습니다. 베드로를 보고 사랑을 얘기한 것입니다. '네가 이 사람들보다 나를 더 사랑하느냐?'고 세 번씩이나 물어 봤습니다. 그 다음에 예수님이 대했던 사람들 가운데는 마리아라는 여인이었습니다. 과부고 좋지 못한 배후를 가진 사람이라구요. 그 다음에는 누구냐 하면 사마리아 여인입니다. 야곱의 우물가에서 물을 달라고 하던 그 자리에서 제자들이 의심할 정도로 다정스럽게 이야기했던 사마리아 여인이 있었어요. 그 다음에 누가 또 있어요?

이 땅 위에 사랑의 주인공으로 왔다가, 신랑이니 사랑의 주인공이 아니에요? 그 사랑의 주인공 되시는 분 앞에 상대로 나타났던 무리가 어쩌면 그렇게도 껄렁껄렁해요? 그것이 예수님이 바라던 소원이었느냐? 아닙니다. 하나님이 바라던 소원이었느냐? 아닙니다. 못난 사람도 잘난 사람을 요구하는데, 아무리 못난 여자라 하더라도 잘난 남자를 신랑으로 얻으려고 하잖아요? 못난 남자도 잘난 여자를 부인으로 얻으려고 한다구요. 사망권 내에 살고 있는 인간들도 그렇게 반대되는 입장을 바라보는데, 하물며 하늘나라의 왕자로 태어난 예수님이 그렇게 지지리 못난 어부들을 모아 가지고 무슨 대장 노릇을 했다는 거예요? 창녀 패거리들이 뭐 사랑한다고 표시했다는 거예요? 사마리아 여인은 남편이 다섯이나 돼 가지고 어쨌다구요? 성경이 그거 아니에요? 기가 막힌다는 것입니다.

이스라엘 나라의 대제사장을 중심삼고 '야! 아무개야, 네가 이 사람들 보다 나를 더 사랑했지?' 할 때, '예, 주께서 제가 사랑하는 것을 다 보았나이다' 이런 대답을 들었으면 얼마나 좋았겠느냐? 빌라도가 예수님의 문도들을 찾아오기 위해서 자기의 시종들을 앞에 세워 통고해 놓고 '이제야 찾아와 뵙게 되었습니다' 했다면 하나님이 그것을 보시고 기분 나빴겠어요? 그렇게도 지지리 망할 줄이야 누가 알았겠어요?

그렇게 망하게 하려고 4천년 동안 선지자들을 통해서 메시아를 보내 주겠다고 했겠어요? 선지자들도 편안한 자리에서 선지자 되는 것 아닙니다. 죽임을 당하고 별의별 희생을 다 당하면서도 앞으로 이렇게 된다고 증거한 것이 풍습화 될 수 있는 기반으로 닦기까지 얼마나 천신만고 했던고! 그렇게 무가치하게, 그렇게 외롭게 죽게 하기 위해서 그 길을 닦았느냐 이거예요? 어림도 없다는 것입니다. 그걸 알아야 돼요. 불쌍하신 예수님, 불쌍하신 예수님이에요.

예수님이 그 눈으로 바라던 부모는 어떠한 표준의 부모였던고! 하나님 앞에 '제 어머니 아버지는 천상천하에 둘도 없는

5. 예수님의 제자들에 대한 한탄과 염려

어머니 아버지이오니, 하나님이시여, 이 부모를 저 이상 사랑해 주시옵소서'할 수 있는 축복의 한 시간이 어디 갔던고! 자기의 사랑하는 형제들을 대해서 '하나님이여, 제 사랑하는 형제들은 천상천하의 그 어떤 형제보다도 고귀한 형제이옵니다. 제가 인간으로 태어났다가 이와 같은 형제를 가진 것은 하늘의 자랑이요, 인류의 자랑이옵니다'하고 찬양할 수 있는 그 자리는 어디에 있었던고! 혹은 제자들을 대해서 '나는 인간 세상의 스승 가운데 대 스승으로서 사제지간을 중심삼고 천하에 자랑할 수 있는 권위를 가지고 나 자신보다 더 사랑할 수 있는 자리에서 제자를 사랑했노라'고 할 수 있는 자리는 어디 있었던고! 자기의 일족을 중심삼아 가지고 '내 할아버지 할머니, 혹은 사돈의 팔촌, 우리의 일족 전체는 하늘이 사랑하지 않을 수 없는 일족이요. 당신 앞에 소개하지 않을 수 없는 일족이니, 이 일족을 내놓고서는 하늘의 갈 길이 없나이다'하며 기쁜 자리에서 맹세의 심정을 가지고 하나님 앞에 소개하여 하나님의 축복을 바랄 수 있는 시간이 있었던고! 없었다는 것입니다. '당신이 4천년 동안 수난의 엇갈린 길을 거쳐 나오면서. 악한 무리와 악한 나라의 핍박을 받으면서 남겨 놓았던, 당신이 사랑하고 싶었던 이 교회와 이스라엘 나라를 제가 사랑할 수 있는 입장에 섰으니, 이날을 당신이 기뻐할 수 있는 소원성취의 사랑의 날로 맞아 주시옵소서'라고 할 수 있었느냐? 하나도 없었다는 것입니다. 하나도 없었다는 것입니다.

예수님 입장에서 생각해 볼 때, 막달라 마리아 같은 천비(賤婢)가 와서 발에다 향유를 부어 머리털로 닦을 때 기가 막혔을 것입니다. 세상 남자 같으면 발길로 차 버렸을 텐데

▲ 성지를 찾아 성가를 부르시는 문선명 선생과 중심식구들.

그렇게 하지 않은 것만도 다행이라는 겁니다. 그 나라에서 특별한 제사장 가문에서 태어난 미녀가 와서 그랬어도 귀찮았을 텐데 그 꼬락서니가 뭐냐? 그렇지만 가룟 유다가 그 행동을 보고 탓하는 자리에서 예수님은 도리어 편이 되지 않을 수 없었습니다. '가룟 유다 너보다 낫다. 너에겐 내 생명을 노리는 간교한 심정이 깃들어 있지만 그 여인은 너보다 낫다. 너보다 나은 사람을 어떻게 탓하느냐?'고 책망했던 것입니다.

이렇게 자기의 모든 전체를 희생하는 길에서만이 복음이 발전한다는 것을 예고하면서 '이 복음이 전파되는 곳에 이 여인의 일을 전하라'고까지 다짐하였던 것을 우리는 압니다. 그것이 좋은 자리라고 해서 그런 것이 아닙니다. 만일 거기에서 가룟 유다가 그렇게 나오지 않았으면 예수님은 어떻게 했을

5. 예수님의 제자들에 대한 한탄과 염려

것이냐? 그런 말을 안 했을 것입니다.

제자를 세우기 위한 예수님의 수고

005 - P. 224, 1959. 2. 1

하나님의 작전법은 어떠한 것이냐? 한 사람을 찾으려면 그 한 사람의 가치만큼 맞고서야 찾아오는 것입니다. 이것이 하늘의 섭리입니다. 하나의 가정을 찾으려면 그 가정만한 것을 하늘이 대신 맞고서야 그 가정을 빼앗아 옵니다. 따라서 민족을 다시 찾아 세우려면 하나님께서 그 정도만큼의 타격을 받고서야 찾아 세운다는 것입니다. 예수님은 실천노정에 있어서 이것이 하늘의 작전법인 것을 아셨습니다.

하나님을 대신하여야 할 예수님이었던 연고로 민족을 찾기 위해서는 개인의 제물이 되고, 가정의 제물이 되고, 교단의 제물이 되고, 민족의 제물이 되어 얻어맞는 희생의 개척노정을 걸어오셨다는 것을 알아야 되겠습니다.

이러한 이념의 실천방법을 갖고 나타나신 예수님은 준비한 유대교단으로부터 자기의 동지를 구하려고 했으나 한 사람도 환영하는 사람이 없었습니다. 민족 앞에 저버림을 당한 예수님은 노동자 모양으로 나타나 가지고, 어부의 친구 모양으로, 그들과 사정을 같이하는 친구가 되었고, 심정을 같이하는 친구가 되었고, 소원을 같이하는 친구가 되시어서 그들의 원하는 것은 무엇이든지 죽기를 각오하고 이루어 주겠다는 마음으로 싸우셨던 것입니다. 이러한 심적인 내용과 심적인 이념을 갖고 증거하고 싸우셨던 연고로 베드로와 같은 어부들이 따를 수 있었다는 것입니다.

그러면 무식한 제자들을 택해 놓으시고 3년 동안 무엇을 하셨는가? 하나님께서 이스라엘 민족을 세우시기 위하여 4천년 동안 수고하며 봉사하던 것과 마찬가지로, 예수님께서는 그들을 세워 놓으시고 봉사의 생활을 하셨습니다.

12제자를 택해 놓으신 예수님은 그들에 대한 소망이 크셨습니다. 유대교단을 움직이고, 제사장들과 모든 서기관들을 주관하기 위하여 하늘이 보내신 예수님이십니다. 그렇기 때문에 그의 이념은 컸고, 그가 가진 욕망도 컸고, 그의 심적 기준도 높았습니다. 이러한 하나님의 실체이념을 갖고 하나의 개척자의 입장으로 나타났던 예수님을 몰라보았던 당시의 제사장들과 서기관들은 타락 직후의 아담 해와보다 더 불쌍한 사람들이었다는 것을 알아야 되겠습니다.

이러한 무리를 보시고 예수님은 어떻게 하셨던가? 하늘이 4천년 동안 선민을 세우기 위하여 봉사의 노정을 거쳤고, 사탄 대해 희생과 제물의 노정을 거쳐 나오신 그 역사적인 전통을 예수님은 3년의 공생애노정으로 거치셨다는 것을 알아야 되겠습니다.

그렇기 때문에 예수님께서는 먹고 싶은 것이 있어도, 먹을 것이 생겼다 할지라도 그것을 잊어버리고 제자들을 찾으셨으며, 입을 의복이 있으면 자기가 헐벗은 것을 생각치 않고 제자들에게 주셨던 것입니다. 편안한 자리가 있으면 제자들을 그 자리에 두시고 자기는 천한 자리에 계셨습니다. 하늘과 결합된 이러한 마음과 이러한 이념을 갖고 생활했던 예수님의 3년 공생의 노정이 필연적으로 승리적인 성과를 거두어야 할 것인데도 불구하고 그러한 성과를 얻지 못했던 그 사정을 알아야 되겠습니다.

5. 예수님의 제자들에 대한 한탄과 염려

004 - P.231, 1958.5.11

예수님의 심정을 몰랐던 제자들

변화산상에서의 예수님은 즐거워하지 않았습니다. 이 변화산상에서 있었던 사건과 장면은 하나님 또는 인간의 어느 누구도 모르는 비장한 장면이 아닐 수 없었습니다. 오늘날 이 사실을 자기를 중심하고 헤아려서는 안 되겠습니다.

변화산상의 세 제자들은 찬란히 빛나는 예수님의 모습을 바라보고 "주여 우리가 여기 있는 것이 좋사오니 우리가 초막 셋을 짓되 하나는 주를 위하여 하나는 모세를 위하여 하나는 엘리야를 위하여 하사이다(눅 9:33)"라고 하면서 거기에서 영원히 머물자고 말했습니다. 이와 같이 세 제자는 나타나는 환경에서 즐기려고 했지만 예수님의 심정은 그런 것이 아니었습니다.

그때 나타난 변화산상의 환경이 좋은 환경이었지만, 그 환경을 대하는 예수님의 심정은 역사적인 내적 서러움과 미래의 서러움에 사무치는 심정이었습니다. 그런데 세 제자는 예수님이 이런 서러움의 심정에 젖어 있었다는 것을 미처 알지 못했습니다.

과거의 역사적인 서러움에 젖어 있는 배후관계의 모든 것을 넘어 최후에는 예수님을 다리 놓아 하나님을 붙들고 담판할 수 있는 자리까지 나아가야겠습니다. 또 슬퍼하는 이 민족의 배후에는 민족을 대신하여 숨은 제단을 쌓아 놓고 정성들이고 있는 무리가 있다는 것을 알아야 되겠습니다.

교단을 대신하여 눈물을 흘리는 사람은 제사장과 같은 직분을 갖고 있는 것입니다. 야곱이 21년간 남모르는 기도를 한 것도 하나님의 섭리가 아브라함에서부터 3대에까지 연결지어진 것을 알았기 때문이었습니다. 그래서 그는 민족을 위한 탕감의 노정을 묵묵히 걸었습니다. 모세도 역시 민족을 위해서 바로 궁중에서의 40년 생활과 미디안 광야에서의 40년간의 기도생활을 했던 것입니다.

오늘날 민족을 대한 슬픈 기도를 하는 교단과 눈물 흘리는 사람이 있다 할진대, 그들에겐 이미 제사장적 직분이 주어진 것과 같은 것입니다. 그런데 하늘이 '절박한 심정으로 하늘 앞에 담판의 기도를 해 본 일이 있는가?' 하고 물을 때, 어떤 대답을 할 수 있겠습니까? 이제라도 그런 결심을 갖고 끝날을 책임질 수 있는 역군이 되어야 하겠습니다.

여러분이 있는 자리가 그런 환경이 못 되었다 할지라도 머무는 환경에서 실천해야겠습니다. 지역 지역을 책임진 변화산상의 예수님과 같은 성도들이 많이 나와야 그리스도의 해원이 이루어질 것입니다. 오늘날 우리들은 옛날의 세 제자보다 더 많은 것을 알아 예수님의 심정과 하나님의 서글픈 심정을 해원해 드릴 수 있는 참다운 자녀가 되어야겠습니다.

예수님의 가르침대로 준행하지 않은 제자들

005 - P.226, 1959.2.1

예수님의 심정을 알지 못하는 제자들은 예수님을 이용하여 높은 자리에 오르려는 놀음을 하였습니다. 그것을 아시는 예수님은 땅을 치며 울어도 그 마음을 풀 길 없고, 하늘 대하여 통곡하여도 이를 풀길이 없는 서글픈 심정을 갖고 사셨던 것입니다.

그러나 아니 가려야 아니 갈 수 없는 사명의 노정이 남아 있

5. 예수님의 제자들에 대한 한탄과 염려

는 연고로 그 마음을 억제하고 제자들을 대하여 "누구든지 자기를 높이는 자는 낮아지고 누구든지 자기를 낮추는 자는 높아지리라(마 23:12)"고 말씀하셨습니다. 자신의 심중에 사무친, 자신의 뼈살에 사무친 결심의 일단을 재차 증거하셨다는 사실을 알아야 되겠습니다.

그때 이 말을 들은 제자들은 그것은 예수님의 말이지 자기들과는 하등의 관계가 없는 것으로 알았습니다. 세례 요한의 모친이 자기의 두 아들을 끝날 영광의 자리에 세워 달라고 할 때에, 답답하고 참담하였던 예수님의 그 심정을 한번 생각해 보십시오. 예수님은 불쌍한 분입니다. 예수님이 제자들에게 그렇게 가르쳐 주고, 그렇게 훈계해 주었음에도 불구하고 그들은 그 뜻을 알지 못하였던 것입니다.

그렇기 때문에 따르는 무리가 많아지면 많아질수록 제자들은 자기들이 기쁘다 하는 행동은 나타냈지만, 예수님이 자신들에게 실천으로 보여 주고 가르쳐 주고 훈계해 준 것을 본받아 자기들이 예수님이 따르는 무리 앞에 본이 되고, 예수님을 높여주고 예수님을 섬기는 이런 제물적인 입장에는 서지 못하였습니다. 도리어 제자들로 말미암아 다른 사람들이 예수님 앞에 나오기가 어렵게 되었다는 것입니다. 그럼에도 불구하고 예수님은 그 제자들에게 자신들을 넘어 교단이 부르짖고 있는 것을 성사해야 할 책임이 있는 것을 알았고, 교단에게는 교단을 넘어 민족이 부르짖는 것을 성사해야 할 책임이 있는 것을 알았고, 민족에게는 민족을 넘어 세계가 부르짖고 있는 것을, 세계 인류에게는 세계를 넘어 하늘이 부르짖고 있는 것을 성사해야 할 책임이 있음을 알았습니다.

그러나 이러한 그의 심정을 어느 누구 한 사람 아는 사람이 없었다는 것입니다. 그러한 사정에 처해 있는 예수님에게, 자기만을 대하여 달라는 몇몇 제자들을 바라보시는 예수님에게 그 이상의 슬픔이 없었을 것입니다. 이렇게 예수님은 천신만고의 지성을 다하는 성도들이 배고플 때에는 떡을 만들어 먹이셨고, 그들이 때를 위하여 울 때 그들을 위로하셨고, 낙망하게 될 때에 팔복(八福)의 말씀을 통해 하늘의 축복을 소개하였습니다. 이처럼 그들을 거느리고 다니면서 낙심할까 봐, 혹은 떨어질까 봐 염려하셨던 예수님의 심적인 애달픈 사정을 표현한 것이 바로 복음서의 말씀인 것을 우리는 알아야 되겠습니다.

 나아가 한 가지 사정을 걸어놓고 말하면 말할수록 그 말씀을 듣고서 가까워져야 할 제자들인데도 불구하고, 더 먼 자리로 나가는 것을 바라보시는 예수님의 심정을 느끼지 않으면 안 되겠습니다.

 하다못해 머리에 수건을 동여매고 대야를 들고 제자들의 발을 씻기면서 내 도리는 '섬기는 것'이라고 주장하시던 예수님이었습니다. 이렇게 해야만 하늘과 인연을 맺을 수 있다는 것을 아신 예수님이셨기에 아니 가려야 아니 갈 수 없었던 것입니다. 이처럼 슬픔을 느끼면서도 제자들을 바라보시던 예수님이었음을 알아야 되겠습니다.

 복귀의 노정을 걸어가신 예수님께서 이적 기사를 행하신 것은 기뻐서 행하신 것이 아닙니다. 기쁘고 편안하여서 이적 기사를 행하신 줄 안다면 큰 오해입니다. 이 땅에는 몸 둘 곳이 없고, 이 우주 안에는 의지할 곳이 없으니 하늘을 대하여 호소하지 않으려야 않을 수 없는 사정이 있었던 것입니다. 이와 같이 비장한 경지에 계셨던 예수님의 간곡한 모습을 바라보

5. 예수님의 제자들에 대한 한탄과 염려

아야 될 것입니다.

예수님께서 그들에게 동정을 안 해 줄 수 없는 서글픈 사정에 처하여 손을 들어 '아버지시여!' 하고 부르게 될 때에 여기에서 이적이 벌어진 것입니다. 지극히 슬픈, 뼈살이 녹는 것 같은 슬픈 장면에서 외치는 그 한 사정을 통하여 나타났던 것이 이적 기사였다는 것을 알아야 되겠습니다. 그 이적 기사를 예수님이 태만해서 혹은 좋아서 행했던 것으로 생각하지 마십시오.

벳세다 들에서 5천여 무리가 '예수님이여 당신은 우리의 구세주요, 택한 이스라엘의 지도자이십니다' 라고 손에 손을 흔들면서 부르짖었습니다. 이처럼 이익이 될 수 있는 입장일 때는 찾아왔으나, 시일이 지나 예수님이 자기들과 심적 기준이 달라지고, 사정이 달라지고, 표준이 다른 경지에로 한 발자국 더 나아가니 그들은 예수님을 배반하고 돌아섰습니다. 이것이 예수님이 걸어온 실천노정에 있었던 현상입니다.

제자들의 불신과 무지

004 - P.124, 1958.3.23

예수님께서는 자신에게 자기 일신을 넘어 가정과 사회와 국가와 세계, 나아가 무한한 영계까지 복귀해야 할 사명이 있다는 것을 아셨습니다. 그러므로 예수님께서 개인을 찾아 헤매신 것은 민족을 찾기 위함이었고, 민족을 찾아 헤매신 것은 세계를 찾기 위함이었습니다. 그리고 세계를 찾기 위하여 오늘날까지 2천년 동안 수고하신 것은 온 천상천하를 하나님이 치리하시는 곳으로 만들기 위한 수고였다는 것입니다. 그런데 이러한 사실을 사람들은 몰랐습니다. 따라서 예수님은 천주적인 계획을 실현하여야 할 자신 앞에 나타나는 그러한 무리들에게 하나님의 깊은 심정과 뜻을 말해주려야 말해줄 수 없었다는 것입니다. 이처럼 딱한 형편에 처한 예수님이셨다는 것을 알아야 되겠습니다.

그렇기 때문에 예수님은 "내가 아직도 너희에게 이를 것이 많으나 지금은 너희가 감당치 못하리라(요 16:12)"고 말씀하셨던 것입니다.

예수님께서는 온 세계 만상을 복귀하여야 되는 하나님의 섭리를 대신한다는 천주적인 사명감에 불타서 하늘을 대하여 충성의 도리를 다하려고 했는데 당시의 인간들은 그러한 예수님을 몰랐다는 것입니다.

그러면 오늘날 여러분은 어떻습니까? '나는 예수님을 수십 년 믿었어, 나는 목사야. 나는 장로야. 나를 하나님이 몰라 줄 리가 없어' 이렇게 주장하는 사람들이 있습니까? 그러한 사람이 있다면 그 사람은 하나님 앞에 머리 숙여 눈물을 흘려야 됩니다. 4천년 동안 선민권을 자랑하던 이스라엘 민족이 망할 줄을 누가 알았겠습니까? 3년 공생애 과정에서 예수님과 희로애락을 같이하던 12사도마저 예수님을 불신할 줄을 누가 알았겠습니까? 아무도 몰랐다는 것입니다.

그러면 어찌하여 이러한 모순의 역사가 벌어졌던가? 예수님의 관념이나 소망이 제자들의 관념이나 소망과 달랐기 때문이었습니다. 그래서 제자들이 예수님을 불신한 것입니다.

그러면 예수님 당시에 만물의 아우성 소리를 듣고 어둠 속에 있던 인간들이 하늘을 대하여 '저들을 해방시켜 주옵소서'라고 기도하던 서글픈 심정을 느끼어 눈물을 흘려본 적이 있

5. 예수님의 제자들에 대한 한탄과 염려

습니까? 또는 저 영계에서 수천억의 영인들이 탄식하고 있는 아우성 소리를 들어 봤습니까? 예수님은 들으셨다는 것입니다. 예수님은 인류역사의 종말에 심판의 유황불이 내려 퍼부을 그 심판의 채찍을 아시고 눈물을 흘리셨던 것입니다.

가롯 유다의 불신

035 - P.224, 1970.10.19

이런 입장에서 요셉과 마리아는 같이 살아야 되겠어요, 살지 말아야 되겠어요? 살지 말아야 됩니다. 요셉은 천사장과 같습니다. 그러니 이들이 같이 사는 것은 아담과 해와의 타락을 계승하여 되풀이하는 것과 같습니다.

여기에서 마리아가 예수님과 하나되어 예수님의 상대를 구해 주는 데 있어서 어떠한 희생을 무릅쓰고서라도 사명을 다해야 했습니다. 그러나 그 사명을 다하지 못함으로 말미암아 전부 다 잃어버렸다는 것입니다. 요셉을 중심한 집안에서 전부 다 잃어버렸기 때문에, 예수님은 집을 나와 가지고 상대를 찾는 일을 해야 했던 것입니다.

그러면 이것을 집을 나와서 해야 하는 데 요셉과 같은 입장에 누구를 세우느냐 하는 것이 문제인 것입니다. 이것은 바로 가롯 유다가 적격자였습니다.

그러면 또 마리아의 입장에 세울 수 있는 사람을 어디서 찾아야 되느냐? 가정에서 마리아와 요셉이 실패했기 때문에 이것을 다시 찾아야 되는 것입니다. 이것을 복귀하지 않으면 예수님은 사명을 연결시킬 수 없기 때문에 이 일을 외적으로 하기 위해서 예수님은 집을 나온 것입니다. 그리하여 12제자를 찾아 세워서 가룟 유다를 중심삼고 이 일을 하려고 했던 것입니다. 그럼에도 불구하고 그의 뜻은 이루어지지 못했습니다.

그러면 그 동기는 무엇이냐? 가룟 유다가 왜 예수님을 돈 30냥을 받고 팔았느냐 이겁니다. 가룟 유다가 예수님을 팔아먹은 것은 돈 때문입니까? 가룟 유다는 사랑하는 아내로 하여금 예수님을 밤낮으로 모시고 충성할 수 있게 협조해야 했습니다. 아내와 헤어지는 한이 있더라도 그 아내로 하여금 예수님의 모친과 같은 입장에 서서 예수님에게 협조할 수 있는 터전을 마련해 드렸어야 했던 것입니다. 그럼에도 불구하고 그 책임을 못 했다는 것입니다. 이러한 터전이 전부 다 무너졌기 때문에 예수님은 갈 곳이 없어 할 수 없이 십자가에 돌아가셨던 것입니다. 이와 같이 예수님은 비운의 역사를 짊어지고 죽었기 때문에 오늘날 우리 통일교회에서는 이러한 역사를 해원시켜야 된다는 것입니다.

골고다의 친구가 되어야 했던 베드로와 12제자

004 - P.346, 1958.10.19

예수님이 죽을 때 품은 그 분함은 무엇이었던가. 택한 유대교가 예수님의 가슴을 아프게 했고, 택하신 백성들이 예수님을 못 박았던 것입니다. 이것이 분하고 원통한 것이었습니다. 이러한 예수님께서는 자신의 슬픔이 컸지만 4천년 동안 피눈물의 제단을 쌓는 과정을 걸어오신 하나님의 사정을 생각하고, 4천년 동안 택하여 길러오셨던 유대 백성이었음을 생각하게 될 때, 자신의 죽음도 잊고 그들을 위해 기도할 수 있었

5. 예수님의 제자들에 대한 한탄과 염려

다는 것입니다. 만일 예수님이 손을 들어 기도하지 않았더라면 유대 나라가 먼저 심판을 받았을 것이요, 유대교인이 먼저 심판을 받았을 것입니다. 하늘이 여유의 과정을 남겨 놓아야 죽어가는 자신의 발자취를 따라 넘어올 것을 바라서 복을 주고 가신 예수님인 것을 알아야 되겠습니다.

예수님의 피와 살에 같이 동하고 정하여야 할 무리가 바로 유대교인이고 유대 백성이어야 했는데 그렇지 못했다는 것입니다. 골고다의 친구가 베드로가 되었던들, 12제자가 되었던들 하늘의 한은 없었을 것입니다. 그렇게 되었으면 예수님은 죽지 않았을 것입니다. 만일 12제자가 단결해서 예수님의 죽음에 같이 죽고자 했으면 기적이 일어났을 것입니다. 그렇게 되면 예수님은 안 죽는 다는 것입니다.

그런데 33년 동안 택한 민족을 바라보고 서러워하시던 예수님, 3년 공생애 기간에 이 땅의 인류를 위해 우시던 예수님, 그 예수님에 소망을 걸었던 민족은 어디 갔던가? 바라보고 있던 교회는 어디 갔던가? 3년 공생애 기간에 희로애락을 같이하며 따랐던 제자들은 어디 갔던가? 그들은 자신이 좋고 즐거울 때는, '나는 예수님의 친구요 예수님의 제자'라고 하였습니다. 누구보다 예수님의 입장에 서려고 했습니다. 그러나 끝에 가서는, 예수님의 가는 길과는 아무 상관이 없는 입장에 처하였다는 것입니다.

그러면 예수님의 복을 누가 받았느냐? 따르고 있던 12제자도 아니요, 하늘을 믿고 있던 유대교인도 아니요, 축복을 하여 택해 세운 이스라엘 백성도 아니었습니다. 십자가상에서 같이 피를 흘리면서 죽어간 오른편 강도가 역사적인 축복을 받아 가지고 수제자보다 먼저 낙원에 임하였습니다. 이 사실이 비극 중의 비극입니다. 만일에 살인강도 중 한 사람이라도 예수님의 죽음의 날에 동참을 하지 않았던들 구원섭리는 좌절되었다는 것입니다. 살인강도의 뿌려진 피가 예수님의 심정을 대신하여 지상에서 복지 낙원을 건설하는 조건을 천운과 더불어 세울 수 있었기 때문에, 예수님께서 부활하여 땅 위에 다시 나타나 불신했던 백성을 대할 수 있었다는 것입니다.

그리고 예수님 한 분을 죽음의 자리에서 신랑으로 맞이한 사람이 있었기 때문에, 그 터전으로 말미암아 선의 열매가 반드시 지상에 나타날 것입니다. 예수님대신 나타난다는 것입니다.

사탄의 세력이 아무리 강하더라도 선을 치는 데 있어서 그 선의 씨알맹이까지 쳐서 없앨 수는 없다는 것을 알아야 됩니다. 선을 위한 희생과 죽음의 자리에서 설 뿐만 아니라 그 선을 붙들고 쓰러지는 충절의 사람이 있다 할진대는 쓰러진 그 한 자체로 말미암아 몇 배로 선이 번식되어 나온다는 것을 알아야 됩니다. 이것이 철칙입니다.

그 당시 반대하던 사람들은 예수님을 십자가에 처형하면 망할 줄 알았습니다. 예수님을 따르는 무리가 한 사람도 없었기 때문에 사탄권에서 다 빼앗은 줄 알았다는 것입니다. 그런데 죽은 오른편 강도를 조건으로 하여 부활의 역사를 일으킨 것을 오늘날 기독교인들은 모르고 있습니다.

죽음의 자리에서 유일한 신부의 자리에 선 오른편 강도

023 - P.173, 1969.5.18

예수님 시대에 있어서 어느 쪽이 가인이며 어느 쪽이 아벨

5. 예수님의 제자들에 대한 한탄과 염려

인가? 나라를 두고 보면 이스라엘이 아벨이요, 로마가 가인입니다. 본래 이스라엘 나라와 예수님이 하나되었다면 로마를 40년 동안 굴복시킬 수 있었습니다. 죽은 예수님이 4백년 동안에 굴복시켰던 것은 예수님이 살아 계실 때 하나되었으면 40년 동안 완전히 굴복시켜 정복했을 것입니다. 그러나 이스라엘 민족은 예수님과 하나되지 못했기 때문에 이것을 이루지 못했던 것입니다.

이스라엘 나라가 반대하면 유대교가 아벨이 되고, 이스라엘은 가인이 되는 것입니다. 그 다음에 유대교가 반대하면 유대교가 가인이 되고, 예수님의 씨족이 아벨이 되는 것입니다. 그러나 그 씨족도 반대함으로써 예수님의 씨족이 가인이 되고, 예수님의 가족이 아벨이 되는 것입니다. 그런데 가족들마저 반대했습니다. 다 반대했습니다. 무슨 말인지 알겠습니까?

그러면 가인과 아벨을 어디에서 찾아야 하느냐? 가인과 아벨을 복귀하지 않고는 예수님이 설 자리가 없습니다. 부모의 자리에 올라갈 수 없습니다. 이것은 원리원칙이기에 부정할 수 없는 것입니다.

예수님의 부모 형제 자매도 예수님을 버렸고, 또한 열두 제자 중 세 제자까지도 전부 다 예수님을 버리고 도망쳤습니다. 예수님이 십자가에 돌아가실 때 예수님을 중심삼고 오른편 강도와 왼편 강도가 싸웠습니다. 이 말씀을 잘 들어야 됩니다. 예수님은 부모의 입장이므로 예수님을 중심삼고 가인과 아벨을 복귀하려면 가인의 입장에 있는 사람이 아벨의 입장에 있는 사람에게 굴복해야 합니다. 여기서 오른편 강도는 아벨의 입장이요, 왼편 강도는 가인의 입장입니다.

그래서 십자가에 있는 예수님을 놓고 싸우는 것입니다. 즉, 부모의 자리를 복귀하느냐, 복귀하지 못하느냐 하는 이와 같은 싸움이 벌어지는 것입니다. 먼저 왼편 강도가 예수님을 향해서 '야 소문나서 떠들더니 손목에 못 박히느냐? 나와 다른 것이 뭐야? 너는 그리스도가 아니냐? 너와 우리를 구원하라' 하면서 비난했습니다. 그때 오른편 강도가 왼편 강도를 향해 '야, 이 녀석아 당연히 우리는 죽을 수밖에 없는 죄를 졌기에 그에 대한 보응으로 죽지만, 예수님은 행한 것이 옳지 않은 것이 없다'고 꾸짖었습니다. 만약 오른편 강도가 예수님을 증거하다가 여기에서 후퇴했으면 예수님은 부활할 수 없었을 것입니다.

예수님은 가정을 갖지 못했기 때문에 가정적인 기반을 닦지 못했습니다. 그렇지만 오른편 강도가 끝까지 예수님편에 서서 왼편 강도의 진영을 눌러 놨기 때문에 아벨적인 입장에서 가인적인 편을 굴복시켰다는 조건을 세웠던 것입니다. 따라서 복귀했다는 조건은 세웠는데 이것은 영육을 중심삼은 복귀의 기반이 아니라 영적인 복귀의 기반이었던 것입니다.

여기서 예수님께서는 자신을 증거하는 오른편 강도의 훌륭한 믿음을 보고 "오늘 네가 나와 함께 낙원에 있으리라(눅 23:43)"고 말씀하셨습니다. 여기에서 비로소 영적인 세계를 중심삼은 낙원에 들어갈 수 있는 일이 벌어지는 것입니다. 이것은 영육을 중심삼은 지상에서 벌어지는 일이 아닙니다. 그래서 기독교는 지상낙원이 아니라 영계의 낙원을 중심삼고 나오고 있는 것입니다.

5. 예수님의 제자들에 대한 한탄과 염려

023 - P.175, 1969.5.18

책임 다하지 못한 세 제자

예수님이 이스라엘 민족을 중심삼고 로마제국을 굴복시켰더라면 이 땅에서 기독교의 주권을 중심삼고 새로운 이상세계가 출발했을 것입니다. 그러나 이스라엘 민족이 예수님과 하나되지 못함으로 말미암아 예수님이 돌아가신 후에 땅의 기반을 완전히 잃어버리고 떠도는 구름과 같이 동에서 몰리면 서로 가고, 서에서 몰리면 동으로 가는 입장에 서게 되었던 것입니다. 이처럼 나라 없는 백성으로 영적인 나라를 추구해 오기를 2천년, 그래서 여기에 민주세계를 발전시켜 가지고 그 기반을 대신할 수 있는 길을 찾아 나온 것이 지금까지의 기독교 역사라는 것입니다.

성경을 통해 알아야 할 것은 아담가정의 가인 아벨 셋, 이 세 아들이 서로 하나되지 못하고 떨어졌기 때문에 아담 대신 부모의 입장으로 오신 예수님은 베드로 야고보 요한을 세웠다는 것입니다. 아담가정을 중심삼고 세 아들이 하나 못 되었기 때문에 이것을 다시 찾아 하나 만들지 않으면 부모의 자리를, 아담의 기준을 복귀할 수 없다는 것입니다. 그러므로 사지(死地)까지라도 하나되어 데리고 나아가야 할 예수님의 운명이기 때문에 베드로 요한 야고보를 겟세마네 동산에 데리고 가서 밤을 새우면서 기도하지 않으면 안 되었던 것입니다.

여기서 부모의 입장인 예수님이 십자가에 돌아가시기 전에 누가 먼저 죽어야 되느냐 하면, 베드로 야고보 요한 이 세 제자가 예수님보다 먼저 죽어야 됩니다. 예수님보다 그들이 먼저 죽으면 어떻게 되느냐? 부활시킬 때에 베드로 요한 야고보도 부활한다는 것입니다. 그러면 어떻게 되느냐? 지상에서 사위기대가 이루어집니다.

베드로를 돌아보신 예수님의 심정

002 - P.025, 1957.2.10

예수님께서 십자가의 길, 골고다 산정의 외로운 길을 거쳐 나갈 때 누구를 다시 돌아보았느냐 하면, 사랑하는 12사도의 대표인 베드로를 다시 돌아보았습니다. 그것은 자신의 뒤를 제일 먼저 따라야 할 베드로의 마음이 변하게 될까봐 염려하였기 때문입니다. 이와 같이 하나님의 뜻을 염려하는 자신의 마음이 비통함에도 불구하고 사랑하는 마음으로 베드로를 돌아 보셨던 예수님의 그 시선을 오늘날 다시 느끼는 자가 되어야 하겠습니다.

그러나 베드로는 세 번씩이나 예수님을 모른다고 부인했습니다. 그래서 하늘의 뜻과 완전히 분리된 입장에 서게 되었으며 예수님과는 관계없는 입장에 서게 되었던 것입니다. 이런 것을 아시는 예수님이셨지만 땅 위의 어느 누구 한 사람이라도 죽음의 길을 향해 나아가는 자신의 뒤를 사수해 줄 수 있으며, 마음으로 몸으로 동정해 줄 수 있는 하나의 사람을 찾고자 하셨기 때문에, 사랑하는 수제자인 베드로를 돌아보시게 되었던 것입니다. 이와 같이 하나의 참사람을 찾고자 하신 뜻이 사랑하는 제자 베드로를 바라보는 그 시선 속에 사무쳐 있었다는 것을 알아야 되겠습니다.

하나님의 전체적인 섭리를 책임지고 오신 예수님에게 있어서는 이러한 입장에 서게 될 때 이 이상 슬픈 장면이 없을 것입니다. 왜냐하면 인간들의 불신으로 인해 골고다의 길, 죽음

5. 예수님의 제자들에 대한 한탄과 염려

의 길을 가는 자신의 사명을 인계받을 수 있는 한 사람을 찾고자 하는 예수님은 말할 수 없는 슬픔에 사무쳤던 것입니다. 오직 하나님만이 예수님의 애달픈 심정을 알아주셨고, 예수님의 서러운 사정을 염려해 주셨습니다.

예수님은 자신의 30여 평생 오직 하늘의 서러운 사정을 대신하여 걸어 나온 수고의 노정을 회고해 보게 될 때, 인간 대하여 책망하고 싶고 땅을 대하여 저주하고 싶은 마음이 사무쳤던 것입니다. 그런데 자신의 그러한 마음을 억누르고 자신의 발걸음을 멈추어 따르고 있는 베드로를 바라보았던 것입니다. 이러한 예수님의 내적 심정을 느끼지 못한다면 예수님을 중심삼은 하나님의 뜻을 대신 인계받아 만민 앞에 떳떳이 설 수 없다는 것을 확실히 알아야 되겠습니다.

그러면 이렇게 외롭게 고난의 노정으로 일생을 끝맺으시는 예수님을 바라보는 베드로의 마음은 어떠했겠습니까? 그는 과거 예수님과 맺은 본성의 사랑의 인연을 잊지 못하여 외로운 가운데서 신음하며 말할 수 없이 처량한 입장에 처했을 것입니다. 서러운 예수님을 모욕하고, 죄없는 예수님을 원망하며, 죄없는 예수님을 묶어 끌고 가는 그 모습을 바라보는 베드로의 마음도 물론 몹시 아팠을 것입니다.

그러나 베드로는 예수님께서 전 인류를 돌이키기 위한 대표적인 사명을 띠고 오신 메시아인 줄 깨닫지 못했기 때문에 제자들을 대신하여 나서지 못하고 자기만을 생각하는 입장에 서고 말았던 것입니다. 이런 입장에 처해 있는 베드로 앞에 계집종들이 나와 그리스도의 무리가 아니냐고 질문하게 될 때 세 번씩이나 '모른다' 하게 되었습니다. 이러한 베드로 일신의 모습이 땅 위의 인간들을 대표한 입장이었음을 분명히 알아야 되겠습니다.

베드로의 통회와 새 결심의 가치

002 - P.029, 1957.2.10

　하늘을 향한 신앙노정에 있어서 영원불변의 모습으로 우주적인 사명을 조금도 의심치 않고 밀고 나가시는 예수님을 바라보는 순간, 베드로의 마음이 일변해서 일생 동안 주를 위해 살아야겠다는 충동감이 일어났다는 것을 알아야 됩니다. 불신의 자아를 깨닫게 될 때부터 베드로는 예수님과 자기와의 관계, 혹은 서로의 생애노정을 비교하면서 자신의 부족함을 더더욱 느끼게 되었던 것입니다.
　예수님이 하늘의 뜻 하나를 위해서, 이 땅 위의 만민을 위해서 자신의 행복을 구하지 아니하고 자신의 전부를 하늘 앞에 제물로 바치고, 십자가에 끌려 가시면서도 원망하지 않으시는 예수님의 모습을 지켜보면서 세 제자는 자신들의 생애가 너무 개인 중심적이었음을 느끼게 되었습니다. 그리하여 자기를 중심하지 않으신 예수 그리스도 앞에 제자들은 스스로 자신을 반성하고, 예수님이 늘 소원하시던 뜻을 인계받아 이 땅 위에서 그 뜻을 실천하겠다고 다짐하고 맹세할 수 있었던 것입니다.
　그 다음, 베드로는 어떤 것을 느꼈는가? 자신의 불신을 느끼는 동시에 주위의 불신을 느꼈던 것입니다. 죄 없는 예수 그리스도를, 어느 누구에게 물어봐도 죄 없다고 할 예수 그리스도를 악한 주위 사람들이 묶어 놓고 채찍질하면서 기뻐하는 것을 보면서 베드로는 핍박당하시는 예수님의 시선 속에

5. 예수님의 제자들에 대한 한탄과 염려

서 예수님의 서글프고도 외로운 마음을 꿰뚫을 수 있었습니다. 이렇게 억울한 입장에서도 하늘길을 지켜 나가는 것을 보여주시는 예수님의 뜨거운 시선 앞에 베드로는 주위 환경의 불손함을 느꼈던 것입니다. 거기서 예수님의 제자 베드로는, 예수 그리스도의 편이 될 수 없는 악한 무리들을 멸하기 위해 주님이 다시 오실 때까지 주위의 불손한 세력과 싸우겠다는 정의로운 각오를 했던 것입니다.

하늘을 향하여 나가는 예수님의 선한 불변의 모습과 주위환경의 불손함은 천양지차(天壤之差)가 있었습니다. 그래서 순간적으로 돌아보시는 예수 그리스도의 시선을 통하여 베드로는 자신의 어리석었던 생애를 청산할 수 있었으며, 주위환경을 정화하여 선의 기준을 세워야겠다는 마음을 먹고 더더욱 하나님께로 향했던 것입니다.

말없이 하늘을 위하여, 땅을 위하여, 만민을 위하여, 뜻을 위하여 돌아가신 예수 그리스도의 돌아가심을 통해 베드로는 저절로 주님을 존경하게 되었고, 그 돌아가심 앞에 참회의 눈물을 흘리며 통곡을 했던 것입니다.

이 사실이 최후로 돌아보셨던 예수 그리스도로 하여금 자신을 알아주는 사도가 있음을 느끼게 했고, 끊어졌던 하늘과 인간의 인연이 회복되는 순간임을 느끼게 했던 것입니다. 베드로 혼자만 하늘과 땅, 그리고 만민과 수많은 사도들을 대표하여 하나님 뜻 앞에서 돌아가신 예수님을 놓고 자신의 부족함을 느끼며 통회의 눈물을 흘렸던 것입니다. 이처럼 주님이 십자가에 돌아가시기 전에 고난당하시는 것을 보고 베드로만이 통곡하면서 슬피 울었던 것입니다. 이러한 일이 있었기 때문에 예수님이 사도들을 중심삼고 역사할 수 있는 기준, 예수님과 인간들이 서로 인연을 맺을 수 있는 새로운 기준이 조성되었다는 것을 여러분이 알아야 되겠습니다.

　기독교인들이 예수님이 십자가에 돌아가신 이후 오늘날까지 하나님의 뜻만을 붙들고 부활과 재림의 때를 고대하던 것과 같은 입장을 여러분들도 어차피 거쳐야 되는 것입니다. 그리고 베드로와 같은 입장도 탕감복귀해야 되는 것입니다. 이것이 여러분의 신앙의 노정에 남아진 최후의 운명이라 할 진대, 심각한 입장에서 진지하게 예수님과 자신 사이를 되돌아보면서 예수님의 지조를 본받을 수 있어야 하며, 예수님의 그 자세 앞에 몸 굽혀 통회할 수 있어야 하겠습니다.

　우리들이 지금까지 믿고 나오는 신앙생활 가운데서 주님이 우리를 염려하듯이 우리도 주님을 위하여 얼마만큼 염려하면서 살았느냐가 문제입니다. 자신은 예수님을 염려하면서 일생동안 살았다고 하지만, 어찌 죽음의 자리를 헤쳐 나가면서 베드로를 바라보던 예수님의 생애에 비교될 수 있겠습니까?

　이제 탕감복귀원칙에 의해서 예수님이 죽음의 길에서 무리들을 돌아보시던 것과 마찬가지로 우리들도 죽음의 길에서 예수 그리스도를 돌아볼 줄 아는 자신들이 되어야 합니다. 그런 입장에서 예수님을 대신하는 입장에 서는 동시에 예수님을 영광의 자리에 모셔 드리기 위해 우리가 돌아보면서 예수님의 고통을 대신하고 예수님의 염려를 대신해야 된다는 것입니다. 여러분에게 그런 한 때가 있었느냐 하는 것이 문제라는 것입니다.

　만일 여러분들에게 그런 한때가 없다면 끝날 즉 부활의 영광을 맞이할 때에 막달라 마리아가 부활하신 예수 그리스도를 붙들었던 것과 같이 여러분이 부활의 주님을 붙들고 '나의

5. 예수님의 제자들에 대한 한탄과 염려

주요, 나의 신랑'이라고 말하지 못할 것입니다.

예수님께서 십자가 위에서 베드로를 돌아보심으로써 비로소 베드로와 세 제자는 찾았으나 예수님을 직접 붙들고 천국까지 가 있는 성도들은 없다는 것입니다.

023 - P.175, 1969.5.18

사위기대가 이루어지면 사탄이 침범할 수 있는 권내에서 벗어나기 때문에 예수님은 승천하시지 않고 이 땅 위에서 가정의 기반을 닦을 수가 있는 것입니다.

가정 기반을 갖추기 위해서는 예수님이 신부인 성신을 맞아야 합니다. 실체 성신을 맞이하게 되면 평면적인 기준을 중심삼고 마음대로 활동할 수 있습니다. 그런데 제자들이 아들딸의 기준을 세우지 못했기 때문에 예수님은 영적으로 조건만 세우게 된 것입니다. 이것이 예수님의 한입니다. 이와 같이 지상에서 완전 탕감의 기준을 못 세웠기 때문에 할 수 없이 예수님은 승천하게 된 것입니다.

4

예수님의 십자가의 고난과 하나님의 한

1. 십자가의 대속과 구원의 한계

예수님 죽음의 원인

016 - P.033, 1965.12.26

　예수님이 돌아가신 것은 무엇 때문이었느냐? 첫째는 요셉 가정이, 둘째는 세례 요한이, 셋째는 교회가 잘못했기 때문이었습니다. 이것은 억울하고 분한 일이 아닐 수 없습니다. 4천년 역사를 내려오면서 키워 온 이스라엘 민족을 믿고 하나님께서 아들을 보내셨는데 그 아들을 죽여 놓고, 죽으러 왔다고요? 그들은 그것밖에는 모르는 것입니다.

　그러면 하나님께서 무엇 하려고 4천년 동안이나 이스라엘 민족을 중심하고 섭리를 하셨겠습니까? 예수님을 죽이려고 섭리를 하셨겠습니까? 나면서 죽어도 예수님은 예수님이고, 또 하나님의 아들이 되는 것인데 무엇 때문에 30살이나 되어 다 자란 후에 시끄럽게 요란을 피우다가 몰려서 죽게 하셨겠습니까? 나면서 그냥 죽게 하지, 아기 때는 구주가 못 되나요? 이것은 얼마든지 이해할 수 있는 것인데, 그것을 이해하지 못하고 믿고 있는 사람들이 있으니 참으로 부끄러운 일입니다. 그래 가지고도 천당 가겠다고요?

여기에서 말하는 선생님은 그것을 다 들추어 봤습니다. 예수님이 죽게 되었던 제일 원인이 어디에 있었던가? 요셉가정에 있었습니다. 예수님은 이 땅에 무엇을 찾기 위해 오신 거예요? 가정을 찾기 위해 오신 것이었습니다. 이스라엘 나라는 태평한 가운데 있더라도 요셉가정만은 예수님을 중심하고 하늘나라를 세워 나가야 했던 것입니다. 그래야 예수님이 신랑으로서 신부를 맞을 수 있었던 것입니다.

본래 하나님은 남편은 천국에 들어가고 부인은 지옥에 들어가도록 창조하신 것이 아니었습니다. 창조 당시의 이상의 주인공들, 즉 아버지와 어머니와 아들과 딸이 종족을 이루고 민족을 이루고 나라를 이루자는 것이었습니다. 그래야 되지 않겠습니까? 그런데 인간이 타락했기 때문에 지옥이 생긴 것입니다.

이러한 천륜의 뜻을 대하고 오셨던 예수님은 하나님이 보내신 바의 뜻을 이룰 수 있는 참다운 가정을 이 땅에서 가져야 했던 것이지 영계에 가서 가져야 했던 것이 아닙니다.

예수님께서 십자가에 돌아가시게 되면 수많은 제자들도 십자가에서 피를 흘리게 되어 있는 것입니다. 그래서 천국은 그처럼 피를 흘리고 죽은 제자들을 품고 들어갈 수 있는 곳이 아닙니다. 이 땅 위에서 자기를 믿고 따르는 제자들을 피흘리게 해서 구원하는 것이 본래 구원의 목적이 아니었습니다. 본래부터 그러한 일을 해야 했던 예수님이 아니었다는 것입니다.

종족이 외면한 예수님

038 - P.104, 1971.1.3

만일 교회가 예수님을 받들지 않더라도 교회의 중심이 되는

1. 십자가의 대속과 구원의 한계

종족이 받들면 예수님은 안 죽는다는 것입니다. 이치가 그렇지 않아요? 교회가 받들지 않고 나라가 받들지 않더라도 이스라엘 나라의 중심이요 유대교의 중심이 되는 요셉 씨족이 받들었더라면 예수님은 안 죽는다는 것입니다. 교회와 나라와 책임 못 했다 하더라도 종족권 내에서 예수님의 가정적 기틀을 마련하였더라면, 외적으로는 요셉가정의 일파를 중심삼은 가인 족속이 벌어질 것이고, 내적으로는 예수님을 중심삼은 새로운 하늘의 족속이 탄생되었을 것이 아니냐는 겁니다.

그랬더라면 예수님의 상대인 신부도 결정되었을 것이고, 예수님의 소망인 사위기대를 이룰 수 있는 아들딸도 가졌을 것이요, 가정에서의 아버지의 입장도 결정되었을 것입니다. 또한 예수님이 나이가 들어 할아버지가 되면 손자도 가졌을 것이고, 그렇게 되면 예수님의 족속이 이루어졌을 것 아니에요?

유대교가 반대하고 이스라엘 나라가 반대하더라도 영향을 받지 않는다는 것입니다. 이것만 하나되면 예수님이 죽더라도 이스라엘 교단의 중심으로 서게 된다는 것입니다. 또 교단의 중심으로 서는 것은 물론 이스라엘 나라를 수습하게 된다는 것입니다. 그랬다면 오늘날 기독교 역사노정에 비운의 역사가 있을 수 없다는 결론이 나오는 겁니다. 예수님 앞에 십자가의 길이 있을 수 없다는 것입니다.

오늘날까지의 2천년 역사는 전부가 예수님을 죽인 것에 대한 탕감역사입니다. 탕감노정을 거치지 않고는 역사를 발전시킬 수 없는 것입니다. 개인복귀, 가정복귀도 다 예수님의 소원 성취가 안 이루어졌기 때문에 하는 것입니다. 그 기반을 세계적으로 개척해야 합니다. 예수님의 소원을 이루어 드리기 위해서는 반드시 죽음의 대가를 치러야 합니다. 예수님의 소원의 기반이 영적으로만 세워졌기 때문에 죽음의 대가를 치르지 않고는 범위를 넓혀서 세계무대까지 나올 수 없는 것입니다.

겟세마네 동산에서 하나님의 슬픔을 부여안고 우신 예수님

016 - P.037, 1965.12.26

예수님은 유대 나라를 넘어 로마로 가는 길을 똑똑히 바라보셨던 것입니다. '만일 유대교가 이스라엘 민족과 하나된다면 로마는 내 손으로 넘어온다' 이렇게 생각하면서 바라보셨던 것입니다. 죽은 예수님이 4백년 걸려서 로마를 정복했는데 하나님의 아들로 오신 예수님이 살아 계셨다면 로마가 문제였겠어요? 이스라엘을 기반으로 하여 로마를 정복하실 수 있었던 예수님이었던 것입니다. 이것이 우리의 원리이기에 이렇게 되지 않으면 안 되는 것입니다.

예수님이 20세에 접어들면서 이스라엘 민족은 점점 피폐해졌습니다. 로마의 압정 하에 시달리고 있었습니다. 이렇게 앞날의 소망이 다 막혀 버리고 황혼길로 접어든 이스라엘 민족을 바라볼 때 예수님은 말할 수 없는 민족에 대한 사랑에 불타올랐습니다. 이스라엘을 걸어 놓고 민족에 대한 사랑에 울면서 하나님 앞에 얼마나 호소하셨던고? 이스라엘 민족은 이것을 몰랐다는 것입니다. 그래서 예수님은 시일이 가면 갈수록 점점 조급한 마음을 느끼게 되었습니다.

이스라엘의 주권자가 이스라엘을 통치하고 움직여야 된다는 신앙을 가진 예수님은 유대교를 밟고 올라서고 더 나아가

1. 십자가의 대속과 구원의 한계

서는 로마까지도 밟고 올라서야 한다는 것을 알고 계셨습니다. 예수님은 새로운 인생관과 새로운 세계관, 그리고 새로운 이념을 중심삼아 가지고 로마를 일시에 쳐버릴 수 있었던 것입니다.

4천년 동안 하나님께서 수고하시고 준비하셨던 이스라엘이 가정과 민족과 교단이 하나 되지 못함으로써 예수님의 마음 가운데 맺힌 원한이 컸다는 것입니다. 예수님은 자신이 설 수 있는 터전이 없는 것을 한탄하고 자신이 설 수 있는 언덕이 없는 것을 한탄했습니다.

유대교는 누구를 기다리고 찾아야 하느냐? 그것은 하나님께서 보내신 사람이 아니겠습니까? 역사적으로 수많은 선조들이 희생의 제물로 죽음의 길을 가면서 닦아온 그 터전은 이스라엘을 행복의 터전으로 만들기 위한 것이 아니었겠습니까? 그러한 민족이 메시아인 자신을 몰라보니 그것을 바라보는 예수님의 심정이 얼마나 외롭고 분하셨겠는가 하는 것을 알아야 합니다.

예수님은 민족을 사랑하는 마음이 크면 클수록 초조함을 느끼는 반면 하나님이 얼마나 불쌍하신 분인가 하는 것을 아셨던 것입니다. 그런 입장에서도 하나님을 원망하지 않고, 하나님을 부여안고 효성의 도리를 다 하려했던 예수님의 간곡한 심정, 삼면사방 어느 곳에도 그를 붙들어 주는 사람은 없고 눈앞에 나타나는 모든 것은 도리어 하나님 앞에 슬픔이 되는 것들뿐이었으니, 그 슬픔을 부여안고 하나님을 위로해 드려야 하는 예수님의 사정이 얼마나 안타까우셨겠는가! 또한 유대 민족 앞에 몰리는 예수님을 바라보시는 하나님의 가슴은 얼마나 서러우셨겠는가! 예수님은 이러한 것을 생각하고 통곡하지 않을 수 없었던 것입니다.

예수님은 이 땅을 책임지고 가야 할 최후의 운명의 길이 다 가온 것을 생각하고 겟세마네 동산에 올라가서 하나님 앞에 "내 아버지여 만일 할 만하시거든 이 잔을 내게서 지나가게 하옵소서. 그러나 나의 원대로 마옵시고 아버지의 원대로 하옵소서(마 26:39)" 하는 기도를 올렸습니다. 이때의 예수님은 자기 자신이 죽고 사는 것이 문제가 아니었습니다. 자기가 십자가의 이슬로 희생당하는 것이 한이 되어서 하나님 앞에 기도한 것이 아니라, 하나님께서 4천년 동안 이스라엘 선민을 찾아 세우기 위하여 수고하셨던 것을 생각하고 기도하셨던 것입니다.

고생길, 고난의 길을 밟아오면서 오랫동안 이스라엘을 위해 울면서 피맺힌 길을 걸어 나오셨던 그 과정이 이제 자기가 죽으면 전부 산산이 깨져 나가게 될 것을 아신 예수님은 하나님이 수고하신 역사적인 서러운 사정을 부여잡고 우셨던 것을 알아야 하겠습니다.

자기가 죽으면 이스라엘 민족은 하나님 앞에 역적이 된다는 사실을 아시는 예수님은 죽는 순간에서도 이스라엘 민족을 바라보시며 '아버지여 저들의 죄를 용서하여 주옵소서' 하고 기도하셨던 것입니다.

예수님의 십자가 고난은 제2차 사명

073 - P.220, 1974.9.18

이스라엘 민족 앞에 메시아가 온 목적은 사탄권을 때려 부수고 인류를 하나님 앞에 찾아오기 위한 것인데도 불구하고,

1. 십자가의 대속과 구원의 한계

 사탄주권을 그대로 남겨 놓고 인류를 남기고 가야 할 십자가의 길을 나서는 예수님은 겟세마네 동산에서 피어린 투쟁의 기도를 하지 않을 수 없었다는 사실을 여러분이 알아야 되겠습니다. 예수님은 자의로 십자가에 가는 날에는 4천년 동안 준비했던 이스라엘 나라가 망하고, 유대교인이 망하고, 세례 요한과 그의 사도들이 하늘에 빚진다는 것을 잘 알고 있었기 때문에, 담판 기도를 하지 않을 수 없었다는 사실을 알아야 되겠습니다.

 예수님은 육과 영을 중심삼고 영적 세계는 물론이지만 실체 세계에서도 하나님의 왕권을 회복하기 위해서 오셨습니다. 그런데 이스라엘 나라의 발판이 없어지고 유대교의 발판이 없어져 예수님 혼자 할 수 없으니 십자가에 죽어서라도 제2차의 소망의 길을 개척하지 않을 수 없었던 것입니다. 나라가 반대하고 교회가 반대하니 십자가에 가는 길밖에 없었기 때문에 하나님도 불가피하게 독생자를 십자가에 내놓지 않을 수 없었다는 것입니다.

 그 4천년의 기반 위에 보냈던 메시아가 십자가에 돌아간 것은 하나님의 예정 가운데 죽은 것이 아닙니다. 사탄한테 끌려가 가지고 십자가에 돌아갔다는 것입니다. 십자가는 다 잃어버린 자리인 줄 알아야 되겠다구요. 나라를 잃어버리고, 교회도 잃어버리고, 세례 요한도 잃어버린 자리입니다. 거기에는 열두 사도도 전부 배반한 자리요, 나중에 오른편 강도까지도 죽어 간 자리인 것을 알아야 되겠습니다. 하나도 예수님편 된 사람이나 하늘편 된 사람이 없는, 다 잃어버린 자리였던 것을 알아야 됩니다.

014 - P.227, 1964.12.27

민족과 교단을 잃어버린 예수님에게는 이를 다시 수습해야 할 2차적인 노정이 남아 있었습니다. 그 2차적인 노정을 가기 위해서는 하나님이 4천년 동안 수고하신 내적인 인연과, 교단과 민족에게 남은 외적인 인연을 결정지어야 했습니다. 이러한 사명이 예수님에게 있는데도 그의 제자들은 전혀 몰랐습니다. 그 무식한 자들이 알게 뭡니까? 얼마나 답답했으면 "내가 아직도 너희에게 이를 것이 많으나 지금은 너희가 감당치 못하리라"는 말을 했겠어요. 이 얼마나 처량한 말입니까?

예수님이 가는 길은 민족 앞에 쫓김받는 길이요, 고난의 길이요, 핍박의 길이었고, 이스라엘 민족을 재창건하는 길이었습니다. 하나님께서 이스라엘 나라를 세우시고 유대교단을 세우시기 위하여 4천년 동안 수고하신 그 수고를 단시일 내에 조건만이라도 갖추어 가지고 탕감해야 할 책임이 남아 있었는데도 불구하고, 영광만을 바라는 제자들밖에 없었던 것입니다. 그러니 예수님은 할 수 없이 홀로 하늘과 땅과 역사적인 인연을 책임지고 십자가 앞에 나갔던 것입니다. 이 땅 위에 세운 민족이 책임하지 못한 것을, 세운 제자들이 책임하지 못한 것을 대신 책임지겠다고 나선 걸음이 겟세마네 동산에서부터 골고다 산정까지의 걸음이라는 것을 우리는 알아야 하겠습니다.

십자가상에 매달려 계시던 예수님의 슬픔이 얼마나 컸겠는가를 생각해야 합니다. 예수님이 운명하기 직전에 온 땅에 어두움이 임하였습니다. 예수님이 십자가에 달려서 "나의 하나님, 나의 하나님 어찌하여 나를 버리셨나이까" 했습니다. 하나님에게 버림받은 것입니다. 얼마나 비참합니까? 4천년 동안 그렇게 섭리를 이끌어 나오시며 하늘나라가 이 땅에 세워

1. 십자가의 대속과 구원의 한계

지기를 고대하여 보냈던 메시아가 운명하는 그 시간에는 하나님까지도 십자가에서 얼굴을 돌리셔야 했다는 것입니다. 하나님의 왕자로 왔던 예수님이 어찌하여 "나의 하나님, 나의 하나님 어찌하여 나를 버리셨나이까"라는 비운의 말을 남겨야 했는가? 이것은 인류 역사의 오점입니다. 역사적인 오점입니다.

오늘날 전세계에 널려 있는 수많은 크리스천들은 가야 할 길이 있나니 무슨 길이냐? 예수님이 골고다 산정에서 남기신 한을 청산짓기 위해서 눈물과 피땀을 흘리지 않으면 안 됩니다. 예수님이 십자가를 짊어지고 골고다 산정을 오를 때 그 뒤를 따르던 여인들이 눈물을 흘리는 것을 보고 나를 위해 울지 말고 너희와 너희 자녀를 위하여 울라고 했습니다. 맞는 말입니다. '내 눈물은 인류에게 남아진다. 내가 가는 십자가의 길은 이것으로 끝나는 것이 아니라 역사적인 십자가의 길이 된다'고 하는 것을 예고하신 것입니다. 내가 개인적으로 가면 내 책임은 끝나지만, 내가 간 후 너희들의 책임은 남는다는 것입니다. 그러므로 개인적인 책임, 가정적인 책임, 종족적인 책임, 민족적인 책임, 국가적인 책임, 세계적인 책임, 천주적인 책임이 남아 있으니, 그 책임을 다하기 위해서는 앞으로 수많은 기독교인들이 눈물의 길을 가지 않으면 안 된다는 것이며, 십자가의 길을 가지 않으면 안 된다는 것입니다. 이런 벅찬 십자가를 짊어지고 가던 예수님은 역사를 더듬고 세계를 더듬고 혹은 과거를 뉘우치고 시대를 비판하면서 심판의 한 기점을 남겨야 할 억울한 입장에서도 수고하신 하나님을 이 땅에 모실 수 있는 한 터전을 마련하기 위해 엄숙히, 묵묵히 골고다 산정까지 갔다는 것을 알아야 하겠습니다.

예수님이 십자가상에서 '나의 하나님, 나의 하나님, 어찌하여 나를 버리셨나이까?'라고 한 그 말은 자기 개인만을 중심 삼고 얘기한 것이 아니라, 크나큰 사명을 갖고 온 메시아로서 한 말이라는 것입니다. 나를 버리는 것은 좋습니다. 그러나 나와 더불어 같이했던 수많은 사람은 버리지 말아 달라는 것이었습니다. 베드로를 버리지 말고, 세례 요한을 버리지 말고, 열두 제자를 버리지 말고, 이스라엘 나라를 버리지 말고, 앞으로 올 수많은 기독교인들을 버리지 말아 달라고 당부한 말입니다. 이것이 예수님의 역사적인 최후의 한마디였다는 것입니다.

십자가에 돌아간 그 자리는 모든 것을 잃어버린 자리

070 - P.324, 1974.3.10

구약성경은 메시아가 올 것을 양면으로 예언하고 있었다는 것을 알아야 됩니다. 이사야 9장, 12장, 60장을 보게 된다면 영광의 주로 나타난다고 말했지만, 53장에는 십자가에 돌아갈 것이라고 예언되어 있습니다. 왜 이렇게 양면의 예언을 해야 되는가를 알아야 되겠습니다.

우리 타락한 인간들을 하나님도 무서워하고 사탄도 무서워합니다. 왜 그러느냐? 하나님을 한때 열심히 믿다가 배반하고 가 가지고는 사탄하고 짝해 가지고 하나님의 세계를 망치고 또 사탄하고 짝해서 하나돼 있다가 하나님한테 와 가지고 사탄세계를 망치는 그러한 사람이기 때문입니다. 그래서 하나님도 무서워하고 사탄도 무서워하고 있다는 걸 알아야 되겠어요.

1. 십자가의 대속과 구원의 한계

그런데 믿었으면 영광의 주가 되었을 텐데 믿지 않음으로 말미암아 십자가에 돌아가게 됐다는 것을 우리는 알아야 됩니다. 십자가를 지게 된 것은 돌변의 사건인 것을 알아야 됩니다.

그러면 십자가에 돌아갈 것을 언제 결정했느냐? 누가복음 9장 30절에 보면 "문득 두 사람이 예수님과 함께 말하니 이는 모세와 엘리야라. 영광 중에 나타나서 장차 예수님께서 예루살렘에서 별세하실 것을 말씀할새" 변화산상에서 그때에 결정했다는 것입니다.

왜냐하면 유대교가 반대하지, 이스라엘 나라가 저렇게 됐지, 세례 요한마저 전부 다 반대하는 입장에 서니, 이미 뜻을 이룰 발판은 전부 다 저끄러진 것입니다. 그래서 하나님도 할 수 없으니 2차적 섭리를 중심삼은 영과 육을 중심삼고 지상천국과 천상천국 양면을 구원완성 하려는 뜻을 버리고 육적 세계는 잘라 버리고 영적 구원의 세계만을 세우기 위해서 십자가의 길을 내준 것입니다. 만약에 그가 십자가에 돌아가지 않으면 양면을 다 잃어버린다는 것입니다. 할 수 없이 일면적 분야라도 남기기 위해서 예수님을 십자가에 내주지 않을 수 없었다는 것을 여러분이 알아야 되겠어요.

오늘날 기독교인들은 성경 마태복음 16장 22, 23절의 말씀을 가지고 예수님이 틀림없이 죽으러 왔다고 주장합니다. 그 말씀이 뭐냐 하면 수제자 베드로가 예수님이 예루살렘에 가서 죽을 것을 말할 때 '아, 선생님이여, 그리 마시옵소서' 했어요. 그때 예수님이 들이때렸다구요. '이 사탄아 물러가라'고 한 것입니다. 그래서 기독교인들은 '죽으러 왔던 예수님이, 죽으려고 하는데 반대하니까 사탄아 물러가라고 말했다'

하고 생각하고 있다구요. 그렇지만 그건 이미 변화산상에서 십자가에 돌아갈 것을 결정한 이후니까 이런 대답을 하지 않을 수 없다는 것입니다.

만일에 세례 요한과 유대교인과 이스라엘 민족들이 예수님을 믿었으면 어떻게 되었을 것이냐? 이스라엘 민족은 예수님과 하나되어 뭉쳤을 것입니다. 그랬으면 그때에 아랍권까지 예수님과 하나되는 것입니다. 이래 가지고 로마에 대항해 40년 이내에 로마를 하늘편으로 전부 다 끌어넣는 것입니다. 죽은 예수님이 4백년 동안에 로마를 정복했으니, 산 예수님을 중심삼아 가지고는 40년 이내에 하늘나라의 헌법을 선포하는 것입니다. 그랬으면 오늘날 기독교 뭐 천주교 이거 없다구요. 모두 이스라엘 민족의 입장으로서 뜻이 이루어져 나간다는 것입니다. 이렇게 되었더라면 이스라엘 민족이 저렇게 중동에서 비참하게 망하지 않았을 것이고, 기독교인들이 비참하게 피를 흘리지 않는 결과가 되었을 것이라고 봐요. 왕권을 통일해 가지고 기독교가 세계를 움직일 수 있게 됐는데 누가 잡아 죽여요?

그랬으면 세계는 이미 예수님의 뜻대로 하늘나라가 다 됐다는 것입니다. 세계는 하나로 다 이루어졌다는 것입니다. 주님이 다시 올 필요도 없다는 것입니다. 오긴 뭘 하러 와요? 기독교가 이걸 알아야 돼요.

그렇기 때문에 예수님이 십자가에 돌아간 그 자리는 하나님과 예수님이 모든 것을 잃어버린 자리라는 걸 우리는 알아야 되겠어요. 십자가는 하나님의 승리가 아니라, 사탄 마귀의 승리라구요. 하나님의 아들을 잡아 못 박은 자리입니다.

그렇기 때문에 십자가에서 이스라엘 나라를 잃어버린 것이

1. 십자가의 대속과 구원의 한계

요, 유대교인들을 잃어버린 것이요, 세계 역사 일정을 잃어버린 것이요, 사도들을 다 잃어버린 것이요, 나중에는 오른편 강도까지도 죽어 없어진 것입니다. 거기에는 기독교가 없어요. 기독교 출발이 없다구요. 다 잃어버렸다구요.

예수님은 죽기 위해 오신 분이 아니다

073 - P.218, 1974.9.18

예수님이 십자가에 돌아가기 위해 오셨다면, 겟세마네 동산에서 '아바, 아버지여 할 수만 있으면 이 잔을 나에게서 피하게 하옵소서'라고 어찌하여 세 번씩이나 기도했겠습니까? 그게 수수께끼입니다. 자기가 죽기 위해서 왔는데도 불구하고 그런 기도를 했으니, 그가 메시아 자격이 있습니까?

예수님께서 죽으러 왔다는 것이 본래 하나님의 예정 가운데서 되어진 것이냐, 돌변지사냐 하는 것을 우리는 알아야 되겠다고요. 돌변사건이라는 것입니다. 돌변사건입니다.

그렇다면 신약성경의 예수님 말씀을 통해서 알아봅시다. 누가복음 9장 30절을 보면 "모세와 엘리야가 영광 중에 나타나 장차 예수님께서 예루살렘에서 죽을 것을 말씀할새"라고 되어 있습니다. 그때에 결정된 것입니다.

마태복음 16장 22절을 보면, 예수님께서 예루살렘에 올라가 돌아가실 것을 말하니 베드로가 예수님께 '주여 그러지 마옵소서 이 일이 결코 주에게 미치지 아니하리이다' 할 때, 예수님께서 돌이키시며 베드로에게 이르시되, '사탄아 내 뒤로 물러가라'고 했습니다. 그래서 오늘날 기독교인들은 예수님이 죽으러 온 거라고 우긴다구요. 그 말이 죽으러 온 메시아의 말인데 죽지 말라고 하니 베드로에게 그렇게 지적한 것이 아니냐며 죽으러 왔다고 주장합니다.

　그것은 이미 변화산상에서 모세와 엘리야를 만나 가지고 십자가에 돌아갈 것을 결정한 후의 말씀인 것을 여러분이 분명히 알아야 되겠습니다.

'다 이루었다'는 말씀의 뜻

038 - P.208, 1971.1.3

　그러면 예수님이 십자가에 돌아가면서 마지막으로 남긴 '다 이루었다'는 말이 무슨 뜻이냐? 어머니의 사랑을 받았다는 말입니까? 아버지의 사랑을 받았다는 말입니까? 형제의 사랑을 받았다는 말입니까? 친척의 사랑을 받았다는 말입니까? 교회의 사랑을 받았다는 말입니까? 나라의 사랑을 받았다는 말입니까?

　예수님은 본래 나라의 사랑, 종족의 사랑, 교회의 사랑, 친척의 사랑, 부모의 사랑, 형제의 사랑을 받아야 했습니다. 그런데 그러한 사랑을 받지 못하고 억울하게 십자가에 달리신 것입니다. 그러한 예수님이 십자가상에서 '다 이루었다'고 한 그 말이 뜻을 다 이루었다는 말입니까? 이것은 기가 막힌 일입니다.

　예수님은 민족 해원의 길이 먼 역사적 거리를 두고 연장될지라도 다시 출발할 수 있게 되기를 소망하면서 십자가의 길을 갔습니다. 그렇기 때문에 예수님이 십자가의 노정에서 '다 이루었다' 하신 말씀은 십자가의 노정을 통해서 이스라엘권을 중심삼고 소망의 출발을 하기를 바라는 예수님의 소원이

1. 십자가의 대속과 구원의 한계

시작되었다는 말에 불과하다는 것을 여러분이 알아야 합니다.

예수님이 십자가에 죽음으로 말미암아 이스라엘 민족과 유대교와 요셉가정을 중심삼고 4천년 동안 섭리해 나오시던 하나님의 소원이 왕창 무너졌습니다. 그렇게 됨으로 말미암아 하나님의 한이 맺혔습니다. 다음엔 누구의 한이 맺혔느냐? 예수님의 한이 맺혔습니다. 또 그 다음엔 메시아를 맞이해야 할 이스라엘 민족이 메시아를 맞이하지 못했기 때문에 이스라엘 민족의 한이 맺혔다는 것입니다. 예수님으로 인해 하나님께 한이 맺혔기 때문에 예수님은 아버지의 나라에 들어갈 수 없어 낙원에 들어간 것입니다. 예수님으로 인해 하나님에게 철천지의 한이 맺혔고, 하나님의 가슴에 못이 박혔기 때문에, 낙원에 가서 때를 기다리며 2천년을 보내신 것을 알아야 합니다.

이 한을 풀 수 있는 날을 고대하면서 기독교는 2천년 동안 수난의 길을 걸어왔습니다. 한의 역사를 되풀이하면서 죽음의 피를 뿌리며 나온 것입니다. 피로 물들이지 않고는 구원의 도리를 남길 수 없는 역사적인 인연을 연이어 가지고 오늘날 세계적인 기독교권을 이룬 것을 여러분이 알아야 합니다. 이것이 하나님편에서 볼 때는 하나님의 한이요, 예수님편에서 볼 때는 예수님의 한이요, 이스라엘 나라로 볼 때는 이스라엘 나라의 한이 된 것입니다.

2. 십자가 대속을 중심한 예수님의 심정과 사정

아버지를 위로하시기에 노심초사하신 예수님

001 - P.320, 1956.12.23

예수님은 우주적인 사명을 갖고 이 땅에 오셨으나 일생 동안 고난을 받으셨습니다. 그러나 그 서러움을 위해 기도하시지 않고 도리어 아버지의 마음 상하심과 염려를 위로하시기에 노심초사하셨습니다. 그러면서 땅을 바라보고 인간들의 무지함을 용납하여 주기 위하여 애달파하신 예수님이었던 것입니다. 그러나 예수님의 생애는 30여 평생의 눈물의 생애로서만 끝난 것이 아니었습니다. 그는 하나님의 수고를 대신하여 나섰기 때문에 죽든지 살든지 아버지의 뜻만을 영광되게 해 드리려는 마음을 갖고 살았습니다. 예수님은 하나님이 알아주시든지 말든지 땅 위의 인간들이 알아주든지 말든지 그런 것은 상관하지 않고, 때와 장소를 개의치 않고 뜻을 위해 사셨습니다.

뜻을 완전히 이루려고 오셨던 예수님이었으나 십자가에 돌아가시게 되었다고 해서 고심하거나 낙망하지 않은 예수님이었습니다. 죽음의 자리까지 나가서도 예수님은 자기를 변명

2. 십자가 대속을 중심한 예수님의 심정과 사정

하지 않았습니다. 빌라도의 법정을 통하여 골고다의 산정을 거쳐 십자가에 못 박혀 운명하는 자리까지 나가면서도 예수님은 변명하지 않았습니다. 무변명의 주인공이었습니다. 인간들이 저렇게 반대하는 것도 자기의 책임이라고 느낄 수 있었던 예수님이었습니다. 예수 그리스도를 믿고 있는 우리들은 나신 예수님으로부터 사신 예수님을 거쳐 가신 예수님의 친구가 되어야 하겠습니다.

예수님은 무엇과 친구가 되었느냐 하면, 생명과 친구가 되지 않고 죽음과 친구가 되신 분이었습니다. 역사 과정에서 수많은 사람들이 죽음의 길을 갔지만 만민의 죽음을 대신하여 죽음의 친구가 되고, 만민을 대신하여 죽으신 분은 예수님뿐이었다는 것입니다.

그렇기 때문에 기독교는 죽음과 희생의 종교요, 기독교의 진리는 죽음을 이기는 진리입니다. 그리고 예수님의 활동은 자기 일신을 파괴시키는 일이었습니다. 그러면서도 원망 없이 사랑할 수 있는 예수님의 행로였음을 여러분이 인식해야 되겠습니다.

예수님은 죽음의 친구이셨기 때문에 죽음을 재촉할 때에도 죽음을 개의치 않으셨습니다. 원수를 위하여 죽을 수 있는 여유의 생애를 살았다는 것을 여러분이 알아야 됩니다.

나중에는 십자가에 달린 예수님을 하나님까지도 모른다 하셨습니다. 그때 예수님께서 '아바 아버지여, 어찌하여 나를 버리셨나이까?'라고 외치셨는데, 이것은 소망이 절망으로, 생애의 전부가 수포로 돌아갈 것 같기 때문에 외치신 것이 아닙니다. 자기의 죽음으로 인하여 아버지의 뜻을 다 이루고 가지 못하는 것을 염려하여 외치신 것입니다. 예수님은 자기로서는 할 바의 책임을 다했기 때문에 아버지께서 자기를 천당으로 보내시든 지옥으로 보내시든 개의치 않으셨던 것입니다. 죽음의 친구가 되어야 할 입장에 있었던 예수님은 죽는 것으로서 만족하고 죽는 것으로 자기의 사명을 완수하려 했던 것입니다.

예수님께서는 우주적인 사랑을 가지고 오셨으나 그것을 안 자가 없었습니다. 이렇게 놀라우신 은사를 가지고 오셨지만 일단 죽음의 친구가 되기 위하여 나선 이상에는 아무런 미련을 갖지 않았습니다. 하늘의 소망을 이루기 위해 오셨는데도, 하늘이 소망의 존재로 대해 주시지 않으셔도 반박하거나 원망하지 않았던 예수님이었던 것입니다.

탄식과 절망의 자리에서도 희망을 갖고 담대했던 예수님

064 - P.214, 1972.11.12

예수 그리스도, 그는 이 땅에 와 가지고 삼십 여생을 불행하게 살다 간 사나이였습니다. 그는 요셉가정에서 마리아의 복중을 빌려 태어났습니다. 의붓아버지인 요셉의 품에서 태어났습니다.

성경에는 이러한 내용이 기록되어 있지 않지만, 자기 동생들까지 예수님을 비난했습니다. 의붓아버지의 인연을 따라 태어난 예수님은 세상으로 보면 불쌍한 아기로 자랐습니다. 요셉은 물론 예수님을 사랑해야 했습니다. 사랑하는 데 있어서는 자기 피를 통해서 태어난 아들딸들보다도 더 사랑했느냐, 덜 사랑했느냐 하는 것이 문제되는 것입니다.

요셉이 꿈 가운데 마리아를 데려오라는 말을 듣고 마리아를

2. 십자가 대속을 중심한 예수님의 심정과 사정

데려왔는데, 그 마리아가 잉태를 했다 이겁니다. 세상 사람들이 볼 때에는, 꿈 가운데 데려오라는 말을 듣고 데려온 마리아를 열 달이 되도록 그냥 두었다는 것만 해도 놀라운 사실입니다.

그 과정에 있어서 별의별 사연이 없었겠느냐 이겁니다. 남자의 욕심으로 볼 때, 그 배후를 추궁하고 싶지 않은 남자가 어디 있겠습니까? 추궁하는 날에는 마리아는 불행하게 될 것이 뻔했습니다. 한 번 묻고 두 번 묻게 되면 마리아의 가정은 화가 벌어진다 이겁니다.

화가 벌어지고 말다툼이 벌어지는 그 틈바구니에서 예수님은 얼마나 고독했을 것이냐? 통일교회는 이렇게 예수님이 불쌍한 아기였다는 것을 알고 있습니다.

예수님은 아기 때부터 불쌍하게 자랐습니다. 그런 사실을 동네방네 친척들이 다 알고 있었다는 것입니다. 그 면 소재지의 구석구석까지 다 알고 있는데, 하나님이 진짜 사랑하는 아들을 거기 두고 길렀겠어요? 할 수 없이 애급으로 피난을 보낸 것도 하나님의 도피적인 작전이 아니었겠느냐 하는 생각도 할 수 있다는 것입니다.

그런 것을 볼 때, 예수님은 비참하게 태어나서 비참하게 자랐습니다. 명절이 되어도 요셉은 자기 아들딸에게는 좋고 맛있는 것만 먹였을 것입니다. 그랬을 것입니다. 오늘날 하늘이 사랑하는 목자가 있다면, 그 목자를 대해 가지고 '아, 우리 아들딸보다도 더 사랑해야 되겠다' 라고 생각해요? 먹을 것이 있으면 자기 아들딸의 입에 넣어 주게 마련이지요.

이런 등등의 문제를 볼 때, 예수님은 불쌍하게 태어나 불쌍하게 살다가 비참하게 몰려 가지고 비참한 운명과 불쌍한 자리에서 탄식과 더불어 사라져 가신 분입니다. 그랬던 예수님이 아니에요? 예수님이 '아바 아버지여, 할 만하시거든 이 잔을 내게서 지나가게 하옵소서. 그러나 나의 원대로 마옵시고 아버지의 원대로 하옵소서'라고 기도한 것을 보면, 예수님은 일생 동안 무엇 때문에 살았느냐 할 때, 자기 뜻대로 살다 간 사람이 아니라구요. 누구 뜻대로 살았어요? 아버지의 뜻대로 살았습니다. 아버지의 뜻대로 살았으니 그는 자유롭게 행동한 사람이에요, 부자유스럽게 행동한 사람이에요? 부자유스럽게 행동을 한 사람이라구요.

원수가 나타나면 그 원수를 대해 가지고 복수하고 싶은 마음이 있지만, 그러지 못했습니다. 왜? 아버지의 뜻을 위했기 때문입니다. 아침이나 저녁이나 자기 소신의 뜻은 있을망정 그 뜻대로 행동할 수 없다. 그것이 효의 길이요, 충의 길이 아니에요? 이렇게 되는 것입니다.

세상에서의 효자도 어떤 사람이냐? 자기 개인의 몸과 자유의사는 갖고 있지만 일체의 생활을 자기 마음대로 하는 것이 아니라구요. 부모를 위해서 일생을 희생하면서 부모의 뜻대로 가려고 하는 사람을 효자라고 합니까, 불효자라고 합니까? 효자라고 하는 것입니다. 하나의 군왕을 중심삼고 볼 때, 군왕의 뜻대로, 자기의 뜻을 완전히 무시해 놓고, 주권자의 뜻대로 사는 사람을 충신이라고 합니다. 그것은 당연한 것입니다.

예수님은 나면서도 자기 뜻대로 나지 않았고, 살면서도 자기 뜻대로 살지 않았고, 최후에 죽을 때까지 자기 뜻대로 하지 못하고 간 사람입니다. 그렇기 때문에 '아바 아버지여, 할 수만 있으면…. 그러나 나의 원대로 마옵시고 아버지의 원대

2. 십자가 대속을 중심한 예수님의 심정과 사정

로 하시옵소서' 하는 기도를 하셨던 것입니다. 남의 뜻대로 태어났고, 사는 것도 남의 뜻대로, 죽는 것도 그렇다구요. 그러나 그 남은 남이 아니라 아버지라는 것입니다.

그런데 절망으로 갔느냐 절망으로 안 갔느냐 하는 것이 문제라구요. 절망적으로 갔느냐? '나는 비록 몰려서 죽고 비참하게 죽더라도 내 소원만은 절망이 아니다. 내가 서 있는 자리는 비록 탄식의 자리요, 낙망의 자리요 절망의 자리지만, 내 희망만은 승리를 표방하는 데 있어서 당당했다'고 한 것은 하나님이 그랬기 때문에 예수님도 그랬다는 것입니다.

자기의 뜻은 절망에 부딪치는 것이요 낙망에 부딪치는 것이지만, 아버지의 뜻은 절망이 아니라 희망이요 승리이기 때문에, 그 승리를 표방하는 자리에서 자기의 생명을 넘나드는 순간이나마 불충 불효의 위치를 넘을 수 있다는 데 희망을 가지고 담대했던 것입니다. 그리하여 예수님은 십자가에 돌아가게 된 것입니다.

예수님이 세우신 사랑의 기준

002 - P.011, 1957.1.6

예수님께서는 우주적인 생의 가치를 실현하기 위하여 무엇을 내세웠던가? 예수님은 사랑을 내세웠습니다. 즉 우주적인 생의 가치를 하늘땅 위에 완결시키기 위해서 새로운 복음을 전하셨는데 그 복음의 중심이 바로 사랑이었던 것입니다.

개인이 자기 일신의 생을 영원한 가치의 기준에 결부시킬 수 있는 가장 중요한 것이 무엇인가 하면, 예수님께서 말씀하셨듯이 남을 위하여 자신의 생명을 바칠 수 있는 사랑인 것입니다. 실제로 예수님께서는 자기 자신을 위한 사랑이 아니라 남을 자기 이상 사랑하는 것으로 생의 가치기준을 세우셨던 것입니다.

이와 같이 천적인 전체의 생의 가치를 대표해 나타나셨던 예수님은 인간들에게 자기 개체의 구원을 위해서는 남을 위하여 목숨을 버릴 수 있는 사랑을 소유해야 한다고 가르치셨던 것입니다. 나를 위한 사랑보다도 동료를 위한 사랑, 동료를 위한 사랑보다도 세계를 위한 사랑, 세계를 위한 사랑보다도 하나님과 영계에 있는 천천만 성도들까지 위하는 사랑을 갖고 나선 분이 예수 그리스도인 것을 확실히 알아야 되겠습니다.

예수님은 자기 개체의 생의 가치를 찾기 위한 개체적인 관념을 가지고, 혹은 개체적인 사랑을 가지고 사신 분이 아닙니다. 예수님께서는 친구를 사랑하실 때도 단지 그 친구관계에서만 사랑하신 것이 아닙니다. 그 이면에는 세계를 대신해 사랑한다는 관념을 갖고, 또 하나님을 대신하여 사랑한다는 마음을 갖고 사랑하셨던 것입니다.

이와 같이 예수님의 사랑은 일대일 관계에서의 사랑이 아니었습니다. 예수님께서 어떤 개인을 사랑했다 하더라도 거기에는 하나님의 사랑이 내포돼 있고, 우주적인 사랑이 내포되어 있으며, 개인적인 사랑이 내포되어 있었던 것입니다. 이것을 체험하는 여러분이 되어야 하겠습니다. 그러한 여러분이 되어야만 예수님의 생의 가치를 올바로 알 수 있다는 것입니다.

그러면 예수님은 자신의 생의 표준을 어느 기준까지 세웠는가, 세계를 위하여 자신이 존재한다는 기준을 세웠던 것입니

2. 십자가 대속을 중심한 예수님의 심정과 사정

다. 예수님은 자기를 희생하면서 친구를 사랑할 때에도 그 이면에는 세계를 위하여 사랑한다는 관념을 지니셨던 것입니다.

예수님께서 십자가상에서 세계적인 구원의 사랑의 기준을 세울 수 있었던 것은, 개인을 위하여 죽을 수 있는 동시에 전체를 위해서도 죽을 수 있는 희생과 사랑의 마음이 있었기 때문입니다. 이렇게 예수 그리스도가 사랑과 생명과 인격의 주인공이었다는 것을 알아야 되겠습니다. 비단 그 뿐만이 아니었습니다. 예수님은 그때 하늘을 향하여 "내 아버지여 만일 할 만하시거든 이 잔을 내게서 지나가게 하옵소서, 그러나 나의 원대로 마옵시고 아버지의 원대로 하옵소서(마 26:39)"라고 기도하셨던 것입니다. 이렇게 죽음의 고개를 넘어서 아버지의 뜻대로만 살기를 원하셨던 예수님이었기 때문에 하나님의 사랑을 인간들에게 소개할 수 있었던 것입니다. 이와 같이 예수님의 노정에는 놀라운 사랑이 내포되어 있다는 것을 우리는 알아야 되겠습니다.

그리고 우주적인 생명을 복귀하기 위한 사명을 지니고 오신 예수 그리스도께서 생의 가치를 찾기 위해 내세운 것이 무엇이었습니까? 그것도 역시 사랑입니다. 그리고 그 사랑은 인간 개개인을 위한 것이 아니었고, 세계를 위하는 동시에 하나님을 위하고, 영원한 세계 즉 영계에 있는 영인들까지도 위하는 사랑이었던 것입니다.

그러면 이제 전체 복귀의 생을 감당해야 할 우리들이 한날 한날의 생활에서 하나님의 사랑을 대신한 예수님의 생의 가치를 실현하기 위해서는, 무슨 일에 부딪치든지 그날 그 시간에 느끼는 감정으로서만 대해서는 안 됩니다. 우주적인 전체의 성품을 대신한 예수 그리스도의 인격을 대신하겠다는 각오와 결심으로 모든 것을 대해야 되겠다는 것입니다. 그러한 한날 한날의 생활을 거쳐야만 세계적인 생을 완결지을 수 있고, 영원한 생과 관계를 맺을 수 있다는 것입니다.

다시 말하면 여러분의 하루하루의 생활이 여러분 자체에만 미쳐지는 순간적인 생명의 가치를 갖고 있다 할진대는 영원과 관계를 맺을 수 없다는 것입니다. 그렇기 때문에 영원무궁하신 하나님의 사랑과 관계를 맺는 생활을 해야 되는 것입니다. 그럴 때에 영원하신 하나님이 여러분과 함께 하신다는 것입니다.

그리고 예수 그리스도께서 일생 동안 매일매일 하나님과 관계를 맺으며 살았기 때문에 예수님은 돌아가셨지만 예수님을 통하여 이루려 하셨던 하나님의 뜻은 계속 이루어져 나왔다는 것입니다.

하나님에 대한 예수님의 사랑 · 충성 · 인내

002 - P.344, 1957.8.4

예수님은 아무리 피흘리는 자리, 슬픔과 고통을 당하는 자리, 공포에 사로잡히는 자리에 처해 있었다 하더라도 그 중심만은 변하지 않으셨습니다. 만일 하늘의 이념을 인계받아 지상에 하나의 불변의 길을 개척하는 전체적인 사명을 담당해야 할 예수님이 그러한 환경에서 중심이 변하였던들 승리적인 천륜의 역사는 시작될 수 없었을 것입니다.

예수님은 어려운 환경, 소망이 끊어진 입장, 사탄이 참소를 받는 자리에서도 그 모든 것을 이기고 넘어서서 승리적인 천

2. 십자가 대속을 중심한 예수님의 심정과 사정

류의 길을 개척해 나갔던 것입니다.

예수님은 이러한 길을 개척하기 위해 역사상에 없었던 사랑을 강조했던 것입니다. 그리고 어떠한 어려운 환경에 부딪치더라도 그 환경을 극복하기 위해서는 인내심을 가져야 한다고 주장했으며, 죄인들이 악을 대하여 충성하는 이상 하나님의 뜻을 위해 충성을 다해야 한다고 말씀하신 것입니다. 이것이 기독교에서 말하는 성신의 아홉 가지 열매의 근본입니다. 사랑의 생활을 하게 되면 희락과 화평이 나오고, 인내를 통해서는 자비와 양선(良善)이 나오며, 충성의 생활을 하면 온유와 겸손이 나옵니다.

예수님은 타락권 내에 있는 인간들의 모든 악의 요소를 제거시켜 주기 위해서 천적인 사랑과 천적인 인내, 천적인 충성을 강조했던 것입니다. 이것들이 천국의 이념을 달성시킬 수 있는 실천적인 이념인데 오늘날 여러분의 마음에 이런 그리스도의 사랑이 있습니까? 또 인내와 충성심이 있습니까? 예수님은 하나님의 심정을 대신하여 현현하신 사랑의 화신체였으며, 서러운 골고다의 길에서도 만민의 고통을 염려하신 인내의 주인공이었으며, 역사상의 어느 누구보다 하늘 대해 충성했던 충성의 대표자였습니다.

그러면 이러한 예수님의 사랑·인내심·충성심은 어디로부터 기원한 것인가? 이것들은 예수님 자신에서 기원된 것이 아닙니다. 다만 예수님은 그 하나님의 사랑을 인간들에게 연결시키는 중보의 역할을 하시는 것입니다. 무지한 인간들을 구원하기 위하여 오신 예수님은 하나님의 사랑의 화신이요, 하나님적인 가치의 실체였습니다.

그러면 예수님은 어떻게 역사상에 없었던 하나님의 사랑을 나타낼 수 있었던가? 그는 하나님과 뜻을 위하여 그 모든 어려움을 극복할 수 있었고, 자기 생명까지도 포기할 수 있었기 때문입니다. 그래서 그런 예수님에게 하나님의 사랑이 임할 수 있었고, 역사상 처음으로 하나님의 사랑을 친히 재현할 수 있었던 것입니다.

예수님께서는 이 땅에 오셔서 하나님의 사랑을 찾으실 때 논리적인 면을 앞세운 것이 아닙니다. 예수님은 사랑에 대한 정의와 사랑에 대한 논리를 말하지 않았지만 사랑의 실천적인 면에서 역사를 대표했다는 것입니다. 그분은 자기가 느끼지 못하고 행동하지 못한 것은 말씀하시지 않았습니다. 예수님은 실천적인 행동을 통해서만 하나님과 영원한 관계를 맺을 수 있다는 것을 알았기 때문입니다.

그러면 이와 같은 예수님의 실천적인 사랑은 어디서 나왔는가? 예수님 자신으로부터 나온 것이 아닙니다. 하나님의 내적 심정을 더듬을 수 있었기 때문에 예수님은 그런 내적 심적 기준을 세울 수 있었습니다. 이것을 인간들은 잘 몰랐던 것입니다.

하나님의 사랑은 어떠한 것인가? 오늘날 이 땅 위의 인간들은 천만 번 배반하고, 변할 수 있을지 모르지만 하나님은 그럴 수 없다는 것입니다. 하나님의 사랑은 영원불변한 것입니다. 이러한 하나님의 사랑의 심정을 인간들이 몰랐기 때문에 인간들은 서로 배반하고 불신해 온 것입니다.

하나님의 인내심은 어디서 나왔는가? 하나님이 싸움의 역사를 해오신 것은 사랑을 이루기 위해서였습니다. 또 악을 대하여 무한히 참아 나오신 것은 선의 생활이념을 세우기 위해서였습니다. 즉 인간 하나를 세워 놓기 위한 변할 수 없는 천

2. 십자가 대속을 중심한 예수님의 심정과 사정

리법도의 기준을 세워 놓고 6천년을 참아 나오신 것입니다.

하나님은 이와 같이 참뜻을 이루기 위하여 당신과 같은 사람, 전체의 가치를 대신할 수 있는 사람을 찾기 위해 인간이 하나님 대해 충성하기 전에 하나님이 인간 대하여 먼저 충성하셨으며, 무한히 인내해 나오신 것입니다.

그러므로 천륜을 중심삼고 운행하시는 하나님과 그 뜻을 성취하기 위하여 무한히 인간 대하여 충성했던 그 사정을 체휼해야 하겠고, 이 뜻을 세우기 위해 무한히 희생해 오신 하나님의 심정, 또 미래의 이념을 세우기 위해 무한히 당신을 초월하신 하나님의 심정, 무한히 주시려는 하나님의 사랑의 심정을 체휼해야 되겠습니다.

또한 자기의 어떠한 주의 주장, 자기의 어떠한 관념을 가지고는 하나님 앞에 설 수 없다는 것을 알아야 합니다.

무한한 사랑을 주기 위하여 4천년 동안 참아 나오신 하나님의 사랑을 받을 자는 누구였던가? 그런 자는 예수님밖에 없었습니다. 이것을 아시는 예수님은 외로울 때도 그 사랑을 느끼며 하나님 앞에 감사할 수 있었습니다.

그리고 4천년 동안 슬퍼하시고, 4천년 동안 싸우며 참아 나오시던 하나님인 것을 알고 그 인내심의 가치의 결과를 나타냄으로써 사탄 앞에 자랑할 수 있는 하나의 인격자는 어디 있었던가? 역시 예수님 한 분밖에 없었습니다. 그리하여 자신을 통해 인간의 갈 길을 이끌어 주기를 바라는 하나님의 소망을 짊어지고, 하나님의 인내를 대신하여 홀로 천륜의 길을 가야 하는 예수님은 비탄에 사무쳤습니다. 이것을 알아야 되겠습니다.

심정을 온전히 토로하지 못한 예수님

009 - P.056, 1960.4.10

성경을 연구하고 또 연구하는 목적이 무엇입니까? 우리의 주님 예수님은 어떠했으며, 이스라엘 민족의 구주인 모세는 어떠했으며, 가정적 구주인 야곱은 어떠했으며, 개인적 구주인 아브라함은 어떠하였는가. 노아는 어떻게 되었으며 아담 해와는 어떻게 되었는가를 알기 위한 것입니다. 이것이 곧 머리를 싸매고 헤매는 도의 길입니다. 인생의 근본문제가 어디에서 해결되는지 아십니까? 오늘날의 과학문명을 통하여 이루어진 이 세계관을 잘 설명하는 데서 해결되는 게 아닙니다. 실증적인 논리를 세우고 실증적인 가치를 논하는 데서 인생문제가 해결되는 것이 아닙니다. 원점으로 돌아가야 하는 것입니다. 잃어버린 것을 찾으려면 잃어버린 곳에 가야 찾으니 그곳으로 돌아가야 합니다. 돌아가는 데는 성경 말씀만을 통하여서 돌아가서는 안 됩니다. 성경 말씀의 내막에 숨겨져 있는 골수의 심정을 통하여 돌아가야 됩니다. 이것이 도인들이 찾아가야 할 길입니다.

2천년 전에 왔다 가신 예수님의 심정을 통해 돌아가자는 것입니다. 그 예수님은 어떠한 예수님이뇨. 4복음에 말씀하신 그 예수님으로는 너무나 부족합니다. 너무나 미진하고 부족합니다. 말씀을 하시던 예수님의 배후, 말하고 싶어도 나타내지 못했던 그 심정을 알아야 합니다. 혈혈단신 혼자서라도 로마를 정복하려는 심정을 품고 바라보던 예수님의 가슴에는 사무친 원한의 심정이, 퍼붓고 싶은 마음이 얼마나 간절했겠습니까? 그러나 예수님은 못 했습니다. 한마디도 못 했습니다.

2. 십자가 대속을 중심한 예수님의 심정과 사정

예수님이 아무리 못났다고 해도 열두 제자 혹은 몇 천 명의 무리를 끌고 다니면서 사회의 반역자로, 시대의 반역자로 몰려야 하는 처량한 예수님이 아닙니다. 만일 예수님이 세계적인 반역자로 몰리는 자리에 갔던들, 온 세계가 동원하여 예수님을 죽이려고 하는 자리에 나갔던들 예수님은 안 죽었을 것입니다. 그런데 예수님이 뒷골목을 걸으면서, 이 골목에서 쫓기면 저 골목으로 피해 다니던 처지에서 그 말씀에 예수님의 이념과 심정이 온전히 다 토로되어 있어요? 천만의 말씀입니다. 그것 가지고는 예수님께서 하신 말씀은 이해할 수 있으되 말하고 싶어도 말 못 하신 예수님의 은밀한 심정은 이해할 수 없습니다.

예수님의 슬픔과 하나님의 슬픔

006 - P.246, 1959.5.24

하늘의 한을 풀기 위하여 오셨던 예수님은 행복을 가지고 나타나지 못하셨고, 자유를 갖고 나타나지 못하셨습니다. 그는 하나님 앞에 최고로 선한 자리에 있으면서도 죄인 중의 죄인과 같이 나타났던 것입니다. 이 이상 슬픈 일이 어디 있겠습니까?

온 천상이 환희할 수 있는 하늘의 왕자인데도 불구하고 지상에서는 밟힘의 왕자요, 핍박받는 왕자요, 사라져 가는 왕자와 같이 사시던 예수님의 슬픔 이상의 슬픔이 없다는 것입니다.

자기의 위신과 자기의 처신, 그리고 사명받은 것을 다 이루지 못하고 역경에 부딪쳐 말없이 사라져 갔던 예수님 이상 슬픈 자가 어디 있겠습니까? 예수님은 4천년 동안 하늘이 수고하여 선민으로 택해 세운 이스라엘 민족 앞에 배척받았습니다. 섭리의 뜻을 받들게 하기 위하여 오랫동안 사랑해 나오던 유대교단 앞에 핍박받았습니다.

그뿐만이 아니었습니다. 사랑하는 종족에게 몰림을 받았고, 사랑하는 제자 앞에 몰림을 받았던 것입니다. 이때 만일 예수님이 인간적인 한을 가졌다면 이들에게 저주밖에 할 수 없었을 것입니다. 민족을 위하여 왔으나 교단이 배반하였고, 종족과 친척 혹은 택한 자들을 위하여 왔으나 그들에게서 마저 배반당한 입장이었다는 것입니다.

이런 입장에서 예수님이 원한을 품고 그들을 대해 저주를 하려면 말로 다 표현할 수 없는 저주를 할 수 있었을 것입니다. 그런데도 불구하고 예수님은 도리어 역사노정을 거쳐오면서 당했던 그들의 슬픔의 한을 붙들고 자신을 잊고 염려해야 했던 것입니다. 이런 예수님의 사정을 알아야 되겠습니다.

예수님이 천국건설의 왕자인 줄 알았더니 아닙니다. 그것은 나중의 일입니다. 예수님은 세상의 모든 슬픔을 제거하기 위하여 수많은 선지선열들이 선을 바라고 뜻을 바라 나온 역사노정의 애절한 심정, 사무친 원한의 심정을 체휼하고 나선 역사를 대표한 슬픔의 왕자였습니다. 흑암의 세계에서, 사탄 주관 하에서 신음하고 갈 바를 알지 못하고 고통 가운데 있는 세계 인류를 대신하여 그들의 모든 짐을 짊어져야 했습니다. 내적으로는 슬픔의 심정을 책임지고 외적으로는 고통의 짐을 책임져 이것을 사탄 앞에 해결지어야 할, 그리하여 하늘 앞에 승리의 발판을 세워야 할 슬픔과 고통의 왕자였다는 것입니다.

2. 십자가 대속을 중심한 예수님의 심정과 사정

그리고 그러한 예수님께서 이 땅에 오셔서 인간을 위하여 그토록 슬픔과 고통 속에서 사는 것을 바라보시는 하나님의 심정은 예수님의 슬픔 이상, 예수님의 고통 이상, 예수님이 느끼는 한스러움 이상의 한에 사무쳐 있다는 것을 알아야 되겠습니다.

예수님께서 순종의 도리를 가르치신 목적

003 - P.187, 1957.10.27

이 땅 위에서 권세를 잡고 있던 사탄은 하나님의 영광을 자기들이 누려왔고, 하나님이 주관해야 할 인간들을 자기들이 주관해 왔습니다. 이와 같이 인간들은 사탄의 압박 밑에서 살아왔던 것입니다. 그래서 예수님은 이 땅에 오셔서 먼저 반대하는 사람보다도 사람으로 하여금 예수님을 반대케 하는 영적인 사탄과 대결해야 했습니다. 이런 싸움에서부터 기독교의 역사가 시작되었음을 알아야 하겠습니다.

그러면 사탄의 본질과 대결하기 위하여 나타난 예수님은 그의 생활권 내에 있어서 먼저 무엇을 표시하고 나타났던가. 사탄이 하지 못하는 일을 해야 했습니다. 이런 책임을 완수하기 위해 그의 생활권 내에서 실천적인 행동을 제시한 것이 오늘날 기독교의 복음인 것입니다.

말씀도 그렇거니와 그의 마음도 그렇고 그의 생활도 그렇고 그의 생애도 그렇고 그의 죽음까지도 사탄이 하지 못하는 조건을 찾아 세우기 위한 것이었습니다. 이러한 예수 그리스도의 생애노정을 여러분을 알아야 하겠습니다. 천리 법도가 엄연히 있는 연고로, 다시 말하면 법도를 중심삼고 모든 것을 다스리시는 하나님이 계시기 때문에 예수 그리스도는 이 천리 법도에 의해 사탄을 분립하셨던 것입니다.

사탄의 본질은 교만과 혈기입니다. 이런 성질로 세상 사람을 대하는 사탄이었으나 예수님은 온유와 겸손으로 세상 사람들 앞에 나타났던 것입니다.

예수님이 못나서 온유 겸손한 입장에 서신 것이 아니었습니다. 어느 누구보다도 최고로 높을 수 있고 영광을 누릴 수 있었으나, 예수님은 이것을 다 버리고 온유 겸손한 입장에 서신 것입니다. 사탄이 이런 예수 그리스도와 대결하여 싸우려 했으나 사탄에게는 하나님 앞에 굴복해야 할 조건이 있다는 것을 아셨기에 예수님은 끝까지 온유 겸손하실 수 있었던 것입니다. 그래서 사탄의 본질이 교만과 혈기에 반대되는 온유 겸손을 갖고 나타나신 것입니다.

또 엄연히 천리 법도가 있는 것을 아는 사탄이기 때문에 끝내는 예수 그리스도를 인정하게 되었다는 것입니다. 즉 말하자면 온유와 겸손을 들고 나서게 되면 사탄세계도 자연굴복하는 것입니다. 이런 원칙을 아시는 예수님은 사탄이 하지 못한, 사탄이 할 수 없는 온유 겸손의 입장을 취했던 것입니다. 이와 같이 온유 겸손한 입장에 서야 중심을 통해 역사하시는 하나님께로 가는 새로운 길을 개척할 수 있다는 것을 여러분이 알아야 합니다.

그리고 예수님이 무엇을 보여주셨는가 하면, 순종(順從)과 복종(服從)입니다. 순종은 응할 수 있는 환경에서 명령에 따르는 것이고, 복종은 응할 수 없는 환경에서 따르는 것입니다. 예수님은 불신하는 인간들에게 이런 순종과 복종의 도리를 가르쳐 주셨습니다. 이것 역시 사탄의 본질, 사탄의 모든

2. 십자가 대속을 중심한 예수님의 심정과 사정

생활적인 요소를 가로막기 위한 것입니다.

사탄은 자기를 중심삼고 남이야 어떻게 되는 상관하지 않는 존재입니다. 이것이 또 하나의 사탄의 본질입니다. 그래서 사탄의 뒤를 좇으면 불행해지는 것입니다. 그래서 예수님은 모든 인간들이 자기를 믿고 자기에게 순종하여 하늘을 따르도록 가르치신 것입니다. 이런 예수님의 뜻을 모르고 사람들은 오히려 예수님을 하나님 뜻 앞에 불의한 사람으로 생각했습니다. 이런 입장에서 말로 다할 수 없는 멸시와 천대를 받으면서도 예수님은 순종의 길을 개척해 나갔던 것입니다.

또 예수님은 희생과 봉사의 정신을 들고 나타났습니다. 기실 하늘의 영광을 대신하여 하나님의 독생자로 이 땅에 오신 예수님은 만민과 만물 사탄까지도 주관하고 그들의 희생과 봉사를 받아야 할 입장이었으나 그 반대의 입장에 서셨던 것입니다. 사탄이 당신 앞에 순종하고, 봉사하고, 희생하도록 만들기 위해, 즉 이런 사탄의 모든 세력을 굴복시키기 위해 예수님은 무한한 희생과 봉사의 제물을 드리는 노정을 걸으셨던 것입니다. 이것을 알아야 되겠습니다.

사탄세계는 사람을 대하든지 혹은 피조물을 대하든지 무한히 이용하고 착취하려고 하는데 예수님은 그 반대 입장을 취했습니다. 이와 같이 사탄이 하지 못하는 생활을 예수님이 대표적으로 하셨기 때문에, 즉 온유 겸손하고 순종하고 복종하며, 희생과 봉사의 생활을 하셨기 때문에 사탄도 그러한 면에서는 굴복해야 했습니다.

자신을 예수님이 가르치신 온유와 겸손, 순종과 복종, 희생과 봉사에 비추어 보고 그의 가르침을 자신의 생활권 내에서 실천할 수 없다고 생각되면 아직까지 사탄의 종족이라는 것을 깨달아야 합니다.

예수님은 누구를 위해 사셨는가

006 - P.283, 1959.6.7

예수님은 인간 역사노정에서는 처음으로 새로운 존재로 이 땅 위에 태어나셨으나 사는 것은 불쌍하게 사셨습니다.

그러면 예수님께서는 누구를 위해 사셨던고? 예수님 자신을 위해서 사신 것이 아니었습니다. 그런데 그렇게 몰림받은 것은 예수님께서 자신이 없었기 때문이 아닙니다. 예수님은 생명과 이념의 위력을 지니고 있었고 열렬한 사랑의 위력을 지니고 계시면서도 그 모든 것을 다 펼쳐보지 못하고 사신 분이었음을 알아야 되겠습니다. 그러면 예수님은 누구를 위하여 사셨느뇨?

불쌍한 민족을 위하여 살다 가셨습니다. 부활하신 예수님은 산 실체를 가지고 죽은 우리를 살리기 위하여 지금까지 수고해 나오신 것입니다. 이것이 예수님 이후 2천년의 역사노정입니다. 그분의 30여 년의 생애는 누구를 위한 생애였던가? 예수님 자신을 위해서 사신 생애가 아니라, 하나님과 타락한 인류를 위한 생애였다는 것입니다.

또 더 나아가서 예수님을 보내신 하나님은 지금까지 누구를 위하여 애쓰셨느뇨? 하나님께서도 지금까지 자신을 위하여 살아본 적이 없다는 것입니다. 타락하여 죽어진 이 백성들을 다시 살리기 위하여 애쓰셨다는 것입니다.

3. 예수님의 십자가의 사랑과 그 유산

민주 · 공산 · 회교권으로 갈라져 나온 배경

020 - P.171, 1968.6.9

예수님을 중심삼고 볼 때, 오른편 강도와 왼편 강도, 예수님과 바라바, 이렇게 씨를 뿌렸습니다. 역사가 이렇게 뿌려졌고 뿌린 대로 거두어지는 것인데, 맨 먼저 나타난 것이 오른편 강도와 왼편 강도형인 우익세계와 좌익세계, 즉 민주와 공산권이고 그 다음에 나타난 것이 예수님의 십자가를 중심삼고 등장한 바라바형인 회교권입니다. 예수님으로 말미암아 복을 받을 수 있게 된 바라바형의 회교는 기독교의 구약을 중심삼고 출발하였습니다.

이렇게 뿌려진 역사는 세계의 형태가 3대 진영으로 결속하는 결과적인 시대의 운세로 들어가게 되었습니다. 아랍권의 낫세르는 회교권을 통합하여 아랍통일국가를 꿈꾸었습니다. 거기에 대비하여 기독교는 지금 '모든 종교를 통합하자' 하는 세계적인 새로운 추세로 들어가고 있습니다. 이런 세계적인 경향을 바라볼 때, 비운으로 심어진 역사가 비로소 하나님을 중심삼은 선의 결과로 나타나고 있다는 것을 알 수 있습니다.

역사의 종말시대가 되면 이것이 노골화되어 가지고, 처음에 뿌린 것을 이때에 맺어진 모양 그대로 거두게 되는 것입니다. 이것은 섭리의 법도에 의해 나타날 수밖에 없는 불가피한 경향입니다.

예수님으로 말미암아 죽을 자리에서 해방을 입은 바라바형인 회교권의 낫세르, 이 사람은 이러한 좌우의 투쟁 사이에서 이익을 보자는 것입니다. 그것이 낫세르의 정책입니다.

민주세계가 내적이면 공산세계는 외적입니다. 우익이 내적이면 좌익이 외적이라는 것입니다. 그렇기 때문에 앞으로 메시아는 하나님을 존중하는 민주세계의 내적 기반 위에 오셔서 외적인 환경권을 흡수하고, 기독교 문명권을 중심삼고 통합하는 운동을 해야 합니다. 최후에는 이런 운동이 벌어지는 것입니다. 이런 것을 우연이라고만 할 수는 없습니다. 그러한 동기가 심어졌기 때문에 그러한 결과가 빚어진 것입니다.

오른편 강도의 공로

050 - P.201, 1971.11.7

십자가에 돌아간 예수님을 두고 볼 때, 살인강도인 오른편 강도가 예수님과 더불어 갔습니다. 만일에 오른편 강도가 그 자리에 없었더라면 예수님은 땅을 대해서, 인간을 대해서 관계를 맺을 수 있는 아무런 인연도 없었을 것입니다. 그렇지만 오른편 강도가 죽는 자리에서 예수님의 편에 서서 예수님을 옹호했습니다. 인간 역사에 있어서 예수님의 편이 되었던 최후의 사람이 누구냐? 베드로도 아니요, 부모도 아니요, 이스라엘 나라도 아니요, 유대교도 아니었습니다. 단 한 사람 오른

3. 예수님의 십자가의 사랑과 그 유산

편 강도였습니다. 죽음의 자리에서 자기의 사연을 통고하고, 죽음을 넘어서 전폭적으로 예수님 앞에 희망을 걸었던 단 한 사람이 있나니, 그 사람이 오른편 강도라는 것입니다. 만일 오른편 강도가 없었다면 예수님이 다시 부활하여 지상섭리의 인연을 재개시킬 수 없다는 사실을 여러분이 알아야 합니다.

4천년 역사의 끝을 맺고 30여 년의 생애를 끝맺는 그 마당에 있어서 인간이 비로소 한 생명이라도 예수님과 인연을 맺어 죽음길에 동참하면서, 거기에서 예수님을 소망의 주체로서 모실 수 있었던 사람이 오른편 강도였습니다. 그가 중심이 되어 있다는 사실은 그가 사도보다 낫다는 것을 말해 주는 것입니다. 베드로보다 낫다는 것입니다.

왜냐하면 오른편 강도는 내용은 몰랐지만 죽는 자리에서 생명을 다할 때까지 예수님을 모실 수 있는 방향성을 갖추었습니다. 그러나 베드로 야고보 같은 12사도들은 내용을 알면서도, 방향성을 갖추겠다고 맹세했던 자들이면서도 방향성을 갖추지 못했습니다. 그렇기 때문에 오른편 강도가 인류역사상에 있어서 땅을 대신하여 미래를 재기시킬 수 있는 중심적인 존재가 되었다는 사실을 여러분이 알아야 되겠습니다.

사탄을 굴복시킬 수 있는 비결

013 - P.188, 1964.3.15

성경을 보면 예수님께서 완전히 개인적 · 가정적 · 민족적 · 국가적인 조건을 세워서 사탄과 싸워 이겨 보았느냐? 이겨 보지 못했습니다. 예수님 앞에서도 굴복하지 않은 사탄이 예수님을 믿는 사람한테 굴복할 것 같아요? 6천년 동안 하나님

▶ 산상에서 말씀하시는 문선명 선생.

앞에서 참소하고 하나님의 뜻을 유린하고 하나님의 섭리를 망쳐 나온 지혜가 늠름한 사탄이 예수님을 믿는 사람이 물러 가라고 한다고 물러갈 것 같아요? 상속권이 있어야 됩니다.

우리에게는 역사적인 상속권이 있어야 합니다. 아담으로부터 노아, 아브라함, 이삭, 야곱, 모세, 예수님 이후까지의 전통과 기반을 이어받아 역사적인 제물을 대신한 상속자가 되어야 합니다. 그래서 사탄에게 '너는 역사적인 노정 가운데

3. 예수님의 십자가의 사랑과 그 유산

노아한테 졌고, 야곱한테 졌으며, 모세한테 지지 않았느냐? 나는 이들의 승리의 기반 위에 서 있고 섭리역사의 모든 전통을 상속받았으니 사탄아! 너는 물러가라'고 해야 물러가게 되어 있습니다.

그냥 사탄아 물러가라고 아무리 기도해 봐요, 사탄이 물러가나. 6천년 동안 하나님 앞에 참소하고 유린하여 복귀섭리를 파탄시킨 사탄인데, 내가 예수님을 믿으니 물러가라 한다고 쉽게 물러날 것 같습니까? 천만의 말씀입니다.

예수님은 상속보(相續譜)가 있습니다. 예수님에게는 하나님으로부터 심정을 이어받은 상속보가 있습니다. 4천년 동안 예수님을 보낼 때까지의 심정적인 상속보가 있었습니다. 다음에는 예수님의 대상의 상속보가 있어야 됩니다. '나는 틀림없이 역사적인 하나님의 심정을 통해서 하나님이 찾던 자로다. 나는 예수님의 거룩한 성체에 접붙인 자로다'라고 할 수 있어야 합니다. 그래서 사탄을 십자가상에서 이기는 것이 아니라, 십자가에 달리지 않고 사탄을 굴복시켜야 합니다. 그래서 육신을 쓰고 실체로 부활해야만 합니다. 이러한 실체의 상속자로 인정받아야만 이 천국에 갈 수 있습니다.

예수님이 죽음으로 말미암아 영적 기반만 마련한 기독교

074 - P.187, 1974.12.9

기독교회는 영육의 지상천국을 바라 나온 것이 아니라, 육적 세계를 포기해 버리고 영적 구원을 목표로 영적 왕국, 영적 메시아로서 예수님을 모시고 나올 수밖에 없었다는 것입니다. 다시 말하면 이스라엘 민족은 나라가 있었고 선민적 국권을 가질 수 있었지만 오늘날 전세계 기독교는 제2 이스라엘 영적 국가이지 주권국가, 나라가 없다는 것입니다. 기독교인은 영적 제2 이스라엘권 내에 서 있기 때문에 육적 기반을 갖지 못하고 영적 기반만 갖고 있는 것입니다. 그렇기 때문에 영육을 중심삼은 지상천국을 완결해야 할 하나님의 본연의 뜻을 성사하지 못했기 때문에 주님은 다시 오지 않을 수 없다는 사실을 알아야 됩니다.

십자가의 자리에서는 하나님이 승리한 것이 아니라 사탄이 승리한 것입니다. 겟세마네 동산에서 예수님이, 이제는 어둠의 때라고 선포한 것을 부정할 수 없습니다. 십자가의 자리가 4천년 동안 하나님이 준비한 나라를 잃어버린 자리요, 이스라엘 교회를 잃어버린 자리요, 세례 요한 일당과 열두 제자, 오른편 강도 등 전부를 잃어버린 자리인 것을 알아야 돼요.

십자가상에는 기독교가 없었던 것을 알아야 됩니다. 기독교는 언제 출발했느냐? 죽었다가 3일 만에 부활해서 40일 동안 잃어버린, 자신을 반대하던 제자들을 만나 가지고, 성신이 강림한 후에 출발한 것이 기독교임을 알아야 된다구요. 그렇기 때문에 2천년 동안 기독교인들이 십자가의 도리가 아니라 부활의 도리로 인해 기독교가 생겨났다는 것을 모르고 믿어 왔다는 사실을 여러분들이 회개해야 된다는 것입니다. 예수님이 부활한 터전 위에서부터 기독교가 시작되었기 때문에 기독교는 영적인 기독교라는 것입니다.

십자가에 예수님이 돌아가시는 것이 하나님의 뜻을 이루는 것이라면 겟세마네에서의 기도는 틀려먹었다는 것입니다. 그러면 메시아의 자격이 없는 것입니다. 참 기가 막힌 것입니다. 메시아로서 한 번도 아닌 세 번씩이나 '아바 아버지여, 만

3. 예수님의 십자가의 사랑과 그 유산

일 할 만 하시거든 이 잔을 내게서 지나가게 하옵소서. 그러나 나의 원대로 마옵시고 아버지의 원대로 하옵소서' 라는 기도를 할 수 있느냐 말입니다. 그런 기도할 수 있느냐는 것입니다. 죽으러 왔다면 가롯 유다에게 상금을 주어야 되는 것입니다. 그런데 '그 사람은 차라리 나지 아니하였다면 제게 좋을 뻔하였느니라' 하신 말씀을 어떻게 해석할 거예요?

예수님은 자신이 죽지 않으면 어떻게 되느냐 하면, 아까 말한 것과 같이 이스라엘 나라가 연장되어 그냥 남아지는 것이요, 유대교인이 그냥 남아지는 것을 알았습니다. 그러나 자기가 십자가에 죽으면 후대의 수많은 사람들이 십자가의 길을 따라가야 되기 때문에 피를 흘리지 않고는 갈 수 없을 것이고, 수많은 기독교인들이 고생할 것이고, 또 주님이 다시 와서 고생할 것을 알았습니다. 그렇기 때문에 겟세마네에서 그런 기도를 안 할 수 없었다는 것을 여러분이 알아야 된다구요. 오늘날 기독교인들은 예수님이 육신을 가졌기 때문에 죽음의 고통을 염려해서 그런 기도를 했다고 하는데, 시시하다는 것입니다.

그 다음에 십자가상에서 운명하면서, "엘리 엘리 라마 사박다니 나의 하나님, 나의 하나님, 어찌하여 나를 버리셨나이까(마 27:46)"라고 한 예수님의 말은 어떻게 해석할 거예요?

십자가상에서 운명하면서 "다 이루었다(요 19:30)"고 한 것은 무슨 말이에요? 영육을 중심삼은 사명을 하기 위해 왔지만 기반 없는 이 땅 위에서 하나님의 뜻을 완전히 이루는 책임을 못 했기 때문에, 십자가를 져서라도 영적 구원섭리의 터전을 남겨야 된다는 뜻을 안 입장에서 영적 구원섭리의 출발의 기반을 닦기 위해서 내 모든 것을 바쳤다 그래서 그 기반을 다 이루었다고 한 것입니다.

이런 것을 꿈에도 생각지 않았지요? 하나님의 뜻을 이루기 위해서 사탄나라를 멸망시키고 사탄의 왕권을 없애 가지고 인류를 찾으려고 하셨던 주님이 이렇게 비참하게 죽었다는 사실을 이제라도 알고 기독교와 유대교는 회개하고 하나되어야 됩니다. 하나되어서 오시는 주님을 맞을 수 있는 준비를 해야 되는 것입니다.

진리는 이론에 맞아야 되는 것입니다. 맹목적인 신앙 시대를 박차 버리고 새로운 세계를 향하여 이 세계를 수습하고 구원하기 위해서 전세계 기독교인들은 하나로 뭉쳐야 할 때가 왔습니다. 그렇기 때문에 통일이라는 말이 필요한 때에 왔다는 것을 알아야 됩니다.

예수님의 고통의 3일 노정

031 - P.314, 1970.6.7

예수님이 죽은 뒤 3일 동안 고통을 당했다는 사실은 무슨 뜻이냐? 하늘땅이 사망권에 남아 있고 지옥도 사망권의 인연을 갖고 있기 때문에 예수님이 하늘땅을 주관하기 위해서는 이 사망권을 밑으로도 넘고 위로도 넘어야 했던 것입니다. 그렇기 때문에 지옥과 같은 맨 밑바닥의 경지에 가서 고통을 당하더라도 그것을 넘어 가지고 생명의 인연을 추구하고, 하나님을 위로할 수 있는 소망의 길을 가야 했던 것입니다.

따라서 예수님이 지옥과 같은 그 환경을 거침으로 말미암아 소망의 천국을 향하여 재출발할 수 있는 길이 마련되었으며, 지상에서도 버림받고 몰리고 죽음의 길을 갔지만 소망의 길

3. 예수님의 십자가의 사랑과 그 유산

을 남겨 놓을 수 있었던 것입니다. 그러기에 예수님이 3일 노정을 가지 않을 수 없었던 것입니다. 이러한 사실을 우리는 알아야 됩니다.

3일 동안 예수님은 지옥을 구경하러 간 것이 아닙니다. 지옥을 모르는 그가 아니었습니다. 그곳에 가서 판결을 내려 가지고 사망세계에서 생명 세계로 갈 수 있는 길을 터놓았던 것입니다. 그리하여 사망의 지옥세계인 이 지상에 승리의 기반을 닦아 놓았으며 천국에 갈 수 있는 기원을 이루어 놓았던 것입니다.

십자가상에서도 하늘을 염려하고 원수를 사랑한 예수님

006-007, 1959.03.15

예수님은 교단으로부터 몰림받고 민족으로부터 몰림받았습니다. 교단의 이단자로, 율법의 파괴분자로 보였습니다. 그는 자기 종족에게 몰렸고, 집에서 쫓겨났습니다. 세례 요한 일당한테도 몰렸습니다. 광야에 나갔으나 거기서도 사탄에게 몰렸습니다. 그것으로 끝나지 아니하였습니다. 나중에는 전체가 동원하여 십자가의 길로, 골고다의 길로 내몰았습니다.

그러나 반역자로 내모는 민족을 위하여 오히려 눈물을 흘린 예수님이었습니다. 예수님은 유대교단으로부터 이단자로 취급받았지만 이스라엘의 어떤 제사장보다 그들을 위해 더 피눈물을 흘린 사람이었습니다. 그 시대의 어느 한 사람도 자기 편이 되어 주는 사람이 없었으되 예수님은 그 시대의 친구였습니다. 민족의 반역자로 몰림받았으되 민족의 충신이었고, 교단의 이단자로 몰림받았으되 교단의 충신이었습니다.

그의 걸음은 어떠한 걸음이었느냐? 찢기고 몰리고 쓰러지는, 십자가를 진 처참한 걸음이었습니다. 그 길 뿐이었습니까? 무모한 악당들이 채찍을 들어 내모는 사정에 처하기도 했습니다. 이런 자리에서 만일 예수님이 엘리야와 같은 사람이었더라면, 또다시 '아버지여, 나만 남았나이다' 이런 기도를 했을 것입니다.

그러나 예수님은 겟세마네동산에서 세 제자를 뒤에 놓고 기도하게 될 때에 "내 아버지여 만일 할만 하시거든 이 잔을 내게서 지나가게 하옵소서. 그러나 나의 원대로 마옵시고 아버지 원대로 하옵소서(마 26:39)"라고 했던 것입니다. 이것이 위대한 것입니다. 자기의 사정도 딱 하나 자기 일신은 민족의 제물이요, 인류의 제물이요, 천륜의 제물인 것을 아셨던 것입니다.

이런 것을 아신 예수님은 자기의 슬픔도 슬픔이거니와 하늘의 슬픔이 얼마나 클 것인가를 염려하는 마음이 더 컸다는 것입니다. 민족을 위해 나타났으나 민족 앞에 배반 받는 자신을 바라보시는 하늘의 슬픔이 얼마나 클 것인가 하는 것을 더 염려하셨던 것입니다. 예수님은 하늘의 황태자요, 만우주의 주인공이요, 메시아였습니다. 그런 예수님이 '처참한 십자가의 운명이 웬일이뇨?' 하고 탄식하려면 이 우주를 동원하여 탄식할 수도 있었으나 탄식할 수 없는 자기 자신임을 느끼셨기 때문에 몰리는 자리에 서게 된 것을 면목 없게 생각하였던 것입니다.

교단을 규합시키고 민족을 규합시켜 하늘의 왕국을 건설하고 세계를 아버지 품에 안겨 드려야 할 책임을 짊어졌던 예수님은 그 책임을 다하지 못하고 십자가의 길을 가게 될 때에 원망할 어떤 무엇도 느끼지 않았다는 것이에요. '이 잔을 피하게 하시옵소서' 하고 기도하신 것도 자기 일신이 죽는 것이

3. 예수님의 십자가의 사랑과 그 유산

서러워서가 아니었습니다. 자기 일신이 죽음으로 말미암아 민족의 서러움과 하늘의 서러움이 가중될 것을 아셨기 때문에 그렇게 기도하신 것입니다.

예수님은 자신이 십자가에 쓰러지면 후대의 세계 인류 앞에 가중될 십자가가 남아지고, 그로 인해 슬픔의 역사가 끝나지 않을 것을 아셨습니다. 골고다의 길이 끝나지 않을 것을 아셨습니다. 죽음의 길이 끝나지 않을 것을 아셨습니다. 그리고 자신이 골고다의 길을 가면 자신을 따르는 사람들도 골고다의 길을 걷지 않으면 안 될 것을 아셨습니다. 십자가 뿐만 아니라 더 어려운 길이 남아질 것을 아신 예수님이었다는 것입니다.

양손 양발에 못이 박히고 옆구리가 창에 찔려 피를 흘리는 자리, 가시 면류관을 쓰는 자리에 선다 하더라도 이것이 자기에게서 그쳐지지 않을 것을 아시고도 예수님은 하늘을 향하여 '다 이루었다'고 했습니다. 그 말씀은 인간 세상에 있어서 십자가의 길이 다 끝났다는 것이 아니었습니다. 십자가를 위하여 울며 염려하는 마음의 호소가 하늘과 통했다는 것이에요.

예수님은 수많은 선지선열들이 하늘 앞에 저끄렀던 모든 잘못을 짊어지고 하늘을 위로해 드리기 위해 자기 자신이 산 제물로서 하늘 앞에 바쳐졌다는 사실을 알아야 합니다.

그러면 여기에서 예수님을 대하시던 하나님의 심정은 어떠했던고. 죽어가는 예수님의 그 모습, 하늘을 염려하며 십자가의 고개를 넘어가는 그 모습을 바라보실 때, 인간세계에 분함이 있다 할진대 이 이상의 분함이 없을 것이요, 하늘의 4천년 역사노정에 분함이 있다 할진대 이 이상의 분함이 없을 것입니다.

그러나 예수님 자신은 죽어가면서 '아버지여, 저들을 용서하여 주옵소서. 자기가 하는 일을 알지 못하나이다'라고 하셨습니다. 하나님은 당장에 노아 때 이상의 심판을 하고 싶은 마음이 있었지만, 예수님이 민족을 붙들고 죽고 교단을 붙들고 죽고 십자가를 붙들고 죽은 연고로, 하나님은 인간들을 버리지 못하시고 붙들어 나오고 계신 것입니다. 이런 심적인 인연이 후대의 인간, 남아진 이스라엘 민족과 맺어져 있었기 때문에 배반하는 후대의 인간들을 버리지 못하시고 붙들어 나오고 계십니다. 배반하는 후대의 교단을 붙들어 나오신다는 것입니다.

예수님께서 떼어 주신 떡과 포도주의 의미

001 - P.152, 1956.7.8

　4천년 동안 부활의 섭리를 통하여 구원의 역사를 해 오신 하나님께서는 예수님을 부활시키시는 섭리만으로는 천상의 뜻과 지상의 뜻을 합하여 완결지을 수 없기에 새로운 언약을 세워 놓고, 이것으로써 천상과 지상의 뜻을 합하여 약속하신 본연의 동산을 찾는 섭리를 해 오신 것을 잘 알고 있을 것입니다.

　여기에 보면, 예수님께서 주시던 잔과 예수님께서 떼어 주시던 떡이 곧 새로운 언약이라고 하였습니다. 예수님께서 왔다 가신 이후에 우리는 그 예수님의 살과 피를 받았으니, 이는 곧 이루어야 할 전체의 생명을 대신한 동시에 전체의 진리를 대신한 것임을 알아야 하겠습니다.

　예수님의 피와 예수님의 살을 받음은 무엇을 상징하는가. 그것은 예수님 일개인의 살과 피를 말하는 것이 아닙니다. 크게 말하면 하늘과 땅을 뜻함이요, 작게 말하면 중심과 개체를 뜻함입니다. 또 살은 진리를 상징하고 피는 신령을 상징합니다.

3. 예수님의 십자가의 사랑과 그 유산

이 모든 것은 예수님께서 우리에게 무조건 주시었습니다. 그와 같이 주신 바의 예수님의 일신은 그 자체에 국한된 문제도 물론 문제려니와 그를 중심삼고 연하여 있는 천상천하의 어떠한 존재의 문제도 전부 그의 문제였던 것을 알아야 되겠습니다.

하나님과 인간 사이에 막힌 것이 무엇인가. 하늘의 뜻이 땅 위에 나타나고 땅 위에 전체 상황이 하늘의 뜻으로 귀결되어 하나의 목적으로 움직여져야 하는데, 이것이 막혔습니다. 그리하여 사랑의 주인공이셨던 예수님께서는 승리적인 하늘의 영광을 대신하여 나타날 그 하나의 뜻을 표상하여 지금까지 수고해 오고 계십니다.

하나님께서 4천년 동안 수고하여 예수님 한분을 세우셨음은 하늘 전체를 소유할 수 있음과 땅 전체를 소유할 수 있음을 표상하신 것이었습니다. 그렇기 때문에 예수님을 믿는 사람은 하늘 전부를 소유할 수 있고 땅 전부를 소유할 수도 있는 것입니다. 그런데 그렇게 소유한 것을 자기 것으로만 귀결 지을 것이 아니라 소유했다가 다시 하늘 앞에 돌려 드려야 할 전체적인 섭리의 뜻을 우리는 위탁받고 있습니다.

예수님께서 새로운 언약을 세우고 가셨기 때문에, 그가 돌아가신 이후에는 영적인 세계와 육적인 세계가 사람, 즉 예수님을 따르는 사도들을 중심삼고 연락되어야 할 조건이 남아졌습니다. 예수님께서 돌아가시지 않았더라면 예수님을 중심삼고 하늘과 땅이 연락되었을 것인데, 돌아가심으로 말미암아 예수님은 하늘의 조건을 대신하게 되었고, 성신은 땅의 조건을 대신하게 되었던 것입니다.

5

예수님의 부활과 하나님의 소망

1. 예수님의 부활노정과 제자들

지도자를 잃은 제자들의 슬픔

003 - P.217, 1957.11.10

예수님께서 부활하신 후 40일 동안 이 땅에 계시다가 보혜사 성신을 보내마고 약속하시고 승천하셨는데, 예수님을 따르던 제자들이 예수님께서 부활하신 영광의 모습을 보고 하나님의 약속의 뜻이 성취되는 줄 알고 기뻐하였으나, 예수님께서는 그들에게 언제 '다시 오겠다'는 확실한 말씀을 하시지 않은 채 승천하고 말았던 것입니다.

그러면 그 당시 제자들의 심정은 어떠했겠는가? 사랑하는 주님을 못 박은 불신의 이스라엘 민족과 유대교의 일당에 대한 이루 말할 수 없는 적개심이 끓어올랐을 것입니다. 부활하신 주님의 뜻, 하나님의 뜻이라면 자기 몸이 가루가 되고 뼈가 녹아지는 일이 있다 하더라도 최후의 승리를 위해 부활하신 주를 따라 나서겠다는 각오를 지녔을 것입니다.

그와 같은 각오, 즉 주님이 떠나신 이후 하늘을 대해 간절히 사모하던 그 마음, 죽는 한이 있더라도, 혹은 어려운 십자가의 길이 가로막혀 있을지라도 이 길을 타개하지 않으면 안 된다는 각오를 지닌 모습들로서 제자들은 이 사람 저 사람 대할 때마다 서로를 격려해 주었을 것입니다. 그래서 이런 심정에 사무쳐 있었던 제자들에게 예수님은 나타나 성신을 보내주겠다고 약속하셨던 것입니다.

그 후 마가의 다락방에 모였던 120명의 문도를 배후에서 하늘이 역사해 주는 상상도 못했던 체험을 하고 나서 역사적인 모든 섭리의 뜻을 품을 수 있었고, 또 예수님의 30년 사생애노정과 3년 공생애노정에서 느끼셨던 내적 심정을 체휼할 수 있는 단계에 들어서게 되었던 것입니다.

그리하여 그들은 자신들이 예수님을 배반했던 죄책감에 사무치지 않을 수 없었고, 이 땅에 오셨던 그 예수님은 자신들이 그렇게 대해서는 아니될 하늘의 독생자였음을 깨닫게 되었다는 것입니다.

나아가 그들은 예수님께서 이 땅에 만민의 구주로 오셨다는 것을 확실히 깨달으면 깨달을수록 마음 속으로 철석같은 각오와 결의를 하였고, 형제와 형제, 사도와 사도, 신도와 신도가 서로 격려해 주고 하나의 뜻을 중심삼고 하나의 마음으로 하나의 목표를 향하여 움직이게 되었던 것입니다. 자기들이 추구하는 하나의 뜻을 위하여 서로서로가 마음을 교류하고 서로서로 하나되어, 120명 문도가 사람은 각각이지만 아버지의 뜻을 놓고 가는 방향과 그 움직이는 행동은 하나의 모습으로 나타나게 되었다는 것입니다.

이와 같은 현상이 사도들 가운데서 벌어졌고, 그들은 마음이 불타올랐는데, 그 다음 그들은 어디를 향하여 외치게 되었던가? 그들은 예수님을 반대하였던 이스라엘 민족을 향하여 외치기 시작했습니다. 뿐만 아니라 예수님을 불신하는 수많

1. 예수님의 부활 노정과 제자들

은 인류를 대해, 새로운 결심과 각오를 갖고 새로운 맹세로서 자기들이 하나되어 있는 그 마음을 꺾을 자가 없다는 것을 보여주었습니다.

이와 같이 자신들이 먼저 하늘 앞에 굳게 맹세하고 각오한 모습으로 나타난 것은 물론이고, 아무리 핍박이 심한 환경일지라도 확고한 중심을 갖고 나타날 때 하늘은 그들 개개인을 예수님의 대신 존재로 세우고 사명을 인계시켰다는 것을 알아야 되겠습니다.

이러한 마음을 가진 사람이 한 사람만이 아니었습니다. 그리고 주를 잃고 난 서러움이 크면 클수록 그 마음에 사무치며, 하나님의 뜻이 강하게 움직이면 움직일수록 그 마음에는 하늘을 배반한 무리에 대한 적개심이 강하게 용솟음쳐 올랐고, 그들을 일조일석에 쳐 분쇄시키고 하늘 뜻을 당장 이루어드리겠다는 각오로 하늘을 대하여 나타나게 될 때에, 여기에는 인간 아닌 하나님의 힘이 나타나게 되었던 것입니다.

여기에서 인간으로서 도저히 상상할 수 없는 하나님의 직접적인 권능의 행사가 무지한 백성, 불신의 백성, 패역한 백성들에게 보여졌다는 것을 우리들은 알아야 되겠습니다.

예수님의 뜻과 심정을 인계받아야 했던 제자들

004 - P.183, 1958.4.17

부활하신 직후 예수님의 심정은 어떠했던가? 3일 만에 부활한 그의 심정은 하늘 앞에 면목 없는 기도를 드리지 않을 수 없는 서글픈 심정이었습니다. 4천년 동안 수고하신 아버지와 많은 수고를 한 선지선열들을 대하게 될 때 한편으로는 기쁘면서도 한편으로는 무한히 슬펐고, 하염없는 눈물을 흘려야 했습니다. 이러한 예수님의 심정을 알아야 하겠습니다.

하늘의 성도들은 기뻐했으나 예수님은 슬펐으며, 하나님께서도 기쁜 일면 슬픈 마음도 가지셨다는 것입니다. 오늘날 땅에 살고 있는 사람들 가운데 이런 예수님의 심정을 아는 사람은 한 사람도 없습니다. 그렇지만 이것을 알고 새로이 마음에 결심을 해야 하겠습니다.

결심을 하되 무엇을 결심할 것인가? 예수님이 이렇게 된 원인과 동기는 민족 때문도 하늘 때문도 아닙니다. 오직 사탄 때문이었습니다. 예수님은 이 사탄을 짓밟고, 잃어버린 사도들을 찾기 위하여 나섰던 것입니다. 한때는 생명을 걸고 맹세까지 했던 사도들이 예수님의 시체와 무덤까지도 악한 무리들을 통해 지키게 했던 것을 생각할 때, 예수님이 보통 사람이라면 그들을 다시 찾아 나서지 않았을 것입니다.

그러나 예수님은 오직 원수 사탄에 대한 분개심과 원수 사탄의 품에 있는 제자와 민족과 인류를 찾아야 하겠다는 일편단심을 가지고 있었기에 그들을 찾아 나섰던 것입니다. 또한 4천년 동안 배신하는 인간들에 대한 분함을 참고 또 참으면서 섭리해 오신 아버지를 바라보게 될 때, 불쌍한 인간들을 찾아야 하겠다는 비장한 결심을 품고 예수님은 그들을 찾아 나섰던 것입니다. 이러한 예수님의 비장한 결심을 품어야 되겠다는 것입니다.

또 남아 있는 사도들에게 다시 한 번 사탄 대해 싸워야 한다는 마음의 결심을 고취시킨 예수님은 언제까지나 그들과 함께 있을 수만은 없었습니다. 뜻을 인계받아 오랜 역사노정을 가야 할 제자들, 말할 수 없는 피의 노정과 골고다의 십자가

1. 예수님의 부활 노정과 제자들

의 고비를 넘어야 할 제자들을 바라보는 예수님의 서글픈 심정과 고충은 십자가를 넘을 때와 같은 것이었습니다. 또한 예수님은 40일이 경과하자 사랑하는 제자들을 원수의 땅에 남겨 놓은 채 가야 할 슬픈 심정을 품으시게 되었던 것입니다.

그러면 땅에 있던 성도들은 과연 어떤 마음을 가졌었느냐? 오신 예수님의 슬픔과 가셔야만 하는 예수님의 슬픔을 알았어야 했는데, 그들은 다만 사랑하는 선생과 헤어지는 것만을 슬퍼했으니 이것을 바라보시는 예수님의 심정은 말로 다 형언하지 못할 만큼 비통했던 것입니다.

그러면 어떤 마음을 가져야 되느냐 하면, 예수님이 가신 뒤의 일을 내 스스로 인계받아 사탄과 생사를 건 싸움을 하는 한이 있더라도 한 치의 양보도 하지 않겠다는 각오 하에 철석같이 변치 않는 마음의 소유자가 되어야 하겠습니다. 그리하여 예수님께서 돌아가시면서까지 마음을 못 놓아 근심하시던 그 심정을 여러분이 직접 체휼하여 대신 풀어드려야 할 것입니다.

만일 그 당시의 사도들이 한결같은 마음을 가지고 예수님과 함께 십자가에 달렸다면 하나님은 예수님 한 분만을 부활시킬 수 없었을 것입니다. 그렇게 되었다면 전사도가 부활하였을 것이고, 오늘날과 같은 기독교는 되지 않았을 것입니다.

그러면 이제 이런 사도들이 남긴 사명을 자신이 인계받아 사탄 대하여 분개하던 예수님의 마음을 여러분의 마음으로, 십자가를 넘던 예수님의 결심을 여러분의 결심으로 하여야겠습니다. 그리하여 십자가를 죽지 않고 살아서 넘음으로 말미암아 부활의 모습으로 나타나는 제2의 사도들이 되어야 하겠습니다. 그리하여 6천년 동안 하나님을 괴롭히던 사탄을 일조에 무찔러 버릴 수 있는 사도들이 되어야겠다는 것입니다.

그리고 비장한 결심을 갖고 죽음의 길을 걷게 되더라도 사탄과 싸워이겨 그 흔적을 남길 수 있어야 합니다.

실체신앙 시대, 부활신앙 시대

005 - P.150, 1959.1.11

베드로는 12사도 중에서 예수님의 말씀을 자유롭게 들을 수 있고 믿을 수 있는 입장에 있었으나, 예수님을 자신의 마음에 바로 받아들일 수 있는 자리에는 못 나갔습니다. 마찬가지로 말씀의 실체를 붙들 수없는 자리에 있었기 때문에 막달라 마리아가 부활한 예수님을 붙들려 했으나 붙들지 못하게 막았습니다.

이렇게 실체를 붙들 수 없는 인간이 되어 버린 것입니다. 이럴 수밖에 없게 된 것이 우리 인간의 제2차적인 비극입니다.

1차의 비극은 에덴동산에서 아담을 잃어버린 것이요, 2차는 예수님을 잃어버린 것, 말씀의 완성실체를 잃어버린 것입니다. 그런 연고로 다시 오셔야 됩니다. 이것이 알고 보면 한없이 울어야 할 일입니다. 이 땅에 살고 있는 인간에게 슬프다면 이 이상 슬픈 일이 없을 것입니다.

하늘은 해원의 날을 바라시고 4천년 동안 눈물의 고개, 슬픔의 고개, 복통할 수밖에 없는 고개를 거쳐 나오셨습니다. 이러한 고개를 넘으시면서 소망의 실체로 예수님 한 분을 이 땅에 세우셨는데 그만 이스라엘 민족은 그 예수님을 죽음의 자리로 보냈습니다.

오늘날 믿는 사람들은 예수님이 십자가에 달려 죽으러 왔다고 믿고 있습니다. 그것은 예수님의 강림 목적을 모르고 하는

1. 예수님의 부활 노정과 제자들

소리입니다. 십자가의 도리를 믿을 것이 아니라 부활의 도리를 믿어야 됩니다. 십자가는 이스라엘 민족이 예수님의 몸을 유린한 죄의 조건으로 말미암아 생겨난 것임을 알아야 됩니다. 이 십자가를 넘어서 부활하신 후 40일을 지난 뒤 이루어진 성신 강림과 더불어 부활하신 예수님을 믿는 것이 기독교의 정통적인 신앙입니다. 이것이 바른 기독교의 신앙입니다. 그런데 기독교에서는 예수님을 죽으러 왔다고 합니다. 만약 죽으러 올 것 같으면 4천년 동안 이스라엘 민족이 안 믿으면 들이치고, 애급에서 고역 당하게 하고, 눈물을 흘리게 하면서 끌어내었겠습니까? 또 바빌론에 포로가 되었을 때에도 선지자를 세워 간곡히 권고하였겠습니까? 4천년 동안의 역사가 예수님을 잡아 죽이기 위한 역사입니까? 다시 생각해 봐야 할 때가 왔습니다.

예수님은 하나님의 말씀을 완성한 실체로서 하늘나라의 말씀을 해주셔야 했습니다. 그 말씀은 사탄이 시험할 수 없는 것입니다. 그래서 그 말씀을 믿고 나서는 사람에게는 사탄이 시험을 못 합니다.

오늘날 땅 위의 예수님을 믿는 성도들 가운데 시험받지 않은 사람이 있었습니까? 없었습니다. 누구나 시험받아야 해요.

우리가 필요로 하는 것은 사탄이 억천만 번 시험을 하고자 해도 시험할 수 없는 말씀입니다. 그런데 예수님께서 사탄에게 침범받으면서 남겨놓고 가신 말씀을 가지고 믿고 나가고 있으니 그 성도들에게 사탄이 공격해 오는 것입니다.

그러면 실체를 갖추어서 사탄의 시험을 통과할 수 있는 시대는 어느 때에나 올 것인고? 그때가 재림의 날입니다.

내 몸에 사탄이 침범할 수 없는 말씀의 씨앗을 심어서 하나님의 말씀으로 거둬들여야 하겠고, 내 몸에 말씀을 통한 실체를 심어서 하나님의 실체로 거두어야 하겠습니다. 그리고 하나님께서 기쁨에 겨워 품으시고 사랑하실 수 있는, 영과 육이 하나된 완성실체가 되어야 합니다. 그런 존재가 기독교에서 말하는 최후의 신랑 신부가 될 수 있는 존재입니다.

끝날인 오늘날에는 성신의 역사가 있습니다. 그런고로 우리들 가운데서 이 성신이 백 퍼센트 역사할 수 있게 재촉할 수 있는 성도가 나와야 되는 것입니다.

그러면 성신이 오늘날 우리를 위해 역사하는 그 이념의 기준은 무엇인가? 성신을 앞에 세워 놓고 물어봐야 되겠습니다. 이것이 끝날 우리 성도들이 해야 할 일 중의 하나입니다.

부활의 영광을 나타내신 예수님

001 - P.083, 1956.5.27

부활은 4천년 역사에 있어서 처음으로 하늘의 영광을 대신한 것이요, 4천년간의 사탄과의 싸움을 승리한 영광을 대신한 것이었습니다. 예수님께서 이와 같이 승리적인 기준을 영적으로나 실체적으로 보여 주었기 때문에 하나님은 죽은 예수님을 다시 일으켜 새로운 섭리를 전개하시게 되었던 것입니다. 예수님이 십자가에 매달림으로 인하여 4천년 섭리역사의 책임을 맡고, 선조들의 책임을 맡아가지고 하늘의 영광을 대신하여 저나라에 가신 것이 부활 승천이었다는 것입니다.

이와 같이 예수님은 내적인 하나님의 영광을 이 땅 위에 실체적으로 이루기 위하여, 즉 하나님의 완전한 영광을 나타내기 위하여 오신 분입니다. 왜냐하면 완전한 영광은 내적인 영

1. 예수님의 부활 노정과 제자들

광과 외적인 영광이 합해져야만 이루어지기 때문입니다. 예수님은 바로 이 사명을 하기 위해 오셨던 것입니다.

　하나님의 영광이 완전히 이루어지려면, 하나님의 내적인 영광의 실체로 오신 독생자 예수님과 유대민족이 멀어지지 아니하고 하나됨으로 말미암아 예수님 속에 있는 하나님의 내적인 영광이 지상의 영광이 되어야 했습니다. 그러나 하나님의 4천년 섭리역사를 도맡아 가지고 하나님의 영광을 지상에서 실현시켜야 할 예수님이 유대인의 불신으로 인하여 십자가에 돌아가심으로써 하늘의 내적인 영광은 영적인 영광이 되어졌다는 것입니다. 그렇기 때문에 예수님은 미완의 영광을 이루어가지고 승천하셨던 것입니다.

　예수님은 승천한 후에 영계에서 하나님이 4천년 동안 사탄 대해 벌이던 하늘의 싸움과 인간을 복귀하기 위해 벌이던 참의 싸움과 뜻을 이루기 위한 섭리의 싸움과 성신을 대신하여 사랑의 싸움을 하시고 계시다는 것입니다. 즉 예수님은 영계에 가셔서 하나님이 해 오시던 이 싸움을 인계받아 가지고 하나님 대신 싸워 나오고 계시는 것입니다.

　그러면 4천년 동안 섭리해 오신 하나님 앞에 인간을 대신하고 만물을 대신하고 하늘의 사랑을 대신하였던 예수 그리스도가 진실로 승리해야 할 터전은 어디인고? 다름 아닌 이 땅이라는 것입니다.

죽어서 부활하는 방법을 가르쳐 주신 예수님과 같이 돼야

099 - P.081, 1978.9.1

여러분들도 예수님한테 회개를 하고 전부 다 예수님같이 돼 가지고 죽어야 된다구요. 죽어 가지고, 죽는 자리에서 살려줘 가지고 예수님이 승천한 것과 같이 여러분들도 승천해야 된다구요. 아들딸을 만들어 놓고 남겨 놓고 가야 된다구요. 예수님을 팔아먹었던 제자들 같지 않고, 예수님 대신 앞서 가지고 '예수님을 죽이려면 나를 죽이시오' 이럴 수 있는 제자들을 만들어 놓고야 지상에 천국을 이룰 수 있다는 것입니다.

자, 예수님이 죽기 전에 열두 제자가 먼저 죽고 맨 나중에 예수님이 죽었다면 어떻게 되었을까요? 하나님이 부활시킬 때, 예수님만 부활시키고 제자들은 그만두었겠나요? 생각해 보라구요. 부활시켰겠나요, 안시켰겠나요? 제자들도 부활시켰겠어요, 안 시켰겠어요? 예수님을 부활시키기 전에 제자들을 먼저 부활시켜 놓고…. 그래야 하나님이지요. 그랬으면 어떻게 되었을까요? 예수님이 승천할 때에, 예수님의 제자들도 승천하려고 했겠어요, 안 했겠어요?

그러면 가 가지고 뭘 할 거예요? 지상을 버리고 갔다가 또 와야 된다는 것입니다. 그렇게 갔다가 오려면 갈 필요가 없다 그 말이라구요. 그건 뭐냐 하면, 예수님이 승천한 뒤에 지상에서 머무를 수 있다 그 말이라구요. 그랬으면 그때에 예수님의 부활과 더불어 인류의 부활권이 지상에서 결정되었을 겁니다. 옛날 에덴동산에서 하나님이 마음대로 인간세계를 간섭할 수 있었던 것과 마찬가지의 그런 권이 벌어진다는 것입니다.

그러면 왜 예수님 혼자 갔느냐? 같이 죽을 수 있는, 같이 부활할 수 있는 사람이 없었기 때문에 혼자 갔던 것입니다. 만약에 이스라엘 나라가 예수님과 같이 전부 다 죽었다면, 이스라엘 나라가 부활되는 것입니다. 그 이스라엘 나라가 전부 다

1. 예수님의 부활 노정과 제자들

하나되었다면 세계를 전부 다 점령할 수 있는 횡적인, 세계적인 운동이 즉각적으로 벌어졌을 것입니다. 그랬으면 기독교는 피흘리는 종교가 안 된다는 것입니다. 피흘리는 종교가 안 된다는 겁니다. 예수님시대로 끝나는 것입니다.

자, 예수님이 혼자 부활하고 나 가지고, 그 다음에 제자들이 전부 다 예수님권 내로 가려면 죽어야 돼요, 죽어야 돼. 로마인의 창에 의해 죽어야 돼요. 그래 가지고야 예수님하고 관계 맺는 것입니다. 개인적인 피를 흘려야 되고, 가정적·종족적·민족적·국가적 피를 흘려 가지고 로마에…. 전세계 기독교가 4백년 동안 피를 흘리는 것입니다. 하나님도 잔인하지, 왜 4백년 동안 기독교가 로마에서 피를 흘려도 가만 있었느냐 이거예요. 그거 하나님이 뭐예요? 그게 수수께끼예요. 예수님이 간 길을 따라가려니 할 수 없다는 것입니다. 그러한 기독교 전통, 그러한 것이 하나님의 전통인데도 불구하고 이렇게 가려니 완전히 망해야 됩니다. 때려 부숴야 돼요. 지상에서 없어져야 된다는 것입니다. 그게 기독교의 전통입니다.

부활의 기준

002 - P.268, 1957.6.16

최초로 가인과 아벨이 갈라진 장소는 둘이 아니라 하나였습니다. 그것은 세계에서부터 갈라진 것이 아니라 한 개인으로부터 갈라져 나온 것이었습니다. 최후의 심판 때도 하늘에서 심판의 행사가 있는 것이 아니라 땅에서 인간들을 중심삼고 선악이 갈라지는 것입니다. 여러분 자신들도 마음이 둘로 갈라지는 것을 느낄 것입니다. 즉 천륜을 세우려는 마음과 자기를 중심한 인간적인 목적을 달성하려는 두 마음으로 갈라지는 것을 느낄 것입니다. 이것을 볼 때 우리는 우리의 마음이 선악의 분기점(分岐點)이라는 것을 알 수 있습니다.

예수님께서 기뻐하실 때 우리가 함께 기뻐하고, 예수님께서 괴로워하실 때 예수님을 위로해 드리면 예수님도 우리와 함께하시게 됩니다. 또 그럴 때 우리는 하나님을 대할 수 있게 되는 것입니다. 이러한 사람이 되어야 성부·성자·성신이 긍휼히 여길 수 있으며, 성부·성자·성신이 긍휼히 여길 수 있어야 부활의 역사가 일어날 수 있다는 것을 알아야 되겠습니다.

돌아가신 예수님을 하나님께서 부활시킬 수 있었던 것은, 예수님께서 하나님이 뜻을 세우기 위해 자신의 생명까지도 버릴 수 있었기 때문이고, 천륜의 뜻을 위해 자신의 삶을 포기한 그 사실이 하나님의 부활의 손길을 받을 수 있는 기준에 도달했기 때문입니다. 여러분들도 부활의 영광을 바란다면 스스로 부활의 기준을 세워야 할 것입니다.

일체가 되어 하나님의 능력을 나타냈던 120문도

003 - P.219, 1957.11.10

이렇게 120명의 문도가 마가의 다락방에 모여 성신을 보내주마 하신 그 약속을 마음에 믿고 하나가 되어 기도하는 일이 없었던들 오늘날 기독교는 세계적인 종교가 되지 못했을 것입니다.

그때 엎드려 기도했던 120명의 문도에게는 무서운 마음이 없었습니다. 자기의 위신과 자기의 체면과 그리고 가정도 다

1. 예수님의 부활 노정과 제자들

잊어버리고, 오로지 주님의 약속이 어느 한때 어느 한 장소에 나타나 주실 것을 믿고 120명 문도가 하나되어 기도하게 될 때에, 4천년 동안 하늘과 땅 사이에 가로막혔던 사망의 권을 헤치고 성신이 땅 위에 임하게 되었던 것입니다.

이 일은 우연한 일이 아니었습니다. 이 일로 인하여 인간을 다시 해산해 줄 수 있는 새로운 길이 개척되었는데, 이 한 사실은 누구로 말미암아 이루어졌던가. 이는 120명 문도가 한결같은 마음, 한결같은 성의, 한결같은 제물정신으로 아버지의 뜻 하나님을 바라보았던 간절한 그 마음에 의하여 이루어진 것입니다. 이와 같이 땅을 대하여 섭리하시지 못했던 성신의 역사가 비로소 새로운 역사적인 출발을 할 수 있었다는 것을 알아야 할 것입니다.

120명 문도는 하늘땅이 진동하고 불같은 혀가 갈라지는 성령의 역사를 체휼하게 될 때 하늘을 향한 간절한 마음에 사무쳤고, 어떠한 원수들을 대하더라도 죽음을 각오하고 나서겠다는 마음을 지니게 되었는데, 여기에 하늘이 힘이 다시 가해지니 이 힘은 누구도 끊으려야 끊을 수 없었던 것입니다. 이러한 힘이 발판이 된 연고로 그들이 한 말이 하늘땅을 움직일 수 있는 능력을 행사했다는 것을 알아야 될 것입니다.

그러면 당시 사도들은 어느 정도까지 하나되었느냐? 유무상통(有無相通)할 수 있는 정도까지 하나되었습니다. 그들은 내 것과 네 것의 구분이 없었습니다. 그들은 하나님의 뜻을 중심삼고 내가 너요, 네가 나라는 일체의 심정으로 둘이 하나로, 열이 하나로 뭉쳤다는 것입니다. 그래서 그들은 누가 어떠한 어려운 일에 부딪치게 되었을 때에도 그것을 어떤 개인의 어려움으로만 내버려두지 않았고, 자기의 어려움으로 여졌습니다.

이와 같이 형제의 어려움을 자신의 뼈와 살, 골수에 사무치는 어려움으로 느끼게 되었을 때, 하늘도 동하였습니다. 즉 이와 같이 여러분도 서로 서로가 자신의 모든 것을 잊고 오직 아버지의 뜻 하나만을 위해 어떠한 희생이 뒤따르더라도 자기의 모든 것을 바치겠다는 마음, 형제의 어려움을 자기의 어려움으로 느낄 수 있는 마음의 소유자가 되어야 한다는 것을 명심하시기 바랍니다.

누구나 가야 할 부활의 길

009 - P.085, 1960.4.17

인간이 타락하지 않았다면 부활이라는 명사는 없었을 것입니다. 참다운 인간이라면 하늘땅을 대하여 면목이 없는 자신임을 느껴야 합니다.

부활의 길은 타락한 인류라면 누구나 가야 할 길입니다. 부활의 해결점은 하늘 보좌에 있는 것도 아니요, 영계에 있는 것도 아니요, 어떠한 도주(道主)나 어떠한 경서(經書)에 있는 것도 아닙니다. 또한 오늘날의 기독교 자체에 있는 것도 아닙니다.

하나님의 섭리는 복귀섭리입니다. 우리 인류는 타락으로 인하여 창조목적을 완성치 못했으니 부활의 과정을 통하여 재창조되어야 합니다.

오늘 여기에 모인 우리들은 부활의 날을 고대해야 합니다. 땅을 통하여 하늘(靈界)을 부활시켜야 합니다. 우리는 부활의 근거지가 천상(天上)인 줄 알지만 아닙니다. 이 땅입니다. 이

1. 예수님의 부활 노정과 제자들

 땅이 중심입니다. 부활의 근거지도 해결점도 이 땅에 있습니다. 이 땅에서 부활이 이루어지지 않으면 천상의 부활, 인간의 부활, 만물의 부활, 지옥 인간의 부활도 한낱 명사에 그치고 맙니다. 그러므로 땅에서 먼저 부활한 사람이 나와야 되는 것입니다.

 영계(靈界)에는 지옥과 중간영계와 낙원과 천국이 있는데, 지금까지 하늘 앞에 충성했던 사람들은 다 낙원에 가 있습니다. 예수님도 낙원에 가 계십니다. 부활의 목적을 달성하는 데 있어서 간접 목적지는 영계요, 직접 목적지는 땅입니다. 영계는 부활시켜야 할 곳이요 땅은 부활해야 할 곳입니다. 그러므로 먼저 땅에서 '나는 부활했다. 부활의 목적을 종결지었다'고 할 수 있어야만 천상천국에 갈 수 있습니다. 땅에 그런 이가 나타난다면 지상의 모든 것은 움직이지 않을 수 없습니다. 수많은 선지선열들도 첫째 부활에 참예하는 날을 소망으로 삼고 고대하여 왔는데, 그날이 곧 부활의 목적이 이루어지는 날입니다.

 천상은 지상의 것을 수습하는 생활을 하는 곳입니다. 이후에는 무엇을 중심삼고 수습할 것이냐? 예수님의 인격을 중심삼고 세계를 수습해야 합니다. 그렇게 되면 예수님의 말씀으로 수습하는 시대도 지나가고, '희생하라 봉사하라' 하는 시대도 지나갑니다.

 타락세계에서 하는 행동은 결과적으로 고통과 슬픔을 남기게 되는데, 우리는 이것을 넘어 예수님과 더불어 자유롭게 사랑의 심정을 노래하는 세계가 땅에 이루어지도록 해야 합니다. 지상에서 부활의 성업을 승리적으로 종결짓기 위해서는 먼저 예수님의 심정을 계승하여 실천함으로써 하나님을 해방시켜 드려야 합니다. 행복과 희망과 자유와 이상의 원천이신 하나님이 기뻐하실 수 있는 심정을 통과해야 됩니다.

예수님의 순수한 복음전파는 그 출발이 좋았습니다. 그런 예수님을 받아들였더라면 성경에 예수님이 책망하신 내용이 없었을 것입니다. '스승이여, 저를 보고 그런 책망 마옵소서'라고 하는 개인이나 집단의 움직임이 있었다면, 오늘날 이렇지는 않을 것입니다.

우리는 가시관을 쓰신 주, 창에 찔려 피를 흘리신 주가 주님의 전부인 줄 알았습니다. 그러나 십자가의 고통을 받지 않은 예수님을 백 퍼센트 믿었다면 그것은 십자가의 고통을 받은 예수님을 믿는 것보다 얼마나 더 귀했겠습니까? 하늘은 그것을 요구하셨던 것입니다. 그러나 예수님에게는 가는 곳마다 사탄의 화살이 있었고, 절망으로 인해 찢긴 자리가 생기게 되었습니다. 예수님이 부활하기까지 하나님이 겪으신 고통은 예수님의 고통보다 훨씬 더 컸습니다. 우리는 이것을 알아야 되겠습니다.

오늘 우리에게도 순수한 부활의 심정을 요구하신다는 것입니다. 아버지께서는 어떤 찔림도 받지 않은 모습을 만나기를 소원하신다는 것입니다. 그러나 사탄에게서 태어난 우리에게는 사탄의 화살에 찔린 자국이 있으니, 그것을 보셔야 하는 아버지는 원한과 고통에 사무쳐 계시는 것입니다.

2. 오순절과 성신역사의 시작

001 - P.083, 1956.5.27

부활의 영광을 나타내신 예수님

　부활은 4천년 역사에 있어서 처음으로 하늘의 영광을 대신한 것이요, 4천년 간의 사탄과의 싸움을 승리한 영광을 대신한 것이었습니다. 예수님께서 이와 같이 승리적인 기준을 영적으로나 실체적으로 보여 주었기 때문에 하나님은 죽은 예수님을 다시 일으켜 새로운 섭리를 전개하시게 되었던 것입니다. 예수님이 십자가에 매달림으로 인하여 4천년 섭리역사의 책임을 맡고, 선조들의 책임을 맡아 가지고 하늘의 영광을 대신하여 저나라에 가신 것이 부활 승천이었다는 것입니다.

　이와 같이 예수님은 내적인 하나님의 영광을 이 땅 위에 실체적으로 이루기 위하여, 즉 하나님의 완전한 영광을 나타내기 위하여 오신 분입니다. 왜냐하면 완전한 영광은 내적인 영광과 외적인 영광이 합해져야만 이루어지기 때문입니다. 예수님은 바로 이 사명을 하기 위해 오셨던 것입니다.

　하나님의 영광이 완전히 이루어지려면, 하나님의 내적인 영광의 실체로 오신 독생자 예수님과 유대민족이 멀어지지 아니하고 하나됨으로 말미암아 예수님 속에 있는 하나님의 내적인 영광이 지상의 영광이 되어야 했었습니다. 그러나 하나님의 4천년 섭리역사를 도맡아 가지고 하나님의 영광을 지상에서 실현시켜야 할 예수님이 유대인의 불신으로 인하여 십자가에 돌아가심으로써 하늘의 내적인 영광은 영적인 영광이 되어졌다는 것입니다. 그렇기 때문에 예수님은 미완의 영광을 이루어 가지고 승천하셨던 것입니다.

예수님은 승천한 후에 영계에서 하나님이 4천년 동안 사탄 대해 벌이던 하늘의 싸움과 인간을 복귀하기 위해 벌이던 참의 싸움과 뜻을 이루기 위한 섭리의 싸움과 성신을 대신하여 사랑의 싸움을 하시고 계시다는 것입니다. 즉 예수님은 영계에 가셔서 하나님이 해 오시던 이 싸움을 인계받아 가지고 하나님 대신 싸워 나오고 계시는 것입니다.

그러면 4천년 동안 섭리해 오신 하나님 앞에 인간을 대신하고 만물을 대신하고 하늘의 사랑을 대신하였던 예수 그리스도가 진실로 승리해야 할 터전은 어디인고? 다름 아닌 이 땅이라는 것입니다.

예수님의 결심과 성신의 역할

004 - P.030, 1958.2.23

예수님은 이 땅에 오셔서 30여 평생 동안 말로 다하기 힘든 고난의 삶을 사시다가 최후에는 십자가의 길을 가시는 비운의 생애를 보내셨습니다. 그러면서도 자신이 가졌던 중심만은 어떠한 무엇으로도 결코 깨뜨릴 수 없는 확고한 것으로 간

2. 오순절과 성신 역사의 시작

직했습니다. 그럼으로 말미암아 예수님은 하늘 대한 결심을 오늘날 우리들의 마음속에까지 심어주고 있는 것입니다. 죽음이 오더라도, 따르고 있는 제자들이 배반하더라도, 택한 민족이 배반하고 교회가 배반하더라도 그는 창세전부터 아버지가 지니신 결심의 내용을 알고 있었기 때문에 변할 수 없는 입장을 지켰던 것입니다.

그러한 결심의 주인공이 땅 위의 인간 앞에 무엇을 세워 주기 위하여 왔느냐? 그것은 자신이 품고 있는 하나님의 창세전 결심을 사랑하는 제자들에게 인계해 주기 위함이었습니다. 그런데 역사과정에 나타난 수많은 성도들 가운데 예수님이 가졌던 결심을 품고 하나님의 뜻을 이뤄 드리기 위해 싸운 사람이 몇 명이나 되었는가? 이것을 생각하게 될 때에 하나님의 슬픔은 불신자에게 있는 것이 아닙니다. 예수님의 이름을 의지하여 믿는다는 성도들에게 있다는 것입니다. 하늘을 대신한 확고한 결심이 없는 성도들을 보고 하나님은 슬퍼하신다는 것을 우리들은 깨닫지 않으면 안 되겠습니다.

예수님은 이 땅 위에서 자신의 결심을 알아주는 하나의 상대자를 찾지 못하였기 때문에 뜻을 완전히 이루지 못한 채 돌아가셨습니다. 이 세상에 예수님을 대신하고 하나님을 대신하는 결심을 가진 사람이 있었던들, 하나님은 그의 심정을 통하여 직접적인 권한을 행사하심으로써 통일의 불길을 붙일 수 있었을 것이었는데, 그러한 결심의 소유자가 없었기 때문에 하나님의 뜻은 이루어지지 못한 것입니다.

그런고로 예수님에게는 부활한 후에 이 땅 위에 왔던 목적을 대신할 수 있는 결심의 주인공을 땅 위에 다시 세워야 할 책임이 남아 있었던 것입니다. 그래서 자기의 사명을 인계시

▶ 브라질 리오에서 간부들과 함께 하신 양위분.

킨 한분을 보냈습니다. 그분이 누구였느냐 하면 인간 앞에 나타난 성신이라는 것을 알아야 되겠습니다.

그러면 하늘의 결심과 예수님의 결심은 누구에게서 열매 맺을 것이냐? 하나님은 성신을 통하여 당신의 결심을 인간 앞에 재차 나타내게 됩니다. 이것을 뜻의 주인공 앞에 전하고, 그 주인공은 신부 앞에 전함으로써 이를 발판으로 그 뜻의 주인공이 이 땅에 임재하여 하나의 가정으로 옮기고, 가정을 중

예수님의 부활과 하나님의 소망 · 355

2. 오순절과 성신 역사의 시작

심삼은 친족, 친족을 중심삼은 민족, 민족을 중심삼은 국가, 국가를 중심삼은 세계에까지 옮겨 놓아야 하는 것이 하나님의 뜻인 것을 오늘날 인류는 모르고 있습니다. 오늘날 믿는 신도들조차도 이것을 모르고 있다는 것입니다.

예수님을 믿고 성신을 의지하여 하나님 앞에 갈 수 있다고 자신하여 나설 수 있습니까? 어떠한 고난과 희생이 있다 할지라도, 또 어떠한 유혹이 따른다 할지라도 그것을 박차고 밀어낼 수 있는 하나님의 심정을 대신한 결심과 예수님과 성신을 대신할 수 있는 결심을 가졌습니까? 이러한 질문에 나는 예수님을 대신하는 심정과 결심을 소유하고 있다고 자신 있게 대답할 수 있는 사람이 되지 못한다 할진대, 예수님을 배반하고 예수님을 팔던 이스라엘 민족보다도 더 엄한 심판을 피치 못할 것입니다.

왜냐하면 예수님의 뜻을 받들지 못한 민족이 있었기 때문에 성신을 수고시켰고, 성신의 뜻을 받들지 못한 제2의 이스라엘형인 오늘날의 기독신자들은 수많은 사도들을 수고시켰으며, 비단 사도뿐이 아니고 우리의 수많은 선조들을 수고시켰기 때문입니다. 이러한 수고를 시키고 있는 오늘날 우리들이기 때문에, 우리가 예수님이 지니셨던 심정과 결심을 소유하지 못한다 할진대는 하나님 앞에 체면을 세워 설 수 없는 것이요, 예수님과 성신 앞에서도 체면을 세워 설 수 없는 것입니다. 뿐만 아니라 이때까지 수많은 희생의 제단을 쌓아놓은 성도들 앞에서도 체면을 세울 수 없다는 것입니다. 앞으로 책임 못한 사람들이 자신을 개탄하는 때가 온다는 것을 알아야 하겠습니다.

예수님과 성신의 사랑을 통한 중생

007 - P.157, 1959.8.30

예수님께서 오셨다 가시면서 내가 못다 이루시고 가니, 나를 믿은 대신 성신을 믿으라고 하셨습니다. 예수님만 믿어야 구원받는 줄 아십니까? 천만에요. 성신을 믿어도 구원받습니다. 하나님의 아들을 믿게 하려는 것이 성신이니 성신도 믿어야 합니다.

성신은 무슨 신이냐? 어머니신입니다. 성신은 어머니이요, 예수님은 인류의 참아버지입니다. 참아버지는 완성한 아담입니다. 아담이 타락하여 인류의 조상이 못 되었으니 우리들은 전부 참조상이 아닌 거짓조상의 후손들입니다. 여기에 참조상으로 오신 분이 메시아입니다. 참아버지란 말입니다, 참아버지. 그런데 기독교에서는 삼위신이 어쩌고 저쩌고들 말하고 있습니다. 예수님은 참아버지이고 성신은 어머니이므로 이 아버지 어머니의 사랑을 받아야 중생된다는 것입니다. 자식이 부모의 사랑 없이 태어날 수가 있어요?

그렇기 때문에 신약성경에 "성령과 신부가 말씀하시기를 오라 하시는도다. 듣는 자도 오라 할 것이요, 목마른 자도 올 것이요, 또 원하는 자는 값없이 생명수를 받으라 하시더라(계 22:17)"고 했습니다. 그런 날은 성신이 실체를 쓰는 날입니다. 그때가 재림시대입니다. 신부 단장을 마치는 날입니다. 어린양잔치가 무엇입니까? 잃어버린 참부모를 거꾸로 모셔들이는 날입니다. 그렇게 되면 명사적인 하나님, 신앙적인 대상으로 필요했던 하나님은 지나갑니다. 이름만의 하나님을 믿는 것이나 외형적으로만 믿는 신앙생활은 필요 없습니다. 실체 그 하나님이 필요하다는 것입니다.

2. 오순절과 성신 역사의 시작

그러면 믿음의 실체의 주체는 누구였던가? 예수님이었습니다. 소망의 실체 그 주체는 누구였던가? 예수님이었습니다. 사랑의 실체, 사랑의 주체는 누구였던가? 예수님이었습니다.

영적인 주로 있을 수밖에 없는 예수님

213 - P.312, 1991.1.21

역사관을 총합해서 하나로 정리해 보게 될 경우에 예수님이 십자가에 매달리게 되었기 때문에 큰일이라구요. 그것은 부모로서 영적인 것만의 완성이지, 실체적인 것의 완성은 아닙니다. 진짜 완성되려면 지상에서 책임분담을 완성해야만 완성이 되는 것입니다.

그게 뭐냐면, 원리결과주관권과 직접주관권을 연결하는 하나님의 종적인 사랑과 횡적 기준에 있어서 일치시키는 사랑의 결착점으로부터 완성된 육신과 완성된 영인체가 태어나게 되는 것입니다. 예수님은 그러한 기준에 서 있지 않아요. 영적인 주라는 것입니다.

그러니까 바람이 불면 언제나 구름처럼 이동하는 입장에 있는 것입니다. 일본의 하늘에 뜬 구름은 미국의 하늘에 뜰 수도 있다구요. 지구를 돌면서 근거점이 없는 구름을 타고 어디라도 도는 입장에 있으면서 기독교를 발전시킨 것입니다.

그래서 예수님은 십자가에 매달린 다음에 승천했다구요. 구름을 타고 하늘에 올라간 것입니다. 그것이 무엇을 증명하느냐 하면, 지상에는 기반이 없다는 것입니다. 구름처럼 말이에요. 남자로 표시된 예수님은 영적인 아버지로서 하늘에 올라가고, 그 대신 땅에는 영적인 어머니가 내려와서 수직적 사랑을 맺지 않으면 안 돼요. 수직적 사랑을 맺지 않았지요?

우선 영적으로 하나님과 함께 지상의 수직 사랑인 해와를 중심삼고 관계를 맺었다 하는, 본래의 하나님, 완성된 남자와 일체가 되어 해와와 관계를 맺었다 하는, 사랑의 심정권의 수립에 의해서 처음으로 영적인 기준으로 있으면서 사랑의 관계를 맺게 되었다 하는 조건이 되었다 하는 것입니다. 그 조건적 사랑에 의해서 우리들은 영적 부활의 조건이 되는 것입니다. 그것이 부활 완성은 아닙니다. 부활 조건체로서 태어나 있는 것입니다. 그것이 기독교의 중생, 다시 태어난다 하는 말의 뜻이에요.

그러니까 영계에 가도 전체의 기독교 신자들은 조건적인 영적 완성체로 있지, 영적으로 완성체가 되어 있지 않아요. 그것은 지상에서 완성된 육체, 심신 일체의 애정권에 의해 결실되어야 하는 것으로서 개인 영적인 입장…. 그러니까 종적인 입장에 있어서, 종적 하나님과 예수님이 하나가 되어 지상에 왕래하는 데는 종적인 사랑의 길을 통해야 돼요. 그 종적인 사랑이라고 하는 것은 한 점밖에 없어요.

'서로 사랑하라'고 부탁하신 주님의 뜻

001 - P.156, 1956.7.8

예수님과 성신은 역사가 변하고 시대가 변할지라도 변치 않는 중심으로 한 방향만을 지향해 나왔습니다. 예수님과 성신이 주고받은 것과 마찬가지로 우리 자체끼리 그러한 관계를 맺어야 됩니다. 만일 그러한 관계를 맺지 못하게 되면 하나님

2. 오순절과 성신 역사의 시작

이 운행하실 수 있는 제단은 지상에 이루어질 수 없다는 것을 알아야 되겠습니다.

자신의 피와 살을 나눠주시던 그 예수님의 심정을 아시겠습니까? 이루 말할 수 없이 비통한 심정이었습니다. 오늘날 세상에서도 뜻을 아는 사람, 뜻을 위하려는 사람은 비통하고 처참한 자리에서 뼛골이 녹아지는 시련을 홀로 넘으면서도 뜻을 나타내고자 합니다. 따라서 이를 느끼지 못한 사람들, 이런 뜻을 대할 줄 모르는 사람들을 바라보는 예수님의 심정이 어떠할 것인가를 알아야 되겠습니다.

이러한 역사적 사정을 이해하지 못한다 할진대, 여러분끼리의 횡적인 성만찬도 나눌 수 없습니다. 그렇기 때문에 오늘날 우리들에게는 예수님이 하나님과 연락될 때, 또 예수님이 성신과 연락될 때 나누던 그 사랑의 마음을 우리 끼리끼리 나눌 수 있는, 즉 성체의 사랑을 나타내는 생활이 필요합니다.

개인 개인을 연하여, 교단과 교단을 연하여, 또 교단을 넘어서 어떠한 형태로라도 하늘의 사랑을 중심삼은 하나의 권내에 들어가도록 하기 위해서, 너희들끼리 서로 사랑의 마음을 나누라 하던 예수님의 부탁의 뜻을 알아야 되겠습니다.

땅 위의 싸움을 책임진 성신

001 - P.084, 1956.5.27

예수님이 영계에서 하나님의 내적인 싸움을 인계받아 싸우고 계시는데 성신과 우리는 지상에서 합력하여, 내적인 싸움과 내적인 섭리를 실체적으로 완결하기 위한 사랑의 싸움에서 승리하기 위해 전부가 협조하지 않으면 안 된다는 것입니다.

　이 싸움은 영적으로만 싸우는 싸움이 아닙니다. 영육 아울러 싸워야 한다는 것입니다. 그리고 그 싸움에서 이겨야 할 운명이 우리 인간에게 남아 있음을 알아야 합니다. 즉 예수님이 영계에서 하나님의 내적인 싸움을 인계받아 지금까지 싸워 나오시던 것과 이 땅에서 30여 평생을 희생해 가며 인류 구원을 위해 싸워 나오신 것을 우리들이 인계받아 이겨야 할 것이 우리의 운명이라는 것입니다.

　예수님은 이 땅 위에 하나님의 4천년 수고의 결실체로 오셨고, 하나님이 소망하던 최초의 완성체로 오신 분입니다. 그러나 예수 그리스도는 30여 평생에 못다 이룬 노정이 남아 있었습니다. 그리고 3년 공생애 기간의 싸움의 노정에도 하나님의 영광을 온전히 다 이루어 드리지 못한 한이 남아 있고, 또 십자가의 피흘린 사랑의 심정이 땅 위에 남아 있다는 것입니다.

　그런 연고로 오늘날 우리들은 예수님이 지상에서 못다 이룬 사명을 인계받아 영육 아울러 이루어 가야 된다는 것입니다. 그리고 우리는 우리의 생애노정을 다 바치어 예수 그리스도의 가던 길을 계승하여 가야 한다는 것입니다.

　그러면 오늘날 내 한 개체를 아버지 앞에 세워 놓고 비판해 보게 될 때 어떻게 해야 될 것인가? 예수님께서 하나님의 뜻을 이루기 위해 사탄과 싸웠고, 예수님이 가신 이후 2천년 동안에도 성신과 함께 수고해 나오셨습니다. 그러한 예수님을 여러분이 닮아야 되겠습니다. 그리고 예수님은 아버지 앞에 자기 일신을 세워 승리의 싸움을 전개한 것이 어느 한 날이

2. 오순절과 성신 역사의 시작

아니고 30여 평생의 기간이었음을 알아야 되겠습니다. 6천년 동안 섭리하신 아버지의 마음, 뜻을 이루기 위해 안타까워하던 예수님의 마음, 성신의 마음을 알아야 되겠습니다.

성신의 수고에 대한 인간의 책임

001 - P.171, 1956.7.11

우리들은 지금까지 예수 그리스도를 맞기 위하여 나만 수고한 줄 알았는데 우리의 배후에서 우리 이상 수고하신 성신이 계심을 알아야 하겠습니다.

예수님께서 바라시는 것은 인간들의 수고보다도 성신의 수고가 크기 때문에 이 성신을 세우셔서 예수 그리스도의 영광을 대신하고 인간들을 규합하고자 하시는 것입니다. 그러한 한 날이 찾아지지 않으면 예수님이 이 땅에 다시 오셔서 만민의 주인공으로 서실 수 없다는 것입니다.

그런고로 우리들이 악을 대하여 나서게 될 때, 우리가 저지른 죄로 말미암아 성신이 대신 땅에서 수고하시게 되었고 예수님이 십자가에 달리시게 되었다는 것을 알아야 합니다. 또 하늘땅 어디에 가더라도 우리는 하늘의 원한을 벗어날 도리가 없는 죄인들인 것을 알아야 하겠습니다.

이 죄를 깨달아서 이제 우리는 마음과 몸을 다 바쳐야 하겠습니다. 그래서 먼저는 성신의 수고에 의지하여 예수 그리스도의 수고의 도수를 채움으로써 그 수고의 짐을 벗겨 드려야 하겠습니다. 이와 같이 나로 말미암아 성신의 수고가 끝이 나고 예수님의 수고가 끝이 나고 하나님의 수고가 끝이 나야 우리를 위해 죄를 맡기에 수고하신 하늘의 복귀섭리의 뜻이 종결되는 것입니다. 그리고 우리 자체들은 그때에야 비로소 하나의 주인공을 찾게 된다는 것입니다. 이것을 여러분이 알아야 하겠습니다.

예수님은 인자로 이 땅에 오셨다 가셨습니다. 예수님은 체(體)를 갖춘 하나의 인간으로 이 땅에 오셨다 가셨습니다. 여러분이 영계를 통하여 보면 예수님은 우리와 일문일답할 수 있는 체를 갖고 계시기에 여러분의 영안이 열리면 우리를 위하여 돌아가신 예수님을 위로해 드릴 수 있고 감사드릴 수 있지만, 성신을 대해서는 이 일을 할 수 없다는 것입니다. 왜냐하면 성신은 체를 갖고 계시지 않기 때문입니다.

예수님은 실체를 쓴 하늘의 주인공으로, 피조세계의 중심으로 이 땅에 오셨습니다. 그런데 성신은 아직까지 체를 갖지 못함으로 말미암아 성신의 수고에 대해 직접 위로해 드릴 수 없는 것입니다. 그러면 신랑 되신 천상의 예수님 앞에 신부가 될 수 있는 지상의 실체 성신은 언제 이 땅에 나타날 것인가.

우리가 저지른 범죄는 예수 그리스도만 죽음의 고개를 넘게 한 것이 아니라 성신까지도 그러한 수고의 고개를 넘게 한 것입니다. 그런데 내 한 자체를 통하여 그 수고의 원한을 해원하게 되면 그 기쁨과 영광을 예수님께는 돌려드릴 수 있으되 성신께는 돌려드릴 수 없다는 것입니다.

우리가 죄를 맡기면 먼저는 성신께서 우리의 죄를 맡으십니다. 그런 뒤에 예수 그리스도께서 맡으시고, 그런 다음에 하나님으로부터 청산을 받는데, 오늘날 우리들은 이것을 잘 모르고 있습니다. 이 일, 이런 사명을 아는 성도들이 나온다면 성신의 감동의 역사는 그들을 통하여 온 인류에게 나타날 것입니다.

2. 오순절과 성신 역사의 시작

그러면 예수 그리스도께서 이 땅에 오셨다가 가셨는데, 우리들은 이제 어떻게 해야 할 것인가. 우리들은 예수님과 같은 입장의 신랑격 주인공과 성신과 같은 입장의 신부격 주인공을 찾아야 되겠습니다. 그래서 속죄의 은사를 받아야 하겠습니다. 그리고 성신과 예수님을 붙들고, '성신과 성자, 그리고 하나님이여! 축복해 주시옵소서'라고 할 수 있어야 하겠습니다. 그러한 여러분이 되지 않으면 예수 그리스도의 2천년의 수고와 성신의 2천년의 수고는 이 땅 위에서 완결지을 수 없다는 것입니다.

예수님은 어찌하여 세상죄를 담당하셨는고? 그것은 우리를 위해서, 우리로 하여금 자유를 소유할 수 있게 하기 위해서였습니다. 그리고 주인을 찾게 한 것은 인간으로 하여금 본연의 모습을 갖추게 해서 사탄의 지배를 받던 입장에서 사탄을 지배할 수 있는 입장으로 옮겨 주기 위해서였습니다.

성신을 사모해야 할 오늘날

001 - P.069, 1956.5.23

이제 우리가 사모해야 할 하나의 일이 남아 있나니 그 일이 무엇이뇨? 우리는 땅을 위하여 대신 일하고 있는 성신을 사모해야 되겠습니다. 이것을 알아야 하겠습니다. 이제까지 수많은 사람들이 예수님을 2천년 동안 영적으로 사모해 왔으나 오늘날은 성신도 사모해야 한다는 것입니다. 그래야 할 성도들이요 우리 인류라는 것을 생각해야 되겠습니다. 이와 같이 성신을 사모해야 할 시대가 왔고, 신부의 몸을 완성해야 할 때가 왔습니다.

성신은 신부의 신이시므로 신부의 모양을 갖추고 신부의 형체를 이루어 우리는 사모할 줄 알아야 하겠습니다. 이렇게 되면 예수 그리스도는 영계에 가셔서 쉬실 수 있다는 것입니다. 그리고 하늘땅에 하나의 중심을 세워 가지고 다시 우리들이 이 땅을 중심삼고 찾아들어가는 것입니다.

마음으로 영계를 사모하던 우리는 이제 우리 자신들에게 역사하시는 성신을 사모하지 않으면 안 되겠습니다. 그래서 우리는 영적인 상징인 예수님을 사모하고, 육적인 상징인 성신을 사모하여 우리 한 개체에서 영적인 예수님을 사모하는 마음과 육적인 성신을 사모하는 몸이 하나됨으로 말미암아 비로소 하늘의 중심과 땅의 중심이 내 한 마음 몸에서 합쳐질 수 있다는 것입니다. 그렇게 됨으로 말미암아 예수님도 나를 대신하여 설 수 있고 성신도 나를 대신하여 설 수 있으며, 나는 그 가운데서 예수님과 성신의 뜻을 대신하여 만민을 대표하여 나타날 수 있다는 것입니다. 이것을 알아야 하겠습니다.

그러면 이제 이 땅 위에 오셔야 할 주는 어떤 뜻을 갖고 오실 것이냐? 예수님과 성신의 그 중심을 여러분 자체에 이루어 놓아야 합니다. 산 육체를 갖고 있는 여러분들이 영계를 상징하고 육계를 상징한 예수님과 성신을 본받아 영육을 합한 하나의 실체의 중심체로서 완성해야 합니다. 그렇지 않으면 하나님의 전체 창조의 이념이 여러분 하나에서 완결 지어지지 않는 것입니다. 이와 같은 하나의 중심 사명이 예수님과 성신의 사명이라는 것입니다. 이 한 중심을 이루기 위해서 예수 그리스도는 재림하시는 것입니다.

3. 예수님의 부활과 초대 기독교의 출발 섭리

기독교의 사명

025 - P.020, 1969.9.21

　예수님을 중심삼고 그 12제자와 70문도가 완전히 하나되면 역사 과정에서 실패했던, 그 시대 시대마다 탕감하지 못하였던 모든 남성들의 실수가 탕감되는 것입니다.
　그렇기 때문에 예수님은 이들과 완전히 하나되어 가지고 역사적인 실패를 수습할 수 있는 실체적인 권을 횡적으로 만들어야 합니다. 완전하게 철옹성 같은 울타리를 만들어 가지고, 사탄이 공격하려야 공격할 수 없는 하나의 남성으로서의 승리적 기반을 결정지어야 하는 것입니다. 그 울타리의 사명을 해야 할 사람이 누구냐 하면 12제자요, 70문도라는 것입니다.
　이러한 터전, 즉 이러한 배경 위에 공고히 서 가지고 앞에서 말한 것과 같은 여성을 찾아 어머니의 기준을 만들어야 되는 것입니다. 그러기 위해서는 역사노정에서 싸워 나왔던 것과 마찬가지로 일대의 싸움을 거쳐야 했던 것입니다. 이렇게 하지 않으면 안 될 내적인 사정이 예수님에게 있었다는 사실을 그 시대의 12제자나 70문도는 몰랐다는 것입니다.

그러니 예수님은 이러한 환경의 터전을 한 번도 갖지 못했습니다. 그렇게 할 수 있는 하나의 상대도 찾지 못하고, 그런 내정을 통고시킬 수 있는 하나의 제자도 찾지 못하신 채. 30여년의 생애를 지내다가 결국 십자가에 못 박혀 돌아가신 것입니다.

그렇게 십자가에 돌아가신 예수님이기에 한이 있다면 그분에게는 그 누구보다도 많은 한이 있을 것입니다. 하나님이 4천년 동안 역사를 엮어 오시면서 수고한 터전 위에 예수님을 보내시어 한 때를 맞게 했는데도 불구하고, 하나님이 소원하시던 모든 내용이 근본적으로 파탄되어 버리고 말았습니다. 또한 예수님은 하나님이 남성의 역사로 엮어 왔던 4천년 역사에 하나의 승리적인 기반을 세우기 위해서 왔음에도 불구하고, 그것을 세우지 못하고 가야 했습니다. 그런 예수님이었으니 그 사정이 얼마나 딱하였는가를 알아야 되겠습니다.

예수님은 자기 하나 죽는 것은 상관하지 않았습니다. 자기 하나 죽음으로 말미암아 4천년이라는 기나긴 세월 동안 남자를 통하여 역사해 나오던 하나님의 섭리가 모두 수포로 돌아간다는 사실을 더 슬퍼하셨습니다. 자기가 죽는 그 설움보다도 하나님의 섭리가 실패로 돌아가는 설움을 더 크게 느껴 내정적으로 깊이 슬퍼하셨던 예수님이었습니다. 그런 예수님의 심정을 알아야 합니다.

그러나 예수님은 자기는 죽더라도 역사적인 모든 터전을 다시 한 번 수습하겠다는 신념과 결의와 각오 밑에서 십자가의 길을 당당코 돌파해 냈기 때문에, 하나님의 심정과 일치점을 마련할 수 있었고 영적으로 제자들을 다시 수습할 수 있었습

3. 예수님의 부활과 초대 기독교의 출발 섭리

니다. 이것으로 제2의 울타리를 만들어 오늘날 남성을 중심삼은 기독교 역사를 재편성할 수 있었다는 사실을 알아야 되겠습니다. 이리하여 영적인 기준을 중심삼고 지금까지 2천년 간 수많은 순교의 역사를 거쳐 오면서 발전시켜 나온 것이 기독교 역사입니다.

기독교의 중심은 부활의 교리

013 - P.185, 1964.3.15

이스라엘 민족은 예수님에게 접붙여서 천민(天民)이 되어야 했습니다. 이스라엘 민족을 천민으로 전환시키는 것이 예수님의 사명이었습니다. 그런데 이스라엘 민족이 어떻게 했나요? 유대교단이 어떻게 했나요? 제사장 교법사들이 어떻게 했나요? 하나님께서 예수님을 잡아 죽이라고 4천년 동안 섭리해 왔겠습니까?

크나큰 포부를 품고 계시되 말할 수 있는 환경이 갖추어지지 못했습니다. 그 사회에서 제일 버림받은 무리인 어부나 창녀, 거지같은 자들을 모아 놓았지만 천국의 이념을 말할 수 있겠느냐는 것입니다. 얼마나 안타까웠으면 할 말이 많으나 너희가 감당치 못한다는 말씀을 남겼겠습니까? 마음대로 말할 수 있는 제단을 한 개도 갖지 못했던 한을 간직한 불쌍한 예수님이었습니다. 하나님의 아들 예수님이 이 땅에 와서 남들이 자는 고요한 밤중에 무엇 때문에 감람산까지 찾아갔을까요? 왜 겟세마네 동산에서 기도했겠어요? 유대교인이 책임 다하고 이스라엘 민족이 책임을 다했더라면 그거 다 필요 없는 것입니다.

▲ 통일동산에서 열린 홍남감옥 출감 기념예배 때 식구들에게 말씀하시는 문선명 선생.

  그때, 하나님이 친히 같이하는 입장에서 예수님과 유대교와 이스라엘 민족이 하나되었다면 큰 문제가 벌어졌을 것입니다. 로마도 문제없었을 것입니다. 그들이 합하면 로마는 꼼짝 못합니다.
  본래 기독교의 교리는 십자가의 교리가 아니라 부활의 교리입니다. 예수님이 부활함으로 말미암아 구원이 성립되었지 죽음으로 말미암아 성립되었겠어요? 기독교는 부활의 종교입니다.
  돌아가셨다가 3일 후 부활하신 예수님의 그 부활의 권능으로 말미암아 우리가 구원받는 것입니다. 부활 후 40일 기간의 기반 위에 비로소 새로운 제2 이스라엘, 즉 유대교를 대신한 새로운 기독교가 출발했다는 것입니다. 기독교는 십자가의 교리가 아니라 부활의 교리라는 것입니다. 믿어지지 않는 사

3. 예수님의 부활과 초대 기독교의 출발 섭리

람은 기도해 보세요. 자신을 갖고 말하는 것입니다.

원수까지 사랑하는 사랑의 종교 기독교

107 - P.017, 1980.2.21

　이 땅 위에 하나님이 제일 사랑할 수 있는 사람이 누구냐? 그가 누구냐? 예수 그리스도입니다. 그런 의미에서 예수님은 메시아가 됐다는 것입니다. 그래서 유대 나라에 있어서의 방향을 제시하고 나왔습니다. 예수님의 철학이 뭐냐? 로마와 이스라엘이 피압박 국가와 압박 국가, 피지배 국가와 지배 국가라는 것, 이 두 사이에는 담벽이, 높은 원수의 담벽이 있는 걸 알았다구요. 세계에서 제일 높은 담벽이라는 것입니다. 로마와 이스라엘 사이의 담벽이 그때 시대에 있어서 점령 국가 사이의 담벽으로서 제일 높은 담벽이었다는 것입니다.

　예수님은 어떻게 했느냐 하면, 너는 힘으로써 나를 정복하지만 나는 반대로 너를 사랑으로써 정복하겠다는 표제를 들고 나온 것입니다. 그러한 선언을…. 십자가에 돌아갈 때, 로마 병정에 대해서 '하나님이여, 저들이 행하는 죄를 알지 못하고 저런 일을 하니 용서해 주소서' 하고 기도했습니다. 이것은 놀라운 역사적 사실입니다. 그럼으로 말미암아 세상 사람이 미워하는, 원수시하는 그런 국경을 넘을 수 있는 하나의 본향의 근거지를 추구하고 있었다는 사실을 우리는 알아야 됩니다.

　원수는 개인 원수가 있는 동시에 가정 원수가 있는 것입니다. 예수님은 어떻게 생각했느냐? 개인 원수가 있다는 것입니다. 세계 사람을 모두 그렇게 볼 것입니다. 개인 원수가 있고, 가정 원수가 있고, 종족 원수가 있고, 민족 원수가 있고, 국가 원수가 있고 세계 원수가 있고, 수많은 원수가 사방에 얽매여 있다는 것입니다. 그 말은 무슨 말이냐 하면, 나를 따르고 내 주장을 따라가는 사람 중에는 개인 원수 앞에 희생당하는 사람도 있을 것이라는 것입니다. 수많은 희생이 있을 것이라는 것입니다. 가정 원수 앞에 희생당하고, 종족 원수 앞에 희생당하고, 민족 원수 앞에 희생당하는…. 이러한 싸움에서 희생당하는 것이 있지만 '원수를 사랑하라'는 타이틀로 말미암아 언젠가 승리할 수 있는 한 날이 있을 것이며 그 결과의 날을 고대하지 않을 수 없다는 것입니다. 만약 이것을 세상 나라, 사탄의 방향과 같이 하나님이 복수해 가지고 원수를 갚았다면 이 세상은 다 없어진다는 것입니다. 다 없어지는 것입니다. 그럴 것입니다.

기독교를 중심삼은 하나님의 조국광복은 어디서부터 오느냐? 이러한 사상을 가진 개인에서부터 출발하는 것은 당연한 것입니다 사랑으로 품고 국경을 허물고 모든 환경과 문화를 넘어 소화해 나가면서 원수까지도 사랑할 수 있는 운동을 제시해 나오는 종교가 기독교였더라 이거예요. 그렇기 때문에 기독교는 하나님이 있는 한 세계적 종교가 안 될 수 없습니다.

콩을 심으면 콩이 나고, 팥을 심으면 팥이 나고 빨간 꽃 종자를 심으면 빨간 꽃이 피는 것과 마찬가지로 악한 원수, 원수를 갚는 놀음의 씨를 뿌려 사탄, 악마의 씨가 번성했지만, 원수를 사랑하는 씨를 뿌리면 그것이 원수를 사랑하는 나무로 번성하는 것입니다. 그게 자연 이치입니다.

그러면 오늘날 기독교를 말하게 되면 기독교의 수많은 교파

3. 예수님의 부활과 초대 기독교의 출발 섭리

는 왜 생겨났느냐? 기독교 가운데 교파가 생겼다는 사실은 원수를 사랑하라는 기독교의 교리와는 달리…. 기독교의 교리는 원수를 사랑하라는 교리입니다. 자기 교회 내에서는 사랑할는지 모르지만 기독교인 끼리끼리 싸우고 있어요. 네 형제를 사랑하라고 했습니다. 기독교의 형제들은 기독교입니다. 장로교는 감리교, 감리교는 성결교, 전부 다 형제입니다. 참된 전통적 주류 사상에 서 있는 기독교가 어디냐? 원수를 사랑하는 교단이 되고, 원수의 나라를 되찾기 위해 원수를 도와주고 재차 살려 주려 하는 그런 교단이 참된 교회라구요. 이러한 교단이 미래에 하나님의 참된 개인과 가정으로부터 종족·민족·국가·세계의 판도를 이어받을 수 있는 교단이라는 것은 지극히 타당한 결론입니다. 기독교가 하나되기 전에는 세계가 하나되지 못 해요. 그전에는 수많은 나라가 하나된다는 것은 꿈에도 생각하지 못한다는 것입니다.

12제자의 입장과 책임

023 - P.060, 1969.5.11

12제자를 중심하여 12제자로 하여금 예수님의 새로운 복음을 중심삼고 나아가야 했다는 것입니다. 여기에서 예수님은 부모가 되고 유대교는 가인이 되며, 예수님의 새로운 복음은 아벨이 되는 것입니다. 또 이스라엘 민족이 아벨이 되고, 세계 국가가 가인이 되는 것입니다.

즉 먼저 나온 것이 가인의 입장인 유대교이며, 또 예수님을 중심삼은 새로운 복음운동이 아벨적 입장인 것입니다. 아담 가정에서 가인이 아벨을 죽였으니 역사의 흐름이 뿌린 대로 거두는 입장에 서야 합니다. 그러지 않고는 복귀가 안 되는 것입니다. 그래서 예수님은 배척받고 몰리는 자리에 들어가게 되었던 것입니다.

그러나 아벨이 죽임을 당한 것과 같이 예수님이 죽음을 당해서는 안 되고 기독교도 그래서는 안 됩니다. 그런데 예수님이 죽임받고 지금까지 기독교가 죽임받아 나온 것입니다. 그래서 기독교는 순교의 종교가 된 것입니다. 이렇듯 아벨의 역사를 두고 볼 때 가인의 공격을 받는 것은 불가피한 일입니다.

여기서 재차 편성한 이스라엘 역사를 대표한 12제자는 새로운 이스라엘 족속으로서 가인적인 자녀의 입장과 아벨적인 이스라엘 종족의 입장에 있기 때문에 다른 모든 지파들보다도 훌륭해야 합니다. 그들이 갖춘 안팎의 모든 내용이 훌륭해야 되고 하나님이 자랑할 수 있는 기준에 서야 된다는 것입니다. 예수님은 죽지 않고 살아서 무엇을 해야 합니까? 탕감복귀를 해야 하는 것입니다. 그런 예수님이 쫓김 받고 몰림 받아 죽었기 때문에 문제가 생긴 것입니다.

이렇게 몰리게 된 상황에서 12제자와 지파장들이 반대하면 어떻게 해야 되겠습니까? 지파를 편성하기 위해서는 가정이 있어야 하는데 가정이 없으면 지탱하겠습니까? 그러므로 예수님은 가정을 이루어야 했습니다. 지파장을 중심삼고 세계의 터전과 연결시켜 뻗어 나가야 하기 때문에 가정을 이루어야 한다는 것입니다. 그리하여 예수님은 아담가정의 가인과 아벨이 실수한 것을 복귀할 입장이요, 노아가정에 있어서 세 아들을 대신하여 복귀할 입장에 있었던 것입니다. 그래서 예수님이 이스라엘 민족을 중심삼고 이런 입장에서 책임을 하

3. 예수님의 부활과 초대 기독교의 출발 섭리

기 위해서 대표적인 중심인물로 글자 한자 모르는 베드로와 요한, 야고보를 세웠습니다. 이 얼마나 기가 막힌 일입니까?

이들이 없으면 가정의 기반도 이룰 수 없습니다. 그러므로 이들은 죽는 자리까지라도 따라가야 하고 죽더라도 같이 죽어야 합니다. 한 가정의 어머니 아버지가 역적으로 몰려 죽게 되면 그 자식들은 전부 다 역적의 자식이라는 팻말을 붙이고 죽어야 되는 것과 마찬가지입니다.

기독교 수난의 역사

295 - P.228, 1998.8.28

만물을 희생한 것은 자녀를 살리기 위해서였습니다. 자녀가 살면 어머니도 살기 때문에 만물을 희생해 나온 것입니다. 그런데 메시아가 와서 국가를 중심삼고 가정의 기반을 닦지 못했어요. 그래서 자식이 그 제물이 된 것입니다. 예수님이 제물로 갔다는 것입니다. 가정이 없었어요. 갈라져 버렸다구요. 가정이 사탄의 힘에 의해 둘로 갈라져 버렸다구요. 가정이 사탄의 힘에 의해 둘로 갈라져 버렸다는 것입니다. 그런 한탄의 역사가 기독교의 수난의 역사, 박해의 역사입니다.

로마 병정에 의해서 가정이 함께, 씨족이 함께 멸망한 것입니다. 로마의 카다콤이라는 곳을 가 본 적 있어요? 7대 이상의 선조들의 시체가 전부 썩어서 물이 되어 흐르는 곳을 밟으면서 4백년을 견뎌낸 위대한 기지로서 유명합니다. 그 후 누구도 기독교 자체를 반대하지 않았습니다. 생각해 보세요. 로마의 광장에서 사자의 밥이 되기도 했습니다. 그런 비참한 역사를 잊어서는 안 됩니다. 그거 전부 해와 때문입니다.

숫제물로 바쳐져야 할 기독교 신자

002 - P.069, 1957.2.24

예수님이 4천년 역사와 만민을 대신하여 하나님이 즐겨 받을 수 있는 산제물로, 생축의 제물로 수컷으로 바쳐진 것과 마찬가지로 여러분도 예수님께 수컷의 제물로 바쳐져야 할 것입니다.

그리고 여러분의 생활과 생애에서 인륜과 천륜의 도리를 다해야 하며, 뜻을 이루기 위하여 이 땅에 왔던 그리스도를 대신하여 하늘의 아픔을 대신 느낄 수 있고 예수님이 느끼시던 천적인 사랑의 심정을 체휼하면서 준비한 교단으로부터 배척받아 불쌍하고 가난한 사람을 찾아가야 했던 예수님의 사정을 알아드리는 신부가 되어야 하겠습니다. 여러분이 그런 사람이 된다면 하나님의 원한을 풀 수 있는 동시에 인간을 구원하기 위하여 오셨던 예수 그리스도의 원한을 비로소 풀 수 있는 것입니다.

사랑의 예수님은 이 땅에 패역하고 배반하는 백성들을 찾아오셔서 자신의 이상을 의논해야 했습니다. 그렇기 때문에 배반한 선조들을 가진 우리는 하늘을 배반해 온 노정을 거슬러 올라가서 '아버지의 뜻이 이런 것이 아니옵니까? 이 몸을 받으시옵소서!' 라고 할 수 있어야 되겠습니다.

하나님은 이와 같이 역사를 대표하고 나설 수 있는 수컷의 제물, 어느 누가 만지지도 않고 보지도 않았던 숫것의 제물로 드려질 수 있는 사람을 찾고 있다는 것을 알아야 되겠습니다.

여러분이 성품을 다한다 하더라도 현재 여러분의 성품은 사탄 세상의 용납을 받던 성품이요, 마음을 다한다 하더라도 사탄과 속삭이던 마음이요, 뜻도 역시 마찬가지입니다. 그러므

3. 예수님의 부활과 초대 기독교의 출발섭리

로 끝날에 처한 여러분은 반드시 사탄적인 성품과 마음을 변화시켜야 할 것입니다. 인생관과 우주관도 바꾸어야 되겠습니다. 그것은 이제까지 알고 있던 신앙관을 가지고는 사탄을 이길 수 없고, 사탄의 참소조건에 걸려 있는 무대를 통과할 수 없기 때문입니다.

예수님께서 수컷의 제물로 십자가에 돌아가신 것은 처음인 동시에 마지막인 것이며, 이것은 예수님께서 당신의 성품과 마음과 뜻을 이 땅의 인간들에게 소개해 주신 것입니다.

예수님은 역사성을 대표하고 만물을 대신하여 하나님이 귀하게 볼 수 있고, 하나님이 참되다 할 수 있으며, 하나님이 기뻐하고 사랑할 수 있는 분이었습니다.

예수님으로부터 사탄의 참소를 받을 수 없는, 사탄의 소유가 될 수 없는 성품을 느낄 때가 있을 것입니다. 그러한 성품을 느꼈다면 예수님의 천적인 인격을 헤아릴 수 있을 것입니다. 또 그런 마음을 느꼈다면 예수님의 내적 사정을 느낄 것입니다. 예수님의 인격과 내적 사정을 헤아리는 사람이 있다면 하나님이 그 사람에게 역사하실 수 있는 것입니다.

이와 같이 찾아야 할 놀라운 역사적인 우주의 초점, 넘어야 할 우주적인 관문이 있다는 것을 사람들은 모르고 있습니다. 그러므로 수컷으로 드려지기를 바라는 예수님의 소망이 남아 있는데 이제 우리 그리스도인들이 그 소망을 어떻게 찾아 이룰 수 있겠느냐 하는 것이 문제가 됩니다.

오늘날 여러분들이 이 소망을 찾으려면 여러분의 과거의 부족함을 깨달아야 하고, 그 부족함을 하나님께 통회해야 할 것입니다. 회개하더라도 눈물을 흘리고 또 흘려야 할 것이며, 30여 평생 흘렸던 예수님의 눈물을 대신할 수 있는 마음이 없어 가지고는 안 됩니다.

또 예수님께서 30여 평생 자나 깨나 먹으나 굶으나 일편단심 그 한뜻을 세우기 위해 있는 힘을 다했던 그 소망의 성품을 본받아야 하고, 죽음의 길을 가야 되었던 예수님의 비참한 심정을 느껴야 될 것입니다.

예수님께서 땅 위의 믿지 않는 인간들을 위해서 회개의 눈물을 흘리시는 생활을 하셨고, 그것으로 끝나지 않고 저나라에 가셔서까지 눈물을 흘리고 계시다는 사실을 알아야 되겠습니다. 이러한 예수님의 내적 심정을 통할 수 있고, 내적인 천성의 이념을 알 수 있고, 내적인 예수님의 생활적인 모습을 알아 가지고 눈물을 흘려 하늘땅에 채워도 부족함을 느껴야 되겠습니다. 뿐만 아니라 눈물이 어리고 뼈살이 녹아지는 애달픈 심정을 이어받고, 성품을 통하고 마음과 뜻을 통한 예수님의 그 모든 사랑과 인격이 나를 통하여 표현할 수 있게 될 때 거기에서부터 천적인 인연을 중심삼고 예수님과 하나될 수 있을 것입니다.

그런 심정을 느끼는 여러분이라면 죽음의 구렁에서 나를 살려주신 예수님 앞에 감사함을 느낄 것입니다. 그리고 그 감사의 마음을 여러분의 마음 몸에 채우고 온 땅과 하늘에 채워도 부족함을 느끼게 될 것입니다.

그러면 예수님은 어느 정도의 서러움을 느끼셨던가? 예수님은 아담 해와를 잃어버리실 때 하나님이 느끼셨던 천지가 무너지는 것 같은 그 서러움을 풀어드리기 위하여, 또 인간을 찾으시려는 하나님의 뜻을 대신하여 오셨지만, 자신을 보내신 그 뜻을 이루어 드릴 수 없게 되었을 때, 하나님이 아담 해와를 잃어버리실 때 느끼시던 그 서러움을 느끼셨던 것입니다.

3. 예수님의 부활과 초대 기독교의 출발 섭리

오늘날 역사적인 원한을 해원해야 될 인간들이 하나님을 잃어버리고도 서러워할 줄 모르는 인간이 되었으며, 신랑인 예수님을 잃어버리고도 서러워할 줄 모르는 인간이 되었습니다. 또한 자신에게는 하나님의 서러움을 위로해 드려야 될 책임이 있다는 것도 모르는 인간이 되었습니다. 여러분들도 그러한 입장에 머물러 있다면 하나님의 섭리 앞에 나서서 아무리 아버지를 불러도 하나님은 나타나지 않는 것입니다.

그래서 예수님께서 해주신 말씀이 헛된 말씀이 아니라는 것을 알아야 합니다. 예수님께서 진정으로 하나님을 대하여 '나의 아버지'라고 하신 것과 같이, 마음을 다하고, 뜻을 다하고, 성품을 다하는 사람이 있다 할진댄 하늘땅이 감동할 것입니다.

기독교가 로마로 들어간 이유

080 - P.135, 1975.10.21

예수님이 죽임을 당했습니다. 아랍권에서 뿐만 아니라 이스라엘 민족으로부터 추방을 당했습니다. 발붙일 곳이 없었습니다. 그래서 예수님이 죽었다는 것입니다. 이렇게 되니까 할 수 없이 어디로 가느냐? 하나님의 뜻이 본래 축복받을 수 있는 곳에서 실패하는 날에는 원수의 세계로 원수에게 옮겨지는 것입니다. 이것이 공식입니다. 사탄이 가져갔다 그 말입니다. 그러니까 사탄세계로 들어가야 된다는 것입니다. 그거 그럴 것 아니에요? 실패하면 사탄에게 넘어가는 것입니다. 그러니까 이것을 찾기 위해서는 원수의 나라로 들어가야 돼요. 이래서 싸워 이겨 원수가 가져간 것을 찾는 그런 승리자가 되면 세계를 지배한다 그 말입니다.

말하자면 그때 예수님을 중심삼고 잃어버렸던 것을 다시 찾으면 세계로 가는 것입니다. 국가적 기준에서 아시아라든가 중동을 움직일 수 있는 것과 마찬가지로 세계적 기준을 차지할 수 있다는 말입니다. 그렇기 때문에 기독교는 본래 아시아 제국과 더불어 통일적 세계관을 형성해야 했는데도 불구하고, 예수님이 죽음으로 말미암아 본래 축복한 모든 것을 사탄에게 넘겨주었기 때문에, 할 수 없이 로마의 품에 찾아 들어가지 않을 수 없었다는 것입니다. 그것이 기독교의 비참한 운명이라는 것입니다.

그런데 기독교는 영육을 중심삼은 나라를 찾기 위해서가 아니고 영적 기반을 중심삼은 것입니다. 예수님의 몸뚱이는 침범받았기 때문에, 영적 기준에서 부활한 그 부활기준을 중심하고 기독교는 출발하여 로마제국에 가서 4백년 동안 싸운 것입니다. 그래서 영적으로 기독교문명을 이룩한 것입니다.

그러면 기독교가 해야 할 것은 무엇이냐? 개인적인 탕감과 가정적인 탕감과 종족적인 탕감과 민족적인 탕감을 영적으로나마 다시 해야 됩니다. 이런 문제가 벌어지는 것입니다.

그래서 로마에 들어가서 개인적으로 희생되고, 가정적으로 희생되고, 기독교 전체가 민족적으로, 종족적으로 희생되는 그런 제물의 과정을 거쳤습니다. 여기서 아무리 원수가 강하다 하더라도…. 이스라엘 민족은 개인적으로 야곱이 이겼고, 혹은 종족적으로 모세가 이겼는데, 기독교인들은 그런 실력 이상의 실력을 가지고 원수에게 굴하지 않고 자기 생명을 바쳐 끝까지 주체적 사상을 끌고 나갔던 것입니다. 그래서 로마제국을 뒤집어 놓은 것입니다.

4천년 역사를 4백년으로 탕감한 것입니다. 별의별 희생을

3. 예수님의 부활과 초대 기독교의 출발섭리

당하면서 맞으면 맞을수록 복을 빼앗는 것입니다. 4천년의 복을. 인계받는 것입니다. 이래서 하늘편에서 복을 받을 수 있는 탕감조건이 세워진 그때부터 비로소 로마를 굴복시켜 가지고 하나의 기독교 중심국가를 형성한 것입니다. 그때의 기독교인들은 몰랐지만, 예수님이 죽지 않고 이루어야 했던 복을 사탄이가 가져갔다는 것입니다. 로마가 빼앗아 간 입장에 있었다는 것입니다. 그렇기 때문에 결국은 그것을 다시 찾기 위해서는 그만한 대가를 치러야 했던 것입니다. 그러지 않고는 하늘편으로 찾아올 수 없다는 것은 당연한 것입니다.

그렇기 때문에 기독교사상은 어디에 있느냐? 로마제국에서부터 싸워 나오던 그 사상, 모든 사도들이 세운 그 사상을 이어받아 가지고 세계적인 전통으로 옮겨 일원화된 기독교문화권을 형성해야 되는 것입니다. 그럼으로 말미암아 이제부터는 로마 민족이, 이태리 민족이 비로소 하나님의 뜻 앞에서 세계를 지배할 수 있는 중심 민족이 되는 것입니다. 하나님은 이스라엘 민족에게 세계를 맡겼다가 실패했기 때문에, 이태리 민족을 중심삼아 가지고 세계를 제패하려고 하신 것입니다.

나라를 찾지 못해 순교 당한 기독교인들

022 - P.300, 1969.5.4

예수님이 3년 공생애노정에 유대교를 중심삼고 잃어버린 모든 것을 탕감복귀하려 했으나 십자가에 달려 돌아가셨기 때문에, 영육을 중심삼고 이 땅 위에 하나의 실체로서 하나님의 발판의 나라로 세워진 이스라엘이 전부 다 깨어져 나갔습니다. 즉 4천년 동안 섭리하여 준비한 이스라엘의 발판이 깨져 나갔다는 것입니다. 결국 예수님을 죽임으로 말미암아 기독교는 영적으로 나라의 터전만을 가지게 되었고, 이스라엘 민족은 나라 없는 백성이 되고, 유리방황하는 신세가 되어 사탄세계의 비웃음거리가 된 것입니다. 때문에 오늘날 영육 아우른 기독교의 나라는 어디에도 없다는 것입니다. 그러므로 다시 오시는 주님은 4천년간을 준비하여 이스라엘 나라를 만들었던 하나님의 섭리를 이스라엘 민족이 몰라 불신하여 잃어버린 것을 다시 복귀해야 합니다.

　예수님은 이 땅 위에 나라를 찾으려 오셨습니다. 하나의 나라를 찾으려 오셨다는 것입니다. 그러나 예수님은 그 나라를 영육 아울러 찾지 못하시고 다만 영적으로만 찾으셨습니다. 그렇기 때문에 오늘날 기독교는 이 땅 위에 실체의 나라가 없다는 것입니다. 이것은 하나님이 이 땅 위에 어느 나라 어느 민족을 중심삼고 사랑하는 내 나라요, 내 사랑하는 민족이라고 부를 수 없다는 것을 의미합니다. 아직까지 하나님 나라의 터전이 이 땅에 세워지지 않았다는 것을 말합니다. 만일 그 당시 이스라엘 나라가 예수님을 중심삼고 하나되었더라면 아들인 예수님을 중심한 그 나라가 하나님의 나라이기 때문에 하나님은 그 나라를 중심삼고 세계를 복귀하셨을 것입니다. 그러나 이 땅을 중심삼고 영육을 아울러 연결시키려던 터전이 예수님이 죽음으로 말미암아, 즉 실체를 잃어버림으로 말미암아 영적으로만 복귀된 것입니다.

　그러므로 지금까지 기독교인들은 나라 없고 주권이 없는 백성과 같은 입장이기에 어디를 가나 죽임을 당했던 것입니다. 순교의 피를 흘림으로써 발전했던 것입니다. 그것은 왜냐?

3. 예수님의 부활과 초대 기독교의 출발 섭리

그렇게 심은 기독교이니 그렇게 순교의 피를 흘리지 않고는 발전할 수 없기 때문입니다. 이제 피를 흘리며 박해받던 시기가 끝났으나 그것이 그대로 죽어 없어지지 않고, 기독교의 영적 기반을 중심삼아 잃어버린 실체의 나라를 세계적으로 찾아 이루기 위해 그 나라를 흠모하고 주님을 고대하며 나온 것이 바로 재림사상입니다.

그러므로 주님이 이 땅에 오시면 무엇을 해야 되느냐? 한 나라를 중심삼고 세계적인 탕감을 이루어야 합니다. 그러기 위해서는 주님을 중심삼고 한 가정을 이루어 하나님이 그 가정을 사랑할 수 있어야 합니다. 나아가 그 가정을 중심삼고 하나의 종족을 이루어 하나님이 그 종족을 내 종족이요, 그 종족을 중심삼고 이룬 민족을 내 민족이요, 그 민족을 중심삼고 이룬 그 나라 역시 내 나라라고 사탄세계에 내세울 수 있는 나라로 만들어야 합니다. 그것이 바로 하나님의 섭리역사임을 똑똑히 알아야 합니다.

기독교가 세계의 중심 종교가 된 이유

023 - P.145, 1969.5.18

하나님을 중심삼고 제일 좋은 것이 무엇이냐? 부자의 관계입니다. 그러므로 여러분은 하나님의 아들이 되고 하나님의 딸이 되어야 합니다. 하나님의 아들딸이 되면 그 이상 좋은 것이 없습니다. 이것만은 여러분이 확실히 기억해야 합니다. 하나님은 사랑의 하나님이시니 그런 하나님의 사랑을 받는 아들딸의 자리 이상 더 좋은 자리가 없다는 것입니다.

순교와 시련의 역사 가운데에서 그렇게 핍박하고 때려죽여서 망하게 하려고 했는데도 불구하고 기독교는 어떻게 오늘날까지 남고 남아서 민주세계를 기독교 사상권 내에 흡수시켜 새로운 기독교 세계를 창건하게 되었느냐? 그것은 하나님의 보호와 이끄심이 없었다면 불가능했을 것입니다. 또한 예수님을 보아도 그 시대에 민족의 반역자로 몰려서 형편없는 따라지로 죽었습니다. 따라지로 죽은 것입니다, 따라지로. 그를 따르던 제자가 그를 팔아먹었습니다. 믿는다고 따르던 제자들이 전부 다 도망가 다 잡혀 죽었습니다.

그러한 예수님을 중심한 기독교가 어찌하여 세계를 정복할 수 있게 되었느냐? 거기에는 필시 인간의 힘이 아닌 절대적이고 초자연적인 힘이 가해졌다는 사실을 알아야 됩니다. 그리고 거기에는 그럴 수 있는 내용이 있어야 한다는 것입니다. 그러면 그럴 수 있는 내용이 무엇이냐? 그 내용을 가진 종교가 참된 종교입니다. 그러니 데데하게 종교를 함부로 믿으면 안 됩니다.

참된 종교는 뭐냐? 참된 종교는 하나님의 사랑을 중심삼은 종교입니다. 아까도 말했듯이 사람은 어디에서 안식하기를 원하느냐 하면 하나님의 사랑입니다. 그 사랑의 자리와 동등한 자리가 없고, 그 이상의 주관권을 가진 자리가 없습니다. 거기가 최고의 자리인 것입니다.

4. 부활의 힘과 기독교의 확장

십자가의 사랑

001 - P.220, 1956.10.7

    오늘날 여러분이 예수님을 믿어서 무한하신 하나님의 사랑을 받고 무한하신 생명을 받은 자신일진대, 그 생명이 어느 권내에 처해 있는가 반성해 보아야 되겠습니다.
    예수님께서는 하나님의 사랑, 즉 온 천지를 지으시고 그것을 품기 위하여 애달파하시는 영원하시고 이상적인 하나님의 사랑을 아셨기 때문에, 이 땅 위해서 자기의 일신을 사랑하고, 자기의 가족을 사랑하고, 자기의 민족을 사랑하고, 세계를 사랑하는 것보다도 하나님을 더 사랑했다는 것입니다.
    그리하여 예수님은 모든 사랑의 중심이 되는 하나님의 사랑을 품고 역사노정에 왔다 갔던 수많은 선지선열 전체를 대신하여 그들이 못다 이룬 섭리의 뜻을 성사시키기 위해 그 어떠한 어려운 일을 당하더라도 그것을 잊고 인류를 사랑하고 하나님을 사랑할 수 있는 심정을 느끼면서 남겨 준 것이 십자가의 사랑이라는 것을 여러분이 생각해 봐야 되겠습니다.
    끝날의 심판이 있다고 할진대는 하나님으로부터 흘러나와

예수님에 의해 나타난 하나님의 사랑이 여러분 자체에게 미치게 될 때, 여러분 자신이 그 사랑을 받아 가지고 여러분 일신에 영원히 지닐 수 있는 마음의 토대가 없어서는 안 되겠습니다. 만일 여러분에게 그러한 마음의 토대가 없다 할진대는, 끝날 심판 때에 하나님 앞에 떳떳이 나설 수 없을 것입니다.

그러므로 이제 우리는 우리 앞에 그리스도의 크고도 높은 소망과 이상이 있음을 알아야 되겠습니다. 그 크고 높은 이상이 예수 그리스도로 말미암아 비로소 지상에 나타나게 된 것입니다. 그래서 오늘날 우리는 예수님을 믿고 그를 본받고자 하는 것입니다.

예수님께서는 영계에 가셔서도 세계를 대신하여 사탄과 싸우고 계십니다. 영원하신 하나님의 이상을 성취하시기 위하여 성신과 그리고 하늘에 있는 천천만 천군천사와 함께 우리를 대신해서 사탄과 싸워 나오고 계시다는 것입니다.

우리에게 남겨진 믿음, 우리에게 소망하시던 소망, 우리에게 요구했던 생명, 우리에게 바라신 사랑을 이제 우리는 내 사랑으로서만, 내 생명으로서만, 내 소망으로서만, 내 믿음으로서만 가져서는 아니되겠습니다. 만일 그것을 내 것으로만 갖고 있다 할진대는 영원하신 하나님의 이상은 나와는 아무런 관계가 없다는 것을 명심해야 되겠습니다.

기독교를 세운 하나님의 뜻

036 - P.169, 1970.11.29

이제까지의 역사과정을 두고 볼 때, 동양은 정신문명을 중심삼은 길을 찾아 나왔고, 서양은 물질문명을 중심삼은 길을

4. 부활의 힘과 기독교의 확장

찾아 나왔습니다. 그러나 역사는 이렇게 상극된 양면의 방향으로 발전해 나가는 것만은 아닙니다. 하나님은 서구문명을 아시아의 동양문명에 접선하여 새로운 종교 이념에 연결될 수 있는 한때를 찾아 나오는 것입니다. 하나님이 있다면 틀림없이 그렇게 하실 것입니다.

기독교 사상은 만민을 중심삼고 자기들 스스로를 고취시키면서 지금까지 발전해 나온 것입니다. 지금까지 악한 사탄세계에서 기독교 역사가 엮어 나온 역사과정을 보게 될 때, 기독교는 선열들이 피뿌린 순교의 인연을 거치면서 터전을 다져 온 것입니다. 사회 앞에 비판을 받고 사회 앞에 지탄을 받으면서도 반항 없이 죽음의 대가를 치르면서 발전해 나온 것입니다. 물론 기독교 외에 다른 종교도 있겠지만 역사의 전체적인 흐름 가운데 그러한 종교는 기독교뿐이라는 사실을 우리는 알고 있습니다.

이렇게 몰리고 핍박받고 멸시받던 기독교가 오늘날에는 명실공히 세계적인 종교로서 민주세계를 움직이는 사상적인 뒷받침이 되었다는 사실을 생각해볼 때, 이것은 기독교 자체의 힘만으로는 되어진 것이 아닙니다. 죽음의 고개를 밟고 넘어갈 수 있었던 그 힘의 모체는 기독교 자체의 힘보다도 배후에 계시는 하나님의 힘인 것입니다. 그 하나님의 힘에 의해서 기독교가 세계적으로 발전해 나왔다는 것입니다. 그러면 그 기독교가 금후에는 어떻게 될 것이냐? 이것이 문제인 것입니다.

하나님께서 기독교를 세웠다면 그 목적은 새로운 나라를 찾기 위한 것이요, 새로운 세계를 형성하기 위함일 것입니다. 다시 말하면 하나님께서는 지금까지 이 땅 위에 없었던 선을

▶ 해양산업으로 인류의 식량문제 해결을 계획하시는 문선명 선생.

대변할 수 있고, 선의 입장을 옹호할 수 있고, 선의 환경을 지켜 줄 수 있고, 선의 주권을 행사할 수 있는 선의 조국이 이루어지기를 원했으며 승리의 한때가 이루어지기를 원했다는 것입니다. 이러한 사실을 우리는 부정할 수 없습니다. 그렇기 때문에 기독교 사상은 반드시 종말시대가 온다는 것을 예고하고 있는 것입니다. 말세가 되면 기독교 전성시대가 되어 새

예수님의 부활과 하나님의 소망 · 387

4. 부활의 힘과 기독교의 확장

로운 세계를 만든다고 말하고 있습니다. 그리고 그때는 악의 세력을 중심하고 기독교를 반대했던 나라는 망한다고 단적으로 결론짓고 있습니다.

서쪽으로 기독교의 문이 열리게 된 이유

138 - P.261, 1986.1.24

하나님의 섭리역사를 성경역사를 통해서 전파해 나온 것이 중심적인 교리라면, 그 교리에 있어서 이것을 미래의 것으로 남겨야 할 하나의 마지막 말이 남아 있어야 된다는 것입니다.

예수님이 와 가지고 국가적인 기준에서 한 번도 승리하지 못했으니 국가적 기준에서 승리할 수 있는 사랑적 방위를 해야 되는 것입니다. 유대교를 4천년 동안 준비해 가지고 예수님을 보낼 때, 로마제국의 핍박을 받고 있던 역사시대에 예수님을 중심삼아 가지고 유대교가 협조했더라면…. 중동지방은 원래 이스라엘 민족의 12지파가 배정받은 축복받은 땅이 아니에요? 그때 예수님을 유대교가 지지했다면 중동은 하나되는 것입니다.

중동이 완전히 하나됐다면 중동 이외의 인도와 중국은 종교문화권이에요. 거기에 흡수되었을 것입니다. 예수님이 하나님의 사랑의 도리를 가지고 오지 않았어요? 오늘날 통일교회가 나타나서 펼쳐 나가는 그 이상의 판도를 가지고 인도의 불교문화권을 흡수하고, 중국의 유교문화권을 흡수했을 것입니다. 흡수하고도 남는다는 것입니다. 그랬으면 로마는 자동적으로 굴복한다는 것입니다. 그래 가지고는 로마로, 서쪽으로 가는 것이 아니라 대륙으로, 동쪽으로 진출하여…. 지구성의 중심이 대륙이 아니에요? 대륙을 이상적 무대로 삼으려고 했습니다.

바울을 중심한 새로운 하나님의 섭리

바울은 부활하신 예수님을 만나 하늘의 사명을 받았습니다. 그리하여 배반한 사도가 아닌, 배반하지 않은 산 사도의 입장에서 이방나라인 로마에 가 핍박을 받으면서 복음을 전했던 바울이었습니다.

바울이 12제자의 순교를 대신하여, 세례 요한의 죽음을 대신하여 주를 찾았기 때문에, 땅 위에 있어서는 섭리적인 궤도가 이방나라로 옮겨졌습니다. 거 이리하여 바울은 로마제국에 들어가 혼자 몰림을 받게 됩니다. 종교적으로 환영받지 못한 입장에 처하게 되었다는 것입니다.

그러나 바울은 예수님께서 정하신 섭리의 뜻 하나를 품고 인류의 십자가인 골고다의 길을 가신 것과 같이 로마의 어떠한 핍박의 화살에도 굴하지 않고 꿰뚫고 나아갔습니다. 하늘의 뜻을 위하여서는 죽음도 개의치 않고 나가는 모습이 예수님의 모습을 방불케 하였다는 것입니다.

그리하여 바울을 중심삼고 기독교는 움직여 하나의 가정형을 거치고, 부족형을 거쳐 민족·국가·세계형으로 거쳐 나옵니다. 예수님이 골고다의 길을 간 것 같이 바울이 하늘의 사명을 짊어지고 12제자 대신 사탄세계를 대하여 죽음의 골고다의 길을 자진해 나섰던 것입니다. 그리하여 로마의 네로 황제시대의 극심한 핍박과 학살의 과정을 거쳐왔다는 것을

004 - P.350, 1958.10.19

4. 부활의 힘과 기독교의 확장

알아야 되겠습니다.

또 개인적인 바울의 희생이 그때의 부족들, 또는 12제자와 같은 사람들, 이스라엘과 같은 무리를 일으키게 되었습니다. 그리하여 개인으로부터 전체가 하나로 뭉치어 죽음의 자리를 넘어 싸웠기 때문에 로마 나라를 빼앗아낼 수 있었다는 것입니다. 그리하여 약 4세기를 지내는 동안 기독교는 번창하게 됩니다. 중세 봉건사회시대에 있어서 로마교황청을 중심하여 기독교는 전성시대를 이루게 되었다는 것입니다. 그리하여 전세계를 기독교인들이 지배해 나옵니다.

이것은 예수님이 피흘리는 십자가상에 있어서 강도가 친구 되었던 것과 같이 세계적으로 들이치는 골고다의 노정을 거쳐 갈 그때에 있어서 배반하였던 유대민족과 친구가 아닌 하나의 무리, 하나의 국가가 나온다는 것입니다. 그러한 무리, 그러한 국가가 나와야 한다는 것은 역사적인 섭리관에 비추어 볼 때에 타당한 것입니다.

유대민족이 반대하므로 로마로 들어간 기독교

106 - P.186, 1979.12.30

본래의 하나님의 계획에 의하면 기독교가 동양으로 와야 했습니다. 그래야 할 기독교가 아랍권이나 이스라엘 민족이 전부 다 반대함으로 말미암아 막혀 버렸기 때문에, 또 로마제국의 직접 휘하에 있었기 때문에 로마제국을 승리하지 않으면 안 되게 되었습니다. 또 싸워 나가야 되었던 것입니다. 세계의 가인하고 싸워서 이겨야 되었던 것입니다. 그래서 전부 다 천대받으면서 신의의 사람, 심정의 사람, 이상의 사람이 되어

가지고 하부 계급에서부터 카타콤에 들어가 가지고 맨 밑창에서부터 올라오는 것입니다. 올라와 가지고 로마제국을 소화시켰던 것입니다. 거기에서 비로소 로마제국이 기독교를 환영함으로 말미암아 전세계는 로마의 휘하에 들어가 버리고 말았어요.

그것을 예수님이 죽지 않고 했어야 되는 것인데 죽어 가지고 했다는 것입니다. 예수님이 죽지 않고 했으면 천하가 통일됐을 판인데, 예수님이 죽어 가지고 했기 때문에 영적 기독교 문화권 세계로부터…. 로마에 들어가 영적으로 세계 제패시대에 들어간 것입니다. 이것이 중세기, 교황을 중심삼고 전세계를 로마가 통치하던 시대라는 것입니다. 가인 왕과 아벨 왕을 교체했으면 세계가 다 하늘편이 되는 판인데….

비참한 희생의 대가를 치러 온 기독교

046 - P.306, 1971.8.17

하나님은 지금까지 타락한 인간들을 대해 가지고 구원섭리를 해 나오시고 계십니다. 다시 말하면 하나님은 말할 수 없는 원수의 종자 되는 우리 인간으로 하여금 하나님이 바라시는 역사적인 어떤 완성기준, 즉 구원섭리의 목적기준을 넘을 수 있는 그 한 곳에 도달하게 하기 위하여 지금까지 섭리의 방향을 밀고 나오고 계신 것입니다.

그런 과정에서 아담가정, 노아가정, 아브라함가정, 모세가정, 사가랴가정, 예수님가정 등이 나타났고, 제2 이스라엘권을 창설하기 위해 기독교를 중심삼은 섭리역사가 나타난 것입니다. 그런데 제1 이스라엘권에서부터 남겨진 섭리역사를

4. 부활의 힘과 기독교의 확장

재탕감하려면 그 섭리사에 나타났던 내용보다 나아야 됩니다.

그렇기 때문에 제1 이스라엘권이 성취하지 못하고 실패한 그 기준을 영적으로나마 승리의 기준으로 마련하기 위해 기독교는 역사를 통해 많은 희생의 대가를 치러 온 것입니다. 여기에는 개인이 동원되었고, 가정이 동원되었고, 종족이 동원되었고, 민족이 동원되었고, 국가와 세계가 동원되었던 것입니다.

로마제국을 중심삼고 보면, 그 당시 전세계를 지도할 수 있는 어떠한 나라보다도 강한 세력을 가진 국가였습니다. 그러한 로마제국 앞에 지배를 받는 이스라엘, 식민지와 같은 이스라엘권에서 기독교가 출발하여 로마를 대해 싸워 나가는데, 로마는 개인적으로 보더라도 세계적이요, 가정적인 면에 있어서도 세계적이요, 혹은 민족적인 면, 국가적인 면, 모든 것을 보더라도 세계적인 권위를 갖춘 단 하나의 국가였습니다.

그러한 로마에 대해서 나라도 없고, 일족도 없고, 종족도 없고, 가정도 없는 상태에서 기독교가 분립된 개개인의 생명을 이끌어 가고 개개인이 일신을 투신하는 희생의 대가를 치러 가지고 4백년 동안 투쟁하여 로마를 꺾어 놓은 것입니다. 그 기간에 기독교인들이 치른 탕감적인 희생이라는 것은 역사상에 찾아볼 수 없는 비참한 사실로 남아 있는 것을 우리는 알고 있습니다. 그러한 역사과정을 거쳐 국가적인 터전을 닦은 기독교는 그 기반 위에서 비로소 서광을 볼 수 있게 되어 세계적인 발전의 터전을 갖추어 나온 것입니다.

기독교가 로마제국에 하나의 기반을 닦았지만 로마 한 국가와 국민만을 중심삼고는 섭리의 전체를 이룰 수 없겠기 때문에, 그것을 기반으로 해서 세계로 뻗어 나가면서 개인적으로 핍박을 받고, 가정적으로 핍박을 받고, 국가적으로 핍박을 받았습니다. 이것은 기독교가 엮어 온 비참한 운명임과 동시에 비참한 역사인 것을 우리는 잘 알고 있습니다.

성도들이 고생의 길을 가야 하는 이유

005 - P.019, 1958.11.9

하늘을 향하여 나가면 나갈수록, 하늘의 원한을 해원하면 할수록 빚져 있는 자신을 깊이 느끼는 것입니다. 하나님께서 6천년 동안 이 땅을 대하여 그 나라와 백성을 찾아 오셨습니다. 그래서 찾아오시며 수고하신 역사적인 그 빚이 6천년 동안 쌓여 있습니다. 그러므로 내 한 자체가 만족과 기쁨을 가졌다고 해서 천국을 소유했다고 할 수 없습니다.

그러므로 자기가 하늘의 아들딸이라면 하나님 대신 염려하고 하나님 대신 보호해 주어야 할 책임이 있는 땅이 남아 있고 세계가 남아 있어서, 즉 그것들이 하나님께서 소유할 수 있는 것이 되어 있지 못하는 한 자신할 수 없는 자기라는 것을 느껴야 합니다.

우리가 하나님의 소유가 되려면 어떻게 해야 하는가? 하나님을 위하여 눈물을 많이 흘릴 수 있어야 합니다. 하나님의 슬픔을 대신 슬퍼하려는 마음을 가진 만큼 하나님의 소유가 될 것이며, 하나님의 고생을 대신 짊어진 만큼 하나님의 소유가 되고, 하나님 대신 사탄의 참소를 받은 만큼 하나님의 소유가 될 수 있는 것입니다.

그러므로 여러분이 행한 만큼 충성한 만큼 하나님의 소유가

4. 부활의 힘과 기독교의 확장

되는 것이며, 그것은 좋은 자리에서 이루어지는 것이 아니라 인간들이 다 싫다고 접어둔 슬픔이나 고통을 붙들고 충성을 하게 될 때 이루어진다는 것입니다. 이 길이 기독교인들이 가야 할 원칙의 길입니다.

오늘날 혼란된 이 세상에서는 많은 사람들이 스스로 잘 났다고 자기의 주장을 세우고 자기의 가진 권한을 나타내려고 하고 있습니다. 참다운 크리스천을 찾기도 어렵습니다. 참다운 하나님의 아들, 하나님이 소유할 수 있는 참다운 백성을 만나기는 더욱 어렵습니다.

이제 우리는 친구를 맞아야 되겠고, 하나의 천국 백성이 되어야 하겠고, 하나의 교단을 이루어 하나의 종족을 편성해야 되겠습니다. *